Jean-Pierre Lefèvre-Garros

ROLAND GARROS

LA TÊTE DANS LES NUAGES

La vie aventureuse et passionnée
d'un pionnier de l'aviation,

Préface de
Pierre Clostermann

ANANKÉ/LEFRANCQ

La première édition de cet ouvrage a reçu
le Prix Charles Dollfus 1989,
Prix d'histoire de l'Aéro-Club de France.

386 chaussée d'Alsemberg - 1180 Bruxelles

Imprimé en CE
Mars 2001

Dépôt légal : D/2001/9117/11
ISBN : 2-87418-011-4

À Marie-Antoinette

Je contemplais pour la première fois le spectacle éblouissant de la « mer de nuages » – Au-dessus, un ciel bleu d'une pureté idéale – À ma gauche, un soleil comme on n'en peut voir de la terre, car elle est toujours enveloppée de vapeurs imperceptibles qui tamisent les rayons lumineux, les décomposent ou les ternissent. Là-haut, c'était de la lumière vierge dans de l'air vierge – C'était une volupté de voir et de respirer –

Je glissais sur les flots figés d'un océan d'argent – En descendant plus près, cette mer prenait du relief et se transformait en paysages étranges, chaos de rochers, de grottes, de vallées, de précipices... Mes ailes écrêtaient des pics vertigineux, surplanaient des abîmes inondés de blancheur...

Roland Garros – « Mémoires »

Préface
par
Pierre Clostermann

Quelque peu scandalisé – et pourtant j'ai appris à ne m'étonner que de bien peu de chose – j'ai entendu des gens, lors des derniers tournois internationaux de tennis, demander qui était Roland Garros ? Un sportif, un mécène du tennis, un industriel ? Les Français ignorent la géographie mais ils ignorent aussi, hélas, leur histoire et Roland Garros et son épopée sont partie intégrante de l'histoire de la France.

Pour moi personnellement, au milieu de ses activités multiples, je retiens toujours celle qui fut sa passion, qui l'a conduit à la gloire puis à la mort. Quand la tourmente de 1914 a rendu inéluctable l'utilisation des avions par les armées, Roland Garros a tout de suite saisi la plupart des possibilités de l'avion, les plus audacieuses aussi : missions d'observation, missions spéciales préfigurant un quart de siècle avant les « pick-up » de résistants et d'agents de la guerre de 1940-1945, et finalement le combat aérien, avion contre avion. Perfectionniste, il n'eut de cesse que de mettre au point le tir à travers l'hélice qui était la seule possibilité à l'époque d'utiliser une arme automatique axiale, car les ailes entoilées des avions ne permettaient pas d'y loger des mitrailleuses. C'est le tir à travers l'hélice initié par Roland Garros, et perfectionné par Bolke et Immelmann après que l'avion de Garros eut été capturé, qui a donné le départ à la véritable aviation de chasse. Roland Garros a été le premier dans l'histoire de l'aviation de cette élite aux valeurs un peu anachroniques pourtant sur fond – déjà ! – de technique de pointe.

Tous ceux qui se sont succédés aux commandes d'un avion de chasse depuis trois quarts de siècle sont un peu ses descendants. L'avion de Garros de 1914 a enfanté le *SPAD* de Guynemer, puis le *Spitfire* en 1940, le *Messerschmidt 262* en 1945, les *Mirage* aujourd'hui ! Chaque fois, ces appareils réunissaient peu ou prou la somme des connaissances et de la technique la plus avancée du moment. Les hommes aussi, qui retrouvent dans le sens de la patrie l'absence de haine pour l'adversaire qu'on n'appelle jamais l'ennemi et que l'on respecte pour un amour passionné des avions que l'on partage. Les pilotes de chasse modernes ont hérité de Roland Garros cet ensemble de qualités, une mentalité, un courage physique qui s'ajoutent « in fine » à un mépris calculé du danger.

En tout cela Garros, avec son prénom bien prédestiné de Roland, fut un précurseur et un prototype, Guynemer, Nungesser, Fonck sont ses descendants spirituels, sa famille qui se perpétue encore aujourd'hui et se renouvelle dans les escadrons de chasse de l'armée de l'air.

La vie de Roland Garros, l'avion, le sport, la musique, la barre toujours placée très haut, est un camouflet pour les médiocres mais aussi un exemple pour les jeunes qui veulent s'élever à ces hauteurs où l'air raréfié est plus pur et décourage les esprits faibles.

Avant-propos

L'aviation, c'est-à-dire l'envol de l'homme sur « plus-lourd-que-l'air », prend son essor dans l'atmosphère plutôt superficielle et les décors de la « belle Époque » au moment où commencent à s'estomper les certitudes du XIXe siècle et à se développer les dangers du XXe.

Quand les écoliers sous le préau jouaient alors « à l'aviateur », bras tendus comme des ailes et lèvres vrombissantes, ils portaient la casquette à l'envers, visière rabattue sur la nuque. Pas « À la Blériot » ou « À la Védrines ». « À la Garros », disaient-ils, parce que pour ces petits hommes volants en herbe, les futurs Mermoz ou Saint-Exupéry, Roland Garros était l'idole et le modèle.

La vocation d'aviateur de Roland Garros naît en août 1909 à Reims, au spectacle de la Grande Semaine d'Aviation de la Champagne, l'un des tout premiers grands meetings aériens internationaux organisés dans le monde. Le jeune créole de La Réunion (21 ans) abandonne alors le florissant commerce d'automobiles qu'il a monté tout seul au 6 avenue de la Grande Armée pour acquérir une Demoiselle Santos-Dumont et se jeter à corps perdu, depuis Cholet où il décroche en juillet 1910 le brevet de pilote n° 147 de l'Aéro-Club de France, dans sa nouvelle passion.

Elle le mènera d'abord de France aux États-Unis, puis au Mexique et à Cuba. Les yeux grands ouverts, le jeune homme découvrira avec un enthousiasme amusé et lucide les gratte-ciel, les music-halls et aussi les grandes étendues de l'Amérique de 1910, en compagnie de ses trois amis et collègues européens de la Moisant's International Aviators, un véritable cirque à la Barnum qui déplace en train spécial ses avions, ses tentes, ses ateliers, son personnel rampant et volant. Six mois de cette « vie de saltimbanque » lui permettront d'affiner son art du pilotage en volant tous les jours, par tous les temps, que ce soit à New York, à Richmond, à Memphis, à La Nouvelle Orléans, à Dallas, San Antonio, Houston, Mexico, Vera Cruz ou La Havane.

Après que la presse l'eut quelque temps surnommé « l'éternel second », il prendra vite sa revanche et ses vols et records le rendront célèbre dans de nombreux pays d'Europe, d'Amérique latine et en Tunisie aussi, faisant par son exemple des émules partout où il a volé, au Brésil notamment où il sera l'initiateur des pionniers, dont Ricardo Kirk, le premier héros de l'aviation nationale. Et dès 1912, après sa victoire solitaire dans le Circuit d'Anjou sur tous les champions mondiaux qui n'ont pas osé prendre le départ en raison du mauvais temps, Garros devient pour les journalistes le « Champion des champions ».

Sa ténacité, son audace, son besoin de placer la barre très haut, son intelligence le révèlent en très peu de mois comme l'un des aviateurs les plus doués et l'un des théoriciens de l'aviation les plus éclairés de sa génération.

Et, au dépit de sa modestie, l'une des coqueluches du tout-Paris. Il a pour amis des gens comme Ettore Bugatti. À celui-ci, Garros a dédicacé une photo à « l'artiste incomparable qui seul sait donner une âme à de l'acier ». En retour, Ettore baptisera « Roland-Garros » sa 5 litres « Type 18 » de 1913 et prénommera son fils Roland. Liane de Pougy est la mère de son compagnon d'armes Marc Pourpe qui, étant allé voler en Indochine, a été chaleureusement accueilli à Saïgon par Maître Georges Garros, le père de Roland. Pierre Lafitte et Blaise Cendrars sont ses éditeurs qui le publient conjointement avec Jean Bouin et Georges Carpentier. L'une de ses plus ardentes admiratrices n'est autre que la Grande-Duchesse Anastasie de Mecklemburg-Schwerin : c'était la propre belle-mère du Kronprinz ! Garros est des familiers du salon de Misia Sert, la « Madame Verdurin » de Proust, pilier incontournable du monde artistique, littéraire et politique, avec laquelle il partage son goût pour le piano et pour Chopin et chez qui on peut croiser Clemenceau, Mandel, Valloton, Renoir, Diaghilev, Jean et Valentine Hugo ou Isadora Duncan Ainsi qu'un jeune poète encore peu connu qui a nom Jean Cocteau et n'a pas résisté au plaisir de se faire présenter par un ami commun au tout nouveau héros de la traversée de la Méditerranée. Souvent reconnu dans la rue, Garros doit subir la traque des admirateurs et des chasseurs d'autographes.

Lorsqu'il rencontra Marcelle Gorge, la femme de sa vie, cette nouvelle passion aussi intense fût-elle ne put supplanter celle qu'il éprouvait pour l'aviation.

Engagé volontaire aux tous premiers jours de la guerre, il définit dès octobre 1914 l'avion de chasse tel qu'il servira durant des décennies dans toutes les Armées de l'air du monde et met au point le système de tir à travers l'hélice de son ami Raymond Saulnier, avec lequel il remporte coup sur coup trois victoires. Mais par la faute d'une panne de moteur, il est fait prisonnier et emmené menottes aux poignets jusqu'au fin fond de la Silésie. Après plusieurs tentatives infructueuses, il ne parviendra à s'évader qu'au bout de 30 mois de captivité en compagnie du Lieutenant Marchal, les deux fugitifs s'étant déguisés en officiers allemands

Retourné au front, malgré les conseils de Clémenceau qui estime qu'il en a déjà « assez fait » et qui préférerait le voir à l'abri dans un poste de conseiller technique à l'arrière, c'est au cours d'un combat aérien que Garros rencontrera la mort qu'il avait si souvent défiée, la veille même de son trentième anniversaire, à 37 jours seulement de l'Armistice du 11 novembre 1918.

Jean-Pierre Lefèvre-Garros

I

De Saint-Denis à Nice

L'année scolaire 1900-1901 touche à sa fin.

En 6e Classique, au Collège Stanislas de Cannes. Au dehors, le chant des cigales et des effluves de lavande. Par la fenêtre de l'étude, on peut suivre les nuages blancs se donnant la chasse sur fond de ciel bleu.

– Alors, élève Garros ! Une fois encore, vous voilà dans vos rêves?

La voix du pion n'est pas sévère, à peine un peu attristée et légèrement condescendante.

Qu'est-ce qui fait donc bouillonner l'âme d'un adolescent au début de ce vingtième siècle?

Les mystères de la vie, de l'amour et de la mort, on n'y échappe pas à cet âge. Personne n'en a encore fait, au même titre que la physique ou les mathématiques, matière à enseignement sanctionnée par l'examen. Le « De Viris » – même quand la version latine est votre fort, ce qui est le cas du jeune Roland – n'apporte à ces questions que peu de réponses satisfaisantes et chacun devra construire, expériences sur expériences, l'édifice de ses certitudes et de ses doutes intimes.

Comme celle de tous les potaches qui l'entourent, cette petite tête brune et bouclée à été abondamment nourrie de l'œuvre de l'immense Jules Verne. Il y a près de quarante ans que le génial prophète nous a tous emmenés en ballon ; que, bien avant Frank Borman, James Lovell et William Anders, Michel Ardan, Barbicane et Nicholl ont fait avec lui le tour de la lune ; qu'il nous a fait traverser les continents sur les pas de Phileas Fogg ou des enfants du Capitaine Grant. Comment aussi, pour ces gamins, échapper au romantisme du Cyrano que Rostand vient de faire triompher à Paris et ne pas s'assimiler aux héros dont Kipling décrit les aventures ?

Le jeune créole, à peine âgé de douze ans, a effectué seul la traversée de Saïgon à Paris, via La Réunion, sous l'aile protectrice d'un Commandant de navire. Avec ses voyages, le petit élève qui, l'année précédente, est venu à Paris frapper à la porte de Stanislas, en knickers-bockers, sa petite valise d'osier à la main, possède déjà un imposant bagage de souvenirs.

Rue Notre-Dame des Champs, il a été inscrit sur les registres du Collège en avril 1900 dans la classe de 6e R. Il ne terminera pas cette année scolaire, commencée bien tard. Le climat de Paris a eu raison de l'enfant du soleil. Une foudroyante pneumonie le terrasse. Pneumonie ? Les médecins consultés autour du lit où le petit pensionnaire brûle de fièvre lâchent même, à voix basse, le mot, terrible pour l'époque : tuberculose. Ils avisent le Collège et les parents. À Saïgon, le courrier de Paris produit l'effet d'un tremblement de terre. Georges et Clara Garros n'ont pas encore les moyens financiers de se rendre immédiatement au chevet de leur fils, à l'autre bout du monde. L'échange de correspondance est long, deux mois entre la demande et la réponse. Mais la Faculté prend l'heureuse décision de trancher sans attendre : Roland est envoyé à la succursale cannoise de Stanislas.

Le gamin a-t-il conscience de son état de santé ou le refuse-t-il simplement ? Toujours est-il que, le soleil aidant, il se découvre une passion pour le sport, toutes les formes de sport et d'abord le cyclisme. Victoire de la volonté : là où les médicaments ont échoué, « la petite reine » sauvera l'adolescent.

***

Mais il possède aussi une hérédité lourde d'aventures. Dans les années 1850, son grand-père Adrien Garros [1] a laissé tomber fusains, crayons et pointes sèches qu'il maniait à l'École des Beaux-Arts de Toulouse pour accompagner à La Réunion son condisciple et ami Frédéric de Villèle. Celui-ci vient d'hériter dans l'île, à Saint-Gilles-Les-Hauts, d'un vaste domaine dont il lui a proposé la gestion. Adrien restera ainsi

1. Le patronyme Garros a pour origine le mot gaulois « GAR » qui signifie « chêne ». On le retrouve dans le nom commun « garrigue », ainsi que dans le nom propre « GARRIGA », celui par exemple de Sarda GARRIGA, qui fut en 1848 l'envoyé spécial de la IIe République chargé d'annoncer à La Réunion l'abolition de l'esclavage.

quelque temps gérant de plantation, avant de s'établir négociant en « épices et huiles essentielles ». Il a entre temps, en 1863, épousé Désirée Piveteau, la descendante d'une lignée créole d'origine nantaise établie dans l'île depuis les années 1770.

Il y a eu deux « Roland » dans la famille Piveteau. Mais quels Roland ! C'est d'eux que le futur aviateur tient son prénom. Le premier, on pense qu'à l'instar des Surcouf et autres Ripaud de Montaudevert, il a quelque peu pratiqué la course aux frégates de la Royal Navy et surtout aux riches flûtes rebondies de la Compagnie anglaise des Indes... Amarante, son infortunée épouse, obtiendra d'ailleurs le divorce en invoquant le fait que son « mari est absent depuis trois ans », bien avant que celui-ci disparaisse définitivement en mer... Le deuxième Roland, fils du premier, n'est pas corsaire mais plus simplement Capitaine de la Marine marchande. Le vieux loup de mer à la retraite gardera dans son comportement comme dans son langage, la rudesse de son ancien métier et, à la nuit tombée, devant la famille réunie sous la véranda fleurant bon l'eucalyptus et la vanille, l'imagination exaltée par quelque verre de punch à la vigueur généreuse, il aime à conter en les mélangeant les exploits de son père et les siens. Toute l'enfance du petit Roland aura donc baigné dans l'ambiance de cette épopée, religieusement entretenue par la famille.

Georges, le père de Roland, est lui aussi une personnalité forte et originale, d'un tempérament plutôt égocentrique et quelque peu anxieux. À la mort subite d'Adrien son père (« dans la boutique du sieur Fourcade, à l'angle de la rue de la Compagnie et de la rue du Barachois », précise l'acte de décès), Georges utilisera son héritage pour aller faire à Paris ses études de droit. Il en reviendra diplômé et s'inscrira au barreau de Saint-Denis de La Réunion. Épris d'une jeune fille d'une grande beauté, Clara Faure, il l'épouse en novembre 1886, mais la belle histoire d'amour, qui va quand même durer presque vingt ans, se terminera dans le drame et le divorce. Pour l'instant, les deux tourtereaux filent le parfait amour et le petit Roland vient au monde deux ans plus tard, le 6 octobre 1888, à Saint-Denis, le chef-lieu de la Colonie.

Pour Georges, comme pour beaucoup de ses jeunes contemporains, les 2 500 kilomètres carrés montagneux de La Réunion sont bien restreints. On guigne vers la grande « le voisine, Madagascar, vers les fameux comptoirs français de l'Inde, ou vers la Cochinchine ». C'est cette dernière que Georges choisit comme terre d'élection. La famille s'embarque pour Saïgon, par le chemin des écoliers. Le vapeur les emmène d'abord à Pondichéry et ils voyagent quelques semaines en Inde. Puis c'est le départ pour l'Indochine, via Rangoon et la Birmanie.

Merveilleuse aventure pour un gamin de quatre ans, dont les yeux s'ouvrent déjà sur le monde ! « Ce n'est pas un bébé-colis (...) mais un petit homme observateur, enregistrant toutes les péripéties de la traversée », écrit Jean Ajalbert [1]. En pleine mousson, le navire affronte des creux de 10 mètres dans le golfe du Bengale ; à Rangoon, Roland contemple longtemps des éléphants au travail ; visions qui marqueront à jamais sa mémoire.

***

On ne peut comprendre la formation de l'homme Garros sans évoquer son séjour indochinois. Lorsque la famille Garros a débarqué à Saïgon vers la fin de 1892, la capitale du Sud n'est pas encore cette métropole plutôt folle que beaucoup connaîtront, plus d'un demi-siècle plus tard. Ce n'est encore qu'une petite ville, même si les larges avenues des Amiraux-gouverneurs, bordées de tamariniers, de badamiers, de manguiers, de flamboyants, ont déjà tracé son avenir.

La « société » européenne, quelques centaines de résidents, vit en cercle fermé, organisée en castes hiérarchisées (administrateurs, commerçants, militaires) où chacun se doit de « tenir sa place » sous les yeux inquisiteurs de son collègue ou voisin, complètement à l'écart des populations locales.

Un avocat peut vivre en dehors de ces cadres et n'a pas à s'embarrasser de tels soucis de protocole. Georges Garros se gardera bien de s'intégrer à ce petit monde, dont il fustige la mesquinerie, l'arrivisme, le « rastaquouérisme ». En revanche, il est plein de curiosité pour les habitants du pays. Cette civilisation qu'il découvre en Cochinchine, vers laquelle il se sent attiré, il en fait partager l'intérêt à Roland, qui se mettra rapidement à la langue. C'est tout naturellement que le garçonnet apprendra à rendre la déférence que lui témoignent les gens qu'il fréquente, simples domestiques ou membres d'une aristocratie cochinchinoise raffinée. Son père lui explique combien le tutoiement, par lequel le colonial français croit établir sa supériorité, peut être profondément ressenti par les autoch-

1. In Ajalbert – « La Passion de Roland Garros » – PARIS – 1926.

tones comme une insulte. Roland conservera de cette période de sa vie une attitude de réserve que d'aucuns considéreront plus tard comme compassée, ce « code des convenances » inhérent à la culture indochinoise et puis, surtout, une quasi-impossibilité de tutoyer.

Les Garros n'habiteront pas le « Plateau », où réside le « tout-Saïgon », dans de grandes demeures à vérandas entourées de vastes jardins débordant de frangipaniers, d'hibiscus, de fougères arborescentes et de palmiers. Il préfère installer sa famille dans une maison située sur le boulevard Charner, la grande artère qui relie la fameuse rue Catinat, les « Champs-Élysées » locaux, au quartier chinois de Cho-Lon. À mi-chemin des deux mondes qui cohabitent.

Au Palais, Georges s'affirme rapidement comme un avocat-défenseur redoutable et efficace. Il se spécialise dans le droit des affaires. Il publiera même sur ce sujet un traité juridique sur les « Usages de la Cochinchine » en matière de droit commercial [1]. Avec une florissante clientèle de commerçants annamites et chinois, son cabinet connaît vite la notoriété et même une certaine prospérité, qui ne manque pas d'éveiller la jalousie des confrères.

Quant à Clara, elle révèle sa vocation de maîtresse de maison. Il fait bon vivre au 117 du boulevard Charner. Pas de terrain autour ? Elle crée un jardin d'intérieur, moussant de massifs de canas rouge et or, de balsamines, de lianes fleuries, où la famille a plaisir à se retrouver, le soir, après la traditionnelle promenade en calèche de la fin d'après-midi. Le dîner ? On invite quelques amis, surtout le petit groupe de Réunionnais qui a suivi la même voie que l'avocat. Ils retrouvent avec plaisir le cari de volailles, les achards de mangue et autres confitures de goyaves, toutes ces recettes que Clara a ramenées de l'île natale ct dont elle a enseigné la recette au bêp (le cuisinier).

Mais surtout, Clara va s'occuper de l'éducation du fils, car il n'existe pas encore d'École à Saïgon. Sous la férule de sa jeune mère, le petit Roland se met avec sérieux au b-a ba et au calcul. Les premières pages qu'il couvre de jambages et de déliés encore maladroits, il les adresse à sa grand-mère Faure,

---

1. Georges Garros publiera deux ouvrages sur l'Indochine : en 1905, un traité juridique sur les « Usages de la Cochinchine » en matière de « Droit commercial » ; en 1926, « Les Forceries Humaines – L'Indochine litigieuse – Esquisse d'une entente franco-annamite » qui lui vaudra, par son ouverture sur l'avenir des relations franco-viêtnamiennes, des inimitiés supplémentaires dans les milieux coloniaux.

demeurée à Saint-Denis, Clara se contentant de calligraphier les titres de ses dictées. De Saint-Denis, la tante Mina lui a expédié des cours de solfège : « Aux Armes de Lyon », le grand bazar de la rue Catinat, on achète un « Bord » et c'est sur ce piano que Roland fait ses premières gammes.

Lorsque la touffeur de la journée s'est un peu apaisée, le lieu favori de promenade pour la famille est non pas le « Tour de l'Inspection », où l'establishment saïgonnais se retrouve quotidiennement pour cancaner, mais la ville indigène. L'étal des marchands de soupe, à même le trottoir, l'activité fébrile des artisans et des commerçants, le martèlement répété des socques de bois sur la chaussée, tout devient l'objet d'intérêt sinon de fascination pour le garçonnet.

Un beau jour, le jeune Roland aperçoit un cycliste se frayant un chemin au milieu des passants, des pousse-pousse et des « malabars », ces voitures à cheval qui assurent les transports en commun. Il a déjà piloté un tricycle à La Réunion : une photographie le représente dans le traditionnel costume marin du dimanche, chevauchant un engin à trois roues.

C'est une bicyclette qu'il lui faut maintenant et dès lors, toutes les nuits, blotti sous sa moustiquaire dans l'obscurité, le gamin en rêve. Il ne s'agit pas d'un simple caprice d'enfant, mais déjà une volonté déterminée : à force d'obstination, il l'obtiendra, son vélo.

Apprentissage classique, il est plutôt douloureux. Au grand désespoir de sa mère, il rentre souvent, les genoux couronnés de larges écorchures, le visage marqué d'ecchymoses. Mais bientôt, coiffé de l'obligatoire casque colonial, (« Attention ! Le soleil rend fou ! ») avec des compagnons de son âge, il lance des expéditions dans la campagne environnante, pédalant sur les chemins ou les diguettes des rizières de toute la vitesse de ses petites jambes.

Il a à peine onze ans quand un « malabar », une de ces voitures à cheval qu'on appellera plus tard « tac à tac », le renverse. Les premiers mots qu'il prononce lorsque des passants le retirent de dessous la voiture sont pour ses parents.

– Ne me faites pas voir à maman, elle nourrit ma petite sœur...

Et d'ajouter :

– Elle pourrait être impressionnée...

À la porte du 117, il se redressera pour marcher sans aide et ne pas inquiéter sa mère. Il a, affirme son père dans une lettre, la jambe ouverte jusqu'à l'os.

***

Sa mère lui a donné une petite sœur, Gilberte. Dès lors, le petit homme prend à cœur son rôle d'aîné et manifestera pour elle des sentiments d'une grande tendresse. Il n'est que de lire la lettre adressée à sa mère, le 28 janvier 1918. Depuis l'hiver sinistre du camp de Magdeburg, le prisonnier de guerre, la tête pourtant remplie de plans et de projets d'évasion tous plus fous les uns que les autres, écrit néanmoins :

Gilberte fait un reproche à son piano. Je serais heureux de lui en offrir un pour ses étrennes. Dis-lui d'aller choisir le modèle qui lui plaira chez Érard, Pleyel ou Steinway, à moins qu'elle ne préfère une autre marque (...) Le meuble choisi, on fera incruster ses initiales d'or ou d'argent, selon la couleur du bois, dans un coin...

Aurait-il préféré un frère ? La fraternité lui manque et il sera longtemps à la recherche d'un tel compagnon. Curieusement, on doit noter que, après les frères Montgolfier, de nombreux aviateurs ou avionneurs seront des associations fraternelles, des fratries, la première étant celle formée par Wilbur et Orville Wright, sans oublier les frères Charles et Gabriel Voisin, Charles et Édouard Nieuport, Léon et Robert Morane, Henry et Maurice Farman, Albert et Gabriel Borel, les frères Vendôme, Breguet, Caudron, etc.

Roland le trouvera plus tard, le compagnon fraternel qui lui a manqué dans son enfance, en la personne d'Edmond Audemars. Évoquant cette amitié, Jacques Mortane les qualifiera « d'Oreste et Pylade » du siècle...

***

Fin 1897, piqué par le démon de la politique, Georges retourne « au pays » pour se présenter à la députation, laissant sa famille à Saïgon. Cette escapade politique durera près d'un an, mais, par correspondance, le candidat député tient à remplir son rôle de pater familias. Il se tient en rapports constants avec Saïgon, donnant à Clara des conseils d'éducation, à Roland ceux qu'on donne à un enfant de cet âge, dans ce climat (« évite les imprudences, les chutes maladroites », « garde toujours sur toi ton sachet de camphre » – qui protège des mauvaises fièvres – « obéis à ta mère... »).

Mais les élections de 1898 sont pour lui une cuisante défaite. Comme la coutume le veut dans l'île, son adversaire victorieux, Louis Brunet, ne manque pas de le brocarder sur des paroles chantées sur l'air d'un galop d'Offenbach qui sont toujours vivantes dans le folklore réunionnais :

Brunet l'a répondu :
Mi fouille (je creuse) un trou
Pour enterr' Garros...

Profondément humilié et lourdement endetté par cette funeste expérience, Georges regagne la Cochinchine. Roland a grandi, presque onze ans maintenant et Clara ne pourra plus assurer son éducation [1]. Quant à Georges, il ne peut s'en occuper, mais s'inquiète de la santé de son fils (« Une méningite, des glandes, que sais-je ? sont toujours à redouter à cette époque de croissance, sous des climats comme les nôtres »), écrit-il à sa belle-mère et de son avenir scolaire (« C'est qu'il n'est que temps qu'il prenne des habitudes de rigoureuse méthode dans le travail et nous serions impuissants à les lui inculquer »).

La décision est prise : on le fait inscrire à Paris, à Stanislas. On le confie au Commandant d'un navire en partance pour La Réunion, d'où il gagnera la France, via Madagascar, la côte orientale de l'Afrique et le Canal de Suez. La séparation est surtout douloureuse pour la mère, mais, pour Roland, c'est la poursuite de son aventure personnelle. Dans l'île, où grand-mère, oncles, tantes et cousins l'accueillent chaleureusement, il surprend un peu par son air déjà sérieux et réservé et par le vouvoiement dont il gratifie l'une de ses jeunes cousines, sa cadette de quatre ans...

***

Ce n'est que fin 1901 que Clara, l'adorable petite Gilberte dans les bras, peut enfin prendre place sur le courrier des Messageries Maritimes qui descend majestueusement la Rivière de Saïgon, dans un panache de fumée noire. Pour la jeune femme et sa fille, le voyage va durer presque un mois, avant le débarquement à Marseille d'où elles se rendront à

---

1. Une section d'élèves français avait été organisée au sein du Collège indigène Chasseloup-Laubat créé en novembre 1874 et fusionné en 1891 avec le Collège d'Adran. Les études n'avaient alors qu'une durée limitée et devaient être poursuivies en France. Le Collège ne deviendra Lycée qu'en 1928.

Nice près de Roland. C'est la première fois que Clara se rend en France. Elle a longtemps insisté auprès de Georges pour aller retrouver en métropole le fils dont l'état de santé reste préoccupant. Ce sujet a même donné lieu à certaines frictions entre les époux.

Georges, lui, ne pourra rejoindre les siens que plus tard. Les dettes qu'il a contractées auprès de son frère Paul, à l'occasion de sa malheureuse aventure politique réunionnaise, les ennuis qu'il connaît à Saïgon avec un procès qu'on lui fait et dont il appréhende l'issue « qui pourrait le ruiner », tout cela contribue à le rendre neurasthénique. Dès qu'il apprend par télégramme qu'elles sont « Bien arrivées », il demande à sa femme d'annoncer son départ à la famille restée à La Réunion, à laquelle il se refuse de révéler lui-même ses malheurs. De Roland, il explique à Clara :

Je ne voulais pas que l'idée de famille, sans laquelle toute éducation est superficielle et inopérante, s'atténuât en lui, par l'effet d'une trop longue absence de nous près de lui. J'étais comme jaloux et inquiet de la déclaration qu'il nous fit récemment dans une de ses lettres, qu'il prenait goût maintenant à la vie scolaire, qu'il y trouvait des charmes...

À Nice, Georges a loué pour la famille un appartement au 2 de la rue Defly. Pour ne pas troubler sa scolarité, Roland restera pensionnaire à Stan' jusqu'à la fin de son année scolaire.

Mais cela fait maintenant deux ans que, loin des siens, l'adolescent de quatorze ans a goûté à l'ivresse de l'indépendance. Le seul lien qu'il a conservé avec la famille est son grand-oncle, « l'Oncle Monge », plein d'affectueuse sollicitude pour son petit-neveu. Roland semble mal se faire à ce brusque retour à la tutelle familiale directe. Comme par provocation, il a des gestes, des attitudes qui étonnent et affolent Clara. Ainsi, un jour que le vent est glacial et qu'il est tout en sueur après une bonne partie, il retire ostensiblement son tricot de laine. L'oncle Monge, témoin de la scène, l'écrit à Georges.

Colère de ce dernier contre Roland :

Après les angoisses mortelles qu'il nous avait causées, écrit-il à Clara, **cela méritait la désaffection et l'indifférence de mon cœur durant de longs mois. Dites-le-lui sévèrement, brutalement, sans pitié.**

Ces derniers mots sont rageusement soulignés, mais, à la relecture, le père indigné reprend son sang-froid et raye trois nombreux prix, le Sénateur Émile Reymond, défenseur inconditionnel du plus lourd que l'air devant le Parlement, va soigner ses malades en avion. James Gordon-Bennett, le magnat américain de la Presse retiré à Paris, qui s'intéresse à toutes les activités humaines [1], dote le meeting de Reims de son prix le plus prestigieux. Liste qui est loin d'être exhaustive sur laquelle on ne doit pas oublier d'inscrire ce grand méconnu de Hart O. Berg, industriel américain de génie dont le destin croisera celui de Garros à un moment particulièrement important de la carrière du jeune aviateur.

Et puis, il y a aussi les « imprésarios », les « managers », ces saltimbanques « entrepreneurs de spectacles aériens », les Baré, les Manselon, les Gaignard, les Borel, les Moisant, pour qui l'aviation a d'abord été un spectacle, mais sans qui rien n'aurait pu se faire...

Enfin, rien n'aurait pu se produire sans le cinquième ingrédient qui a assuré l'ampleur et la résonance du phénomène : le public, le public entretenu dans son enthousiasme par l'ensemble de la presse. C'est à qui donnera, dans ses colonnes, le plus de détails sur les vedettes (on dirait maintenant les « stars ») que sont soudain devenus les hommes volants. *l'Auto*, l'ancêtre de *l'Équipe*, inaugure même une rubrique « Aéronautique » qui rend compte quotidiennement de toutes les sorties aériennes ; sauts de puce, minutes ou même secondes de vol soigneusement chronométrées, on sait ainsi tout de ce qu'ont réalisé la veille les élèves des écoles de pilotage qui se montent, à Mourmelon, à Issy, à Buc, à Étampes, à Juvisy ou à l'étranger... La vie publique ou privée de ces vedettes est largement commentée.

L'ère des « meetings » et des exhibitions va bientôt s'ouvrir, drainant des foules considérables de spectateurs surexcités, aussi prompts à manifester leur colère lorsque le « spectacle » tarde à commencer qu'à porter en triomphe les aviateurs mettant pied à terre après une démonstration brillante sur leurs « oiseaux artificiels » (comme les appelle *l'Auto*).

***

1. Entre autres, Gordon-Bennett a également financé l'expédition Stanley destinée à retrouver Livingstone, les travaux de Marconi sur les liaisons hertziennes et une tentative de conquête du pôle Nord.

Et Garros, dans tout cela ? À vingt ans, il fait encore partie du public anonyme. Son premier but est de passer ses examens. Aussi s'est-il résolument mis au travail. Sa mère est de nouveau à Saïgon. Pendant les vacances de Pâques 1908, il lui écrit :

Je suis honteux d'être resté si longtemps sans t'écrire mais si tu savais comme je suis chargé de travail, tu ne reconnaîtrais plus ton paresseux de fils. Je me lève à 9 h et travaille jusqu'à minuit le soir et je t'assure que c'est méritoire car il fait un temps radieux, soleil superbe ni chaud ni froid : un beau printemps...

Il n'abandonne pas pour autant le sport. Bien au contraire, son ami Émile Lesieur, son condisciple de la future promotion H.E.C. 1908, athlète complet et international de rugby, celui qui aura l'honneur de marquer le premier essai du tournoi des Cinq nations, le parraine auprès du « Stade Français » [1]. Dès que son emploi du temps studieux le lui permet, il va y pratiquer le rugby, l'athlétisme, le cyclisme et... le tennis.

Roland regrette de ne pas pouvoir rejoindre plus souvent l'ami Bielo, Falliot ou Lesieur au « Stade », mais la perspective de sortir de l'École et de terminer son Droit soutient son ardeur au travail.

Ses rapports épistolaires avec sa mère sont pleins d'affection et de tendresse.

Je ne peux pas croire que tu aies engraissé tant que cela avec ta constitution de fausse-maigre (...) T'ai-je dit que j'avais lu dernièrement dans « le Courrier Saïgonnais » ton succès à un bal ? Donc, tu vas bien : donne-moi je te prie de tes nouvelles et de celles de Saïgon.

Clara a pour son fils les gestes d'une mère aimante : elle est la seule à lui adresser, pour le Nouvel An 1907, un mandat grâce auquel l'étudiant pourra offrir des chocolats aux petites Luling (« Tu sais, les filles de M. Luling qui si gentiment m'a invité à Sapicourt »). Elle lui prépare elle-même gelées et confitures de goyaves, achards de mangues, qui, après un si long voyage, n'arrivent pas toujours, en bon état. Toutes ces choses dont il raffole.

Dans ses lettres, Roland n'oublie pas sa petite sœur, s'inquiétant du diabolo qu'il lui a envoyé et qu'elle semble ne

1. Le « Stade » n'a pas été à proprement parler une pépinière d'aviateurs. Mais que de noms glorieux issus de ses rangs : Ader, Blériot, Voisin, Saulnier, et plus près de nous, Weiss, Loth, Assolant, Lefèvre...

pas avoir reçu : « Je vais faire des démarches auprès des Postes ». Et il réclame avec insistance des photographies de sa mère et de Gilberte.

***

Aux H.E.C., Roland s'est lié amitié avec un autre élève, Jacques Quellennec. Le père de son ami, ingénieur en chef du Canal de Suez, a chaleureusement ouvert le cœur de sa famille et sa maison de la rue de la Chaise au jeune créole exilé à Paris. L'oncle de Quellennec, le Dr Luling, a invité Roland pendant les vacances 1909 dans son Château de Sapicourt, près de Reims. La petite troupe de jeunes, Jacques et sa jeune sœur, les deux cousines Luling, Élisabeth (« Zézette ») et sa sœur, et Roland, a passé son temps en promenades, en parties de tennis, à jouer du piano.

À Paris, Roland rencontre aussi les membres de la petite « colonie » des Mascareignes, les îles francophones de l'Océan indien, qui a plaisir à se réunir chez l'accueillant Docteur Rivière, square Louis XVI.

« Tout le reste du temps bouclé dans ma chambre en face d'un Code et d'un manuel de droit », se lamente l'étudiant dans une lettre.

Mais il a déjà conscience de son destin. Un beau soir, à la Faisanderie, le domaine que vient d'acquérir le « Stade Français », quelques « Stadistes » devisent à l'heure du thé sous les frais ombrages de Saint-Cloud après une chaude journée. On parle de l'avenir, chacun expose ses ambitions, mais personne ne sait encore exactement de qu'il va faire. Madame Le Texier, la doyenne de l'assemblée, plaisante affectueusement Roland à ce sujet. Celui-ci n'a pas envie de s'inscrire dans le même discours que les autres. En fait, il n'a pas encore trouvé le langage qui sera celui de sa vérité : l'aviation. Avec calme et sans aucune forfanterie, il répond :

– Soyez tranquille, Madame, je ne sais pas effectivement ce que je ferai. Mais vous verrez que je ferai, un jour, des choses. J'ignore lesquelles. Des choses qui feront parler de moi...

En tout cas, ses efforts n'ont pas été inutiles : le 18 juillet 1908, il sort des H.E.C. Il n'est que 124e sur 185, mais il décroche en même temps son année de droit et un diplôme de la Chambre de commerce anglaise.

***

La théorie, c'est bien. Il veut maintenant acquérir rapidement la pratique du commerce. Tout frais émoulu de l'École, il se paie de culot : sans aucune recommandation, il va se présenter au Directeur des « Automobiles Grégoire ». Le jeune Roland est immédiatement agréé, en dépit des nombreuses candidatures déjà enregistrées et la grande firme de Levallois l'engage officiellement, le 1er septembre 1908.

« J'ai eu beaucoup de chance », écrit-il à sa mère sur papier à en-tête de la Société. Le Salon de l'Automobile doit avoir lieu le mois suivant : Roland se réjouit d'y tenir le stand, l'expérience lui sera profitable, la maison escomptant au moins « un million de transactions » auxquelles il participera. Il est question de créer une succursale en Angleterre et on la lui a proposée. « Cela représente un gros avenir », affirme-t-il.

L'avenir, il va le bâtir lui-même. Au bout de quelques mois, estimant en avoir assez appris, il tient à voler de ses propres ailes et monter son affaire à lui. Pas question, bien entendu, de solliciter auprès de son père un emprunt quelconque : on lui a depuis longtemps coupé les vivres. C'est vers le père de son ami Quellennec qu'il se tourne alors. Grâce au prêt que celui-ci lui consent, il achète près de l'Étoile le fonds de commerce « Sizaire et Naudin Automobiles », une filiale du grand garage Sizaire de la rue de Richelieu [1].

Sous l'impulsion du dynamique H.E.C., le magasin du 6 Avenue de la Grande Armée va se spécialiser dans le commerce des « voiturettes de sport ». Son esprit imaginatif a en effet conçu le « baquet » Grégoire : très simple, un châssis sur lequel on a fixé deux sièges, l'ancêtre, en quelque sorte, des futures voitures « de sport ». Le succès vient rapidement : il a recruté sa clientèle parmi les jeunes gens fortunés et sportifs qui ont été ses condisciples à Janson ou aux H.E.C., parmi les Stadistes.

Au pied de l'Arc de Triomphe, devant l'enseigne « Roland Garros Automobiles – Voiturettes de Sport », c'est un défilé permanent de voitures pétaradantes, aux chromes et aux cuivres étincelants, conduites par des « chauffeurs » moustachus, en pelisse, casquette et lunettes, d'où descendent avec

1. L'acte d'émancipation de « Eugène, Adrien, Roland, Georges Garros » par le tribunal de paix de Saïgon (Cochinchine) porte la date du 2 février 1909.

condamné à réussir, notera-t-il plus tard. Chaque heure de cette attente lui rend plus odieuse, plus impensable l'idée d'une existence médiocre, avec sa petite cuisine quotidienne...

Ce qui le préoccupe, ce n'est pas tant la mort [1], à laquelle il songe sans inquiétude, mais l'accident dont on sort mutilé et surtout les *embarras financiers* qui pourraient en découler. D'ailleurs, son premier soin, au retour du séjour qu'il va faire sur la Côte d'Azur, sera d'écrire à son ami Jacques Quellennec une lettre, sorte de lettre-testament :

Je te charge par la présente pour le cas où il m'arriverait un accident quelconque de prendre en mains mes intérêts et de liquider mes affaires. Si la liquidation laissait un solde passif, je te prierais d'en informer exactement mon père, M. Garros – Avocat – Saïgon – Si le solde était actif, je te prierais de t'en considérer comme le seul bénéficiaire.

***

Pour calmer son impatience, Garros termine souvent ses soirées avec la « bande » du Cinzano au « Skating » de la rue d'Amsterdam, d'autant plus volontiers que l'un des leurs n'est autre que le codirecteur de l'établissement. C'est une salle coquette, l'endroit « à la mode » où l'on assiste à des spectacles de patinage, mais aussi à des matches de basket-ball. Tous ceux du « Cinzano » se souviendront longtemps de la soirée du Mardi-Gras 1910 qui a vu sur la glace le triomphe du champion du monde Allie Moore dans son numéro de « Chute de la Mort »...

La « bande » comprend aussi quelques mélomanes. Ils parviennent à entraîner Garros à l'Odéon pour la première d'Antar mis en scène par Antoine.

Point de départ du spectacle, Rimski-Korsakof a écrit sur un poème arabe une suite symphonique qui apparaît un peu comme un prélude, peut-être éloigné dans la forme, mais proche dans le temps, du raz-de-marée que déchaînera son élève Stravinsky [2]. Antar, le héros, est un personnage moitié légendaire, moitié historique et si les Mille et une Nuits amusent les femmes et les enfants, le roman d'Antar est le « livre

---

1. Le Capitaine Ferber s'est tué le 22 septembre 1909. Il est le 4e sur la liste des victimes de l'aviation qui va rapidement s'allonger.

2. « L'Oiseau de Feu » est donné en septembre de cette même année 1910, mais, à cette date, G. sera déjà « entré en aviation ».

des hommes », dans lequel, rappelle Francis Chevassu, critique au « Figaro », on puise « des leçons d'éloquence, de grandeur d'âme, de générosité et de politique ».

Antoine a commandé à Chekri-Ganem un livret dont les cinq actes seront sous-tendus par la musique. L'Antar ainsi mis en théâtre est l'homme « en qui l'amour suscite les hautes vertus morales et le courage le plus magnifique, à la fois guerrier et poète dont l'épée protège le faible et les opprimés et dont le chant console les malheureux ».

La première a lieu le samedi 13 février 1910. Marie Ventura triomphe dans le rôle de la Princesse Abla, Gabriel Pierné est au pupitre de son orchestre des Concerts Colonne.

Je n'oublierai jamais l'impression que me fit Antar, notera Roland, *surtout à l'ouverture, ces premières notes graves, magiques, qui d'un coup vous jettent l'âme dans les profondeurs mystérieuses du désert, en attendant la ritournelle brodée de rêves du pâtre arabe.*

Le jeune Roland se sent à un tournant capital de sa vie. Avec ses « voiturettes de sport », il a acquis en peu de temps et très jeune une aisance certaine et une sécurité que ne manquent pas de souligner les amis « raisonnables » du Cinzano. Mais, à l'image de ses héros, il a désormais un grand dessein, l'aviation, il y a engagé toutes ses forces, sa passion, ses économies et il ne peut compter que sur lui-même...

Dans une de ces périodes de la vie où la sensibilité se trouve exacerbée, on comprend cette impression que lui procure l'histoire de ce pâtre devenu prince par la seule vertu de son courage et auquel il s'assimile. Il retourne quatre fois de suite à l'Odéon et vivra « *quelques jours sous le charme (captivant) de ce beau conte oriental* [1] ».

Dans la scène finale, le prince Antar, blessé à mort, se dresse sur son cheval en prenant appui sur sa lance et pour que celle qu'il aime ne tombe pas aux mains des ennemis qui s'approchent, il se dirige vers eux en s'écriant :

---

1. Dans les *Mémoires*, G. écrit également : *« Chaque période de ma vie a son refrain, retenu au hasard – souvent une simple romance, ou une mélodie de tziganes ; les notes, le rythme m'en reviennent à tout instant ; et c'est comme un fond sur lequel mes pensées et mes sensations se détachent en relief (spécialement pendant les longues tensions nerveuses des courses). Et plus tard, il me suffit d'entendre un de ces vieux airs pour revivre aussitôt, non sans quelque mélancolie, toutes les sensations, toute l'atmosphère, de la période correspondante. »*

« Car on n'a pas le droit,
« Même quand on est mort, de ne pas rester droit... »

Vers de mirliton, dira-t-on. Chevassu, le critique du Figaro, va même jusqu'à regretter, parlant de l'auteur, « que la magnifique légende transparaisse à peine sous le voile de poésie grisâtre dont l'a revêtue sa Muse trop sage ». « On dirait, par instants », ajoute-t-il méchamment « d'un Cantique des Cantiques qui aurait été mis en vers par Émile Augier ». Mais peut-on affirmer que ce ne sont pas là les derniers mots pensés par celui qui, quelques années plus tard, la veille même de ses trente ans, va trouver la mort le 5 octobre 1918 ?

***

Ces soirées parisiennes ne parviennent pas à calmer l'exaltation du jeune aspirant aviateur. Il étouffe à Paris et décide d'aller rejoindre quelques amis attardés dans le Midi où la Saison est terminée. Dans une légère « torpédo » d'essais, il prend la route, en compagnie d'un mécanicien. Les deux jours passés au volant ne dissiperont pas son énervement et il conduit à tombeau ouvert, à la grande terreur de son passager qui regrettera « de ne pas avoir pris le train... »

Une fois sur la Côte, il peut se replonger avec délices dans les souvenirs de son enfance si proche. Il va revoir son Collège de Cannes, son Lycée de Nice, le vélodrome du Vallon des Fleurs. Il refait en automobile les longues promenades qu'il a, cinq ans plus tôt, parcourues sur son vélo.

Au seuil de l'aventure, j'étais ému de revoir ce beau pays où, enfant, j'avais envié tant de choses. Comme ce serait bon de revenir là un jour, heureux, dans l'ivresse d'un bel effort victorieux... Tout comme Antar revenant chez lui après cinq ans d'absence.

À l'orée du destin qui paraît déjà s'être complètement tracé pour lui, Roland fait provision d'énergie et d'enthousiasme. Mais l'attrait du risque le met un jour en danger de tout compromettre. Un ami l'a invité à Monte-Carlo et il subit l'attirance troublante de ces tapis couverts d'or et de liasses qu'on traite à coups de râteau. Il porte sur lui les précieux 10 000 Francs destinés à la Demoiselle et à des frais divers. Il tente sa chance au 30 et 40 en misant six fois de suite : en cinq minutes, il se trouve à découvert de 2 400 F. Il a suffisamment de maîtrise pour quitter la table, « un peu pâle » tout de même... Et se contente de déclarer à son ami :

– *Je crois que j'ai fait de mauvaises affaires...*

Avant de terminer la soirée à l'Hôtel de Paris par un dîner fin, qui lui laisse l'impression que « la vie est belle ».

Fort opportunément, son remplaçant a réussi Avenue de la Grande Armée plusieurs bonnes affaires, ce qui lui permet de prolonger de plusieurs jours ce séjour roboratif, dans « l'air parfumé, les fleurs, le soleil... »

Et c'est en pleine forme physique et morale qu'il regagne Paris, le 30 avril [1].

1. Dans les « Mémoires », G. écrit *« 31 avril » (sic)* et précise : *« jour d'échéance »*.

III

Une Demoiselle à Issy...

– Allô ? Demain ? Allô ? Vous dites bien : demain ?

Sa voix tremble un peu. Garros demande confirmation au cornet du téléphone :

– Mon avion ? Mon avion, ma Demoiselle ? On me la livre demain, demain après-midi ?... Dites-vous ?... À Issy-les-Moulineaux ?... J'ai bien entendu ?...

***

Issy-les-Moulineaux, le « berceau de l'aviation mondiale », cela a d'abord été quelque 63 hectares de friche en bordure de la capitale. Après l'Exposition de 1889, Paris a tenu à conserver sa Tour Eiffel et les monuments construits à cette occasion sur le Champ-de-Mars, propriété militaire. En échange, la municipalité parisienne a offert le vaste terrain banlieusard à l'Armée.

Celle-ci accepte le droit de jouissance qu'on lui propose et se considère bien vite comme la propriétaire exclusive et sourcilleuse des lieux. Elle y établit son champ de manœuvres pour la région parisienne. Dans la poussière de l'été, la neige et la boue pendant l'hiver, Issy va être le théâtre de fougueuses charges de cavalerie, les apprentis trompettes viendront remplir l'air du petit matin de leurs premiers couacs. L'Armée fait en outre construire tout autour un petit muret de briques pour en rendre l'accès plus difficile, sinon pour l'interdire.

Mais cette grande surface aux portes de Paris éveille l'intérêt des premiers aviateurs. Dès 1905, usant de ses nombreuses relations, Ernest Archdeacon obtient l'autorisation d'y pratiquer les essais du planeur Wright dont il vient de faire l'acquisition. Il est bientôt rejoint par le roumain Trajan Vuia et son monoplan prophétique à moteur à acide carbonique, puis par Louis Blériot, par Henri Farman, Léon Delagrange, Santos-Dumont, par les frères Voisin, les Caudron et bien d'autres fanatiques solitaires et souvent restés inconnus...

Les militaires défendent leur territoire à grandes salves de tracasseries administratives : à partir de 1908, les essais doivent avoir lieu de 4 à 6 heures du matin, tout aviateur doit s'assurer « un sous-brigadier et huit hommes pour le service d'ordre », ce qui lui coûtera 18F50 par séance, soit trois jours de salaire d'un ouvrier ! Pas question non plus d'ouvrir une brèche dans le mur protecteur : les appareils devront être hissés pour accéder à la piste d'envol, au risque de voir des mois sinon des années de travail et d'espoirs anéantis en une fraction de seconde.

N'empêche, des hangars de planches poussent en bordure, comme des champignons : celui des dirigeables, ceux des frères Vendôme, de Santos-Dumont, celui de Blériot, des frères Voisin...

Et le hangar Clément-Bayard : outre le « Ville-de-Paris », le dirigeable vedette de la firme qu'elle accueille entre ses parois de bois, la bâtisse sert de garage à toute une série d'appareils et abrite notamment les Demoiselle à qui des mécaniciens mettent la toute dernière main avant livraison.

Roland n'a pas attendu la fin de la journée pour traverser Paris à tombeau ouvert et se présenter devant l'enseigne « Bayard-Clément-Aviation ». Plusieurs Demoiselle ont été sorties. Un homme aux cheveux gris, casquette à la main, s'approche du jeune homme :

– M'sieu Garros ?

– Lui-même.

– Bonjour, Monsieur. Mon nom, c'est Legay. C'est moi le gardien. Votre Demoiselle, elle vous attend sous le hangar.

De l'intérieur, la bâtisse paraît immense. La poussière monte lentement dans les rais de soleil s'immisçant par les verrières. Le père Legay fait à pas lents les honneurs de son domaine :

– Celui-là, dit-il en désignant les débris d'un petit monoplan noir aux ailes un peu courbées, on l'appelle « le Corbeau ». Quand M'sieu Moisant l'a essayé, c'est comme s'il avait capoté en l'air...

Quelques pas. Tout à côté, un biplan dont le plan supérieur est... en tôle ondulée :

– Celui-là aussi, c'est M'sieu Moisant qui l'a construit, commente le gardien. Pour sûr, il n'a jamais volé, ajoute-t-il en confidence. Et ça, désigne-t-il un peu plus loin, c'est le « lenticulaire » du Patron, M'sieu Clément... Nous, on préfère l'appeler « la Punaise »...

Garros et Legay passent devant le ballon-planeur de César, hybride de l'avion et du ballon, avant de parvenir devant une longue file de Demoiselle (« elles ne doivent pas sortir souvent », songe le jeune homme qui passe son doigt sur la poussière des ailes).

Dans un coin, l'air à la fois fragile et têtu, apparaît une dernière Demoiselle aux ailes jaunes, d'un jaune épouvantablement criard. Un mécanicien en bleu s'affaire.

– Lui, c'est Romain, le mécano de Clément-Bayard, précise le père Legay en le désignant.

– Bonjour, Romain, comment va-t-elle ? interroge Garros, la main tendue.

Le mécanicien retire sa casquette, essuie sa main sur sa blouse et la tend à son tour :

– Impeccable, M'sieu Garros. Vous en serez content, pour sûr ! Vous pouvez monter.

Sans un mot, le nouveau propriétaire fait le tour de « sa » Demoiselle, l'examinant d'un œil qui se veut déjà connaisseur. Du bout des doigts, il caresse la soie tendue des ailes. La voix légèrement voilée par l'émotion, il demande :

– Le gilet ?

– Le voilà, répond Romain en le lui tendant.

En imagination, Roland a souvent répété ces gestes. Il avise un établi, y pose son melon, se défait de sa veste et, aidé de Romain, entreprend de se corseter du fameux gilet des « Demoisellistes ». Puis il s'installe sur la lanière de cuir (c'est le siège), pose la main gauche sur le volant de direction, la droite sur la manette de profondeur, son pied essaie l'accélérateur.

– Vous savez, M'sieu Garros, vous ne pourrez pas « sortir » aujourd'hui...

– Ah oui, Romain ? Et pourquoi donc ?

– Eh ben, aujourd'hui, vous l'avez bien vu, c'est la « tempête ».

– La tempête ? Vous voulez rire...

– Eh non, M'sieu Garros. On ne peut voler que quand la fumée d'une cigarette s'envole tout droit vers le ciel, au milieu du terrain. Sinon, eh ben, c'est la « tempête »...

– Ah bon... Et quand aura-t-on un temps à voler ?

– Pour ça, on ne sait jamais. Mais je tiendrai votre appareil prêt. Et puis, vous savez, ajoute-t-il sur le ton de la révélation, c't'appareil, à part M'sieu Santos, y a bien peu de monde qui a réussi à le faire fonctionner. Jusqu'à ce tantôt, tenez, il y a guère que M'sieu Audemars... Regardez, en ce moment, il est sur le terrain. Il arrive déjà à tirer des lignes droites... Lui, pour sûr, il ne va pas tarder à voler...

Audemars, peut-être, songe le futur aviateur légèrement irrité. Et Garros, alors?

– Tenez, le v'là, M'sieu Audemars. Il est en panne...

À travers les portes ouvertes du hangar, le bras tendu désigne un petit homme, maigre, sec, aux membres fins et nerveux debout auprès d'une Demoiselle arrêtée qu'un mécanicien est en train de réparer...

Roland tient à faire la connaissance de ce Monsieur Audemars. Il se défait du gilet, renfile sa veste, se recoiffe de son melon, puis se dirige à pas lents vers le fond du terrain. Petit à petit, il distingue que l'homme est soigneusement chaussé, qu'il porte une culotte de sport de coupe élégante et le fameux gilet du Demoiselliste auquel sont fixés les câbles qu'on actionne par un mouvement du thorax pour assurer le gauchissement des ailes. Il tient d'une minuscule main gantée un casque d'aviateur. Plus près, Roland constate que l'ensemble est *fort sale, couvert de taches d'huile et de poussière coagulée, qui (vont) jusqu'à la figure et (font) mieux ressortir des yeux ardents.*

Auprès de la Demoiselle en panne, le malheureux mécano s'affaire comme un beau diable, il démonte les bougies, les nettoie, les remonte. Audemars suit son travail, donne de temps en temps une indication ou pose une brève question. De près, Roland remarque un tic particulier des paupières bordées de cils très longs et l'énergie tenace qui se dégage du petit personnage.

Si je l'avais connu, à ce moment, note-t-il dans ses cahiers de Küstrin, *j'aurais compris qu'il était furieux et si j'avais connu la Demoiselle, j'aurais deviné pourquoi : à cette heure là, ce devait bien être la sixième panne de l'après-midi...*

Audemars le regarde approcher, d'un air excédé qui dit nettement : « Encore un raseur ».

– Monsieur Audemars ? Je me présente. Roland Garros. Moi aussi, je suis propriétaire d'une Demoiselle...

– Enchanté, répond son interlocuteur avec une politesse plutôt sèche.

Quelques instants, Roland se tient à l'écart, avant de se retirer discrètement.

À cette époque, Edmond Audemars a vingt-huit ans. Ce Suisse, né à Genève d'une lignée d'industriels, a comme Garros vécu très tôt loin de sa famille. À Berlin d'abord. Là, il a représenté avec profit la « Motosacoche », une bicyclette à moteur ancêtre du Vélosolex. Comme Garros aussi, il s'est passionné pour « le sport » : il a remporté à Copenhague le championnat du monde cycliste amateur sur 100 Kilomètres derrière motocyclette. De Paris, où il a fini par s'installer, il dirige alors son affaire par correspondance et par téléphone. Il y a peu, lui aussi s'est converti à l'aviation et s'est porté acquéreur de la première des Demoiselle sorties en série des Ateliers Clément-Bayard.

Le premier contact entre les deux hommes n'a rien de particulièrement chaleureux. Ils ont en commun leurs origines familiales, leurs premières expériences, leurs premiers espoirs, leurs premiers déboires, toutes choses qui les rapprocheront par la suite. Pourtant, Roland est alors *loin de se douter que Monsieur Audemars deviendra (...) un jour (s)on ami le plus intime...*

***

Sa première sortie a lieu un soir, entre 6 et 7. Il fait beau. Romain a préparé l'appareil et y apporte la dernière main. Roland s'équipe du gilet et se met en selle, tête nue et sans lunettes. Il se dit très ému, mais décidé.

Romain lance l'hélice, une fois, deux fois... Rien à faire. La veille, au point fixe, le Dutheil-Chalmers a pourtant bien fonctionné. Aujourd'hui, il ne veut rien entendre.

– Vous avez bien mis le contact, M'sieu Garros ? interroge le mécano.

– Bien sûr ! réplique l'autre, un peu vexé.

À tout hasard, Romain démonte quelques bougies pour les nettoyer.

Pendant ce temps, des badauds de tous âges se sont rapprochés de l'appareil, attirés par le jaune criard des ailes. Ils grouillent de plus en plus nombreux autour de la petite machine cependant que Romain remonte les bougies et que

Garros, stoïque à son poste, sent l'essence lui couler sur les pieds.

Il est un peu pâle, les titis en font la remarque, ce qui n'est pas fait pour calmer son énervement, d'autant plus que Romain, transpirant et soufflant, s'est maintenant mis à démonter au petit bonheur magnéto et carburateur.

L'appareil est cerné de partout, le pilote ne peut voir ni à droite, ni à gauche, à peine a-t-il un petit espace libre, juste devant lui.

– Partira, partira pas ! lancent *des petites voix criardes qui (lui) entrent dans les oreilles comme des vrilles...*

Tout d'un coup, une pétarade éclate, couvrant le bruit des voix et Roland se sent pris dans un violent courant d'air. Sous l'aile, il aperçoit la figure épanouie et ruisselante de Romain qui attend ses ordres pour le « lâchez tout ! ».

Dans ses *Mémoires*, il décrit ainsi cet instant :

Mon cœur battait à tout rompre – J'avais la gorge serrée, les membres mous, paralysés d'émotion – mais une pensée me domina : j'étais en face de ce que j'avais désiré de faire – il n'y avait pas à hésiter... Un effort de volonté me rendit un peu de calme... Sur un signe, la tête de Romain disparut : je me sentis lâché...

Il n'a pas encore appris à coordonner ses mouvements. Un coup d'accélérateur trop appuyé le projette brutalement en avant. Il s'en rend compte et lâche la pédale pour ralentir... au moment précis où surgit sur sa droite une énorme machine, fonçant droit sur lui *à une vitesse d'express*. Il ne peut plus s'arrêter, les deux appareils vont se rencontrer mais il a le bon réflexe : d'un coup d'accélérateur désespéré, il tente d'échapper au choc, sans pouvoir l'éviter.

Roland se replie sur lui-même et ferme les yeux (tout à fait comme dans mes rêves, note-t-il). Il se retrouve assis par terre, au milieu des débris, dans un nuage de poussière. Pendant ce temps, le Voisin qui l'a pris en écharpe stoppe à une centaine de mètres.

On se précipite vers la victime. Elle paraît heureusement indemne. Romain est sur place, le premier :

– M'sieu Garros ! Je vous ai crié de vous arrêter, mais vous ne pouviez plus entendre...

– Ah ! grogne-t-il encore, s'il n'y avait pas eu tout ce monde, vous l'auriez vu, vous aussi, c't'aéro là...

Et de commenter :

– En tout cas, votre coup d'accélérateur vous a sauvé la vie... Vous avez pu éviter les roues et l'hélice...

Roland entend ces réflexions sans prononcer un mot, les yeux fixés au sol et ses pas le dirigent machinalement vers le hangar, devant lequel il bute sur le pilote du Voisin accouru à sa rencontre :

– Oh Monsieur ! s'exclame le moustachu casqué d'une voix émue. Vous n'êtes pas blessé ? Je suis désolé de n'avoir pu vous éviter !

– Ne vous inquiétez pas, ce n'est pas grave... Pas une égratignure ! mais je suis bien sale et je vais aller me nettoyer...

Dans la petite pièce qui sert de vestiaire, Madame Legay vient l'aider à brosser son costume.

– Vous avez bien de la chance dans vot' malheur, M'sieu Garros ! lui dit-elle.

– Vous trouvez ? demande Garros en esquissant un sourire.

– Pour sûr, M'sieu Garros. D'abord, vous n'avez pas été blessé. Et puis, M'sieur Maurice, Clément, vous savez, M'sieu Maurice Clément... Celui qui a failli vous tuer... Eh ben, c'est le fils du Directeur de Clément-Bayard... Et c'est un bien brave garçon, vous savez...

Le soir, aux amis de chez Cinzano, Roland raconte en plaisantant sa première mésaventure aérienne. Il notera :

Cette catastrophe était une des éventualités prévues. Je n'en étais donc pas surpris. Mais je m'étonnais de ne pas être abattu, désespéré...

***

Le lendemain, Roland a fermé plus tôt le magasin de la Grande Armée. Dès 5 heures et demie, il est sur les lieux pour constater les dégâts. Romain l'accueille avec une mine consternée :

– M'sieu Garros, soupire-t-il en désignant un monceau de débris, j'ai rassemblé ce qui reste dans ce coin-là...

Le jeune homme encaisse le choc sans sourciller.

– Il n'y a plus que le moteur d'utilisable, ajoute le mécano d'un air lugubre.

Pour un appareil neuf, sans moteur, songe l'apprenti pilote, il faut compter au moins 4 000 F. Pour les trouver, il faudrait au moins un nouveau miracle...

L'arrivée de Maurice Clément le tire de ses sombres réflexions.

– Monsieur Garros, commence ce dernier, j'ai eu bien peur, hier... J'ai cru que je vous avais... tué... Et c'était bien un peu de ma faute...

Dénégation polie et muette de la victime.

– À propos, pour votre appareil, poursuit le jeune homme, vous savez qu'il ne faut pas vous inquiéter... C'est moi, le responsable... il vous sera remplacé... demain ou après-demain...

Je ne pouvais pas décemment lui sauter au cou et l'embrasser... conclut Garros. *D'ailleurs, quel geste, quelle parole aurait pu lui exprimer ma gratitude – Je le remerciai comme je pus, c'est à dire très mal. Nous causâmes un instant, puis il alla s'entraîner sur son biplan.*

***

Sur le terrain encore très animé, la nuit tombe lentement. Complètement rasséréné par ce qu'il prend pour un nouveau signe de son destin, Roland se sent ce soir le besoin de parler (un peu) et d'écouter (beaucoup). Il s'attarde longuement près du hangar. Sur la piste, des appareils de tous types s'entrecroisent. Le monstre de tôle ondulée de Moisant parcourt le terrain, à 30 à l'heure, avec la grâce d'un rouleau compresseur dont il parvient même à imiter le tintamarre. Des Demoiselle sautillent maladroitement en zigzag. Romain les suit attentivement des yeux, guettant la moindre défaillance mécanique. Survient la panne et il se précipite, il démonte, nettoie, remonte, tente de faire redémarrer et quand il n'y a vraiment rien à faire, il ramène l'équipage à l'écurie.

Près du hangar, l'équipe des « Demoisellistes » se regroupe à mesure que les machines ont épuisé leurs forces. Il y a là Versepuy, qu'on pourrait déjà appeler un ancien débutant, Trousselier, ci-devant champion du Tour de France 1905 lui aussi converti à « l'aéro », Meurisse, le photographe qui veut voler, Georges Sizaire, le fils du garagiste de la rue de Richelieu, plus deux ou trois autres.

John Moisant a fait ranger son monstre roulant et s'est joint au groupe. Impossible de donner un âge à ce petit homme brun, presque chauve, au teint hâlé, à la gueule d'aventurier : en fait, c'est le doyen de tous, pensez, il a 40 ans ! À Issy, tout le monde connaît sa mise négligée, son costume fripé toujours couvert de poussière et de taches d'huile, on apprécie son affabilité constante, mais on se moque un peu de l'accent rocailleux que le franco-américain a hérité de ses parents canadiens français, comme de l'énorme diamant qu'il porte au doigt et de celui qui orne son épingle de cravate. Sans parler des deux appareils qu'il a construits, qui le font passer pour un original autant que pour un casse-cou...

L'aviation est en effet devenue sa passion : il en a les moyens, le temps et l'argent. Sur l'origine de sa fortune, on raconte déjà beaucoup de choses. Pour certains, comme Jacques Mortane, elle provient simplement des abattoirs de Chicago où sa famille a vécu, après quelques années passées à Kankakee. La véritable histoire, tout au moins telle que la rapportent Audemars et Curtis Prendergast, est beaucoup plus exaltante... Au départ, il y a en fait trois frères Moisant, émigrés au Salvador où ils se sont établis planteurs de canne à sucre et un petit peu « soldats de fortune » pour le compte du général-président. Souvenir de sa jeunesse salvadorienne, John signera toujours « Juan B. Moisant » [1]. Un jour de grande tempête, un navire chargé d'or vient à couler devant le port de San Salvador. Tout l'équipage a péri et seuls les mâts émergent encore. Sur une petite barque, follement secouée par la tempête, John va l'aborder et se maintenir cramponné aux haubans, pendant plus de trente heures, le temps de devenir le propriétaire légal de l'épave et de son précieux contenu [2]. Les lingots ainsi acquis transforment les planteurs en banquiers. Mais dans une république sud-américaine, le présent et l'avenir sont fonction des humeurs du dictateur régnant. Alfred et George, les deux frères de John, sont jetés en prison pour « complot » contre le nouveau potentat (ce qui n'a rien d'impossible...). Pour les délivrer, John, alors en voyage au Nicaragua, montera deux expéditions successives contre le régime en place, la première échouant piteusement dans la fuite éperdue de ses mercenaires au premier coup d'escopette, l'autre tuée dans l'œuf par l'arraisonnement de la flottille de débarquement par un croiseur américain. Pourtant, tout est bien qui finit bien : ses frères sont finalement libérés, mais John préfère quitter ce climat politique plutôt malsain et c'est

1. « B » pour « Bevian ».

2. Dans la revue de l'Aéro-Club de France, l'origine de la fortune des Moisant est présentée dans une autre version – moins honorable : « Se promenant un jour, fumant et chiquant le long de la mer, il [John] aperçut trois hommes quittant leur bateau pour aller déjeuner sur l'herbe, un peu plus loin. Le yacht devenait un dérélict [pas d'âme à bord] . Il en prit possession, comme l'y autorisait le droit maritime, sortit son arme et, au retour des excursionnistes, leur revendit le bâtiment »...

alors qu'il gagne l'Europe, passe quelque temps en Espagne, puis en France, au moment même où Wilbur Wright présente son Flyer aux Hunaudières : l'aviation devient sa nouvelle passion...

Sur le terrain d'Issy, alors que tout autour les becs de gaz s'allument l'un après l'autre, les apprentis aviateurs commentent leurs sauts de puce, leurs échecs, tout en contemplant la dernière Demoiselle encore en piste :

– Audemars ! Voilà celui qui nous coiffera tous au poteau ! s'exclame Versepuy en le montrant du doigt. Voyez-moi ces lignes droites qu'il arrive à tirer... Je vous parie que, sous peu, il va voler...

– M'est avis qu'vot' Aud'mars, il vole d'jà au miyieu d'ses lignes drouettes ! Assurément ! rétorque Moisant.

– Ce qu'il faut faire, ajoute sentencieusement un troisième, qui semble ne pas avoir entendu les autres, c'est rouler doucement jusqu'à l'angle d'où part la ligne droite, virer puis s'élancer à ce moment là...

Roland écoute avec attention les « anciens » échanger leurs expériences, leurs conseils. Il a encore bien peu de choses à leur dire, lui qui ne vole pas encore. Puis il prend congé et rentre rue Lalo, par le bois de Boulogne, avec plus d'espoir et de confiance que jamais...

***

Maurice Clément a tenu parole : trois jours plus tard, Roland peut prendre livraison à Issy de son appareil neuf qu'il va immédiatement essayer. Cette fois-ci, le débutant est moins dépaysé, plus détendu. Il n'y a presque pas de monde et surtout, l'hélice répond à la première sollicitation de Romain.

Quand il prend son élan, il aperçoit à environ trois cents mètres Audemars et sa Demoiselle en panne au bout de la traditionnelle ligne droite. Il décide d'aller le rejoindre. Inconsciemment, il accélère un peu, puis un peu plus. À moitié chemin, le voilà en pleine vitesse et... en vol. Oh, modestement, pas plus d'un mètre, mais « en vol », sur une centaine de mètres et pendant plus de quinze secondes ! La peur de ne pas s'arrêter à temps lui fait lâcher brusquement l'accélérateur. La Demoiselle touche le sol assez lourdement, une roue se brise [1].

---

1. Avec le 2 cylindres Hallis-Chalmers et ses perpétuels caprices, les roues sont le point faible de la Demoiselle.

Mais il a volé et il est radieux. Audemars qui a suivi la performance s'approche, un sourire malicieux au coin des yeux :

– Monsieur Garros, je crois que vous voilà « sauvé ».

Les deux hommes se serrent la main et le soir même, Garros invite Audemars à aller fêter sa réussite, avec les amis du « Cinzano's »...

***

Pour les deux débutants commence alors l'apprentissage du pilotage, un apprentissage qui durera deux mois, deux mois de printemps et d'espoir. Le plus souvent possible, en fonction de la qualité du « temps », Garros et Audemars se retrouvent à Issy parmi les quelque quatre ou cinq mordus de la Demoiselle qui s'efforcent vainement de la faire décoller.

Les deux hommes fraternisent rapidement : leurs enthousiasmes sont communs et surtout l'aviation. Les jours où le temps leur a permis de se rendre au terrain, c'est dans son « baquet » que Garros ramène Audemars à son hôtel. Les autres soirs, ils se retrouvent avenue de la Grande Armée, ou alors rue du Quatre-septembre, à l'heure de l'apéritif. Audemars fait maintenant partie des habitués du « Cinzano's », qui mènent une vie de bohème, plutôt dorée.

Trois d'entre eux possèdent une petite maison de six pièces à un étage bordée par-devant d'un jardinet inculte et par derrière d'une cour minuscule. C'est « le château », où l'on se retrouve souvent, à une dizaine, même quand les maîtres du lieu sont absents... Pas besoin de carton pour s'y inviter à déjeuner : la vieille cuisinière court à l'épicerie voisine chercher des œufs, une boîte de sardines, on trouve dans un fond de buffet une aile de poulet et d'ailleurs, on peut « apporter son manger »...

Il y a même un vieux piano qui permet de meubler les soirées de bruit, sinon de musique. On discute, on déguste des liqueurs, la cigarette aux lèvres. On ne sait pas de quoi demain sera fait, on savoure la vie, comme elle se présente.

***

Compte tenu de la météorologie pas toujours favorable et du peu de temps dont on peut disposer du terrain le matin, il faut s'organiser au mieux. Audemars habite un hôtel au centre de Paris. Garros, qui loge près de la porte Dauphine, va les premiers jours le chercher chez lui avant 4 heures du matin.

C'est là un grand détour. Aussi Audemars prend-il l'habitude de venir coucher chez Garros, rue Lalo, d'abord sur un divan du boudoir, plus tard, dans (s)on propre lit. Ils s'endorment vers minuit, le réveil les arrache du sommeil moins de trois heures après.

L'un des deux se lève, va jusqu'à la fenêtre donnant sur la cour, examine les feuilles de l'arbre pour voir si c'est la peine de se déranger à une heure pareille...

– *Rien à faire, une vraie tempête...*

L'autre se lève à son tour, fait mine de vérifier puis lâche hypocritement :

– *Vous croyez ?*

– *C'est par rafales... Tout à l'heure, les branches du haut étaient ployées...*

Alors, chacun, paresseusement, se renfonce dans ses draps.

Mais il est tout de même des matins où le temps est « au beau ». On se retrouve alors au hangar vers 4 heures. Le temps de se préparer, de sortir les avions avec l'aide de l'infatigable père Legay, car les mécanos ont eux aussi leurs pannes de réveil, on ne peut être en piste que vers 5 heures ou 5 heures et demie. Et dès six heures, il faut évacuer le terrain, chassés par les trompettes et leurs destriers...

Les quelques élèves et leurs mécanos se précipitent alors « Chez Marie », un petit bistro pour charretiers proche du hangar. Il faut souvent frapper longtemps à la fenêtre pour sortir la patronne de ses rêves. La porte s'ouvre enfin et Marie garnit la table d'œufs, de jambon aux cornichons, de café au lait...

Le petit vin blanc qui arrose le frugal mais consistant en-cas matinal chauffe l'ambiance et bientôt, tous reprennent en chœur les paroles que Roland, à l'usage de ses compagnons « Demoisellistes », a adaptées du grand air de Lakmé :

Et sur ma tête, Baya(rd)
À mis son moteur – qui danse,
Et lorsqu'il éclatera,
Ce sera la délivrance.

Dans le concert des trompettes couinantes qui ont réoccupé le terrain, on va alors, du toit du hangar, contempler Paris, qui s'étale à vos pieds, au soleil...

***

Les quatre premières « sorties » de Roland sont plutôt médiocres : de dix secondes à une minute ! Il ne sent pas encore ce qu'il faut faire, ne réalise aucun progrès. Il en viendrait même à douter de lui.

Mais un soir, par un temps particulièrement beau, le déclic se produit. Il s'est répété les « secrets » qu'Audemars lui a livrés la veille : « *Pour se rétablir, il suffit de gaucher l'aile qui penche, il faut encore donner un coup de gouvernail, comme pour tourner, du côté opposé à celui où l'on penche...* » Tout simple, en somme, il fallait y penser et surtout le faire...

Il s'efforce méthodiquement de rouler doucement jusqu'à « la grande ligne droite », part progressivement et essaie la manœuvre « secrète » : avec émotion, il découvre qu'il a compris... Il se maintient à deux mètres de hauteur et parcourt ainsi 500 mètres, avant d'atterrir, sans cette fois-ci casser de roue : son premier atterrissage normal.

Romain, qui a accouru à sa rencontre, retourne vivement l'appareil et l'apprenti repart, refait la même ligne droite. Il recommence trois fois, quatre fois. Cinq fois et seule une malencontreuse fuite de radiateur vient mettre un terme à son ardeur...

Ses progrès vont maintenant être très rapides. Audemars, quant à lui, est parvenu réellement à ébaucher de très larges virages. Roland le suit dans cette voie.

Puis Audemars qui se sent prêt s'empresse de passer son brevet [1]. On va quérir chez lui à 3 heures et demie du matin un commissaire de l'Aéro-Club qui a bien voulu accepter un rendez-vous aussi matinal. Mais la Demoiselle est réticente et il faut remettre la séance au lendemain 10 juin. Ce jour-là, mêmes difficultés de machine, toujours aussi capricieuse. Entêté, Audemars satisfait à la première épreuve avec l'appareil réparé. À la deuxième, la Demoiselle du Suisse se fait net-

---

1. Quand il rédige ses Mémoires au Camp de Küstrin ou à Magdeburg, G. ne dispose évidemment d'aucune archive. C'est pourquoi il écrit qu'Audemars s'empressa *de passer son brevet pour participer au meeting d'Angers*. Or, l'épreuve angevine s'est déroulée du 3 au 7 juin, avec comme seuls participants Martinet, Paillette, Legagneux, Dickson et de Mumm.

tement odieuse, elle refuse tout net de démarrer. Audemars se dit qu'il devra tout recommencer.

J'eus la joie de lui éviter cet ennui en lui offrant ma Demoiselle, écrit Roland. *Il m'en garda la reconnaissance d'un homme peu habitué aux gestes désintéressés.*

Mais que d'émotions pour la troisième épreuve ! Les remous de chaleur bousculent le fragile appareil. Les nombreux curieux qui pensent avoir à faire à l'exhibition d'un aviateur connu ont envahi le terrain. Et Audemars, encore un peu maladroit, passe plusieurs fois à un mètre des têtes, à la grande frayeur de ceux qui savent, le Commissaire, les pilotes et les mécanos présents. On appréhende surtout la panne qui se produit au moins une fois toutes les demi-heures... Quant au public, lui, il est ravi et applaudit joyeusement à ce spectacle gratuit...

Ce jour-là, Audemars obtient son brevet, le N° 100 [1] qui lui ouvre une carrière internationale.

Roland, lui, n'attendra pas d'être breveté pour participer à ses premières exhibitions publiques.

---

1. En 1910, le Brevet de Pilote institué par l'Aéro-Club de France le 15 décembre 1908 comportait l'exécution de « trois circuits fermés sans contact avec le sol d'au moins cinq kilomètres chacun ».

IV

Premier public à Cholet

Albert Baré est un homme plein d'esprit d'entreprise : il est imprésario. Pendant plusieurs années, il a exercé son activité dans les Amériques qu'il a sillonnées en tous sens, montant toutes sortes de spectacles. Il a créé la renommée de nombreuses vedettes. C'est lui qui a fait faire, dans l'arène, ses premières chicuelinas publiques au toréador français Robert, le sortant de l'anonymat pour le propulser aux sommets de sa gloire texane et mexicaine.

La France que Baré découvre à son retour est encore sous le choc de la « Semaine d'Aviation de la Champagne » qui a attiré à « Port-Aviation », comme on appelle désormais l'aérodrome aménagé à Bétheny, des dizaines de milliers de spectateurs enthousiastes, conquis par le spectacle des « hommes-oiseaux ». Les frères Gasnier du Fresnes ont organisé une manifestation analogue à Angers, Joseph Aletti à Vichy ; des villes comme Lyon, Nice, Cannes, Biarritz, Tours, Rouen, ont à leur tour eu leur propre « semaine aéronautique ».

L'aviation, voilà la nouveauté. Baré ne perd pas de temps à le comprendre, qui crée à Nantes la « Société d'Aviation La Libellule » dont la raison sociale est l'organisation de spectacles aériens.

Les Choletais, eux, n'ont encore vu ni un aviateur, ni même un avion. Camille Moudoux, un distillateur qui préside aux destinées du « C.P.F.C. », le Comité permanent des fêtes de Cholet, va y remédier. Le 26 juin 1910, *l'Intérêt public* de Cholet annonce en première page :

Qui aurait pu croire, il y a deux mois seulement, que Cholet aurait des journées d'aviation cette année ? (...) Les 14, 15, 16 et 17 juillet, l'Anjou, la Vendée et les Deux-Sèvres se donneront rendez-vous à Cholet !

C'est à « La Libellule » que Camille Moudoux a fait appel pour « des vols de distance, de durée et de hauteur » qui seront le bouquet des festivités. Le Comité des Fêtes reçoit de la mairie l'aide la plus efficace. Le 8 juillet, le conseil municipal ajoute même aux sommes déjà engagées une rallonge de 1 500 F, 1 000 destinés à Baré pour le recrutement de ses aviateurs, 500 pour les compléments de la mise en œuvre de la fête elle-même.

L'organisation du meeting est très poussée : la gendarmerie et l'armée assureront le service d'ordre, mais c'est la municipalité qui établit des garages pour les voitures, les automobiles et les bicyclettes ; c'est elle qui fait élever tout autour de l'hippodrome de la Papinière, qui servira de champ d'aviation, une palissade de 2 m 50 à 3 mètres de hauteur ; des itinéraires soigneusement fléchés canaliseront le flot des piétons et des voitures. Quant aux tribunes, le prix d'accès en est fixé à 5 F, mais on ne paiera que 2 F et 1 F pour pénétrer sur la pelouse et « se répandre à droite et à gauche du terrain ». En outre sont prévus quatre buffets, ainsi que des « étalages de pâtisserie ». Il y aura même un kiosque à cartes postales et journaux avec boîtes aux lettres et levées assurées pour le courrier du soir. On souscrit enfin une assurance-accidents de 20 000 F...

Reste maintenant pour Baré à trouver les héros de la fête, les aviateurs. Avec un budget confortable, il n'aurait pas d'hésitation : Léon Morane et Hubert Latham, « les rois de la hauteur », comme vient de les qualifier *l'Auto*, pourraient à eux seuls rameuter des foules immenses. Mais ils sont hors de portée des modestes finances du Comité et, d'ailleurs, Morane vient d'être engagé pour le meeting de Bournemouth.

Baré a promis à Cholet quatre pilotes, deux sur monoplan, deux sur biplan. À tout hasard, il a avancé le nom de Versepuy qui vole sur Demoiselle et celui d'Obre, qui possède un Blériot. Il a aussi parlé de Léon Michel et de Florentin Champel, un des héros de « Port-Aviation », qui, sur son biplan Voisin 80 HP, pourrait donner des baptêmes de l'air. Tout paraît se mettre en place sans accroc.

***

Mais au tout dernier moment, Michel et Champel se désistent. Baré flaire la catastrophe. Une seule solution : se rendre à Issy-les-Moulineaux et, en traînant parmi les aviateurs, en trouver un ou deux qui saisiront cette occasion de voler en public. Obre a confirmé son engagement.

Et Versepuy ? Melon sur la tête, cigare à la bouche, Baré se précipite vers le hangar Clément-Bayard : son « Demoiselliste » est toujours d'accord, mais deux pilotes ne pourraient assurer qu'un bien maigre programme.

– Et pourquoi pas Garros ? lance Versepuy à tout hasard.

C'est le premier nom qui lui vient à l'esprit parce qu'Audemars, lui, est parti pour Bournemouth.

– Qui ça ? interroge l'impresario.

– Garros, c'est un jeune qui vole déjà... [1]

– Il est breveté ?

– Pas encore, mais ça ne saurait tarder.

Baré se frotte les mains. C'est la bonne affaire, il espère bien s'offrir ce jeune inconnu à meilleur prix.

L'homme de spectacle se trompe, et lourdement. Bien sûr, le jeune débutant ne laissera pas passer cette occasion inespérée. Mais il garde la tête froide dans la négociation qui s'engage.

J'ai conservé à titre de curiosité l'original sur papier timbré de ce premier contrat, écrit Garros dans ses *Mémoires. Les nombreuses surcharges et ratures témoignent d'une âpre discussion et des précautions que je pris pour éviter les conflits alors fréquents entre aviateurs et organisateurs* [2].

La signature est apposée à la dernière minute sur le document. Baré n'a même pas eu le temps de faire figurer le nom de Garros sur les programmes déjà imprimés.

Romain s'occupe aussitôt de mettre en caisse la Demoiselle et l'accompagne en train jusqu'à Cholet où il va la remonter et la peaufiner. Sur son châssis d'essais à deux baquets, Roland le rejoint par la route le mardi, en compagnie de l'ami Quellennec. *J'étais heureux de le sentir près de moi, en cette circonstance intimidante*, notera-t-il plus tard.

---

1. Quand plus tard il fera à tête reposée le calcul de ses heures de vol entre mai et juillet 1910, G. ne les estimera pas à plus de trois, soit une douzaine de sorties réelles dont les quatre premières ne totalisent pas cinq minutes...

2. De tels litiges entre aviateurs et organisateurs sont en effet courants en France. G. Legrand publie dans « l'Auto » un article intitulé « En Angleterre, on paie. En France, on attend ! » dans lequel il oppose l'attitude des Anglais aux mœurs des organisateurs français. Dès leur retour du Meeting de Bournemouth, souligne-t-il, Morane et Audemars ont trouvé chez eux le chèque représentant leur cachet.

Baré a retenu pour ses aviateurs des chambres à l'Hôtel de la Boule d'Or, rue du Commerce. Obre et Versepuy, de bons vivants devant l'Éternel, sont déjà à table, en compagnie de Baré. Dans la salle du Restaurant, la joyeuse tablée des cinq hommes attire les regards admiratifs des autres convives. Après le dîner, au cours duquel on a rendu un hommage appuyé aux vins du pays, on s'en va faire un tour dans les rues. La fête foraine bat déjà son plein. Place de la Gare, on jette en passant un coup d'œil à « l'Impérial Bioscope », un cinématographe « géant et perfectionné », éclairé, s'il vous plaît, à la lumière électrique...

Puis on se met en quête de lieux de distraction et l'on découvre le « Music-hall ». La réputation des « aviateurs » a fait le tour de la ville. Ils y sont accueillis avec effusion. Pour 3 F, la bande exubérante – Garros, toutefois, se tient, comme à son habitude, sur la réserve – est installée dans la meilleure avant-scène.

Sur les planches, un comique entonne la chanson à la mode :

Est-elle – be – londe ?
Nul ne – le sait..
Ha... Ha... Ha... Ha...
De par le monde...

Paroles sublimes que Versepuy, un peu exalté par le petit Cabernet, reprend à pleine gorge, à l'hilarité générale.

Il se fait tard quand les trois aviateurs et leurs deux compagnons regagnent un peu bruyamment leurs chambres respectives. Ils auront le temps de se reposer de cette soirée agitée, leur première exhibition ne doit avoir lieu que dans l'après-midi du lendemain, le mercredi 13.

***

Quand ils arrivent sur le terrain, les aviateurs sont frappés par l'aspect des drapeaux qui frétillent et se tendent au bout de leurs mâts : aucun doute, « c'est la tempête ! »... Les pilotes se gardent bien de se communiquer leurs appréhensions et vont se préparer dans leurs hangars, entourés par les membres du Comité dont les visages reflètent les sombres préoccupations.

– Croyez-vous que tout ira bien ?

– Mais oui... répond Garros, Ce vent va certainement se calmer... Tout à l'heure...

– Alors, il y a trop de vent pour le moment ?

– Ma foi... Il vaudrait mieux attendre un peu...

Le public devient plus remuant, l'heure officielle du premier vol arrive et une certaine nervosité s'empare de tous. Entre les membres du Comité, la discussion se fait acide : certains rappellent qu'ils étaient complètement opposés à la fête aérienne, d'autres voulaient qu'on engage au moins un pilote confirmé... Quant aux adversaires politiques, ils ne laissent pas passer l'occasion...

Les aviateurs décident néanmoins de faire sortir les appareils. La foule approuve bruyamment. Autour des trois engins, les mécaniciens prennent une attitude affairée. Le premier moteur est lancé, la foule approuve. Puis un deuxième. Même murmure de satisfaction des spectateurs.

Mais on ne peut que faire traîner les choses. Loin de s'améliorer, le temps se fait de plus en plus détestable : le vent d'Est s'est mis à souffler en rafales. Force est de constater que tout vol est impossible. Les aviateurs s'en ouvrent au Comité.

– Nous avons espéré vainement – nous étions prêts à courir des risques... Un accident prématuré et c'est la fin du spectacle de demain...

Le Président Moudoux en convient et prend la parole :

– Mes chers collègues, dit-il aux membres du Comité, nous ne pouvons pas pousser des jeunes gens à risquer leur vie... On ne peut lutter contre les éléments et l'aviation en est tributaire. Les Choletais, Messieurs, sont assez raisonnables, assez avertis pour l'admettre... Et puis, c'est là une première difficulté, elle ne doit pas nous arrêter... Et nous ne pouvons pas compromettre notre journée du 14 juillet, c'est elle la plus importante.

Les membres du Comité se rangent à ces arguments. Les uns après les autres, les pilotes vont pénétrer dans l'arène. Pas pour voler, ils devront se contenter de faire rouler leurs engins.

Le Blériot d'Obre part le premier, pour quelques tours à 20 à l'heure, dans un ferraillement de moteur, traînant sa longue queue d'une allure sautillante et penchée, grotesque. Cruellement, la foule, l'accable de quolibets.

C'est au tour de Garros et de Versepuy d'affronter le ridicule et les sarcasmes et sifflets populaires...

La pluie qui se met à tomber opportunément vient disperser

les mécontents et cette première journée peut se terminer sans scandale. En catimini, les aviateurs quittent les lieux pour regagner leur hôtel, *un peu accablés*, souligne Garros. Mais la bonne humeur et les plaisanteries de Versepuy leur remontent le moral et, le soir même, ils sont prêts à prendre bientôt leur revanche.

En ville, la fête est partout. Clairons tournoyants en tête, la musique du 77e d'Infanterie précède la retraite aux flambeaux qui illuminent les façades les unes après les autres, prélude à un beau 14 juillet.

***

Le lendemain, le temps est magnifique, ensoleillé, radieux. Ni le défilé des troupes et des Sapeurs-Pompiers sur la place Travot, ni la charge à la baïonnette exécutée avec « un ensemble et un entrain remarquables », ni la fête de la Rosière du Jardin du mail, mise en musique par l'Harmonie choletaise et le Bout'selle, n'ont tiré les aviateurs de leur grasse matinée.

Dès 1 heure, le long cortège des piétons et des voitures se dirige vers l'aérodrome, par des itinéraires différents. Il n'y a encore que peu d'automobiles.

Quand les aviateurs se présentent une heure plus tard, estrades et pelouses regorgent de monde, mais les drapeaux flottent, amplement déployés...

Échaudé par l'expérience de la veille, le Comité se montre nerveux. Les hommes-volants, eux, s'efforcent de dissimuler leur trac.

Plus tard, le vent d'Est se met à forcir et l'anémomètre l'enregistre bientôt à 10 mètres à la seconde. Le Comité s'inquiète, car il sait maintenant qu'on ne peut exiger des vols avec un vent de 4 ou 5 mètres/seconde. Mais le public ne l'entend plus de cette oreille. Il veut son spectacle.

Garros sent le moment venu de faire quelque chose et fait annoncer son premier vol. Il s'installe aux commandes, Romain se saisit de l'hélice. Le Président Moudoux s'approche du jeune homme, *ses bons yeux exprim(ant) en même temps sa joie et une certaine anxiété paternelle.*

– Je vous remercie... Mais soyez prudent, mon petit ! lui souffle-t-il à l'oreille.

Le silence se fait sur les estrades et les pelouses. Romain lance l'hélice et la Demoiselle démarre à plein moteur. Le pilote tire résolument sur le levier de profondeur, l'appareil s'arrache du terrain. Les deux cylindres du Dutheil-Chalmers s'essoufflent tout de suite [1] et l'avion revient lourdement au sol, fonçant à toute allure vers les barrières.

Au contact d'Audemars, Garros a déjà acquis quelques réflexes bien conditionnés. D'autres « secrets » de pilotage, en somme : pour freiner une Demoiselle au sol, il suffit d'en bloquer les roues à pleines mains... Pour virer au sol, on ne saisit que la roue gauche et on accélère tout en contrôlant le levier de profondeur : lorsque la queue se soulève, la machine tourne sur place. C'est tout simple !

Le modeste décollage et le demi-tour sont accueillis par des cris de joie du public. Mais qui donc est ce jeune pilote moustachu aux cheveux bruns frisés, que personne ne connaît ? Les spectateurs s'interrogent les uns les autres. Impossible de mettre un nom sur l'inconnu, il ne figure même pas au programme.

Quand elle retourne vers le hangar, la Demoiselle n'a plus le vent de face et son pilote a beau solliciter toutes les bosses du champ, rien à faire, elle reste obstinément collée au sol.

– Romain, vérifiez le moteur, il ne tire pas, déclare Garros pendant qu'Obre se met en piste.

Le malheureux sait bien qu'il ne pourra pas décoller. La surface disponible est bien trop exiguë pour un Blériot et, comble de malchance, le vent tout à l'heure a brutalement rabattu la toile du hangar, brisant son hélice. On a dû bricoler l'appareil. Toujours presque au pas, il roule maladroitement quand un coup de vent le chasse contre la balustrade des premières. Obre saute de son siège et maintient l'appareil, mais dans la bagarre, une aile est déchirée.

Vient maintenant le tour de Versepuy, qui n'a plus du tout l'esprit à la galéjade. Belle envolée de chapeaux lorsque l'hélice se déchaîne et que l'appareil fait un bond, salué de « Ah ! » par 8 000 poitrines... Mais, comme si l'acrobate avait pris son élan pour un saut périlleux, la Demoiselle plonge, pique un coin d'aile dans le sol et réalise un magnifique « soleil ».

Des femmes poussent des cris aigus, les mécanos, puis les membres du Comité se précipitent. Le service d'ordre a du mal à contenir la foule qui elle aussi « veut voir ».

L'aviateur n'a rien.

1. À cette époque, la durée moyenne de vie d'un moteur n'était que de quelques heures.

Lorsque les secours arrivent à sa hauteur, l'accidenté, se tâtant les côtes, se dégage des débris en grommelant :

– Pas normal ! Pas normal ! C'est un trou d'air ! Ou peut-être bien un « remous-tourbillon »... (il vient d'inventer le mot).

Mais l'homme donne l'impression d'être débarrassé d'un gros poids, qu'il est enfin détendu. Et il ajoute :

– Je vais aller à Paris chercher un autre appareil...

Pendant ce temps, le public s'impatiente encore. Sans pitié, il lance quelques jeux de mots faciles sur le nom de l'infortuné.

La situation des deux « rescapés » n'en est que plus désagréable. Obre se voit *contraint de reprendre sa triste promenade, le bruit de son moteur l'empêchant*, ironise Garros, *d'entendre les huées qui l'accompagnent.*

Roland aussi se remet en piste. Chez lui, tout trac, toute appréhension ont disparu. Mais la machine est épuisée et il a beau s'acharner rageusement, il n'y a plus rien à en tirer...

– J'ai fait mon possible, déclare-t-il au Président Moudoux lorsqu'il arrête la Demoiselle devant le hangar, dix minutes plus tard.

Des jeunes gens sautent par-dessus les balustrades pour envahir la pelouse. Le service d'ordre intervient vigoureusement pour protéger aviateurs et appareils et parvient à calmer les esprits. La foule finit par se disperser.

On avait prévu sur le terrain une réception, il n'en est maintenant plus question. En s'esquivant par les sentiers du bois Lavau, les membres du Comité donnent rendez-vous aux aviateurs place Travot. Dissimulés dans un hangar, tous les trois vont attendre en silence la tombée de la nuit...

La morosité flotte dans la salle du Grand Café quand les trois hommes accompagnés de Baré y pénètrent. Dépit et mécontentement marquent les visages des membres du Comité. Venant à leur rencontre, Camille Moudoux, souriant tristement, leur donne quelque parole de réconfort.

Plus que ses compagnons, Garros se sent gêné. Dans le silence glacial, il demande la parole :

– Messieurs, la réunion de ce 14 juillet a été un échec, personne n'en disconviendra.

Approbation tristement silencieuse.

– Il s'agit, vous le comprenez, d'un cas de force majeure. Il nous aurait fallu attendre encore une demi-heure, une heure, que le vent tombe, comme cela arrive tous les soirs... Nous avons tenté l'impossible : très peu de pilotes, mettons quatre ou cinq, arrivent actuellement à tenir tête à des vents comme ceux-là...

L'assemblée opine du chef.

– Aussi, poursuit le jeune homme, je prends l'engagement formel de voler publiquement avant dimanche prochain, pour rassurer la population sur le succès de la réussite de ce 1er juillet.

Timides applaudissements.

– Un de nos mécaniciens est parti ce soir-même pour Paris, poursuit le jeune aviateur, afin de me ramener un moteur neuf, ainsi que toutes les pièces nécessaires aux réparations de l'appareil de Versepuy... Obre sera réparé ce soir...

Et il ajoute, tourné vers Camille Moudoux :

– Monsieur le Président, je vais vous adresser une lettre en ce sens que je ferai publier dans *L'Intérêt public*, dans *le Petit Courrier* et dans *le Réveil choletais*. Nous prenons l'engagement, mes compagnons et moi-même – ses partenaires approuvent de la tête – que nos appareils ne quitteront pas Cholet avant que nous n'ayons dédommagé le public qui nous a été si indulgent de la déception que nous lui avons causée...

Sur ces paroles réconfortantes, le Comité se disperse, un peu soulagé mais pas complètement convaincu. On n'a pas débouché le champagne. Il attendra au frais des circonstances plus joyeuses.

Quand, incognito, ils rentrent à « La Boule d'Or », Madame Rochais, la patronne, s'efforce avec une bienveillance maladroite de les réconforter :

– Eh bien, Messieurs ! s'écrie-t-elle. Il paraît que vous n'avez pas eu de chance, ce tantôt !

Ils plongent le nez dans leur assiette sans répondre. Ce soir-là, ils ne pourront se venger que sur le dîner. Versepuy, en quelque sorte exorcisé par son accident, retrouve peu à peu sa verve, qu'il exerce contre les mines déconfites de ces Messieurs du Comité, les réponses hypocrites à leurs questions angoissées, les quolibets des paysans, le spectacle ridicule qu'ils ont offert. La gaîté reprend le dessus.

***

Il ne reste plus à Garros que de tenir sa parole et de voler avant la réunion de ce dimanche là, qui doit être le bouquet de la fête aérienne.

Romain a ramené de Paris le moteur neuf et l'a tout de suite monté sur la Demoiselle. Le vendredi, il faudra attendre toute la journée des conditions favorables. Ce n'est qu'à sept heures du soir que le vent consent à faiblir. Roland parcourt alors trois kilomètres, à quinze mètres de hauteur ! Il y a quand même des spectateurs. Le lendemain, aux aurores, il récidive...

Garros a tenu son engagement à l'égard de Moudoux. Ces vols, comme il l'a promis, « garantissent le succès de la réunion du dimanche ». Pour la première fois, son nom apparaît dans la presse [1]. Dans *le Réveil choletais* qui complète en dernière heure la publication de sa lettre par un entrefilet : « À 7 heures du matin, M. Garros a effectué un vol de 4 kilomètres, il est reparti à 9 h. faire un joli tour de piste à environ 30 mètres de hauteur ». Dans la livraison du 17 juillet de *l'Auto* sous la rubrique « Oiseaux Artificiels », ces deux simples lignes :

> **À Cholet, Obre et Garros volent plusieurs tours en « Demoiselle » Clément-Bayard [2].**

***

Mais durant toute la nuit du samedi au dimanche, une pluie torrentielle se déverse sur toute la France et sur Cholet, le dimanche, c'est le vent qui souffle en tempête. Le mauvais temps est général. À Quimper et à Lille aussi, où l'on a organisé des fêtes aériennes, aucun aviateur ne peut prendre l'air.

À Cholet, on autorise toutefois la foule à pénétrer gratuitement sur la pelouse, pour approcher le Blériot et les Demoiselle. Les pilotes passent la journée à l'Hôtel, attendant vainement l'accalmie.

Le soir, alors que Versepuy et Garros sortent une fois de plus du Café-Concert, ils remarquent sur la place des femmes pénétrant dans l'église. Ils y entrent par curiosité, Garros se faisant quelque scrupule *de quitter un lieu de plaisir pour un lieu de prières...* Il n'y a là que des paroissiennes, accrochées à leurs chapelets, qu'elles récitent entre deux solos de « Pater » et « d'Ave » de l'officiant. Les deux hommes se tiennent à l'écart, dans une attitude respectueuse. Mais leur arrivée a

1. En effet, pour le championnat interscolaire de Cyclisme 1906, G. a utilisé le pseudonyme de « Danlor ».
2. En fait, il semble bien que seul G. ait volé ces deux jours-là à Cholet. Par ailleurs, Obre conduisait un Blériot.

attiré l'attention du Curé. L'ecclésiastique monte enfin en chaire. Sa voix fait soudain résonner les voûtes :

– Et je ne dirai rien, mes chers frères...

Réponse répétée de l'écho.

– ... de ces mauvais chrétiens qui... au lieu de venir à Vêpres le dimanche... perdent leur après-midi à regarder quelques pantins... se traîner le postérieur dans l'herbe...

Savonarole a les yeux fixés sur les deux silhouettes qui se ratatinent dans la pénombre. Quelques-unes des bigotes osent tourner vers les coupables des yeux pleins de malice. Au bord du fou-rire, Versepuy et Garros se retirent, sur la pointe des pieds.

***

Le Président Moudoux a convoqué chez lui pour le lendemain lundi les aviateurs et leur imprésario, ainsi que les membres du Comité. Quand les quatre hommes pénètrent dans la maison de la rue de Pineau, l'atmosphère est plutôt compassée, les regards expriment autant le dépit que le mécontentement.

Seuls les bons yeux du Président ne peuvent dissimuler une certaine tristesse. Moudoux accueille les aviateurs avec une cordialité qu'il parvient à transmettre à ses collègues : aucun reproche ne sera fait aux pilotes et tout le monde conviendra qu'il s'agit là d'un cas de force majeure et que, sans aucune discussion, les cachets prévus sont dus.

Garros, touché par l'élégance de cette attitude, prend une fois de plus la parole au nom de ses compagnons :

– Messieurs, je vous remercie de votre geste et je vous propose la chose suivante : je vais aller à Paris me procurer un appareil neuf pour offrir aux Choletais une véritable exhibition, afin de les dédommager des déceptions passées.

Obre l'approuve et déclare à son tour aller chercher dans la capitale un moteur « plus puissant », Versepuy regrette pour sa part ne pas pouvoir le faire, car il est retenu par un engagement antérieur. D'un commun accord, on décide de fixer au dimanche 24 la date de cette prochaine exhibition.

***

Garros ne partira que le mercredi : la veille, le 19, sur le terrain de la Papinière, il a obtenu son brevet de pilote. Il est le

149e aviateur [1]. Depuis le mois dernier, le nombre des aviateurs brevetés s'est accru de cinquante pour cent !

Mais, dès le lendemain, Roland est à Paris. Sa première visite est pour Gustave-Adolphe Clément, le père de Maurice Clément, le généreux adversaire de leur brutale rencontre d'Issy.

Roland s'est juré d'obtenir un appareil neuf, mais il ne possède plus les 7 500 F nécessaires. À Garros, qui lui expose ses malheurs, Clément oppose d'abord un scepticisme condescendant :

– Cher Monsieur Garros, je suis au courant. Je sais que mon fils a fait votre connaissance dans des circonstances, hum ! un peu particulières... Mais ne croyez-vous pas que si votre Demoiselle ne vole pas de façon satisfaisante, ce serait plutôt parce que vous n'êtes pas encore en mesure, n'est ce pas, de la piloter correctement ?

Garros rougit sous l'allusion, mais il se maîtrise car l'enjeu est trop important :

– Mais Monsieur Clément, si ma Demoiselle refuse de voler normalement, c'est assurément un préjudice pour moi, je n'en disconviens pas. Mais, pour la marque, ne pensez-vous pas que c'est une mauvaise note pour la marque ?

Et il se fait si convaincant, si éloquemment persuasif, que l'on parvient au compromis suivant : *la maison Bayard-Clément vend à Garros un appareil, à crédit, avec promesse d'en annuler la facture à (s)es premières actions d'éclat.*

Sans plus tarder, la machine est expédiée à Cholet. Dès le vendredi matin, Roland est de nouveau à la Papinière, dans le hangar où Romain et ses aides ont entrepris de déballer les grandes caisses débarquées du train de Paris. En ce mois de juillet, il fait chaud et, pendant les pauses, Garros emmène toute l'équipe se rafraîchir d'un petit Crémant chez « Maman », qui tient un cabaret en bordure de piste. Délicieuse petite vieille, pleine d'attentions admiratives pour le jeune aviateur et ses mécanos, leur mijotant maternellement des petits plats de son répertoire, offrant même sa propre chambre au jeune homme, pour qu'il puisse s'y reposer...

Le samedi après-midi, la Demoiselle est prête, le temps superbe et le jeune aviateur ne peut se priver du plaisir d'un vol d'essai : 5 minutes (pour ménager le moteur) à 40 mètres et un brillant atterrissage *que n'eût pas désavoué Santos... Puis, comme on le ferait d'un objet précieux, on remise soigneusement l'appareil au hangar.*

---

1. En souvenir de ce brevet et sur l'instigation de *l'Aérienne du Choletais*, présidée par Philippe Renaudet, la municipalité de Cholet à l'unanimité a baptisé le 8 novembre 1999, l'ancien terrain de la Papinière *Aérodrome Roland Garros.*

***

En ouvrant leurs persiennes, ce dimanche 24 juillet 1910, les Choletais jettent un œil inquiet sur la marche des nuages en se demandant « Va-t-on enfin voler aujourd'hui ? ». Les deux premières exhibitions ont été plutôt décevantes, mais ils se rassurent vite. Le ciel n'est pas trop maculé de nuages et le vent se contente d'agiter mollement les feuillages.

Quant à Roland, il se sent en pleine forme : *J'étais joyeux et confiant – le temps resterait beau – Je le sentais... Cette fois, je tenais ma revanche...*

À la Papinière, il a fait la connaissance d'un groupe de jeunes gens et de jeunes filles qui l'ont invité à une partie de tennis pour l'après déjeuner. Il est devenu si sûr de sa réussite qu'il n'hésite pas à accepter et passe une bonne partie de l'après-midi sur le court.

Pendant ce temps, le terrain de la Papinière s'est rempli de Choletais et « d'étrangers » venus des départements voisins débarqués de la Gare. Ils ont suivi les recommandations du Comité de ne pas venir trop tôt, les vols ne pouvant avoir lieu, ils le savent maintenant, que tard dans l'après-midi, lorsque le vent est tombé. En attendant, ils ont tout le loisir de naviguer d'un buffet à l'autre. L'Harmonie choletaise, « sous l'habile direction de Monsieur Gaultier », est là pour calmer leur impatience.

Sept heures et demie ! Le ciel s'éclaire et là-bas, à l'Orient, le soleil se couche dans une gloire de feu et de sang. La harpe éolienne joue moins fort, les herbes, au ras du sol, résistent à la brise du soir...

C'est un journaliste du *Réveil choletais* qui, emporté par le lyrisme de sa plume, décrit ainsi la scène. Garros est arrivé. Sur sa tenue de tennis, il a passé un gros chandail de laine bleu foncé à col roulé. Il ne perd pas une minute et se met immédiatement en piste. À la stupéfaction générale – on s'attend toujours à la longue mise en train habituelle – le moteur part au quart de tour, Romain le lâche... Laissons la parole à Élie Chamard, auteur de « 20 siècles d'histoire de Cholet » et d'une plaquette rappelant les affectueuses relations de Garros et de Cholet :

Garros s'installe sur sa Demoiselle, met son moteur en marche et, du premier coup, prend son vol, aux applaudissements de la foule. À plusieurs reprises, il descend et remonte dans les airs, s'élève parfois à plus de cent mètres, fait six ou sept fois le tour du champ d'aviation

avec atterrissage en plané et départ immédiat, prouvant ainsi la sûreté de main de l'expérience du pilote ainsi que la valeur de son appareil.

À chacun de ses passages devant les enceintes, il est salué par les bravos, les hourras répétés et les cris de " Vive Garros ! ". Enchanté de faire plaisir à la population, Garros redouble d'audace. Et quand il reprend terre définitivement, de nombreuses mains se tendent vers lui.

Plus modeste, Garros ne parle que d'une cinquantaine de mètres, mais se dit heureux de voir, sous ses ailes, s'agiter chapeaux et mouchoirs... et, une fois à terre, moteur stoppé, d'entendre – pour la première fois – les bravos et les acclamations de la foule...

Les membres du Comité lui font fête, le Président a les larmes aux yeux. On l'entraîne au buffet pour une coupe de champagne et quand il déclare lui préférer le vin d'Anjou, les Choletais l'ont adopté [1].

Pendant ce temps, Obre s'est mis en piste, mais son « moteur puissant de 50 chevaux » n'est pas au point et il ne réussira qu'à emboutir les palissades, en y laissant son hélice et un bout d'aile, fort heureusement sans aucun dommage corporel. *Mis en verve par le succès et le petit vin d'Anjou* », Garros fait encore deux vols.

Je me surpassai, note-t-il, *du reste, le vol de la Demoiselle était naturellement impressionnant, par l'extrême mobilité, la légèreté, la vitesse* [2].

– Vous avez sauvé l'honneur, lui dira plus tard le Président Moudoux, en lui donnant l'accolade au nom du Comité.

Au soir, à l'Hôtel de la Boule d'Or, Baré et Garros dînent en tête à tête. Du dehors parviennent les derniers flonflons de la fête. On parle de l'avenir.

– Que diriez-vous d'aller voler à Rennes la semaine prochaine ?

– Oui, mais alors...

– Je sais. Je vois ce que vous voulez dire. Je sais, maintenant..., répond l'imprésario, qui lui signe aussitôt, sur le coin de la table, un contrat, deux fois plus avantageux que celui de Cholet.

---

1. In « Mémoires », parlant de Cholet, G. écrit : *« J'y laissai le souvenir de mes débuts, de mes premières satisfactions professionnelles, et d'autres souvenirs charmants. J'y laissai aussi de bonnes amitiés. Cholet devait me porter bonheur. »*

2. Ce même 24 juillet 1910, son ami Bielovucic exécute à Mourmelon « deux beaux vols de 20 et 40 minutes à 80 mètres de hauteur ». Le 25, « Biélo » vole à 300 mètres pendant 1 h 10. Il est vrai que sa fortune familiale lui a permis d'acquérir un « Voisin de course ».

V

De Rennes à Dinard, en passant par Étampes et Versailles

– Donc, Romain, rendez-vous à Rennes ! Vous y convoyez la Demoiselle. Nous, nous passerons par Nantes...

Le pilote et son manager ont pris place dans les deux baquets découverts *d'un châssis d'essais de la Maison Garros*. Les yeux protégés par de grosses lunettes, ils ont rabattu sur la nuque la visière de leur casquette. Ils ont serré le col de leur veste de cuir : il pleut, doucement. Un dernier geste amical à l'intention des mécanos et le 6 cylindres Grégoire démarre dans une pétarade triomphante.

Moins glorieux sont les nombreux arrêts que nécessite l'état des pneus : les crevaisons se multiplient et les automobilistes déjà abondamment éclaboussés dans leur voiture à ciel ouvert sont crottés de la tête aux pieds quand ils parviennent dans les rues de Nantes. Mais cela ne fait-il pas partie du jeu ?

Roland découvre une existence toute nouvelle, loin des soucis, des corvées et des embarras du commerce d'automobiles, une vie un peu bohème, itinérante, sans attaches géographiques, un peu romanesque. Avec le sentiment d'une indépendance conquise. Cela lui plaît.

Après le déjeuner, à l'heure du café, Baré lève le nez de son journal et s'écrie :

– Dites donc, Garros ! Vous avez vu ? *L'Auto* organise un meeting du 14 au 21 août, ici même, à Nantes ! Tenez, ils ont déjà engagé Morane, il y a aussi un dénommé Simon...

Il tend *l'Auto* en désignant du doigt un encadré. Son interlocuteur y jette un coup d'œil et répond par un simple hochement de tête.

– Il faut que j'aille voir ces Messieurs, insiste l'imprésario. Je vais leur proposer votre concours...

– Si cela vous chante, essayez... Mais ils ne me connaissent pas encore...

Baré parvient à le convaincre. Dans l'après-midi, le Directeur de « La Libellule » et sa vedette rencontrent les organisateurs.

De cette entrevue, Garros écrit simplement : *Je ne pus m'entendre avec le Comité. J'étais aussi exigeant qu'inconnu.*

Le soir même, ils sont à Rennes où les « Fêtes d'Aviation » doivent commencer le jeudi 28 juillet. Si les exhibitions de Cholet avaient su malgré tout conserver un certain caractère familial, sinon intime, à Rennes, les choses sont plus sérieuses. Outre Garros, quatre pilotes ont été engagés. et pas des moindres, puisque Busson, sur son Blériot à moteur Clerget, est le second, après le Comte de Lambert, à avoir doublé la Tour Eiffel. Paul de Lesseps (Jacques de Lesseps, lui, est en pleine tournée d'exhibitions au Canada) pilote un biplan Sommer, Dufour un cellulaire Voisin. Obre qui a été engagé à condition... de voler conduira cette fois-là un monoplan de Noue. Il ne s'agit évidemment pas de compétition entre ces différents avions, mais auprès de ces puissants engins de prix, la Demoiselle de Garros fait plutôt modeste figure : c'est un peu David face à Goliath, ou, pour parler un langage contemporain, une mobylette alignée à des Formule 1... Roland en est conscient, mais cela ne l'impressionne nullement, il fait confiance à son étoile. Et le jeune débutant porte sur ses « aînés » un regard lucidement critique et plein de malice.

Lors de la première exhibition, par un temps superbe, il voit ainsi Lesseps parti le premier *faire une longue ligne droite, sans dépasser de beaucoup la hauteur des arbres, amorcer un large virage hors du terrain avant de disparaître dans la nature.* Le malheureux réapparaît deux heures plus tard, au fond d'une grosse automobile, la tête enturbannée d'un énorme pansement : son appareil a été réduit en miettes.

Obre, décidément poursuivi par la malchance, accomplit, selon Garros, *une impétueuse ligne droite au sol, suivie d'un décollage macabre et d'un écrasement complet. Le tout, en moins de temps qu'il n'en faut pour l'écrire.*

Seul Dufour trouve un peu grâce aux yeux du néophyte. À la faveur du calme crépusculaire, (il fait) *quelques tours de pistes assez souples, au ras du sol.* Quant à Busson, on lui doit *deux vols, d'une correction un peu monotone.*

Roland n'exerce pas sa verve contre ses seuls partenaires : dans son récit, il ne s'épargne pas non plus, expliquant comment, après avoir réussi deux vols, il a littéralement *mis sa*

Demoiselle en pylône et brisé son hélice pour avoir mal négocié un pivotement. Tout cela, pour un coup d'accélérateur un peu nerveux.

***

La deuxième exhibition de Rennes va revêtir un caractère plus dramatique. Elle commence bien mal, dans le mauvais temps. Il ne pleut pas encore mais les nuages noirs s'accumulent dans le ciel. La foule aussi connaît la nervosité d'un temps d'orage menaçant de fin juillet.

Devant les bourrasques, Busson et Dufour, les « aînés », hésitent, traînent en s'efforçant de perdre du temps. Garros annonce un vol, fait sortir sa Demoiselle qu'on apprête et où il prend place aussitôt. Pendant une demi-heure, Romain s'essouffle à lancer l'hélice, en vain... Tombent les premières gouttes de pluie, les parapluies s'ouvrent et le public se met à siffler la mise à l'abri de l'appareil.

Aviateurs et membres du Comité se sont réfugiés sous le hangar. Monsieur Janvier, le maire de la ville, s'approche de l'aviateur, toujours obstinément assis aux commandes :

– *Monsieur Garros, le temps n'est pas favorable*, lui dit-il. *Ne pensez-vous pas qu'il vaudrait mieux renoncer ?*

– *Le temps est excellent !* répond sèchement le jeune homme.

Le visage de ses partenaires s'illumine d'un sourire narquois qui contribue à le braquer dans sa décision : il volera, quoi qu'il en coûte. Le mécanicien continue à s'escrimer sur l'hélice, le moteur ne veut toujours rien entendre, autre motif de vexation pour le fringant débutant qui a l'impression de jouer une comédie connue : la panne opportune... Le scepticisme moqueur de ses anciens le rend fou de rage.

Au dehors, une bonne partie des spectateurs a déjà fui l'orage. Mais de l'intérieur du bâtiment, on ne se rend pas compte que c'est maintenant à l'aplomb du terrain que se déchaînent le vent, la pluie et la foudre...

Sans prévenir, alors que le pilote est sur le point de renoncer, le Dutheil-Chalmers se décide enfin. Un peu émus, les autres aviateurs, ceux-là même qui ne le prenaient pas au sérieux quelques instants plus tôt, viennent assurer à Garros que c'est folie de vouloir voler en plein orage.

Brutalement, il repousse ces donneurs de conseils et crie :

– *Romain ! Sortez moi ! Et tel quel, moteur en marche!*

À peine dehors, il accélère à fond. Une rafale le catapulte à

50 mètres en l'air. Il est si énervé qu'il lui faut un tour de piste complet avant de se rendre compte combien il est bousculé, secoué, ballotté, que tout craque autour de lui, que ses ailes se tordent en grinçant dangereusement.

La Demoiselle est en l'air depuis cinq minutes lorsqu'une magistrale gifle du vent la soulève brutalement et son pilote se retrouve dans une position incompréhensible : il voit *les arbres pendre, la tête en bas...* [1]. Le moteur ne tire plus, il se sent perdu, s'agrippe aux commandes, ferme les yeux... juste *avant de se retrouver, de façon tout aussi mystérieuse, un peu plus bas, volant normalement dans une direction opposée...*

Seul son instinct peut lui dicter les manœuvres d'atterrissage. À l'abri des tribunes et des arbres, il roule sans incident jusqu'au hangar.

On accourt à sa rencontre. Tout le monde est pâle. Ses deux mécanos essuient leurs yeux rougis. Le maire se précipite sur lui pour l'embrasser (encore, note-t-il).

Pour les « Fêtes d'Aviation de Rennes 1910 », c'est terminé : personne d'autre ne volera après Garros.

***

La « vie de bohème » suit son cours. Baré lui fait cette proposition:

– Et si, plutôt que de dépendre des autres, on organisait nous-mêmes notre spectacle, hein ? Notre propre « Semaine de l'Aviation », en somme ?

– Bonne idée, Baré et où voyez-vous cela ?

– Écoutez-moi, Garros. L'année dernière, Gaudart a volé à Dinard, sur le champ de courses de Bois-Thomelin. C'était sur une Demoisclle, justement, mais le vieux modèle, le N° XIX.

– Et alors ?

– Il n'a volé que 150 mètres, à 2 mètres de hauteur... Avec le nouveau modèle que vous avez, il ne vous sera pas difficile de faire mieux !

Garros approuve de la tête.

---

1. Le Capitaine Aubry avait publié pour l'Armée un rapport sur les deux premiers vols inversés accidentels, le sien, et celui du pilote Morin. Ce rapport devait mener en septembre 1913 à la « boucle » de Pégoud. G. n'a pas cru devoir faire part du retournement accidentel de sa Demoiselle, quant au Caporal Madon, c'est bien plus tard que pareille mésaventure lui arrivera.

– Eh bien, figurez-vous, Garros, que ce Gaudart a obtenu un succès considérable...

Un moment de réflexion chez son vis-à-vis...

– C'est d'accord, Baré, répond enfin Garros qui ajoute : Quand partons-nous ?

Et voilà aussitôt les deux compères sur la route de l'aventure, précédant à Saint-Malo mécanos et Demoiselle. Roland n'a pas atteint ses 22 ans. Il ne lie plus son destin aux « voiturettes de sport ». Les exhibitions de Cholet et de Rennes ont un peu garni son portefeuille. Au demeurant, il n'est rien de plus que le propriétaire d'un petit avion, mais il sait maintenant le piloter et il a confiance en son destin.

À Saint-Malo se pose le problème du terrain. La plage offre bien à marée basse un aérodrome idéal, mais il est impossible d'y placer les guichets d'entrée et d'organiser une recette convenable. Ils se rabattent sur un petit champ triangulaire bordé de bâtiments, d'arbres et de fils télégraphiques qu'ils font clôturer de leurs deniers. La première exhibition couvre à peine les frais engagés. Baré se promet d'organiser leur revanche. Roland en profite pour se rendre à Paris.

***

Avenue de la Grande Armée, cela n'a pas marché très fort en l'absence du patron. Avec ses *bénéfices d'aviation*, Garros complète les quelques traites en retard. Et la conscience en paix du côté de ces échéances, il peut se rendre à Issy, retrouver l'ambiance d'activité fébrile qu'il aime, respirer les effluves d'essence et d'huile de ricin, rencontrer ces êtres un peu à part qui font maintenant partie de sa vie.

Un vendredi soir, alors qu'il flâne une fois de plus aux alentours des hangars, il tombe sur John Moisant, plus crasseux que jamais :

– Mon cher Garros, mes congratulations pour vos vols, lui dit celui-ci, toujours aussi aimable.

Comme il se doit, Roland joue les modestes.

– Et vous savez que j'vole aussi ? ajoute son interlocuteur.

– Vraiment?... Votre appareil a donc volé ? demande Roland, manifestement surpris.

– Non... J'n'ai [1] ach'té un Blériot à deux places. J'l'a essayé avant-hier pour la première fois.

1. Pour « j'ai », Moisant disait toujours « j'n'ai », ce qui n'avait aucun caractère négatif.

Et il ajoute, d'un ton parfaitement naturel, car il a toujours professé qu'il n'était pas nécessaire « d'apprendre à piloter » :

– Hier, j'n'ai passé mon brevet de pilote... à Étampes...

En fait, son Brevet n'a jamais été enregistré, mais dès son deuxième vol, il tournait à plus de 500 mètres. D'un air mystérieux, il poursuit :

– Et j'n'ai un grand projet pour après-demain.

– Allons... Confiez-moi cela...

– J'veux ben... Mais c't'un un secret... C'est-y pas après-demain que le *Circuit de l'Est*, il commence ? Alors, j'm'en vas voler d'Étampes à Issy, pour arriver juste à l'heure du départ...

– Emmenez-moi ! s'exclame le jeune Roland.

– Oh toué, ça sera mon troisième vol, vous auriez peur...

– Emmenez-moi... insiste l'autre.

John, visiblement heureux de cette confiance, fait mine de réfléchir, puis se laisse convaincre ;

– Eh ben... dit-il enfin, j'l'avais presque promis à Monsieur Kousminski, mais, ma foi, j'vous donne la préférence...

Ils prennent rendez-vous pour le lendemain à Étampes, car il faudra y coucher pour pouvoir décoller aux aurores.

Dans son souvenir, Garros conserve intacts les émotions et les détails de son premier voyage en aéroplane, qu'il jettera sur le papier, sept ans plus tard, au fond de sa cellule de Küstrin.

Le décollage est très doux, imperceptible, et l'ascension très progressive, trop progressive pour Roland qui n'a pas encore l'habitude et s'impatiente de voir de si près le sommet des arbres. Plusieurs fois, il se hisse pour crier dans l'oreille du pilote : « Montez ! Montez ! ». Il ne sent pas que l'appareil s'élève régulièrement et ne s'en aperçoit que lorsqu'il jette un coup d'œil sur le barographe : il annonce alors l'altitude à voix haute, de cinquante en cinquante mètres.

Au départ, il a été dépaysé par le large virage de Moisant sur les champs et les pâturages qu'il ne reconnaît pas. Le pilote a accroché la grande route et la suit. L'horizon s'élargit, on est à 300, 400 mètres. L'avion glisse dans l'air calme avec un bourdonnement ouaté mais il fait un froid glacial. Mal couvert, Roland est gelé et cette sensation désagréable gâte la joie du voyage.

Tout d'un coup, l'aviateur lève le bras et désigne l'horizon :

– La Tour ! s'écrie-t-il.

Garros n'a encore rien vu, toujours cette sacrée myopie. Ce

n'est que quelques instants plus tard qu'il aperçoit enfin la silhouette dégingandée, mais encore minuscule, dominant la grande ville qui se défait peu à peu de sa couverture de brume. L'appareil continue de monter. « 600 mètres ! » annonce le passager frigorifié en claquant des dents. *Mais l'enthousiasme fait battre (s)on cœur et force le sang à circuler.*

Ils sont arrivés par Montrouge à 800 mètres. Ils ont Paris à leurs pieds, survolent la Tour. Garros, complètement grisé, se penche pour mieux la voir par son sommet. Moisant se retourne, le tire par la manche et lui fait signe « qu'il ne faut pas »...

Puis il réduit le régime du moteur et pique sur Issy. *Le Matin*, organisateur du Circuit, a bien fait sa publicité et en ce beau dimanche de début août, le terrain est noir de monde. La descente dure près de cinq minutes, à une vitesse qui paraît folle, tout l'appareil vibre. Roland ressent une impression confuse d'insécurité car il se rend compte que Moisant a pris son terrain trop long et va le dépasser sans s'en apercevoir. Dès le départ, le passager a noté la sobriété de mouvement du pilote, qui laisse faire l'appareil.

Roland lui tape sur l'épaule pour signaler le danger en désignant du bras les toits que le Blériot survole à les frôler. Au dernier moment, John réagit, il redonne toute la gomme, l'appareil se redresse pour un grand tour, puis une fois revenu dans l'axe de la piste, le pilote coupe le moteur et laisse l'avion se poser, rouler et s'arrêter tout seul.

Ils descendent tous les deux, sc serrent la main, les oreilles encore bourdonnantes. Des commissaires à brassard, fanions brandis à bout de bras, accourent vers les nouveaux venus :

– Mais qui êtes-vous donc ?

– Moisant et Garros...

Les officiels se regardent avec perplexité : ce ne sont encore que de parfaits inconnus !

Et Moisant d'ajouter fièrement :

– Nous arrivons d'Étampes...

À cette époque, c'est encore un exploit.

***

La scène se passe au tout début de la semaine suivante, dans le magasin où Garros est plongé dans ses comptes, car il n'a pas encore pu se défaire de ses « Voiturettes de Sport ».

Entre un personnage inconnu de lui qui se présente comme un ami de Santos.

– Monsieur Santos-Dumont est gravement malade [1], révèle ce dernier. Son médecin lui a ordonné d'abandonner l'aviation. Il voudrait donc céder la dernière Demoiselle qu'il vient de construire. Et il a pensé à vous...

Assez flatté, le jeune aviateur l'accompagne aussitôt à Issy où est entreposé l'appareil.

C'est un bijou admirable, de bambou léger et de soie blanche (...). Le moteur (est) plein de petits dispositifs spéciaux.

Aucune hésitation pour Roland qui saute dans le rapide de Deauville. C'est sa première rencontre avec le Brésilien volant. Celui-ci reçoit son cadet avec *une bonne grâce conciliante*. Le marché est tout de suite conclu. Dans la soirée, Garros est de retour à Paris et dès le lendemain, il fait transférer son nouvel appareil à Saint-Cyr, où Santos possède un hangar.

Romain s'occupe alors de certaines modifications demandées par Roland. Chapin, le « fidèle mécano » de Santos, considère ce travail avec une hostilité mélancolique, comme si on lui arrachait son chef-d'œuvre. Il paraît persuadé que ce jeune blanc-bec ne saura pas s'en tirer aussi bien que son propre patron. L'homme de Santos prodigue néanmoins mille conseils au jeune pilote, qui brûle d'essayer l'appareil.

Un soir de beau temps calme, tout est prêt. Ce premier vol le ravit : inutile de forcer le moteur pour se maintenir à l'horizontale, les 2/3 de la puissance sont suffisants. À pleine puissance, l'avion bondit au ciel... À regret, il doit mettre fin à son essai, pour ne pas user inutilement la mécanique. Au cours de la descente, il constate avec stupeur qu'il est monté à 200 mètres, une altitude jamais encore atteinte par une Demoiselle.

Dès l'atterrissage, une bande d'amis et d'amies (la jolie Germaine n'a d'yeux que pour lui) l'entoure et le félicite. Sportivement, Chapin qui n'en revient pas s'est joint à ces louanges.

Les jours suivants, Roland fait encore quelques essais. Et pendant que le brave Romain s'affaire sous le hangar à de nouvelles mises au point, il s'en va lézarder dans les champs voisins. Allongé au soleil, mâchonnant un brin d'herbe, il savoure le calme de la campagne en réfléchissant à quelque

---

1. Santos-Dumont a été atteint par une sorte de sclérose en plaque qui l'a horriblement fait souffrir jusqu'à la mort qu'il s'est donnée en 1932.

nouvel « exploit ». La dernière étape Amiens-Paris du *Circuit de l'Est* se déroule dans quelques jours. Pourquoi ne pas rééditer le vol Étampes-Issy avec un Saint Cyr-Issy sur sa nouvelle Demoiselle ?

C'est décidé : seul Romain sera dans la confidence. Pendant deux jours (et surtout deux nuits), il s'imagine survolant Versailles, passant la jolie vallée de la Sèvres, la boucle de la Seine, découvrant de nouveau le panorama de Paris et débouchant sur Issy, théâtre de ses débuts, *descendant de 600, 800 peut-être 1 000 mètres, sur (s)on minuscule oiseau de soie blanche...*

À 5 heures, le mercredi matin [1], Roland arrête son « baquet » devant le hangar de Saint-Cyr. Romain a sorti la Demoiselle et procède à la dernière inspection. Le jour s'est levé, la brume matinale se dissipe. Il est déjà 7 heures quand le petit avion prend son élan. Au bout de vingt mètres, la roue gauche se brise sur un caillou, mais l'appareil rebondit et la vitesse est suffisante pour décoller : quitte à « casser », le pilote préfère aller « casser« à Issy plutôt qu'au décollage.

Il grimpe d'un bond à 200 mètres, aperçoit tout de suite le château vers lequel il se dirige. Au-dessus du parc, entre 300 et 400 mètres, il s'oriente sur l'avenue de Paris. Il fouille déjà l'horizon pour découvrir la Tour, tout en s'efforçant de ménager le moteur.

Soudain, alors que la petite Demoiselle survole le parc, la panne ! Le moteur se met au ralenti, l'appareil en vol plané et en descente. Garros ne sait pas encorc virer en planant. Droit devant lui, il vise la place d'Armes, mais la dépasse. Peu importe, il est dans l'axe de l'Avenue, complètement déserte à cette heure matinale. Le sol est maintenant à quelques mètres de ses pieds. Il tente de redresser, la commande ne répond plus. *L'appareil arriv(e) à terre avec toute sa vitesse et toute son incidence de descente. Le choc (est) d'une violence extrême*, raconte Garros.

Il gît paralysé sous les débris, incapable d'un mouvement tant la douleur est vive. La colonne vertébrale, pense-t-il. Une série d'images rapides lui passe devant les yeux, *la vision de l'hôpital, de l'agonie douloureuse... Mais il lutte pour ne pas (s)'évanouir.*

---

1. A Küstrin, G. écrit « Dimanche matin », alors que la fin du circuit de l'Est qui a vu la victoire d'Alfred Leblanc a eu lieu le mercredi 17 août 1910.

Des pioupious en pantalon garance sortent en courant de la caserne voisine et se précipitent sur le lieu du drame.

– Laissez-moi... Ne me touchez pas... s'écrie l'accidenté.

Il se tord de douleur, comme une bête blessée. Il lui paraît que de longues minutes s'écoulent avant qu'il ne parvienne à se redresser, péniblement, avant qu'on l'emmène devant la caserne, entouré de ses sauveteurs et de curieux qui se sont attroupés. On lui administre un cordial.

– Ce sont les fils télégraphiques, explique l'un des spectateurs. Votre fuselage a été pris dedans... C'est pourquoi vous vous êtes écrasé.

L'aviateur comprend pourquoi son stabilisateur n'a pas réagi à sa manœuvre. Il souffre et se tait.

Au volant de la Grégoire, Romain se pointe quelques instants plus tard au coin de l'Avenue. Il a vu l'attroupement et tout de suite compris la catastrophe.

– Romain, conduisez-moi rue Lalo, lui ordonne le blessé.

Devant l'hésitation du mécano, il ajoute :

– Cela va mieux, Romain et j'ai besoin de me retrouver chez moi.

Dans la voiture, il ne peut s'asseoir, s'installant tant bien que mal sur le côté, les jambes pliées, se soutenant par les bras. Romain a beau rouler très lentement, chacun des cahots, jusqu'à la Porte Dauphine, lui arrache un gémissement.

Une fois chez lui, Romain le met au lit. Audemars n'est pas dans son appartement, celui qu'il occupe maintenant deux étages au-dessus, puisqu'il assiste en spectateur à l'arrivée du *Circuit de l'Est*. Romain se débrouille pour téléphoner à un médecin, qui diagnostique *une petite fracture du coccis* (sic) et des contusions au bas du dos. Il ordonne du repos et des massages.

Roland se retrouve seul. Et, songeant à tous ses espoirs déçus, une crise de larmes détend ses nerfs.

***

De son côté, Romain, après avoir rassemblé à Issy les débris de la Demoiselle, a lui aussi établi son diagnostic : la coupable n'est qu'une minuscule vis. En se desserrant, elle a fait tourner sur son axe le carburateur qui s'est ainsi fermé.

Par ailleurs, l'appareil est irréparable, mais il est facile de le reconstruire entièrement, affirme-t-il. Sur l'ordre de son patron, le mécano se met immédiatement au travail.

Sa convalescence est moins pénible qu'il ne l'avait craint. D'ailleurs, sa charmante petite « camarade » l'entoure de soins et d'attentions. Très « libre de vie », Germaine, « quoique très sérieuse », assure Roland... Mais elle ne rate jamais une occasion de flirter... Dix jours après l'accident, Roland est debout et peut déjà se déplacer, à petits pas. Avenue de la Grande-Armée, il va s'occuper de ses affaires. À Issy, il voit avec joie la Demoiselle reprendre vie sous les mains habiles de Romain et de ses aides. Et quand vient le moment de l'entoilage, il tient à aller choisir lui-même le tissu qui recouvrira ses ailes. Toujours appuyé sur ses béquilles, il va au rayon des tissus des Grands Magasins du Louvre choisir *la plus belle soie blanche* de l'établissement.

– C'est pour ma Demoiselle, explique-t-il à la vendeuse, en appréciant l'étoffe des doigts.

– Votre fiancée ?

– Non, ma Demoiselle, c'est mon avion...

***

Quatre semaines après son accident, clopinant encore légèrement, il est de retour chez Baré, à Paramé.

En son absence, l'imprésario n'a pas chômé. Le Directeur de « La Libellule » s'est fait de nouvelles relations. Il a obtenu la création d'un prix pour un vol Paramé – Saint-Malo – Dinard. Bien modeste performance, quand on sait que Bielovucic vient de réaliser Paris-Bordeaux en trois étapes. Mais pour une Demoiselle, cela reste un exploit.

Le jeune aviateur est désormais sûr de lui et de son appareil. En peu de temps, il a connu suffisamment de mésaventures aériennes pour se juger capable d'affronter toutes les difficultés qui pourraient survenir en vol. C'est dans un état d'esprit de gagneur qu'il entreprend de remporter ces 10 000 F. Ce premier prix, il en gardera toujours une certaine fierté. À preuve, dans la biographie qui accompagne le programme de son record d'altitude de Tunis, en décembre 1912, il place « la traversée de la Rance » au premier rang de ses réussites.

Ce 9 septembre, temps épouvantable : la mer est démontée, le vent souffle par rafales de 90 kilomètres à l'heure. À Saint-Malo et à Dinard, cramponnés à leurs parapluies, les spectateurs très nombreux (et pourtant, c'est un vendredi) attendent sur la plage l'arrivée problématique de l'avion. Beaucoup ont retiré leurs chaussures et pataugent pieds nus dans le sable détrempé, le bas du pantalon relevé. Certains d'entre eux qui ont déjà assisté à des meetings ou qui ont vu voler Gaudart se donnent l'air de connaisseurs et affichent leur scepticisme.

– Et moi, je vous dis, Monsieur, que c'est criminel de faire voler un aviateur par un temps pareil !

– Vous pensez, renchérit un autre, avec un vent qui souffle à près de 100 kilomètres à l'heure...

On l'aperçoit enfin, point noir au ras de l'horizon, grossissant à une allure vertigineuse, poussé par le vent. Sur la plage, à Saint-Malo, la Demoiselle fausse une de ses roues. Romain la remplace en quelques minutes.

Et c'est le départ pour Dinard. Quand il passe à 30 mètres au-dessus de la foule, dans la tempête, sur son fragile assemblage de bambou et de soie, Garros donne un peu l'impression d'une sorcière chevauchant son balai.

À Dinard, le drapeau rouge qui flotte sur le High Life Casino a beau annoncer que le vol est probable, sur la plage de l'Écluse, la foule commence à désespérer. Lorsque tout à coup, on voit poindre l'appareil, qui grossit rapidement, à près de 150 à l'heure. On distingue maintenant les ailes blanches qui décrivent une courbe oblique avant de venir doucement se poser sur la plage, sur l'espace protégé de la foule par de grands panneaux.

Gaymard, le correspondant local de *l'Auto*, résume l'événement dans un câblogramme à son journal :

UN BEL EXPLOIT DE GARROS

ST-MALO 9 SEPTEMBRE (par dépêche) – L'aviateur Garros, sur Demoiselle Clément-Bayard, vient d'effectuer par une grosse bourrasque (un vent de 25 mètres) la traversée de la Rance de Paramé à Dinard, après avoir passé sur St-Malo.

Une réception enthousiaste l'attendait sur la plage et au Casino. Garros, qui gagne ainsi le prix de 10 000 F, espère retourner demain à St-Malo par la voie aérienne.

Baré a obtenu aussi la création d'un autre prix pour le vol Dinard-île de Cézembre. C'est le lendemain samedi que Roland entreprend ce qu'il appellera une promenade ravissante. Il fait un temps magnifique et pour la première fois, il peut observer le phénomène de transparence qui permet de voir le fond de la mer, lorsqu'elle est calme et il a assez de liberté d'esprit, pour admirer la côte d'Émeraude, vue du ciel, par une belle journée d'été.

Moins sensible à la poésie du paysage, le correspondant de *l'Auto* adresse cette simple dépêche à son bureau parisien :

NOUVEL EXPLOIT DE GARROS

DINARD 10 SEPTEMBRE (par dépêche) – Garros vient d'effectuer le raid marin Dinard-Cézembre et retour, gagnant ainsi un prix de 1 000 F. Temps : 8'12 s., distance 15 kilomètres. Le temps était superbe et l'affluence considérable, aussi bien à Dinard ou à Saint-Malo. Garros essaiera lundi des vols d'altitude et de durée.

Baré a décidément bien travaillé et obtenu encore d'autres subventions pour des exhibitions libres, si bien que Roland prolongera de quelques semaines son séjour dans la région.

Plusieurs années plus tard, il se rappelle avec émotion un incident qui a bien failli marquer tragiquement cette période, par ailleurs si enrichissante pour lui. Roulant un jour sur la route de Paramé à Saint-Malo en compagnie de son ami Gallet, un journaliste, il voit venir vers lui deux calèches qui se suivent. Au moment de les croiser, un gamin accroché aux ressorts de la première voiture saute sur la chaussée et la traverse juste devant la Grégoire. Coup de frein désespéré de Garros, qui parvient à l'éviter. Le petit acrobate est suivi d'un second moutard qui, lui, se jette littéralement sous la roue de l'auto. Roland sent sa voiture *se soulever un peu sur une chose molle*, freine et bondit pour aller ramasser le malheureux qui se tord dans la poussière. Mais le gosse se relève, fait quelques pas en déclarant qu'il n'a pas trop mal. Par bonheur, un des passagers de la calèche est médecin. Il l'examine et, sans pouvoir se prononcer, laisse espérer que cela pourra s'arranger. Ils conduisent les deux enfants chez leurs parents.

Lorsque paraît sa mère, le petit accidenté repousse les bras qui le soutiennent et, se redressant, s'écrie :

– Ce n'est rien, Maman... Ce n'est rien !

De quoi rappeler à Roland certain accident survenu à Saïgon, onze ans plus tôt. *Nous devînmes une paire d'amis et 8 jours plus tard, il trottait comme un lapin...* conclut l'aviateur.

Ces quelques semaines de Dinard lui laisseront un souvenir vivace et ému. La sympathie publique et la popularité qu'il ressent, toutes nouvelles pour lui, sont faites de mille gentillesses. On le traite, dit-il, *en enfant gâté du pays.*

Telle famille m'accueillait comme un fils ; tel membre du Comité se faisait mon Mentor, organisant des excursions, des promenades à la voile, des parties de pêche ; les directeurs de casinos m'ouvraient toutes leurs portes.

C'est également pendant cette étape de sa vie que le jeune homme prend pleinement confiance en lui et se sent entrer *dans la vie de (s)es rêves, ce mélange d'énergie, de paresse, d'émotion, d'insouciance, de ténacité, de caprice, de raison, de sensualité, avivée par le danger quotidien... Toutes ces mutations de l'être humain habituellement réparties au cours des années*, Dinard les lui a *offertes comme un bouquet dans son atmosphère douce et enchantée.*

Après Dinard, la Demoiselle de Garros donnera encore deux exhibitions en France, l'une à Évreux, l'autre à La Ferté-Vidame, dans le parc du château du Duc de Montpensier.

VI

Avec les vedettes, au Belmont Park

La Grande Semaine d'Aviation de Reims n'a pas suscité des émules qu'en Europe. Aux États-Unis, cinq mois plus tard, l'Aviation Meet de Los Angeles a rassemblé quelque 20 000 spectateurs par jour au vieux ranch Dominguez, où se sont jadis affrontées armées américaine et mexicaine. Le meeting est un triomphe pour Louis Paulhan, « le merveilleux petit Français », ainsi surnommé par les journalistes américains. En septembre, la Harvard Aeronautical Society a organisé le premier meeting aérien de la côte Est. De leur côté, Wilbur et Orville Wright ont constitué une véritable troupe destinée à effectuer des tournées dans tous les États de l'Union et au Mexique et ils ont créé, à Montgomery, une École d'Aviation. Glenn Curtiss, le vainqueur de la première coupe Gordon-Bennett à Reims, en a fait autant.

À la fin de l'année 1910, plusieurs millionnaires regroupés en un Aéro-Club décident eux aussi d'organiser un meeting, avec pour ambition un retentissement mondial comparable, sinon supérieur, à celui de la désormais historique manifestation champenoise. Ils ont retenu pour cela le champ de courses du Belmont Park, à New York.

À Paris, c'est l'industriel américain Hart O. Berg qui se charge de recruter des aviateurs français pour la manifestation du Belmont Park : à cette époque, un meeting sans aviateur français perdrait tout prestige tant notre pays se trouve alors à la pointe de l'aventure aérienne.

Fabuleux personnage que ce Monsieur Berg ! Il est de ces individus qui contribuent à l'évolution technologique sans jamais connaître ou rechercher la célébrité. À peine sorti de l'adolescence, il a traversé pour la première fois l'Atlantique pour aller poursuivre ses études à l'Université de Liège, où il apprend le français et dont il sort muni du diplôme d'ingénieur, avant d'être engagé à la Manufacture Royale d'Armes de Belgique dont il deviendra le Directeur, après une étape intermédiaire comme assistant chez Colt... Et ce n'est pas tout : on le voit ensuite Ingénieur en chef de la firme Clément-Bayard et, en tant que tel, il fonde la première usine d'automobiles en France, celle qui construira les fameuses voitures de luxe Darracq. Ce qui lui vaudra d'être fait en 1901 chevalier de la Légion d'Honneur... Il s'installe ensuite à son compte, ouvre des bureaux à New York, où son usine construit les automobiles « Berg », ainsi qu'à Londres. À Paris, il a établi son quartier général au 26 de la rue François Ier. Mais cela ne l'empêche pas d'aller séjourner discrètement quelques mois à Saint-Pétersbourg, le temps de concevoir et de diriger la construction de cinq sous-marins destinés à la Marine Impériale...

L'aviation aussi lui doit une fière chandelle, puisque ce génial touche-à-tout [1] a construit le premier champ d'aviation de Pau. C'est lui surtout qui a financé en 1908 le voyage et les exhibitions de Wilbur Wright en France. Il est vrai qu'il a acquis l'exclusivité de certains de leurs brevets. Quand une rupture de bielle a mis hors d'usage le moteur d'origine du « Flyer », Berg a fait rencontrer Wright et Georges Bariquand, le constructeur français qui lui fabriquera un moteur de remplacement [2].

C'est dire si ces Messieurs du Comité de New York font cas de ses avis.

Alfred Leblanc, le récent vainqueur du *Circuit de l'Est*, qui est attaché à la Maison Blériot, a été engagé et s'est déjà embarqué le 1er octobre sur « le Savoie », en compagnie du

1. Hart O.Berg (et non O'Berg comme l'écrivent G. et les journalistes de l'époque ainsi qu'Ajalbert et Quellennec) s'est également intéressé, à la fin de sa vie, aux métaux légers, dont le magnésium. Il est aussi l'inventeur... de la « brique » de carton qui sert de contenant aux liquides alimentaires. Il est mort à New York le jour même de Pearl Harbor. Dans sa vie, il n'a pas effectué moins de 150 traversées de l'Atlantique, les dernières à bord du fameux « Yankee Clipper ».

2. Dans une lettre du 30 avril 1936 adressée à Gabriel Voisin, Berg tient à préciser que « c'est avec un moteur français que Wilbur Wright battit alors en France tous les records du monde, y compris le vol en hauteur de 100 mètres obtenant le Prix Michelin, et que c'est également avec un moteur Bariquand et Marre, que, le 18 octobre 1909, le Comte de Lambert exécuta le premier vol sur Paris, encerclant la Tour Eiffel ».

célèbre théoricien franco-américain de l'aviation Octave Chanute qui regagne ses bureaux des États-Unis, de Jacques Faure et de John Moisant.

Ce dernier sera remplaçant dans l'équipe américaine pour la Coupe Gordon-Bennett. Depuis le « Étampes-Issy », sa célébrité a été soudaine : il a remporté la coupe du « Daily Mail » pour le premier « Paris-Londres avec passager ». Passagers, devrait-on écrire, car outre son mécanicien Fileux, le Blériot biplace emmenait « Miss Paree », sa chatte fétiche. Une véritable odyssée : deux jours pour atteindre la côte anglaise et dix-neuf jours de multiples réparations et de sauts de puce pour les 50 derniers kilomètres !

Le franco-britannique Hubert Latham ainsi qu'Émile Aubrun, second du *Circuit de l'Est* après Leblanc, font également partie de la sélection française de Berg. Aubrun a déjà volé en Argentine et c'est là que, le premier, il a effectué un vol de nuit, le 31 mai de cette année 1910 à l'aérodrome de Villa Lugano, près de Buenos-Aires. Et comme Berg a engagé en tout premier lieu « le roi du ciel », Léon Morane lui-même, la liste est close, car, selon l'expression de Garros, *Morane est le luxe le plus coûteux que pût s'offrir un comité.*

Avant son départ, Morane a tenu à s'attaquer au prix Michelin qui doit récompenser le premier trajet Paris-Puy de Dôme avec passager et atterrissage au sommet. Le 4 octobre au matin, son jeune frère Robert ayant pris place aux côtés du pilote, le Blériot 100 HP de Léon Morane décolle et pique vers le Sud. Mais « Partis pour le Puy de Dôme, ils s'écrasent à 20 kilomètres de Paris ! », titre *l'Auto*. L'accident est effroyable, toute la presse s'en émeut. Les sommités médicales consultées hésitent à se prononcer. En tout cas, pour les deux malheureux qu'on a ramenés à Paris, Belmont Park, c'est bien fini.

Berg doit rapidement faire face à la situation. Morane forfait, la place qu'il occupait est suffisamment confortable pour quatre autres aviateurs de moindre renom. Gabriel Borel, un « manager » dont le frère Albert est avionneur, a pris sous contrat, outre Aubrun déjà engagé en principe, quelques-unes des vedettes des récents meetings européens : Berg fait tout de suite appel au reste de « l'équipe Borel », c'est-à-dire Simon, Barrier et Audemars. Encore que pour Aubrun et Simon, la chose reste quelque temps en suspens « à cause de l'intransigeance du Comité de New York », affirme *l'Auto*.

Reste à trouver le quatrième. Un nom vient aussitôt à

l'esprit de Berg : Wijnmalen, dont le récent record d'altitude de Mourmelon vient d'être homologué par l'Aéro-Club à 2 800 mètres. Mais peut-être l'exploit lui a-t-il monté à la tête et puis il doit tenter, deux jours plus tard, le Paris-Bruxelles-Paris : toujours est-il que ses conditions sont jugées trop élevées par New York. Exit Wijnmalen.

Comment se place alors la candidature de Garros ? On reste embarrassé : faut-il parler là de simple chance, ou bien réellement de destin ? Le jeune débutant ne peut inscrire à son palmarès que cinq exhibitions publiques. Mais, écrit-il, *je fus recommandé à Monsieur Hart O'Berg (sic) de la façon la plus chaleureuse, par un de ses amis qui avait assisté à mes vols de Dinard.* En fait, nul doute aussi que l'estime que lui manifestent Maurice Clément et son père (Berg est resté très lié à la firme Clément-Bayard) ait sérieusement influencé ce choix.

Dans le bureau aux boiseries cossues de la rue François 1er, Garros a rendez-vous avec Berg. L'Américain le reçoit, le jauge, le juge et tout de suite appuie sa candidature dans un câblogramme chaleureux au Comité de New York. La réponse arrive le samedi. On signe le contrat dans la foulée. Simple coïncidence, assurément : il y a exactement vingt ans et un jour que Clément Ader a fait décoller son Éole à Armainvilliers.

Pas une minute à perdre pour Roland. Le meeting débute le 22 octobre et on est le 8, un samedi, mais, à cette époque, pas encore question de semaine anglaise en France. Dernier délai pour l'embarquement, le mardi suivant. Tous les amis se sont précipités au Quartier Général de l'Avenue de la Grande Armée. Le Docteur Rivière est arrivé tout de suite, Jacques Quellennec était déjà là. Le téléphone n'arrête pas : les réservations pour New York, d'abord. À la « Star Line », on regrette, mais le « Teutonic » [1] que doivent emprunter ses collègues est complet. À grands frais, on obtient finalement pour Roland et ses mécanos des passages sur le « Kronprinz Wilhelm », paquebot d'une compagnie allemande concurrente.

Et puis, le magasin, que va-t-il devenir ?

– Jacques, dit-il à Quellennec, veux-tu t'occuper de liquider mon affaire, au mieux ?

---

1. Il s'agit du « Teutonic », et non du « Titanic », comme l'ont écrit certains auteurs en mal de sensationnalisme posthume.

– Bien sûr, ne t'inquiète pas, Roland, je me charge de tout.

Et les deux Demoiselle ? Comment les emmener pour les avoir à temps à New York ?

– Comme bagages, mon vieux. En fret, tu ne les aurais pas avant un mois et demi...

À Issy, Romain, prévenu par téléphone, s'est tout de suite mis au démontage. Avec ses aides, il y travaille tout le samedi soir, le dimanche et la nuit du dimanche au lundi, jusqu'à l'aube. Les deux appareils sont réduits en morceaux, à l'état de « bagages », plusieurs grandes malles qui suivront le pilote sur le bateau.

Romain ne sera pas de l'aventure, il ne veut pas quitter sa femme. À sa place, Garros engage un jeune homme, à peu près son contemporain. L'estime entre le « patron » et son nouveau « mécano » n'est pas immédiate, elle n'en sera que plus réelle et se renforcera au long des années : le nouveau mécanicien s'appelle Jules Hue.

Entre deux coups de téléphone, Roland trouve le temps, le samedi soir, pour quelques emplettes destinées à *compléter son insuffisante garde-robe* et il empaquette ses achats pêle-mêle.

***

Gare du Nord, le mardi 11, c'est le grand départ. Belle brochette de hauts-de-forme, de pantalons rayés, de capelines à voilette, de melons, de gants beurre frais pour accompagner Aubrun, Simon, Barrier et Audemars. Dans les éclairs de magnésium, il y a là Hart O. Berg lui-même, les frères Borel, le père d'Aubrun, celui de Simon, un représentant de la Société Blériot, Jane Herveu de l'Aéro-Club, l'aviateur Blanchard [1] et bien d'autres.

Garros, lui, n'a droit qu'au salut affectueux de deux ou trois amis, parfaitement inconnus. En annonçant le départ de « l'équipe Borel », *l'Auto* indique simplement : « À ces noms (il s'agit des vedettes), il y a lieu d'ajouter Garros ».

Au dernier moment, une grève des cheminots bloque le convoi en Gare du Nord. Tout risque d'être compromis. Mais

---

1. Avec son monoplan, celui-ci trouvera la mort exactement quinze jours plus tard, le 26 octobre 1910. Ce sera déjà la 23e victime de l'aviation.

cela ne dure pas et, dans un nuage de vapeur, le « Transatlantique » démarre en sifflant. Il n'a qu'une petite heure de retard et personne ne manquera son paquebot.

Dans le compartiment, hors de la bousculade mondaine du départ, Roland retrouve l'ami Audemars qui lui présente Simon et Barrier. Il ne les connaît que par ce qu'il en a lu dans les journaux et il ignore encore qu'ils vont devenir, plusieurs mois durant, ses compagnons les plus proches.

René Simon est un grand jeune homme de 25 ans, tout de distinction et de raffinement artistique, que sa fortune destinait à une autre voie : une licence en Droit et une origine familiale plus qu'aisée lui ouvraient toutes grandes les portes de la Carrière lorsque l'Aviation lui a été révélée. Très doué, il fait sur un Blériot ses premières exhibitions publiques à Barcelone, puis à Cordoue, avant de « sortir« , selon l'expression de *l'Auto*, au meeting de la Baie de Seine où il s'attribue le « record du monde de la totalisation des distances parcourues dans un seul meeting », soit la coquette somme de 25 000 F. Tout de suite après, il remporte la Coupe Michelin avec un vol de 280 kilomètres. Ses succès ne l'étonnent nullement, sans jamais entacher sa passion pour l'aviation.

La vocation sportive de René Barrier, d'un an plus âgé, vient de ce qu'après son baccalauréat, il s'est lancé dans la compétition automobile. Comme cela est arrivé à nombre de ses contemporains, il est ensuite passé tout naturellement à l'aviation. Élève d'Alfred Leblanc à l'École Blériot d'Étampes, lui aussi fait ses débuts publics en Espagne, avant de participer au meeting de Mondorf-les-Bains, à celui de Mulhouse d'où il se rend à Varsovie pour revenir à Mulhouse, puis à Nancy et enfin participer aux côtés de Simon à la Grande Semaine de la Baie de Seine. Il s'y distingue par une brillante traversée du Havre à Trouville...

Depuis son Brevet, Audemars aussi a fait un parcours professionnel remarquable, à Bournemouth, à Lanark, en baie de Seine... Voilà la taille des adversaires que le débutant Garros, qui ne peut s'enorgueillir que de quelques modestes vols publics, aura pour tâche d'affronter à New York.

Nullement impressionné, car il a foi en son étoile, le benjamin discute déjà avec ses anciens sur un pied d'égalité et, dans le compartiment enfumé qui les emmène vers Cherbourg, où la traversée sur des bateaux différents va les séparer, les quatre aviateurs échangent leurs jeunes souvenirs comme des vieux de la vieille, déjà amis.

***

À bord du « Kronprinz Wilhelm », le steward a conduit Roland à sa cabine de première. Deux gros Allemands l'occupent déjà. Roland préfère voyager seul. Un bakchich confortable, *exorbitant*, assure Garros, suborne un quatrième officier mécanicien qui consent à lui louer sa petite cabine.

J'acceptai sans discuter, trouvant une joie neuve dans ce mépris de l'économie, écrit Roland, qui prend possession *d'un petit endroit assez sale où régnaient, grâce à la proximité des machines, une chaleur étouffante et un relent de cambouis tiède, dont naissait naturellement la nausée. Mais on y était seul – pour vomir.*

Car l'aviateur qui sur son balai volant ne craint pas d'affronter les bourrasques les plus furieuses a son point faible : le mal de mer. Voilà dix ans qu'il n'a pas voyagé en bateau et il s'est forgé cette idée saugrenue que le mal de mer p(eut) s'éviter par un simple effort de volonté...

Laissons plutôt Garros raconter lui-même sa première journée en mer, en soulignant que ce texte, pétillant d'humour et de lucidité, a toujours fait l'objet d'une censure quasi-religieuse de la part de ses biographes, un peu comme si un aviateur, au même titre que le commun des mortels, n'a pas droit au mal de mer, ou comme si un héros ne peut jamais connaître de faiblesse, même stupidement physiologique :

Le premier repas eut lieu en sortant du port. Je descendis frais et dispos dans la somptueuse salle à manger écrasée de dorures et de décorations en toc, d'un mauvais goût parfait. On m'indiqua ma place, à une petite table ronde, vis-vis de deux messieurs très chics. Je choisis, dans une véritable encyclopédie culinaire, un menu simple – et je demandai quelques vins – sur le départ, la solitude m'avait rendu mélancolique et je professe que la bonne chère est un remède contre les idées noires. Hélas... quelle cuisine prétentieuse et chimique on me servit.

Je me défendis jusqu'à l'entremets – une redoutable bombe glacée à la framboise... Pendant ce temps, le bateau avait gagné la pleine mer – la houle lui imprimait un balancement perfide. J'éprouvai un léger malaise. Mais crânement, j'attendis le café et les liqueurs. Alors, il fallut bien s'avouer que « cela n'allait pas ». Les deux vieux messieurs paraissaient inquiets. Il me fallait de l'air frais : je signai mon addition et me levai. La position verticale aggrava le mal, je sentis d'un coup le vertige, la sueur froide et une grande nausée. Le respect humain m'empêcha de traverser la salle en courant. Je m'efforçai au contraire de montrer une allure calme. En arrivant à l'escalier, une deuxième nausée me prit, mais je la refrénai avec une grande énergie. Deux étages me séparaient du pont. À mi-chemin, on ne me voyait plus de la salle à manger et me mis à monter les marches deux à deux, à toute vitesse : j'arrivai au pont comme une trombe. Hélas... Trop tard... Vainement je crispai ma main sur ma bouche dans un effort suprême. J'étais à six mètres du bastingage – gagner deux secondes et c'était le salut... Je ne pus. La catastrophe se produisit, indescriptible. J'avais le visage éclaboussé, les manches pleines, ah... ce sorbet aux framboises... Je traversai le pont, sans hâte – à quoi bon, désormais ? – Je m'accoudai au bastingage et terminai triste et seul.

La douloureuse épreuve du passager silencieux et solitaire ne se prolongera pas trop longtemps. Le « Kronprinz Wilhelm » a récemment remporté le ruban bleu et il atteint New York bien avant le « Teutonic ». Par une belle matinée, Roland, toujours agrippé à son bastingage, voit avec émotion se découper sur l'horizon puis lentement grandir les silhouettes des constructions de Manhattan et de la puissante et robuste Dame qui symbolise la liberté..

La rapidité des manœuvres et de l'accostage du grand paquebot étonnent le jeune Français, peu habitué encore à ce sens de l'efficacité. À peine à quai, les passerelles sont mises en place, parents et amis se précipitent sur le pont. Autre thème d'admiration : les 4 ou 5 journalistes venus l'interroger savent lui *extraire dans le minimum de temps, avec le minimum de questions, une interview convenable.*

Une délégation de l'Aéro-Club d'Amérique qui l'accueille l'assiste auprès des gabelous yankees, toujours aussi méchamment tatillons. On indique leur logement aux mécanos, puis on emmène l'aviateur à l'hôtel, avant qu'il ne rencontre ces Messieurs du Comité à qui il présente son « talisman », une lettre manuscrite de Hart O. Berg.

***

Roland est descendu à l'Hôtel Astor. À la réception, il apprend que son ami John est également client de l'établissement et le soir même, les deux héros du Paris-Étampes se retrouvent, avec le plaisir sincère qu'anime une estime réciproque. John n'oublie pas la confiance que le jeune homme lui a manifestée en insistant pour monter dans son Blériot, à son troisième vol. Les Moisant occupent en famille un vaste appartement au septième étage. Garros s'y fait présenter le frère aîné Alfred, le banquier aux moustaches de phoque, les deux sœurs, « deux magnifiques créatures », estime Audemars, ainsi que « Miss Paree », qui a eu sa photo dans le *New York Times* et ne se nourrit que de sardines que John va lui-même lui acheter spécialement, tous les jours. John a fait des efforts vestimentaires, il est maintenant presque élégant... Sur la cheminée du salon trône la coupe en or massif du Daily Mail.

On parle de choses et d'autres, Roland livre ses premières impressions sur la ville où il se sent un peu « écrasé ». Très affectueusement, John lui offre d'être son cicérone et l'invite à dîner à la table familiale.

En attendant le meeting, Roland prendra la plupart de ses repas avec les Moisant. John, qui méprise le plaisir d'une grasse matinée comme tous les plaisirs, excepté celui de vaincre, oubliera souvent le déjeuner, car il est sur le terrain dès le matin. Après le « lunch », on se rend en automobile au Belmont Park où le jeune aviateur va assister au déballage et au remontage de ses appareils, John continuant à s'occuper de la mise au point de son vieux Blériot du « Paris-Londres » et de celui, tout neuf, qu'il vient de s'offrir. On est de retour à l'Hôtel pour le dîner et la soirée se termine à Broadway : les spectacles n'y manquent pas.

***

Contrairement à Audemars, à Simon ou à Barrier qui, en quatre ou cinq mois de meetings, ont pu lier connaissance avec les plus grands de l'époque, les Leblanc, les Aubrun, les Latham, le jeune Réunionnais n'a rencontré jusque là dans ses quelques exhibitions provinciales que des aviateurs de seconde zone.

Le meeting de New York ne fut pas pour moi un succès sportif, reconnaît-il, en expliquant toutefois combien le fait de s'y trouver en « contact avec les aviateurs », même s'il se sent auprès d'eux tout petit, avec cet avion qui n'est qu'un jouet, lui a permis de s'intégrer à un milieu où il veut se faire une place.

Par ailleurs, finies les échéances difficiles de l'Avenue de la Grande Armée, son contrat, auquel s'ajoutent quelques prix substantiels, le dégage des soucis matériels.

Pour leur part, Audemars, Simon et Barrier sont descendus au « Knicker-Bocker ». Pendant les quinze jours du meeting, Roland ne les rencontrera que sur le terrain. Audemars est le seul autre Demoiselliste à participer au meeting. Présentée comme « le plus petit avion au monde ayant jamais volé », la Demoiselle remporte un certain succès de curiosité. Le Comité décide de créer une épreuve spéciale quotidienne qui permettra aux deux amis de s'affronter sur trois tours de piste, départ arrêté. La Demoiselle blanche de Garros donne dix bons kilomètres de plus que celle d'Audemars, qui n'apprécie guère de se faire battre régulièrement. Et comme, après tout, il ne s'agit que de satisfaire le public, les deux compères décident de partager les prix, en frères.

Nous faisions des départs impressionnants, des virages à la corde qui semblaient disputés avec des ruses d'apache et un égal mépris du danger. Et tout cela n'était qu'un innocent chiqué.

***

Pour l'homme volant qui débute, cette quinzaine du Belmont Park sera surtout enrichissante par les leçons que lui donnent quotidiennement les « grands », dont il étudie avec pertinence le savoir-faire, les défauts qui limitent le succès et les excès, qui causent les catastrophes. J'étais, estime-t-il, comme un acteur étudiant de la coulisse le jeu des premiers rôles.

Moisant ?

Il raisonne et calcule beaucoup, estime Garros, *mais son point faible est l'orgueil trop ardent, l'entêtement aveugle, il ne tient pas compte de la fragilité des appareils et se fait un point d'honneur de mépriser le risque, au lieu de toujours en mesurer l'intérêt.*

Ainsi, quand il essaie son Blériot tout neuf, John l'écrase au premier vol. Simplement parce que s'étant aperçu que les mécanos ont oublié d'ouvrir l'arrivée d'huile, il s'entête par deux fois à vouloir tourner la manette avec son pied, au lieu d'atterrir sagement pour effectuer en toute sécurité cette manœuvre au sol. Les critiques de Garros n'entachent pas l'admiration affectueuse qu'il porte à son ami, toujours surprenant.

Le jour de l'épreuve du « Cross Country » (il s'agit d'aller doubler un pylône à une quinzaine de kilomètres et de revenir au terrain), il fait un brouillard « opaque et visqueux » qui incite les membres du Comité à suggérer l'annulation de l'épreuve. Moisant proteste, s'entête et obtient de s'envoler, seul concurrent dans la purée de pois. Et quand il revient, au grand soulagement des amis qui l'attendent, massés anxieusement près du hangar, le vainqueur leur explique qu'il s'est tout simplement servi d'une boussole pour se diriger dans le brouillard.

Roland raconte également l'entêtement de Moisant, lors d'une autre épreuve, à vouloir prendre l'air malgré le vent. Les autres concurrents se sont récusés. Contre tous les avis, John ordonne à son mécanicien de faire sortir le seul avion qui lui reste, le vieux biplace que quatre hommes ont de la peine à maintenir au sol tant les rafales sont brutales.

Soudain, un coup de vent plus furieux encore soulève à cinq ou six mètres l'appareil d'où pend une silhouette humaine... C'est Fileux, obstinément agrippé à son avion. Sans dommage pour le courageux mécano, l'avion retombe lourdement, dans un grand craquement, réduit en miettes. John qui se dirigeait vers l'avion, s'arrête, fait un demi-tour brusque et regagne son hangar, du même petit pas nerveux, sans plus tourner la tête... Le sourire malicieux est figé en grimace.

De tous les aviateurs présents au Belmont Park, Latham est peut-être celui pour lequel il éprouve le plus d'admiration. Il est vrai que pour un jeune pilote, Latham est une sorte de modèle. Avec un brevet portant le numéro 9, il a été des tous premiers aviateurs. Issu d'une famille aisée, c'est un « sportif », comme on dit à l'époque, c'est-à-dire qu'il a débuté par la course de canots automobiles. De son origine franco-britannique, il doit d'avoir fait une année à Oxford dont il a gardé les enseignements de flegme et d'élégance. En juillet 1909, moins heureux que Blériot, il a tenté deux traversées de la Manche qui se sont soldées par deux plongeons dans l'eau salée : les journalistes ont longuement décrit le personnage tranquillement assis sur l'aile de son « Antoinette » qui s'enfonce lentement, fumant paisiblement une « Khédive », cette cigarette turque pour laquelle il fait de « la réclame » dans tous les journaux (on dirait maintenant qu'il est sponsorisé). À 27 ans, au Belmont Park, il est dans la plénitude de ses moyens. Et dans ses *Mémoires*, Garros trouve des accents plus poétiques que réellement techniques pour évoquer sa façon de voler, d'évoluer, d'atterrir, le style de Latham :

L'Antoinette montre dans ces évolutions une aisance superbe, une souplesse de goéland. On n'y sent aucun effort. Ce peu de toile et de bois qu'anime une pensée humaine semble se jouer des éléments. La scène est émouvante (...) Un instinct d'oiseau anime les ailes et les organes stabilisateurs : les coups invisibles sont parés à l'avance...

Beaucoup d'admiration aussi de Roland pour les « deux jumeaux célestes », élèves de l'école Wright de Montgomery. Tant pour leurs capacités de pilotes que pour leur valeur morale. À 26 et 24 ans, Arch Hoxsey et Ralph Johnstone sont des célébrités aux États-Unis. L'un a été coureur automobile, l'autre a débuté comme acrobate cycliste. Avec eux, c'est l'étalage d'une virtuosité déconcertante, une suite de défis aux lois de la gravité.

Ce ne sont plus les grandes ailes sensibles, mais la cellule géométrique, la machine à voler, sûre, automatique. Et Roland ajoute : *Avec cela, une complète insouciance du danger, un entêtement froid, immuable dans toute résolution prise...*

Au cours du meeting, alors qu'ils partent tous deux pour un « prix de hauteur », ils se trouvent au bout de dix minutes, l'un près de l'autre, seuls dans le ciel. Du sol, ils donnent l'impression de rester immobilisés tout en montant ensemble, presque aile à aile. Bientôt, les spectateurs les voient entraînés à reculons par le vent dont la vitesse augmente, puis ils disparaissent...

Là-haut, Johnstone calcule qu'il vole à 65 kilomètres à l'heure contre un vent de 130 kilomètres... Il parvient à se poser dans une clairière, à 90 kilomètres du terrain. Hoxsey ne parcourra que 40 kilomètres, lui aussi... à reculons. Au Belmont Park, on ne sera rassuré sur leur sort que le lendemain matin, à la lecture des journaux et lorsque, dans l'après-midi, les deux héros reviennent par avion sur le terrain, Roland ne peut s'empêcher d'aller serrer la main de Johnstone pour lui dire son admiration :

– Vous avez été splendide, Johnstone, mais quelle folie, pour un pauvre prix de hauteur...

– Le prix n'est rien... Mais il faut être « sport », n'est ce pas ? lui répond simplement l'autre.

Tel était Johnstone, splendide athlète au visage exprimant l'énergie, la franchise, la confiance.

Pendant ses tournées d'acrobate, le créateur du « looping à

bicyclette » faisait sa publicité en descendant en monocycle, sur vingt étages, les escaliers de secours des plus hauts buildings des villes où il se produisait. Devenu aviateur, il nourrit d'autres ambitions, notamment celle du « looping » en avion, ce qui, en cette fin d'année 1910, paraît impensable sinon totalement fou. En toute simplicité, il s'en ouvre à Garros et Audemars, en compagnie de qui il dîne un soir.

Il leur parle aussi d'une nouvelle machine que lui a préparée Wright.

– Vous la verrez demain, dans le concours de hauteur.

– Voulez-vous tenir un pari ? demande Garros.

– Lequel ?

– Eh bien... Je parie que demain à cette heure-ci, vous serez recordman du monde...

Prophétie qui se réalise. Mais ce que n'a pas prévu Roland, c'est qu'une semaine seulement après la fin du meeting, Johnstone trouvera la mort, son appareil, trop sollicité par le fougueux pilote, se brisera en vol.

***

Au Belmont Park, un des grands événements du meeting dont tout le monde parle est la coupe Gordon-Bennett. Elle a lieu entre le lever et le coucher du soleil, chaque concurrent choisissant son heure et courant contre la montre.

France, Angleterre et États-Unis sont représentés. L'équipe française est constituée de Leblanc et d'Aubrun (sur Blériot 100 HP) et de Latham (sur Antoinette 100 HP). Claude Grahame-White court pour la Grande Bretagne, mais sur un Blériot de série. La bannière étoilée est défendue par Brookins sur « Baby » Wright, C.K.Hamilton sur Hamilton de 150 chevaux. Curtiss aligne aussi pour son pays un invraisemblable monoplan, dont on ignore encore le nom du pilote.

Les pronostics vont bon train ; pour certains, le favori est Leblanc, pour d'autres, c'est Latham qui est imbattable. C.K. Hamilton annonce des vitesses exceptionnelles avec son 150 HP. Quant au dernier né de la famille des « Flyers » Wright, le « Baby », il est arrivé dans un camion soigneusement bâché et reste, comme toujours avec les deux frères, entouré de mystère.

Lorsque Garros arrive sur le terrain, les jeux sont faits : un accident a réduit à néant les espoirs des Wright : Brookins, leur pilote est dans le coma, à l'hôpital. Leblanc est éliminé lui aussi : à la dernière minute, alors qu'il a battu tous les records jusqu'à 100 kilomètres, une panne d'essence au ras du sol l'empêche de redresser : il va fracasser son beau Blériot spécial sur un poteau télégraphique qu'il coupe net. Les Américains le considéreront malgré tout comme le vainqueur « moral » et les pansements qu'il porte à la tête déclencheront des ovations, partout où il se montrera.

Après l'accident de Brookins, Hamilton reste le dernier espoir des Américains dont il est l'idole. Mais son fameux moteur refuse de démarrer, «*panne opportune*», estime Roland qui n'éprouve aucune sympathie pour l'individu. Le Curtiss, lui, ne sortira pas de son hangar.

Grahame-White, le grand séducteur de ces dames, qui ne court que dans d'élégantes combinaisons de vol spécialement créées pour lui par Burberrys (of London), lui dont l'idylle avec la chanteuse Pauline Chase fait les choux gras des chroniqueurs New Yorkais, Grahame-White a régulièrement tourné à plus de 100 kilomètres à l'heure, *il est le « tenant »*. Aubrun devra s'incliner devant ses performances.

Reste Latham, mais son Antoinette est notoirement moins rapide que le Blériot de l'Anglais. Alors qu'il a déjà course perdue, Latham s'obstine, *pour l'honneur*. Ses nombreux cylindres tombent en panne, les uns après les autres, il s'arrête, les fait réparer et repart, du même vol souple et précis qui enthousiasme le jeune pilote : même dans la défaite, écrit-il, on reconnaît le maître.

***

L'apothéose de la réunion du Belmont Park sera le « Prix de la Liberté » : il n'y a qu'un prix de 50 000 Francs pour une course contre la montre de 53 kilomètres au-dessus et la ville et du port de New York, avec contournement de la grosse Dame de Bartholdi qui, piquée sur son îlot, marquera le virage par un ballon attaché à sa main, avant le retour au Belmont Park. Ce jour-là, la foule est immense (80, 100 000 personnes ?) et le temps splendide. Mais peu de concurrents : il a même fallu réformer le règlement qui n'acceptait dans l'épreuve que les pilotes ayant volé au moins une heure au cours du meeting, pour l'ouvrir à tous. Grahame-White dépose plainte, car il est le seul à remplir cette condition, avec

Jacques de Lesseps. En outre, c'est dimanche et ni les Wright ni leur équipe ne volent le jour du Seigneur...

John Moisant se retrouve sans monture depuis qu'il a détruit ses deux appareils. Il a tenté en vain d'acheter à Grahame-White lui-même son Blériot, pour 50 000 F, soit la somme même du prix. Avec son frère Alfred, il a écumé tous les hangars, à la recherche de l'oiseau rare. Il a finalement découvert au fond de celui de Leblanc un Blériot de réserve sur lequel il jette son dévolu.

L'affaire est conclue en un coup de téléphone et un court marchandage. Alfred appelle à son Hôtel Leblanc qui se remet de son accident :

– Voulez-vous me vendre votre appareil ?

– Oui.

– Combien ?

– J'arrive, répond le Français, qui se précipite à l'aérodrome où s'engage un âpre marchandage. Alfred ne tarde pas à proposer la somme de 10 000 dollars, bien supérieure au prix de l'appareil et cela met fin à toute discussion. Leblanc reçoit en paiement un chèque, emprunté par le banquier à l'un des spectateurs qui suivent la scène avec enthousiasme et dont l'épaule servira de bureau.

Parti le premier, Grahame-White vient de rentrer, salué par les hourras qui ovationnent une victoire apparemment assurée après un parcours d'une extrême régularité. « Rule Britannia ! »... On lui fait même faire un tour de terrain, drapé dans les plis de l'Union Jack.

Les amis de Moisant se sont rassemblés, chronomètre en main et ils supputent les chances de leur héros. Et pourquoi pas, après tout ? Pendant ce temps, Fileux s'est évertué à peindre des numéros neufs sur les plans et l'empennage du Blériot.

Au tour de Lesseps de regagner l'aérodrome : avec son appareil moins puissant et le pas de son hélice beaucoup trop court, son temps est évidemment supérieur à celui de l'Anglais.

John, revêtu de sa combinaison jaune sale et le visage caché par son passe-montagne noir, a décollé depuis quelques minutes. Devant le hangar, les yeux ne quittent plus les chronomètres. On annonce à voix haute les minutes, les secondes. Plus que quatre minutes. Personne à l'horizon. Trois minutes. Deux minutes et demie. Quelques secondes encore et soudain, un cri :

– Le voilà !

Émotion générale : Moisant gagnera-t-il ? La silhouette se

précise : le Blériot de Moisant va-t-il être vainqueur ? Le voilà maintenant tout près qui fend l'air à plein moteur, en sifflant comme une flèche, coupe la ligne d'arrivée, devant la tribune d'honneur avant de se cabrer comme un cheval fougueux, se découpant sur le soleil. On compare les chronomètres : 43 secondes, il a fait 43 secondes de mieux de Grahame-White ! Il est vainqueur !

De la tribune en délire jaillissent des chapeaux, des cannes, des fleurs et des « Hourras » immenses. Un journaliste britannique affirme même avoir vu Wilbur Wright « piétiner son chapeau en poussant des cris d'Indien comanche »... Débordé, le service d'ordre ne peut retenir la horde qui envahit la piste, s'empare de Moisant et le porte en triomphe vers son hangar... enveloppé dans la bannière étoilée [1]...

***

Il est maintenant terminé, le meeting du Belmont Park. Le spectacle est fini. Le soir, on se trouve réunis entre amis à la table accueillante des Moisant. La soirée s'annonce belle, on est encore en vie. Quoi de plus réjouissant ? Et l'on parle du meeting, on se remémore...

– Mais John, interroge Roland, encore perplexe, ces 43 secondes? Comment avez-vous fait ?

Les yeux de diamant noir pétillent de malice. Et le « Franco » explique : en ligne droite entre le Belmont Park et la statue, il y a Manhattan, avec ses gratte-ciel, les lignes électriques qui barrent les rues : c'est dangereux. Fort de la vitesse de son Blériot 100 HP, Grahame-White a fait un léger détour pour éviter ce danger...

– Eh ben, moi, j'n'ai allé tout' drouette... explique John qui trace de la main une ligne droite.

---

1. Grahame-White déposera plainte auprès de la F.A.I. contre l'attribution de ce prix à John Moisant. Il n'obtiendra gain de cause qu'un an plus tard, et recevra en 1912, à l'Aéro-Club de New York, un chèque de 10 000 dollars (assorti de plus de 500 $ d'intérêts). À cette date, John Moisant a disparu depuis deux ans...

VII

Le Cirque Moisant

Il existe divers motifs de devenir acrobate de l'air. L'un d'eux, le seul pardonnable, est la nécessité ; c'est celui que je m'excuse d'avoir choisi, sans le regretter. J'ai, en effet, vécu la vie du véritable acrobate, de l'acrobate de cirque ambulant, ou si vous me permettez de rendre un léger hommage à ma fatuité, de l'acrobate de chez Barnum.

C'est ainsi que, dans le Numéro de Noël 1911 de la revue *Je Sais Tout*, Garros commente son aventure américaine.

Mais nous n'en sommes encore qu'à la fin d'octobre 1910 et la fête aérienne du Belmont Park vient tout juste de prendre fin. Héros et vedettes se sont égaillés dans la nature vers d'autres meetings, vers de nouvelles exhibitions ; vers leur passion, que certains ont déjà consommée.

Après son terrible accident, le nom de Brookins n'apparaîtra plus jamais dans une quelconque manifestation aérienne. Johnstone n'a que quelques jours avant de disparaître, sans avoir pu réaliser son rêve, le « looping » aérien. Hoxsey, le second des « jumeaux célestes » , n'est en sursis que pour un mois et demi. Leblanc et Aubrun ont regagné l'Europe où les attendent de nouvelles compétitions. Latham a été engagé pour le Meeting de Baltimore [1]. Seuls quelques-uns uns sont restés dans la métropole américaine, avec l'espoir d'y décrocher des contrats.

Garros est de ceux-là. Pour lui, l'affaire est rapidement réglée : les frères Moisant (surtout John, qui n'a pas oublié la confiance manifestée par son premier passager) ont tout de

1. Hubert Latham trouvera la mort, fin 1912, sous les cornes d'un buffle blessé, au cours d'une partie de chasse en Afrique, près de Fort-Archambault, au Tchad.

suite fait appel à lui. Pour un jeune aviateur encore à peine connu, c'est une occasion à ne pas manquer. Non seulement il pourra voler, mais encore, on peut difficilement, à 22 ans, refuser les termes du contrat qu'il signe le 5 novembre avec les Moisant : tous les frais et risques matériels sont à la charge de la « Moisant's International Aviators », qui lui garantit une provision de 20 000 dollars, avec une avance de 4 000 dollars et on lui assure, pour un an, un salaire hebdomadaire de 400 dollars, tout cela, pour un nombre indéterminé de vols...

John et Alfred, le pilote et son banquier de frère, ont en effet conçu un projet grandiose qui doit rapporter au financier beaucoup d'argent et à l'aviateur de multiples occasions d'assouvir sa passion : il s'agit d'une tournée monstre à travers les États-Unis, scrupuleusement gérée dans le cadre d'une organisation modèle, avec engagement de sept aviateurs (« Au printemps, ils seront douze », affirme même Alfred au *New York Times*). Alfred jongle avec les chiffres. Chacun des 250 000 dollars du capital a été effectivement versé, précise-t-il devant la presse. Il a signé des contrats pour 500 000 dollars, outre les 180 000 engagés pour les dépenses de l'entreprise...

L'aviation, ce n'est encore qu'un spectacle comme les autres et dès que les professionnels ont flairé l'importance du projet Moisant, tout ce que New York compte de requins du spectacle envahit les couloirs de l'Astor... Parmi eux, l'Américain Young qui « possède » Hamilton sous contrat et le Français Borel, qui ne tient pas à perdre ses trois précieux poulains pleins d'avenir prometteur, Audemars, Simon et Barrier.

Pendant quinze jours, entre le hall et le fumoir de l'hôtel, on va discuter ferme. Tous les fauves du show-business sont là, chapeau rejeté sur l'arrière du crâne, mâchonnant leurs cigares éteints. Devant les verres vidés à grandes lampées, ce ne sont que conciliabules chuchotés, échafaudages de combinaisons tortueuses, pour tenter de rafler leur idée aux Moisant. Discussions étouffées de marchands de tapis, voire de maîtres chanteurs : va-t-on se coaliser contre la « Moisant's » ? Qui vaut-il mieux attaquer, écarter, éliminer ?

Young, redoutable négociateur, exerce auprès des deux frères une pression irrésistible : eh quoi ? C.K. Hamilton, son « client », n'est-il pas le casse-cou le plus populaire des États-Unis ?

Il a 24 ans et ne pèse que 50 kilos, ce rouquin longiligne, aux incroyables oreilles en feuilles de chou, le mégot toujours collé à la lèvre. celui que la presse américaine a célébré pour ses exploits, incontestables au demeurant. Celui dont *l'Auto* a prématurément annoncé l'année précédente la « chute mortelle ». La renommée, mais peut-être aussi la plaque de métal qu'on lui a fixée dans le crâne, à la suite d'un de ses multiples accidents, lui ont monté à la tête. Il manifeste un caractère exécrable, infatué, grossier, volontiers brutal. La plupart du temps, on le voit tituber entre deux whiskies. Il va même jusqu'à appointer des employés spécialement chargés de venir le lui servir, après chaque atterrissage, alors qu'il n'a pas encore quitté les commandes de son biplan. À sa ceinture, un énorme Colt chargé. En évidence dans la poche, une grosse liasse de billets verts. Mais cet élève de Curtiss à Hammondsport détient presque tous les records américains (voyage, distance, passagers...) ; dans son avion, c'est lui qui a emmené tous les membres de la famille Vanderbilt. Pour le public yankee, il est l'un des meilleurs aviateurs de son époque.

Tous arguments confondus, son manager Young parvient à arracher aux Moisant *un contrat exorbitant*, affirme Garros : Hamilton reçoit en effet une avance de 10 000 dollars et un salaire hebdomadaire de 2 000 dollars... En outre, Young se fait nommer directeur de la tournée. Dans l'organisation qui se monte, plus de place désormais pour le malheureux Borel, qui n'a plus qu'à faire ses bagages et reprendre le premier bateau en partance pour la France, sans laisser derrière lui de regrets excessifs [1].

Car l'équipe européenne de Moisant s'est déjà spontanément rassemblée, par affinités et sympathies. Garros passe une bonne partie de son temps en compagnie des trois autres. Il réussit d'abord à convertir Audemars à cette nouvelle aventure. À eux deux, ils sont parvenus à débaucher Simon et Barrier : le futur fameux quatuor de la « Moisant's International Aviators » se trouve ainsi constitué.

Une sacrée équipe, qui sait prendre la vie du bon côté. Pendant tout leur séjour New Yorkais, leur journée commence tard, car, contrairement à John Moisant, ils savent apprécier, eux, les délices d'une grasse matinée. L'après-midi, ils la passent ensemble à l'aérodrome, à flâner, à discuter avions, à en

---

1. Lorsque dans ses *Mémoires* il désigne Borel, G. écrit : « B....y », faisant ainsi avec « Borély », (le parc de Marseille où il s'est produit plus tard), un jeu de mots qui lui permet de ne pas désigner nommément un personnage qui ne lui a jamais été sympathique.

comparer les mérites, à les essayer aussi, à attendre le crépuscule qui annonce l'heure du retour à l'hôtel.

Pour ces sybarites se situe alors le moment le plus délectable de la journée : avant le dîner, c'est le moment du bain et du « barber's shop ». La bande d'Européens fraîchement débarqués a fait une découverte fabuleuse : le salon de coiffure américain qui offre tout à la fois repos et distractions, du moins lorsqu'on n'y est pas habitué.

Roland le décrit ainsi :

Étendu sur un grand fauteuil articulé, d'un confort raffiné, le client peut recevoir simultanément les soins d'un coiffeur-masseur, d'une ou même de deux manucures, elles sont en général charmantes, d'un pédicure... et d'un cireur nègre. Il est intarissable *sur les talents de ces opérateurs, la qualité des appareils et des produits employés, d'une perfection inconnue en Europe.*

Et il en rajoute :

Je fis connaissance avec toutes les sortes de massages du cuir chevelu et de la face ; avec toute la collection des shampoings et des lotions et j'appris toutes les manières de goûter les applications de serviettes chaudes ou froides, après une méticuleuse barbification.

Les quatre gaillards vont même jusqu'à adopter la coupe *en cul de singe, à l'américaine, avec la nuque entièrement rasée qui vous donne l'air de porter une perruque trop courte ! C'était affreux,* reconnaîtra lui-même le prisonnier de guerre du fond de sa cellule, *mais quelle sensation de fraîcheur...*

Quand il ne dîne pas avec les Moisant, Garros va rejoindre le soir ses compagnons au restaurant du « Knicker-Bocker » et, après le dîner, le joyeux groupe s'en va courir les music-halls, les théâtres et autres lieux de plaisirs. Frances Demarest triomphe à Broadway dans le rôle de « Lulu » de « Madame Sherry ». Les quatre compères iront plusieurs fois de suite l'applaudir au « New Amsterdam Theater ». Ils vont également écouter au « Knicker Bocker » la plantureuse Pauline Chase, dont les amours avec le confrère Grahame-White font les choux gras des échotiers de Broadway...

Cette courte période New Yorkaise, insouciante et facile, prélude à la vie dangereuse de bohémiens qu'ils ont tous choisie...

***

Alfred et John ont complété leur équipe d'aviateurs : outre Hamilton et les quatre jeunes Européens, ils ont engagé Thomas Frisbie, un vieux pilote d'origine irlandaise dont le numéro consiste à accrocher à des cerfs-volants des sièges occupés par des clients. Et puis Joe Seymour, aviateur plutôt obscur, mais redoutable automobiliste, pour lequel Moisant a prévu des compétitions entre automobile et avion. À ces sept, il a ajouté Karl Halm qui sera le photographe maison.

Le quartier général de la M.I.A. occupe tout un étage du gratte-ciel du *New York Times*. La fébrilité qui règne dans le grand bureau, sous la lumière crue des globes électriques, indique que la machine est déjà en marche, avant même le départ de la tournée. Des « clerks » en gilet et manches de lustrine, les yeux protégés par une visière de celluloïd, répondent aux appels insistants des téléphones, d'une voix nasillarde qu'ils doivent pousser haut pour couvrir le crépitement des Underwood. Au bout du fil, Memphis, la Nouvelle Orléans ou Fort Worth...

Alfred a expédié partout des émissaires, des « promoters », chargés de prospecter les terrains, d'entrer en contact avec les autorités, les personnalités locales, pour constituer des comités de patronage appelés à donner à la tournée un appui moral, matériel... et financier. Une organisation « à l'Américaine », qui séduit et enthousiaste les quatre jeunes Européens.

Ceux-ci ne se laissent tout de même pas envahir par l'insouciance ou l'indolence. Ils se préparent activement. Roland apprend ainsi à piloter l'un des Blériot de la M.I.A., celui précisément que John a fracassé l'avant-veille du meeting et que Fileux vient de reconstruire, sous la « surveillance » de Lopez, un pseudo-ingénieur salvadorien, vieille connaissance que les Moisant traînent dans leur sillage depuis leur séjour dans ce pays. John a bien l'intention de le vérifier en vol avant de le prêter à Roland, mais ses affaires l'occupent trop, si bien que ce dernier décide de l'essayer lui-même.

Le temps est exécrable le jour où, dans le hangar du Belmont Park, Fileux présente à Roland l'appareil qu'il a religieusement reconstitué pièce à pièce. Familier de la Demoiselle, mais totalement ignorant du Blériot, il est encore bien incapable de contrôler quoi que ce soit, sa confiance en Fileux doit être aveugle.

L'aviateur « grimpe » dans l'habitacle : premier dépaysement, car, dans le Santos, on s'assoit. Et puis, les commandes du Blériot sont entièrement nouvelles pour lui [1]. Une fois sur le siège, on ne peut rien voir au-dessous, les ailes cachent tout. C'est tout le contraire dans la Demoiselle dont les ailes placées au-dessus de la tête dégagent la vision du sol ; quant aux roues de la Demoiselle, on les a réellement à portée de main et on les voit prendre contact avec le sol. Alors qu'on ne voit pas celles du Blériot

– Face au vent, Fileux ! ordonne l'aviateur.

Le mécano et ses aides, poussant avec une délicatesse infinie l'appareil par ses ailes et son empennage, le sortent du hangar et le placent dans l'axe demandé. Garros, il l'avouera plus tard, a le « trac »...

– Contact ?

– Contact !

Fileux lance l'hélice, le moteur rugit.

– Et puis, je me débrouillerai bien en l'air, songe Garros.

Les manœuvres ont lâché l'appareil. L'engin démarre, face aux tribunes. Il est tout d'abord violemment chahuté par les rafales. Il ne le « sent » pas obéir, ce « roi des monoplans » et ne sait pas s'il doit encore accuser son ignorance. Un peu désemparé, ballotté, il accomplit deux tours de piste incertains avant de penser à retourner au sol, l'épreuve la plus redoutable. Le cœur battant, il s'y prend de loin et voit le terrain se rapprocher. Il ne tient pas à capoter. Avec maladresse, il redresse, redresse... Et, contre toute attente, son premier atterrissage sur Blériot est parfaitement réussi. Il roule encore au sol que Fileux se précipite vers lui, les bras agités comme ceux d'un sémaphore :

– Mais c'est épatant ! Vous vous posez comme un oiseau ! hurle-t-il.

Et, une fois le moteur coupé, le mécano ajoute :

– Je l'ai toujours dit, moi, à M'sieu Moisant ! Qu'il fallait arriver doucement et non comme la foudre...

Roland se rengorge : Fileux n'est pas le premier venu et le vieux mécanicien vient de le comparer à son patron, celui qu'il a accompagné dans le premier Paris-Londres... Alors, le jeune homme se raisonne, calme son émotion et *s'efforce surtout de ne pas avoir l'air de ne pas l'avoir fait exprès...*

---

1. La « cloche » de métal nu du Blériot est fixée à un pivot, et reliée à des cordes à piano non tendues. Du centre de la cloche sort le manche de bois verni, terminé par un volant de bois.

***

Deux absents, ce 20 novembre, sur le quai de Pennsylvania Station où le train spécial sous pression attend ses voyageurs : John, qui a quelques affaires à résoudre avant de rejoindre le convoi et Edmond Audemars, qui a obtenu par contrat de se rendre à Berlin pour liquider son commerce de « Motosacoches » avant de rejoindre la tournée à la Nouvelle Orléans.

Devant les wagons, l'atmosphère est celle de tous les départs, plutôt maussade. En outre, chacun a le sentiment de quitter une vie agréable et confortable pour une aventure dont il ne sait même pas s'il reviendra. Et puis, l'organisation et la discipline sont si poussées qu'elles enlèvent tout caractère humain à l'entreprise : les « managers » sont là, qui font attendre, avancer, attendre, avant de désigner à chacun sa place...

– One ! Two ! Three ! Four ! compte l'un d'entre eux d'une voix neutre, en faisant monter les mécaniciens dans leur wagon, après les avoir successivement désignés du doigt.

Fileux a gentiment picolé pour célébrer l'événement. Il se rebiffe :

– Eh quoi, alors ? On n'est pas des bêtes, non ?

Il est vrai que personne n'est au courant de rien, qu'on ne connaît même pas la destination du train, ce qui contribue à l'énervement général. Les Moisant, trop absorbés, n'ont pas eu le temps d'en avertir leurs collaborateurs. L'impression désagréable se dissipe aussitôt que chacun a gagné sa place : les pullmans sont vraiment confortables.

La « roulotte » des gens du voyage peut prendre le départ. Sur les voitures, des lettres géantes : « Moisant's International Aviators ». Dans les wagons, tout le personnel, volants et rampants. Dans les fourgons, douze appareils, un atelier avec son lot de pièces détachées et des moteurs neufs pour les réparations urgentes (les plus importantes se feront dans l'Atelier de New York, pompeusement appelé « l'Usine »), une immense tente et d'autres plus petites qui constitueront les hangars et les ateliers, une automobile de service. Enfin, une « 100 HP » de course, la « Fiat » avec laquelle Seymour luttera de vitesse contre des avions en vol.

Dans un concert de sifflets et un épais nuage de vapeur, le convoi s'ébranle et quitte lentement le quai de la « Penn », encore encombré de curieux qui ne manqueront pas d'aller raconter à leur petite famille avoir assisté au départ d'un concurrent de Barnum. Mais, se demanderont-ils, pourquoi n'y avait-il pas de fanfare ?

***

La première étape est Richmond, capitale historique de la Virginie. Les promoteurs sont sur place depuis plusieurs jours. Ils ont établi le programme, fait imprimer et collé partout les affiches.

Comme la pratique s'en établira désormais, le train passe d'abord par la gare pour y débarquer les aviateurs que des voitures conduisent à leur hôtel. Puis le convoi emprunte l'embranchement spécial qui, dans toute ville américaine, relie le réseau principal au « fair-ground », le champ de foire. Celui-ci comporte généralement une piste circulaire, des tribunes, des clôtures et *une pelouse centrale guère plus grande que le vélodrome du Parc des Princes, où l'on pratique souvent des courses de chevaux*. Le train stoppe à 200 mètres du champ : aussitôt, les quelque douze « tentmen » jaillissent de leurs voitures, sortent la grande toile et les mâts, plantent leurs piquets et en moins de trois heures, l'immense hangar est monté. Les « tickets-sellers » eux aussi ont bien travaillé : dans le même délai, ils ont mis en place les guichets, préparé leurs carnets de billets, leur monnaie. Quant à eux, les mécaniciens ont sorti et préparé les appareils, qui voyagent sans emballage.

Pendant ce temps, les aviateurs, arrivés dans leurs chambres d'hôtel, ont eu le temps de déballer leurs affaires (un « manager » spécial est chargé de veiller sur leurs malles), de s'offrir la détente d'un bon bain chaud. Eux aussi sont rapidement prêts et ils gagnent le terrain en automobile.

Moins de quatre heures après l'arrivée du convoi, le cirque est prêt à accueillir ses spectateurs.

***

Mais c'est la première expérience de la M.I.A. et l'on en est encore au stade du rodage. Songeant à une publicité supplémentaire, Alfred prend Garros par l'épaule et le conduit devant un grand plan, épinglé sur la porte de la tente :

– Mon cher Garros, lui dit-il, il serait intéressant qu'un avion de la M.I.A. puisse faire une démonstration au-dessus de la ville... Et comme John n'est pas là, j'ai pensé à vous pour assurer le succès de la Compagnie...

Le jeune homme se sent très flatté de cette estime (ce ne sera, en somme, que son troisième ou quatrième vol sur Blériot). Et le banquier ajoute :

– Le Président Taft est à Richmond pour sa campagne électorale... Il faudrait survoler son cortège...

Sur le plan, il désigne le Capitole, suit du doigt une longue artère et explique :

– En décollant du fair-ground, il vous suffit de suivre Broad Street quelques minutes, puis de revenir...

Roland est particulièrement ému. Voler au-dessus d'une ville américaine hérissée de gratte-ciel, c'est encore considéré comme un exploit. Tous les journaux des États-Unis ont récemment parlé de celui de Latham qui vient de survoler Baltimore afin de satisfaire la curiosité d'un jeune paralytique.

Nuit blanche et agitée pour le jeune aviateur : bien sûr, il est fier de la confiance que lui manifeste le vieil Alfred, mais il a conscience de ses limites. À moitié endormi, il vit son vol du lendemain, il se voit, avec angoisse, planant au-dessus de la forêt des gratte-ciel enchevêtrés de fils téléphoniques et de lignes électriques. Dans ses *Mémoires*, se rappelant cette attente, il écrit : « *Mais je dois me rendre cette justice, que pas une seconde, je ne songeai à me dédire* ».

***

Le lendemain, le temps est superbe. Roland arrive à l'heure prévue, il a en tête les instructions du vieux Moisant. Devant le plan, on les lui complète par d'ultimes indications.

L'émotion lui serre la gorge au décollage. Mais tout de suite, le comportement de l'avion le surprend agréablement. Il faut dire qu'on lui a réservé pour l'occasion l'appareil tout neuf avec lequel John vient de remporter le prix de la Statue de la Liberté, un Blériot spécial réglé avec toute la conscience professionnelle du « fidèle Fileux ». Il se sent léger, emporté doucement dans un glissement plein de sécurité par un moteur dont, malgré lui, il appréhende la panne, mais qui, imperturbable, continue à ronronner paisiblement. Les toits défilent lentement en arrière des ailes.

Par-dessus le capot, il n'aperçoit que la brume qui nimbe encore les longues silhouettes des immeubles de la ville. C'est soudain pour lui une curieuse détente, il retrouve les parfums de ces restaurants de nuit de New York qu'il fréquentait encore il y a quelques jours. Il s'entend même chantonner le succès de « Madame Sherry », parfaitement de circonstance : « *Every little movement has a meaning of it's own* ».

Court moment de rêve éveillé, interrompu au bout de quelques minutes, car il a conscience d'avoir rempli sa mission. Comme il ne maîtrise pas encore suffisamment la machine, il doit se contenter d'un large virage à plat pour reprendre la direction du fair-ground.

Un coup d'œil derrière les ailes :

– Bon sang ! mais je suis bien haut !

Bien sûr ! Tout ce vol, il l'a fait en position cabrée, voilà pourquoi il n'avait devant les yeux que l'horizon brumeux... Le retour au champ se passe sans difficultés. Lorsque le Gnome 9 cylindres se tait enfin, à deux pas de la grande tente et du petit village de toile, la troupe des bohémiens-aviateurs lui fait une ovation...

Le lendemain, les journaux de Richmond célébreront l'exploit du Frenchman. Mieux, le *New York Times* lui-même titre « Garros au-dessus de Richmond » : « le Français parcourt neuf miles au-dessus de Broad Street en 7 minutes ?! ». Le journal souligne que Garros a survolé la parade présidentielle au moment où elle quittait le Capitole et que c'est la deuxième fois (?) qu'il pilotait un Blériot.

Tout cette « réclame » n'aura pas été suffisante. La semaine de Richmond ne sera pas très rentable pour la M.I.A., d'autant plus que si le président Taft se trouve en ville, c'est pour sa campagne électorale. Les meetings du président-candidat attireront finalement plus de monde que ceux des aviateurs. *Concurrence déloyale*, estime Garros...

Mais, pour Roland, c'est une aubaine. Il se servira tous les jours du Blériot de John et s'y habituera. Au début, il y est certes moins à l'aise que sur la Demoiselle, mais il apprécie cette impression de sécurité qu'il procure, qu'on est loin de ressentir avec la capricieuse petite machine de Santos.

John a rejoint Richmond le dernier jour. Il a appris le vol de Garros et ne veut pas lui laisser l'avantage d'avoir été le seul à survoler la cité. Il grimpe aussitôt dans son Blériot et traverse la ville dans les deux sens. Les autres se piquent au jeu. Simon, d'abord, bientôt suivi par le prudent Barrier. Si bien que les habitants de Richmond auront eu, ce jour-là, le privilège assez rare à l'époque de voir évoluer au-dessus de leurs toits trois aéroplanes dans la même journée...

Les aviateurs sont maintenant lancés : John et René Simon font dans l'après-midi un match de virtuosité. Simon est bien plus entraîné que John et celui-ci, titillé dans son orgueil, s'efforce d'égaler son rival, au mépris du danger.

Roland, quant à lui, essaie quelques timides virages inclinés, mais écrira-t-il, il est *vite calmé*... Une vague apparition de Hamilton et de Frisbie clôt la dernière manifestation de la M.I.A. à Richmond.

De cet épisode, qui se révélera un four financier, Alfred Moisant va tirer les enseignements dont profitera la suite de la tournée. Seul point positif : l'unanimité de la presse à couvrir les aviateurs de louanges et c'est déjà beaucoup.

***

Sur la côte est des États-Unis, l'hiver arrive presque sans crier gare. Par les vitres embuées du Pullman qui les transporte à toute vapeur à travers les vastes horizons du Tennessee, les « acrobates de l'air » voient tomber les premiers flocons. De larges plaques blanches marquent le paysage que l'automne a déjà nuancé de ses bruns, de ses roux, de ses ocres, de ses ors.

– Ça commence bien, murmure Barrier.

– Bah ! répond joyeusement Simon, on en a vu d'autres...

Garros se contente de hocher la tête et déclare d'un air sérieux :

– De toute façon, c'est nous qui l'avons voulu, n'est-ce pas ?

Le mauvais temps ne parviendra pas à entamer l'entrain des voyageurs. C'est à Chattanooga qu'il connaîtront leur première désillusion. Pourtant, tout a été préparé pour les attendre. Selon les bonnes règles de la M.I.A., on leur a retenu le plus bel appartement dans le meilleur hôtel de la ville. Mais quand Garros, Simon et Barrier se présentent sur le fair-ground, devant les tribunes déjà pleines à craquer, c'est la consternation : le champ a la taille d'un mouchoir de poche, tout bosselé, encaissé entre le fleuve, des maisons, des arbres et un épouvantable embrouillamini de fils télégraphiques. Et puis, le ciel est noir et le vent souffle avec force.

– Ce serait complètement fou de vouloir voler par un temps pareil!

– Et pour atterrir, tu parles ! Tous ces arbres et ces bâtiments, Ça doit vous faire de sacrés remous, au milieu du terrain !

– Ce terrain, c'est un véritable cimetière !

– Il faut en parler à Young...

Bien embarrassé, le Directeur de la tournée en l'absence de John. Il en appelle à Alfred Moisant lui-même qui, blême d'émotion, maintenant à grand'peine son feutre noir à larges bords, erre entre la foule déjà quelque peu excitée et le hangar de toile.

– Écoutez, mes amis, dit-il aux trois aviateurs, d'une voix qui se perd un peu dans le tumulte ambiant, je reconnais que le terrain n'est pas très bon. Les prochaines fois, nous serons plus précautionneux dans notre choix...

Haussements d'épaules un peu désabusés des pilotes.

Le banquier connaît un affreux dilemme : n'est-ce pas les envoyer à une mort probable, ces jeunes gens, si on les fait décoller dans une telle tornade ? Peut-on par ailleurs compromettre définitivement l'avenir de la Compagnie et de la tournée, en annulant ce spectacle ? Il temporise.

– On attendra encore un peu, le temps va peut-être s'améliorer, soutient-il.

– Ne pensez-vous pas qu'il faudrait annuler la séance ? suggère timidement Young.

À cette idée, Moisant a un haut-le-corps. Tout au long de l'après-midi, alors que le vent continue à manifester autant de fureur, le patron de la M.I.A. se battra, dans l'espoir d'une accalmie. Ce n'est qu'au crépuscule, dans les bourrasques qui n'ont pas cessé de brutaliser arbres et nuages, qu'il finit par prendre la résolution, terrible pour lui : le mégaphone du « speaker » proclame que les places seront remboursées [1].

Aussitôt, la colère du public se déchaîne. On a le sang chaud, dans le Tennessee. Surgissant des tribunes, une véritable marée humaine a débordé le service d'ordre, le hangar va être investi. La bagarre éclate, une bagarre avec toute sa bestia-

1. Dans son article de novembre 1911 dans *Je Sais Tout* et dans ses *Mémoires*, G. donne deux versions un peu contradictoires du séjour à Chattanooga. On peut considérer comme plus fraîche dans son souvenir celle de 1911.

lité, comme seuls les Américains peuvent en faire. On arrache les poteaux, on jure de mettre le feu aux appareils et aux tentes si on ne donne pas tout de suite le spectacle déjà payé.

– Fumistes !

– Escrocs !

– Voleurs !

– À mort !

Pour appuyer ces menaces, on a sorti les revolvers et les coups de feu se mêlent aux vociférations des excités et au hululement du vent.

Il fallait choisir entre la mort par l'aéroplane ou la mort par le revolver de gros calibre, écrit Garros dans *Je Sais Tout*. Il ajoute même : Nous préférons l'aéroplane pour lequel nous sommes plus entraînés.

Garros se sent débiteur à l'égard des frères Moisant. Il est le premier à se décider. Le porte-voix de l'aboyeur annonce le premier vol de la Demoiselle. Sur la foule, cela produit l'effet de barils d'huile sur une mer démontée.

Roland fait sortir son appareil et s'y installe : merveille, le Dutheil-Chalmers démarre à la première sollicitation du mécano ! Un court moment, la petite machine trottine en cahotant sur la pelouse défoncée avant de décoller. L'aviateur la maintient à faible hauteur, là où constructions et arbres environnants forment écran contre les rafales. Deux tours du champ avant d'atterrir, sans problème, toujours à l'abri du vent. Le public est maintenant moins impatient, mais il en veut encore pour son argent. Quelques coups de feu supplémentaires le font savoir.

Au tour de Simon de prendre l'air. Son Blériot, plus grand et moins maniable, ne pourra se maintenir à faible altitude comme la Demoiselle et devra affronter les bourrasques de plein fouet. Du sol, on suit ses évolutions, les spectateurs avec ravissement, les aviateurs le souffle coupé. Chez ces derniers, un large soupir libère les poitrines lorsque, après cinq minutes de vol, les fragiles roues de bicyclette reprennent miraculeusement contact avec le sol.

Les spectateurs se contenteront finalement de ce maigre programme et se retireront, sans autre incident. Avec soulagement, les mécanos peuvent alors rentrer les appareils. Alfred, lui, fera preuve de sagesse : il décide qu'il n'y aura pas d'autres exhibitions à Chattanooga.

***

Il a été primitivement prévu de ne rester qu'une semaine à l'étape suivante, mais les promoteurs de la M.I.A. ont du retard dans leur prospection, si bien que ce sont près de trois semaines que la Compagnie passera à Memphis. Les aviateurs ne se plaignent pas. Plus que confortable, leur vie est luxueuse. Une fois encore, ils ont droit à l'hôtel le plus prestigieux de la ville. Ils gagnent leur vie, au sens propre du terme, plus que largement. Barrier, grand séducteur devant l'Éternel, se présente désormais comme « le Roi des dollars » et ne parle plus que d'acheter des diamants pour en couvrir ses conquêtes...

Mais leurs journées sont réglées de façon quasi-militaire : quel que soit l'état du temps, qu'il pleuve, qu'il vente ou qu'il neige, ils voleront tous les jours, parfois même devant des tribunes presque vides.

Le cérémonial est devenu immuable : à deux heures, un petit canon (le « cagnon », prononce Alfred) donne le signal du début de la manifestation : aussitôt, les fifres et la fanfare entonnent le « Dixie » – on est déjà loin dans le « Sud » – puis, pour ne pas faire de jaloux, on enchaîne sur le « Yankee Doodle », dont les dernières mesures sont couvertes par le rugissement d'un Gnome à pleine puissance : John s'envole sur son Blériot. Pendant une demi-heure, il va se livrer aux acrobaties les plus folles pour l'époque.

Au fil des jours, John a amélioré son style. Au Belmont Park déjà, il faisait preuve d'une énergie et d'une intrépidité peu communes. Mais depuis les brillantes démonstrations de Simon à Richmond, il s'est senti piqué dans son orgueil. Simon, selon Garros, dessine des spirales et des virages comme aucun Blériot n'en a jamais accomplis. John brûle d'impatience de le rattraper. Il ne tardera pas à le dépasser, par des spirales plus longues, plus audacieuses, aussi bien à droite qu'à gauche, alors que Simon éprouve toujours des difficultés à serrer un virage à droite. En outre, contrairement à son cadet, l'impétueux « Franco » n'hésite pas à voler par tous les temps...

Mais jamais, estimera Garros, *John ne put acquérir l'élégance et la souplesse de son modèle. Il resta saccadé et brutal – il accomplissait des tours de force, des trajectoires folles, mais il n'était jamais agréable à voir.*

Après celui du patron vient le tour des autres pilotes, selon un programme soigneusement réglé : vols solos, en double, en triple. Matches « auto-aéro » aussi : devant les yeux des spectateurs enthousiastes, la « 100 HP Fiat » donne réellement l'impression d'être agressée par une troupe de rapaces menaçants. C'est à qui volera à la frôler, au plus près, si près que le malheureux Seymour ne peut s'empêcher de rentrer instinctivement la tête dans les épaules avant de donner un vigoureux coup de frein, en bout de piste...

Garros est également tenu de faire des exhibitions sur Demoiselle. Le minuscule Santos toujours présenté comme « le plus petit appareil ayant jamais volé » reste en effet une attraction particulièrement prisée. Mais Roland a maintenant pris goût aux possibilités beaucoup plus étendues du Blériot. Il se déclare presque soulagé lorsque, le 12 décembre, après un accident qui le fait chuter *de vingt pieds de haut*, sa Demoiselle rend l'âme, sans dommages pour son conducteur...

On lui affecte alors un vieux Blériot acheté d'occasion. Le jour même où il l'étrenne, le temps est particulièrement redoutable. Il est violemment secoué et les commandes répondent mal. Face au vent, il retourne au terrain. L'appareil touche trop tôt d'une roue, rebondit en l'air en même temps que l'aile gauche se replie, avec un vilain craquement de bois. Comme un boulet, le *vélo*, comme l'appelle Roland, poursuit un moment sa course avant que le train d'atterrissage s'affaisse au contact du sol. La machine se pique en terre. Sous le choc, Roland heurte de la tête un tube du pylône qui fait éclater ses lunettes.

L'accident a été particulièrement spectaculaire. Quand les sauveteurs parviennent à hauteur de l'épave, le pilote a le visage inondé de sang.

– Il doit avoir l'œil crevé ! s'exclame quelqu'un.

La victime ne souffre en fait que d'une légère blessure à l'arcade sourcilière mais il a le nez cassé. Un médecin lui fait *sauvagement quelques points de suture à froid* avant de le faire conduire à son hôtel. Pendant plusieurs jours, on l'empêchera de voler. Les sœurs Moisant se chargeront de le panser et de le soigner.

John déborde d'idées : course contre un train de Memphis à Grenada (une centaine de miles), prix de 5 000 dollars offert par The Commercial Appeal pour un vol de 60 miles au-dessus du Mississippi et retour...

À Memphis, les aviateurs de la M.I.A. vont *casser* (c'est l'expression d'Alfred) un nombre impressionnant de « records du monde » : publicité oblige et Garros s'en amuse, en soulignant qu'ils ont ainsi remporté *le record de la vitesse de descente sans moteur (sic) par Moisant ; le record de vitesse au-dessus des villes (sic) par Barrier...*

***

La grande métropole du Tennessee offre aux aviateurs plus d'occasions de se distraire que la bourgade cotonnière de Chattanooga. George « Honey Boy » Evans se produit justement dans un théâtre de la ville avec sa troupe des « Cohan and Harris Minstrels ». *Son spectacle,* estime Garros, *est une chose très américaine.* Le meneur de la revue n'est autre que l'ancien champion du monde de boxe James « Smiley » Corbett, qui

présente avec beaucoup de verve « romances nègres », danseurs de rag-time, séquences entrecoupées de propos humoristiques pleins de sous-entendus sur la politique ou des événements locaux, souvent même adressés à des spectateurs présents dans la salle.

En fin de soirée, Corbett, qui a retiré son maquillage de clown et revêtu un élégant habit noir, revient sur scène raconter en quelques mots le grand match Johnson-Jeffries auquel il a assisté, comme « second » de Jeffries. Les applaudissements qui saluent sa petite conférence prouvent la passion des Américains pour la boxe.

Le « noble art » est en effet célébré à Memphis plusieurs fois par semaine. Les aviateurs ne manqueront aucune de ces soirées. Cela se déroule généralement dans des endroits très modestes, clubs de gymnastique ou scènes de petits cafés-concerts. Dans la salle enfumée et grouillante, la soirée commence par un ou deux affrontements de débutants.

Comme partout, la renommée a précédé les vedettes de la M.I.A. On les accueille avec chaleur, en professionnels du sport, on les admet par faveur dans les coulisses, où ils peuvent rencontrer et discuter avec boxeurs et managers. Tout à l'heure, on leur réservera les meilleures places, à même les planches, juste derrière les cordes. Ils font d'ailleurs presque partie du programme.

Vient ensuite un des moments forts du spectacle, le combat entre deux vedettes de réputation régionale que le speaker annonce à grand renfort de superlatifs :

– Et maintenant, Mes-dames et Mes-sieurs, nous avons le

très grand honneur de vous présenter les boxeurs les plus extraordinaires, les plus rapides, les plus musclés, les plus résistants... Les deux boxeurs les plus prestigieux, depuis les confins du Tennessee jusqu'aux frontières de la Louisiane...

Applaudissements et sifflets.

– Je veux dire... à ma gauche... Kid Johnson... Le « Tonnerre de Tupelo » !

Nouvelle interruption du public qui se met en voix.

– À ma droite, voici maintenant... Jim Lewis... Le « Lion de Memphis » !

Hurlements de chauvinisme de l'assistance.

Les combattants sont le plus souvent des noirs, pour qui la boxe représente le seul espoir de promotion sociale. Le combat s'engage, plus acharné que réellement technique. D'ailleurs, l'arbitre sanctionne vigoureusement tout manque de combativité, allant même jusqu'à larder de quelques coups de savate les côtes de celui qui ne se relève pas assez vite. Le public aussi est sans indulgence. Garros voit même un soir un spectateur du premier rang allonger la main pour ramasser et soigneusement envelopper dans son mouchoir, à titre de « souvenir », la molaire ensanglantée qu'un malheureux « Tonnerre » vient d'expectorer sur le ring.

Un autre soir, Barrier, Garros, Simon, Hamilton et Seymour prennent le parti d'un brave pugiliste qui, avec courage et ténacité, est en train de recevoir depuis plusieurs rounds une magistrale raclée. Ils décident d'offrir une prime au vainqueur... Le speaker l'annonce dans son entonnoir.

Dans son coin, nous encourageons nous-mêmes le plus fatigué des combattants, se rappellera Garros. *Mais il ne semble pas nous entendre, il est enflé de contusions, inerte... Évidemment, il n'ira pas loin... Cependant, les soigneurs multiplient leurs efforts et parviennent à le ranimer un peu : alors, son regard se porte sur nous avec une lueur de reconnaissance : il a compris notre sympathie et dans cette salle pleine d'indifférence, c'est un réconfort...*

Le gong lui fait l'effet d'une décharge électrique. Il a retrouvé au fond de son être une dernière réserve de forces. Il bondit au milieu du ring, tombe sur l'adversaire surpris, le harcèle furieusement... Le public hurle...

Ce bruit fouette encore les nerfs de notre petit champion... L'autre, qui tout à l'heure semblait tenir la victoire, se trouve tout à coup démoralisé. Il se défend mal, il n'a pas le temps de souffler et voici qu'un coup rapide et net lui arrive à la pointe du menton et l'étend raide...

On porte le vainqueur en triomphe. Ses fatigues sont passées. Il nous sourit.

Intervient maintenant le clou de la soirée, la présentation des hôtes d'honneur, les « hommes volants » que le speaker annonce d'une voix tonitruante.

– Voici d'abord Charles Keeney Hamilton, l'Américain qui détient le plus grand nombre de records du monde...

Sur le ring qu'on a débarrassé de ses cordes, la longue silhouette s'avance en titubant, flottant dans ses vêtements trop larges. Il salue de petits hochements de tête le récit de ses exploits que débite d'une voix aiguë le meneur de jeu...

– C'est le premier, en Amérique, à avoir volé de ville en ville... Il est le seul à avoir le courage de piloter un 500 CV Curtiss...

« C.K. » regagne sa place sous l'ovation du public. Au tour de Simon de grimper sur les planches. Il porte son complet à grands carreaux noir et blanc, dont le pantalon, délibérément court, laisse apparaître des chaussettes rayées d'éclatantes bandes jaunes et rouges. Il tient à la main son petit chapeau gris, plat comme une galette. Comme sur les affiches de la M.I.A., on le présente comme le « fool flyer »...

– Et demain, hurle l'aboyeur, il essaiera le plus périlleux de ses exercices, le « plongeon de la mort »... Depuis plus de mille pieds, il se laissera tomber comme une pierre pour ne redresser qu'au dernier moment, à frôler vos cheveux...

Mêmes hourras d'enthousiasme pour « Rini Saï-monn », qui laisse la place à Barrier, le « cloud kisser », « le plus remarquable élève de Blériot ! Et le plus intime ami du roi d'Espagne !!! »

Voilà maintenant Garros sur le podium. Son visage est encore bouffi, truffé de taches multicolores. Aux pieds, il a une paire d'énormes godillots rouges qu'il soigne comme un fétiche.

– Et voici maintenant « Roland G. Garros » (Américanisme oblige, G. est l'initiale de son second prénom, celui de son père), l'homme qui, hier encore, a donné une poignée de main à la mort ! Regardez, il en porte encore les marques sur sa figure... Avec son ami Audemars, ils sont les seuls hommes à avoir osé voler sur la plus petite machine volante jamais construite dans le monde, la tueuse d'hommes... J'ai dit... la Demoiselle Santos-Dumont...

La soirée se termine immanquablement au bar du sous-sol, devant l'inévitable whisky. Pour les bohémiens de l'air, ces soirées peuvent se prolonger très tard, leur propre spectacle ne commence qu'à deux heures de l'après-midi...

***

Mais on se lasse rapidement de tout. Il y a des soirs où, même en cherchant, on ne trouve pas à Memphis de spectacle ou de distraction intéressants. Et puis, il y a les soirs où l'on n'a pas du tout envie de sortir.

Avec ses deux compères anglo-saxons, « C.K. » est le plus acharné à l'exploration des nouveaux lieux de plaisir. Pendant des heures, il se fait insinuant auprès des trois Français, comme pour assouvir un besoin obsédant d'une large compagnie. De sa voix aiguë, il rabâche sa rengaine :

– Come on... Let's go... New place... New girls... Fine...

Avant de finalement renoncer et d'emmener vers de nouvelles beuveries Seymour et Frisbie, auxquels se joint parfois Simon quand il est parvenu à le débaucher, laissant Garros et Barrier, en pyjama, tranquillement assis auprès de leurs verres de porto, fumant paisiblement leurs cigarettes anglaises, devisant de choses et d'autres, de l'actualité, des difficultés de la Compagnie, de l'avenir, ou de souvenirs de France qui leur paraissent tellement lointains que c'est déjà pour eux comme une autre vie...

Ces « parties de pyjama », comme ils les appellent, ne les font pas coucher plus tôt. À minuit, on commence à sentir un petit creux et, par téléphone, on commande des rafraîchissements et *mille sortes de sandwiches exotiques, le préféré étant le club-sandwhich qui contient : du blanc de poulet, du jambon, de la laitue et de la tomate assaisonnée, du beurre, de la moutarde... le tout passé au grill et servi chaud...,* se rappelle Garros avec gourmandise, sept ans plus tard, sur le cahier des *Mémoires* qu'il noircit à la lueur d'une bougie au fond de sa cellule de Küstrin.

Et puis ils vont paisiblement se coucher. Mais leur nuit est souvent interrompue par le retour intempestif des fêtards, complètement éméchés, qui les tirent du lit pour leur faire subir de longs récits d'ivrognes.

Garros et Barrier ont beau se barricader dans leurs chambres, rien n'y fait : c'est alors un blocus en règle, les assiégeants tambourinant lourdement sur les portes jusqu'à ce que les assiégés cèdent... Tous les moyens leur sont bons : un jour, le malheureux Barrier qui a laissé ouvert un petit volet d'aération voit tomber dans sa chambre plusieurs brûlots. Il a sommeil et se dit que, malgré tout, ils s'éteindront d'eux-mêmes. C'est compter sans la malignité des poivrots qui ont chargé leurs armes de poivre et d'autres matières irritantes... Barrier ne peut plus tenir. Bientôt, il éternue, tousse, suffoque et, malgré le froid qui règne dehors, il est contraint d'ouvrir sa chambre à tous les courants d'air...

Une telle situation ne peut durer. Garros et Barrier imaginent alors des représailles à la mesure de la provocation : avec une épingle de sûreté dépliée, ils fabriquent un petit marteau qu'ils fixent au sommet de la porte de Hamilton. Ils y attachent un fil noir imperceptible qui traverse le couloir et pénètre dans la chambre de Barrier par un volet d'aération. De là, ils télécommandent et surveillent l'opération de représailles.

« On » frappe chez Hamilton.

– Come in, fait « C.K. » de sa voix pâteuse.

Personne n'ouvre la porte, bien sûr. Juchés sur une table, par un volet d'aération, Garros et Barrier observent la scène. Le petit marteau frappe encore. Cette fois-ci, Hamilton crie :

– Come in !

Quelques instants de silence, avant que le bruit se refasse entendre. Cette fois-ci, Hamilton a compris d'où vient la farce et ne donne plus signe de vie. Mais le marteau continue à frapper à sa porte, pendant une heure. Et ce sont alors les autres clients de l'hôtel qui entrouvrent d'abord leurs portes pour voir ce qui se passe et qui, constatant que le couloir est désert et que le bruit a cessé, vont se recoucher.

Mais le martèlement obsédant reprend. Ils téléphonent alors au bureau, ce qui déclenche l'intervention du détective de l'hôtel. Les deux terroristes voient le Sherlock Holmes de service s'avancer dans le couloir, s'approcher avec des ruses de Sioux de la porte mystérieuse. Le bruit continuant, l'homme reste un long moment perplexe, un peu inquiet devant ce qu'il finit par prendre pour un phénomène d'apparence surnaturelle. Finalement, il bat en retraite...

Cet environnement luxueux, ces amusements de collégien, tout cela ne parvient pas, néanmoins, à leur faire oublier que, tous les jours, c'est leur vie qu'ils risquent ; qu'ils restent, dans ce métier qu'ils ont librement choisi, à la merci d'un coup de vent, d'une maladresse de quelques secondes. Ils restent toutefois conscients que c'est ainsi qu'ils ont conquis leur indépendance, leur liberté. Mais ils ne se sentent pas « heureux ».

Se remémorant cette période, Garros notera :

Nous ne pouvions nous habituer à ce rôle de rouages d'une grande machine, à cette absence d'initiative, à cette sorte de discipline automatique. (...) Au lieu de profiter de notre séjour, de goûter les plaisirs d'une vie si curieuse, nous ne sentions que l'ennui et l'hostilité des choses. Et nous commencions à regretter la France et notre liberté.

***

Un beau jour, enfin, Alfred et John réunissent les aviateurs.

– Voilà, déclare Alfred, nos promoteurs nous ont télégraphié... Nous partons...

– Bravo !

– Mais pour où ? se hasarde quelqu'un.

– Ce qu'il nous faut pour avoir de bonnes recettes, explique lentement le financier qui ménage ses effets, c'est une grande ville, avec une population nombreuse et riche...

– Oui, mais s'il fait aussi froid qu'ici...

– Plus de froid, plus de neige, assure John qui précise : Nous partons pour la Nouvelle Orléans...

– Hurrah !

– Et puis là-bas, renchérit Alfred, je connais beaucoup de gens... Cette fois-ci, on fera beaucoup d'argent...

– Et puis, ajoute John, on cause français...

– Cette fois-ci, mes amis, pour nous tous, c'est la for-tu-ne !

Alfred a le visage épanoui.

John voit encore plus grand.

– Je va vous dire une chose... Pour faire de la publicité, vous savez comment on va y aller, nous ?

– Par avion ?

– Oui, par avion ! Un raid, de Memphis jusqu'à la Nouvelle Orléans, tout le long du Mississippi ! Sur 800 kilomètres !

L'enthousiasme des aviateurs est vite douché par la voix de la raison : Alfred voit une telle équipée d'un mauvais œil :

– On risque d'abîmer beaucoup de matériel et de ne plus avoir d'avions disponibles pour présenter le spectacle.

Bien obligés de se ranger à cet avis. Et c'est finalement très classiquement, tout simplement par le train, que la « M.I.A. » gagnera la capitale de la Louisiane.

***

Au dernier moment, il est décidé de passer deux jours à Tupelo, le temps de *cueillir une subvention*. Mais le terrain est trop petit, le temps trop mauvais. Techniquement, c'est une catastrophe. Financièrement, c'est un fiasco.

John lui-même a pu voler le premier jour. Simon aussi. Mais le lendemain, le vent a tourné et John doit faire démolir les deux palissades de la piste sur une longueur de quinze à vingt mètres pour faire déblayer une minuscule plate-forme dans l'axe du vent... Il décolle de la piste, vent de côté pour atterrir sur la plate-forme. À peine les roues ont-elles touché le sol, le pilote doit jaillir de l'appareil et le maintenir en s'y cramponnant pour l'empêcher de se fracasser contre la paroi de la carrière qui borde le terrain...

Au deuxième atterrissage, John met son Blériot en pylône et brise une hélice.

Le soir même, avions, tentes, matériel et personnel sont embarqués dans le train de la M.I.A., qui quitte Tupelo pour la Louisiane.

VIII

La Nouvelle Orléans

En plein décembre, à La Nouvelle Orléans, il fait un soleil éclatant et une température... niçoise, ce qui remplit de joie Garros et ses compagnons. Séjour hautement sympathique : la cité n'a pas l'aspect de marché de celles où ils sont passés jusque là, où tout est sacrifié aux affaires et rien à l'agrément ; elle n'est pas uniquement composée de gratte-ciel « oppressants ». Avec son « vieux Carré », plein d'animation, la ville a un air de fête. La musique est partout et Garros se rappellera :

Dans une salle de restaurant, on voit les garçons circuler avec une lenteur exaspérante – l'orchestre entame-t-il un « rag-time » à la mode ? Aussitôt les pas s'accélèrent, s'allègent : le balancement des démarches, par réflexes, suit la musique et les beafsteacks vous arrivent en mesure...

... Et puis, le Français de Louisiane qui fleurit dans les rues éveille de vieilles résonances, familières à l'oreille du jeune créole.

En outre, l'aviation n'est pas ici une nouveauté : au dernier Mardi Gras, 25 000 néo-Orléanais n'ont pas hésité à débourser un demi dollar pour aller applaudir les évolutions de Louis Paulhan sur son Farman... Le City Park où se dérouleront les spectacles est à proximité de la ville, à portée des transports urbains. C'est un beau champ de courses clos, entouré de vastes tribunes.

La M.I.A. est maintenant parfaitement rodée. À l'hôtel de Soto, les aviateurs disposent d'une suite de belles chambres communicantes (même s'ils protestent contre le fait que les Moisant sont descendus au Saint-Charles, le plus prestigieux de la ville) et d'un boudoir où ils ont pu obtenir la présence d'un piano. Pour la première fois, personnel et matériel sont au complet (Audemars va enfin rejoindre la tournée).

Le succès paraît garanti.

Et devant les Louisianais enthousiastes, les aviateurs présenteront toute la gamme de leurs exhibitions, courses-poursuites, courses contre auto, vols au-dessus de la ville, *effets de nuage* (l'avion paraît se cacher dans les nuages avant de réapparaître là où on ne l'attend pas), vols d'altitude, les acrobaties de John et Simon, incomparables pour l'époque. La Demoiselle d'Audemars recueillera aussi sa part d'ovations. Mais le clou de chacune de ces représentations, ce sera le vol d'ensemble, du jamais-vu, un invraisemblable ballet aérien au cours duquel 6 à 7 appareils volant de concert s'entrecroisent dans le ciel dans tous les sens... De quoi bluffer Audemars, le *tiny* Audemars lui-même, débarqué comme un étranger dans la troupe dont il n'a pas suivi les progrès et qui laisse échapper, admiratif :

– On n'a pas idée de cela en France !

***

Roland est définitivement acquis au Blériot, il offre tellement plus de possibilités. Mais il caresse un projet qui lui tient à cœur : construire aux États-Unis une Demoiselle équipée d'un moteur Gnome. Par courrier, il s'en ouvre à Maurice Clément resté en France.

Il y a ici une grosse affaire de construction d'appareils à faire d'ici qq. temps et j'avais pensé de loin à ta collaboration, ne sachant pas que tu t'étais réconcilié avec ton père », lui écrit-il le 1er janvier. (...) « Je sais où trouver sur place des capitaux : toutes les circonstances ici sont exceptionnellement favorables en ce moment pour monter une affaire (...) Au cas où je mettrais sur pied une combine solide, serais-tu disposé à marcher ?

En attendant, il n'a pas encore pu se procurer de Blériot, aussi est-ce le vieil appareil de Barrier ou le tout neuf de John qu'il utilise. Il *vole tous les jours, le plus souvent possible, concentrant tous ses efforts et mettant toute (s)on âme à voler mieux..* Sa pratique de la « cloche » s'améliore et il s'en rend compte. Ce qu'il préfère déjà, c'est *affronter un temps défavorable, parce qu'alors, la joie de voler se chang(e) en un besoin de surmonter la difficulté...* John, quant à lui, n'espère pas moins qu'une vraie tempête pour prouver qu'on peut voler par tous les temps !

Mais le bel optimisme du début va rapidement s'effriter.

Malgré quelques beaux succès, les recettes ne parviennent pas à couvrir les frais généraux. Sentant le coulage organisé autour de lui, le vieil « A.J. » devient tatillon, hargneux et même brutal... De jour en jour, ses relations avec ses aviateurs vont se dégrader.

À chaque décollage, il ne manque pas de venir indiquer au pilote les endroits à survoler pour n'être vu que de ceux qui ont payé. *Avec des gestes de général expliquant une tactique*, il donne la direction à respecter:

– Vous n'irez un peu par là... pas par là...

Comme, invariablement, l'appareil se dirige du mauvais côté, la colère du « Vieux » éclate...

À la décharge des aviateurs, il faut dire qu'il est bien agréable d'aller *taquiner les nuages* au-dessus du lac Pontchartrain, où personne ne les verra, mais où ils pourront *découvrir des panoramas de rêve et une atmosphère toujours idéalement calme*. C'est ce dont Garros se souvient, dans sa prison allemande. Pourtant, rapporte le *New York Times*, le 25 décembre, il se trouve à plus de 7 000 pieds et à quelque sept miles au-dessus du Lac lorsque sa machine se couvre de givre. Il ne voit plus rien à travers ses lunettes opaques. Carburateur gelé, le moteur faiblit, l'hélice bat l'air de plus en plus mollement... Il est contraint de perdre de l'altitude pour enfin entendre le Gnome reprendre son rythme normal... Le même jour, John a réussi à grimper jusqu'à 5 000 pieds, Simon à 4 300... La vocation de grimpeur de Garros se précise.

À force de grossièretés, le vieux Moisant parvient à se faire réellement détester de ses aviateurs. Une de ses innovations risque même de faire éclater un conflit définitif. Il a imaginé une nouvelle mise en scène : à l'heure du « cagnon », les pilotes devront être prêts et alignés sur le terrain, devant leurs appareils ! Énergique refus des aviateurs, violente colère du vieil A. J. qui va jusqu'à menacer de suspendre leurs salaires...

Plus grave encore pour la « Moisant's », poussée par le vent, la fusée chargée d'annoncer le début de la représentation atterrit sur la tente qui prend feu, sans dommage toutefois pour les six monoplans, les deux biplans, un dernier appareil en cours de construction... et la réserve de carburant.

***

Fort heureusement pour eux, dans cette jolie ville qui, voluptueusement, s'étire en croissant le long du Mississippi et du lac Pontchartrain, les aviateurs se sentent enveloppés d'une ambiance amie. Leur journée se déroule comme d'habitude : matinées paresseuses, après-midi d'aérodrome, avec les émotions et les efforts quotidiens, puis les joyeux retours vers le confort et le repos bien gagné...

Mais, entre deux phrases, entre deux mauvaises boutades, la mort est toujours là, toujours présente entre eux. Le macabre leur est devenu familier. Les affiches de leurs spectacles sont là pour le rappeler, qui sont frangées de petites têtes de mort et ils s'en amusent, comme les fait rire l'article intitulé : « Hier, M. Untel a donné une poignée de main à la mort »... Leurs plaisanteries familières frôlent le mauvais goût. *Le risque est devenu*, assure Garros, *un poison nécessaire à (leur) hygiène.*

Alors, pour exorciser cette évidence inconfortable, on s'efforce de vivre, beaucoup et vite. Sur le chemin de l'aérodrome à leur hôtel, face à l'entrée de l'Hôtel des Moisant, rue Gravier, on trouve justement « Stag », le fameux établissement de Tom Anderson acheté en 1907 par Henry Ramos. Un bar célèbre dans tous les États-Unis, puisqu'on assure que c'est dans ce lieu qu'est né le *cock-tail* (comme l'écrit Garros, toujours un peu anglomaniaque) [1] avant de partir à la conquête de tous les bars du monde.

La porte s'ouvre bruyamment sur le commando des quatre jeunes Européens. Planté derrière son bar, le « Père Stag », comme ils l'appellent abusivement, un vieil homme aux cheveux de neige, entouré de tout son personnel en vestes blanches, les accueille d'un sourire épanoui et d'une question aimable sur les exploits de la journée. Et le *Dieu des mixed-drinks* demande :

– Well, what's yours ?

Il a un éventail de spécialités particulièrement large, cet héritier de Stag, qui va du gin-fizz à l'egg-nog, en passant par tous les flips, le corpse-reviver (ranimeur de cadavres)..., le bronz, le Manhattan ou le simple Martini sec ou mi-sec, *pour commencer*, affirme-t-il...

Six ans plus tard, le prisonnier du camp de représailles de

1. Dans son livre « Famous New Orleans Drinks », Stanley Clisby Arthur donne au mot « cock-tail » une origine qui ravira les francophones coquetèlophiles : ce ne serait autre que la transcription phonétique du mot « coquetier » (le double coquetier, réceptacle dans lequel se fabrique toujours le mélange et devenu en français le... « shaker ») prononcé à l'américaine « k a h – k u h – t y a y », d'où la déformation...

Gnadenfrei s'en délectera encore, écrivant sur son cahier d'écolier:

La boisson choisie, il fallait encore préciser

– Le voulez-vous comme hier ?

– Oui, le dernier était délicieux – toute critique devait être précédée d'un compliment – peut-être un peu moins sec... une idée plus acidulé...

– Je vois... All right...

Et le Maître commençait aussitôt le dosage, dans le grand gobelet d'argent, avec une agilité de prestidigitateur... – Ses gestes étaient sobres, les flacons, présentés à temps, dans l'ordre voulu, par les aides muets, semblaient arriver d'eux-mêmes sous sa main – En un clin d'œil le mystère était accompli – Il ne restait plus qu'à ajouter la quantité convenable de glace – Puis on fermait le gobelet conique, en le couvrant d'un deuxième de même forme, légèrement plus grand, renversé – On obtenait ainsi un récipient hermétiquement clos – Un nègre-secoueur s'en emparait et l'agitait d'un air grave, avec un bruit mat et cadencé de grelots fêlés – Cette opération de brassage était achevée par un des premiers aides, soigneusement.

Enfin les gobelets revenaient au Maître pour la finition

Les verres givrés à la glace, non essuyés, s'alignaient devant lui – Alors, ayant vérifié la perfection du mélange, le père Stag, la main gauche sur la hanche, versait de la droite, retenant d'un doigt une petite passoire qui obstruait le gobelet et filtrait la liqueur... (...) – Il surveillait la nuance du liquide en inclinant la tête sur l'épaule, comme un peintre qui suit l'effet de ses touches sur une toile ; et son bras s'élevait, en versant, à d'incroyables hauteurs, sans perdre une goutte de nectar...

La dernière goutte complétait exactement le dernier verre.

Le père Stag signait son œuvre, selon les cas, d'un zeste de citron, d'une pincée de muscade râpée, d'un fragment de cannelle, d'un clou de girofle... Notre attitude recueillie flattait notre vieil artiste – Nous étions ses clients préférés.

Après l'apéritif, les huîtres : il y en a un énorme tas, rafraîchi par un jet d'eau salée, des piles de tartines beurrées, des citrons, une multitude de fioles de sauces à l'oignon, au piment, à la tomate, pour que chacun compose sa propre mixture et on attaque dans la gaîté. Dans l'euphorie générale, Garros ne tarde pas à se proclamer le *roi de l'air*, Barrier distribue des pourboires de maharadjah pour justifier son titre de *roi des dollars*. Simon, lui, laissant traîner sa voix légèrement éraillée par l'abondance des clover clubs, il entonne :

Paquita... viens ma brune...
On entend les coucous...

L'impossible Audemars ne supporte ni coquillages ni poissons, son menu, même s'il a fait semblant de consulter la carte, reste invariable : deux œufs au plat, *sans blanc*, un petit filet bien cuit (mais pas trop), avec des pommes *sautées à cru*. Il a déjà quelques difficultés avec le filet (toujours saignant ou trop sec) et les pommes (bouillies et il ne s'y trompe pas, lui...). Mais les œufs *sans blanc* sont l'objet d'une scène récurrente à laquelle ses compagnons de table, habitués et silencieux, assistent, les yeux indifférents fixés au plafond :

– *Vous me ferez deux œufs au plat... et il ajoute « sans blanc.... » – comme s'il se souvenait au dernier moment de ce détail...*

Si le maître d'hôtel, méfiant ou consciencieux, suscite des explications, il précise d'un mot bref :

– *Vous séparez le blanc et vous passez au beurre...*

Mais neuf fois sur dix, le maître d'hôtel ne demande rien, il suppose quelque obscure facétie et sourit complaisamment...

Les œufs qu'on lui présente solennellement sont de bons et braves œufs au plat. C'est alors qu'éclate le scandale :

– *Nom de D... Vous vous f... du monde, alors... Je vous l'ai assez dit : sans blanc... sans blanc... Entendez-vous ?...*

– *Excusez... Monsieur... Je vais vite en commander d'autres...*

– *Non... Je n'en veux plus, de vos sales œufs... La suite... Et vite... Vous verrez que le filet sera saignant...*

Non : le filet arrivait un peu plus tard, carbonisé et notre table ne cessait pas d'être un objet de curiosité pour toute la salle...

On va finalement épuiser le reste de la soirée dans un quelconque music-hall, à la recherche de « new places »...

Mais demain, on revolera.

***

Contre-partie de cette fausse insouciance qu'ils affichent, défense pourtant bien consciente contre leurs angoisses, le drame est toujours menaçant. Il côtoie la comédie, quand il ne s'y mêle pas intimement. Il éclate le matin du 31 décembre.

La veille au soir, la fine équipe de la M.I.A. a découvert

l'Opéra français et connu la douleur d'entendre chanter une troupe française en visite. Ce n'est plus le spectacle qui les intéresse. À l'entracte, moustaches frémissantes, Barrier les a précédés au pas de charge dans les coulisses. Ils y ont fait la rencontre de trois dames du chœur aussitôt invitées dans leurs appartements, aux fins de... sabler le champagne. La soirée se prolonge fort tard.

Aux aurores, Garros s'éveille péniblement. Dans la chambre voisine, il a entendu une sonnerie de téléphone et comme un bruit de conversation étouffée. Aussitôt après, il est vigoureusement secoué par Barrier en pyjama qu'accompagnent Simon et Audemars, vêtus de même :

– Garros ! Levez-vous vite ! Moisant vient de se tuer !

L'idée d'une mauvaise plaisanterie effleure un instant son esprit. Il est debout en un clin d'œil.

John leur a en effet dit son intention de remporter ce matin-là les 20 000 F de la coupe Michelin d'endurance, non pour la somme, mais pour l'honneur qu'il représente. Parce que ce soir de Nouvel An, des amis salvadoriens avec lesquels il continue à entretenir des relations d'affaires et surtout amicales lui ont préparé une brillante réception.

Près d'Harahan, il s'est fait préparer un petit terrain bien dégagé des arbres et des constructions et il devait le rejoindre, à partir du City Park. Il a fait équiper le Blériot N° 17 de Barrier d'un réservoir supplémentaire de 132 litres placé sous le fuselage, qui devrait lui permettre de tenir les huit heures du record. Pour lutter contre le froid, il a même prévu de se couvrir les jambes et les pieds de papier journal, préparé chaussettes, chandails, combinaison.

– Que s'est-il passé ?

– Nous n'avons pas de détails...

Les visages sont défaits. Mais quoi d'étonnant, pourtant ? Il y a longtemps que ses amis ont « condamné » John et sa folle inconscience. On savait que cela devait finir ainsi... Le lendemain du drame, Roland écrira à son ami Maurice Clément :

Depuis un mois, nous parlions tous les jours de sa mort comme d'une chose inévitable. Il était devenu d'une imprudence qui textuellement tenait de la folie et nous avions renoncé à lui faire entendre raison...

Garros téléphone à l'hôtel Saint-Charles : il ne peut obtenir personne, sauf la téléphoniste qui confirme la nouvelle.

Chacun s'en va s'habiller en hâte lorsque d'une chambre voisine s'élève la voix de Simon, proférant, contrairement à

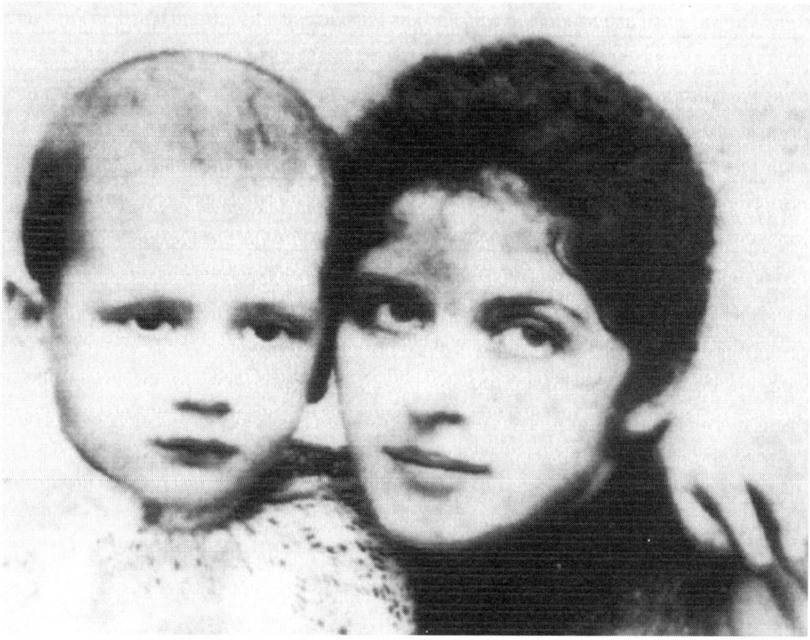

Avec sa mère Clara à La Réunion – 1891.

Premier contact avec la technique, sur le boulevard Charner à Saïgon… – 1894.

Le *code des convenances*, les mains croisées…

En uniforme de Stan' – 1900.

En classiques knickerbockers... 1901.

...là où les médicaments ont échoué, *la petite reine* sauvera l'adolescent...

Danlor, futur champion interscolaire 1906 au Vélodrome du Vallon des Fleurs...

L'Association sportive du Lycée de Nice menée à la victoire par Garros...

Avec l’ami Jacques Quellennec, en route pour des vacances à Sapicourt...

Au volant du fameux *baquet Grégoire.*

Au pied de l'Arc de Triomphe, *R.GARROS Voiturettes de Sport* prospère...

Le temps de la *Demoiselle...*

La *Demoiselle* au Salon international de la Locomotion aérienne 1909...

Devant « sa » *Demoiselle*...

À Cholet, il passe son brevet le 19 juillet 1910...

Les câbles de gauchissement des plans étaient accrochés au gilet du *Demoiselliste*.

Comme disait le Curé de Cholet, *ces quelques pantins qui se traînent le postérieur dans l'herbe...*

René Barrier a ramené dans son album cette photo des resquilleurs à Fort Worth...

L'équipe de la *M.I.A.* (Garros, René Simon, René Barrier), à laquelle il manque Edmond Audemars. – janvier 1911.

Garros et Young,
le directeur de la *M.I.A.*

La course avion contre auto...

Manœuvres combinées Armée-Aviation à San Antonio.

Les insurgés mexicains à El Paso.

Paris-Madrid : Premier et seul arrivé le premier jour à l'étape d'Angoulême...

Paris-Rome : Beaumont (1er) et Garros (second) au balcon de l'hôtel de ville de Rome.

À bord de son Blériot XI.

Avant le premier record d'altitude de Cancale.

Charles Voisin, Garros et René Barrier sur le terrain de Rio à la recherche des redoutables termitières...

Fédération Aéronautique Internationale

FRANCE

Nous soussignés pouvoir sportif reconnu par la Fédération Aéronautique Internationale pour la France, certifions que

M. Kirk Ricardo
né à Rio de Janeiro
le 23 Mars 1876
ayant rempli toutes les conditions imposées par la F.A.I. a été breveté
Pilote-Aviateur
à la date du 22 Octobre 1912

Ricardo Kirk

1089

Le brevet de Ricardo Kirk.

Garros aux côtés de son ami *Edu* Chaves.

La première grande victoire, *le Circuit d'Anjou.*

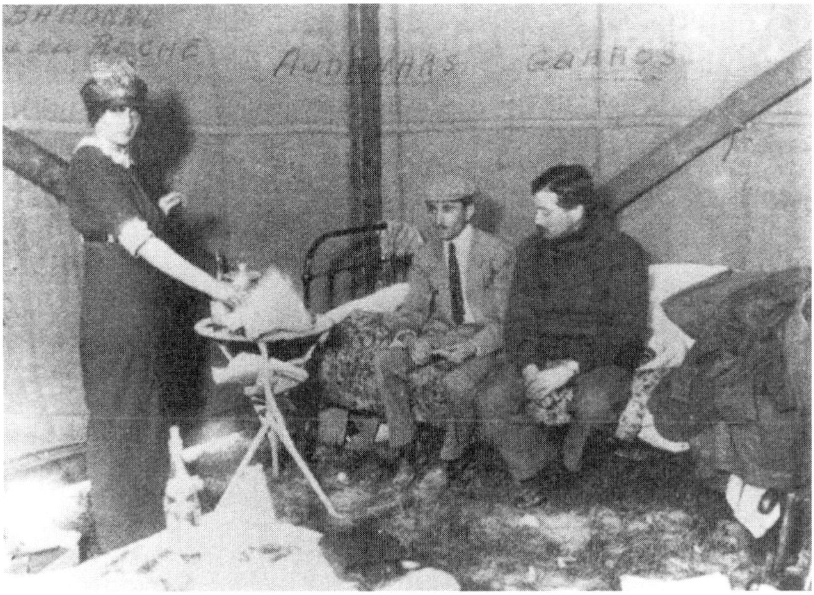

Entre deux étapes, dans le hangar-salon, Garros réconforté par Raymonde de Laroche et Edmond Audemars.

Après la victoire, Roland interrogé par la presse. Son père Georges (à sa droite, en casquette) qui a suivi toute l'épreuve, reste discret.

Le record de Houlgate.

À Houlgate, avant le record : de g à dr : Charles Voisin, avec sa célèbre casquette, peu de jours avant son accident mortel (18 septembre 1912), la *baronne* de Laroche, Emile Dubonnet, Garros, et (probablement) Marcelle Gorge.

Après le record, en compagnie d'Emile Dubonnet.

son habitude, quelques jurons bien sentis : son portefeuille et les 8 000 F qu'il contenait ont disparu ! Premières accusées, évidemment, les visiteuses de la nuit... Mais il n'est pas temps de s'occuper de cela.

On se précipite à l'hôtel, où l'on apprend que le corps a été transporté au Mac-Mahon Funeral Parlors, rue Dryades.

Dans la salle du premier étage, aucun parent. Quelques employés de la M.I.A. inquiets de leur avenir, des étrangers, un policeman, curieux ou indifférents. C'est la première fois que Roland se trouve directement confronté à la mort.

John repose (...) sur une sorte de table d'exposition, étroite, surélevée, recouverte de noir. On l'a laissé dans le vêtement qu'il portait sous sa combinaison d'aviateur (...) Les lèvres terreuses légèrement entrouvertes laissent apercevoir le reflet nacré d'une dent. Les traits sont figés, avec une expression de calme infini, dans un vague sourire mystérieux. On croirait qu'il rêve, n'était-ce teint cadavérique et l'instinct animal qui nous avertit de la mort.

(...)

Voilà ce qui rest(e) de cette nature indomptable, de cet orgueil inflexible, de cette audace folle. Une petite seconde avait contenu le dénouement de cette longue vie d'aventures obscures ou brillantes. La cause ? Une distraction ou la rupture d'un fil... Un sort semblable nous attendait...

Le jeune homme est tiré de ses méditations par l'attitude quelque peu désinvolte d'un policier : celui-ci, comme s'il *faisait les honneurs* du cadavre, vient de saisir le nez du mort entre le pouce et l'index, pour faire constater à un nouveau venu qu'il *est proprement cassé...*

Les causes de l'accident ? Les aviateurs se rendent sur le lieu du drame. En examinant les débris de l'appareil, ils peuvent constater que les commandes fonctionnent normalement. G. F. Campbell Wood, délégué de l'Aéro-Club d'Amérique chargé de contrôler la tentative de record, a vu l'appareil, alors à une cinquantaine de pieds, piquer soudain vers le terrain, projetant le pilote vers l'avant avant de s'écraser au sol. John qui ne porte pas de blessures apparentes est resté sans connaissance. Il a essayé de prononcer quelques mots. En vain. Il mourra quelques instants plus tard, la colonne vertébrale brisée à la base du crâne. Le général Francisco Altschul, un autre contrôleur, explique au journaliste du *Daily States* que Moisant devait atterrir pour compléter les pleins et qu'il avait déjà fait deux tours du terrain lorsqu'il a disparu.

La catastrophe restera longtemps mystérieuse. Garros y songera souvent, avant de se faire cette opinion (car, s'il l'admire, il connaît bien les défauts de son ami) : comme d'habitude, John devait tenir négligemment sa *cloche* lorsqu'un brusque remous la lui a fait échapper des mains et bloquer à la descente, d'où la ruade de l'appareil qui a éjecté le pilote.

Les journalistes interrogent les aviateurs. Au représentant du *Times Picayune*, le grand quotidien de la Nouvelle Orléans, qui rappellera l'historique randonnée aérienne d'Étampes à « Issy de les Molyneux » (sic) en le baptisant « Barros », Roland, très ému, déclare :

Moisant était un homme au caractère indomptable. Il paraissait ne connaître absolument aucune peur. Et nous, les autres aviateurs, nous étions émerveillés de son audace. Le monde a perdu un homme remarquable et nous, ses compagnons, l'un de nos meilleurs amis.

Brutal retour au vaudeville. Les dames de cœur sont convoquées au Commissariat. Elles protestent avec véhémence de leur innocence. On découvre une somme suspecte sur celle qui a accordé ses faveurs au *roi des dollars* et Barrier, confus, doit avouer que son charme personnel n'a pas été le seul argument de son succès fugitif... L'accusation est finalement abandonnée, l'enquête n'aboutira jamais...

Et c'est l'enterrement, en grande pompe. Les autorités, le maire M. Sherman, en tête, la presse, toute la ville s'est réunie à la Métairie. La municipalité donnera d'ailleurs plus tard le nom de « Moisant » à l'aéroport international de Kenner, mais, gloire fugitive, phénomène comparable à celui qui entoure Garros dans son pays, aucun Louisianais n'est à l'heure actuelle capable de savoir s'il s'agit là d'un nom de lieu ou d'un nom de personne, alors qu'en mourant en terre louisianaise, le « Franco » avait presque accompli un geste symbolique.

Le corps a été placé dans un cercueil vitré à l'endroit du visage que tout le monde peut voir, altéré maintenant d'une sorte de boursouflure. Alfred, pour qui son jeune frère était une sorte de héros invincible d'essence surnaturelle, commence à peine à réaliser le drame. L'air hagard, avec des gestes et des grimaces de fou, il erre, complètement désemparé.

Pas une femme, note Garros, les sœurs elles-mêmes ne sont pas là. Le cortège est imposant, mais froid, à part quelques émotions sincères, plus admiratives qu'affectueuses. Fileux, dont les traits taillés à la serpe sont ravagés par l'émotion, assiste une dernière fois son « patron ». *Puis, au moment de la mise en terre, le vieil « A.J. » se penche pour jeter un dernier regard au visage déjà méconnaissable de son demi-dieu.*

***

Si Alfred est le gérant consciencieux et tatillon de la tournée, il n'en reste pas moins que c'était John qui en était l'âme et le moteur. Tous s'interrogent anxieusement sur l'avenir de l'entreprise après la disparition de son inspirateur.

Le vieil Alfred a surmonté sa douleur. Il fait appeler ses aviateurs ainsi que Young et les reçoit dans sa suite du Saint-Charles en compagnie de ses deux sœurs en sévères toilettes de deuil. La cadette avait les yeux rougis.

L'aînée, qui ressemblait à John autant par le caractère que par les traits, était superbe de douloureuse fierté.

– Rien n'est changé, affirme le « Vieux » dont la voix s'affermit peu à peu. Et pour l'honneur de mon frère, je veux continuer ce qu'il a commencé, jusqu'au succès et je vous demande de m'aider...

Se rappelant la scène, Garros écrit :

En cet instant, le visage brutal du vieil aventurier était magnifique de caractère. On le sentait sincère : c'était bien par orgueil, pour le Nom. Nullement par cupidité, qu'il agissait. Je ne pus me défendre d'un sentiment de sympathie, qui balaya les vieilles rancunes. J'admirais son orgueil : j'avais pitié de sa candeur.

Avec une certaine solennité, les aviateurs promettent de faire honneur au souvenir de John.

À l'instant, le « Vieux » tente de retrouver son autorité :

– Qui veut essayer le nouvel appareil ?

Froid glacial dans l'assistance : il s'agit d'un monoplan de couleur rouge aux formes bizarres qui lui ont valu des aviateurs le surnom d'*Écrevisse*. Il vient d'arriver de France où il a été construit dans quelque obscur atelier sur les plans de John. Personne ne manifeste d'allégresse à l'idée d'assurer « l'éducation de l'écrevisse »...

Geste évasif de Barrier, de Simon et d'Audemars.

– Et vous ? dit Moisant s'adressant à Garros.

Garros n'a pas, avouera-t-il sur ses cahiers, le courage d'une cruelle franchise et demande de l'étudier d'abord. Moisant, un peu déçu, constate tristement ce peu d'enthousiasme et annonce qu'il doit les quitter pour aller mettre de l'ordre dans ses affaires et réorganiser les bureaux et l'usine de New York

– C'est Young qui dirigera le show en mon absence, j'espère que vous lui faciliterez la tâche...

Avant de conclure d'un « Good luck ! » plein de tristesse.

***

Fin du séjour à la Nouvelle-Orléans : le départ pour Dallas est annoncé pour le soir même, à 9 heures.

Un peu mélancoliques, en songeant à ce qu'ils laissent derrière eux, les joyeuses soirées, les incidents burlesques. Le cœur encore plein du drame d'Harahan mais l'esprit tourné vers l'avenir qu'ils entrevoient plus favorable, les aviateurs bouclent leurs malles et les confient au manager. Quelques heures à tuer avant le départ, un dernier clover-club chez Stag. (*Je veux dire, les derniers*, précise Garros).

Pour un témoin extérieur à leur vie dangereuse, le spectacle de ces quatre hommes devisant joyeusement devant un verre à quelques heures de la mort de leur ami pourrait paraître choquant. Garros en est conscient et s'en expliquera en ces termes :

... nous avions besoin de détente – Notre vie eût été insupportable sans une accoutumance parfaite à l'idée de l'accident – Et nous étions si bien habitués à l'idée que le fait ne pouvait exercer sur nous aucune influence durable : il se confondait dans l'ambiance.

L'ambiance ? On s'efforce à la gaîté. Barrier et Garros invitent Audemars et Simon chez Ernest, l'élégant petit restaurant français qu'ils ont découvert la veille... En raison du départ, il arrivent de bonne heure dans une salle vide de clients et s'installent autour d'une table ronde. On élabore le menu avec verve, on choisit les vins. Premier service, la spécialité : des huîtres frites au beurre dans leur coquilles sur canapé de gros sel, que tout le monde apprécie, à l'exception d'Audemars, bien sûr.

L'ambiance se fait de plus en plus... chaleureuse. Au rôti, Barrier, plein de dignité un peu pâteuse, redresse ses 85 kilos et se présente aux quelques clients de la salle comme le *Roi des dollars*, ce qui déclenche de la part du personnel un empressement spectaculaire. Au dessert, toutefois, le charme risque de se briser : Barrier se prend pour Bagessen, l'artiste de music-hall qui sur scène brise tous les soirs quelques centaines d'assiettes : il s'est emparé d'une pile et la transporte en zigzaguant à travers les tables, respectueusement suivi par le personnel regroupé derrière lui en escadrille pour rattraper au vol les assiettes que l'artiste fait tomber, avec une maladresse savante. Au gérant qui lui fait des remontrances polies, Barrier répond, impérial : « Ne vous inquiétez pas, je paierai ! ». Et lorsqu'il tire négligemment son mouchoir de sa poche, quelques billets verts s'en échappent, tombant à terre où il refuse de les ramasser. *En fait*, l'excusera Garros, *il ne causa aucun dommage et quoique fort éméchés, nous restions décents.*

À l'hôtel où ils repassent rapidement avant le départ, c'est au tour d'Audemars de se manifester : il réclame le pardessus qu'il a laissé dans sa chambre.

« On veut me voler mon pardessus comme on a volé l'argent de Simon », déclare-t-il à la cantonade. *« Mais avec moi, cela ne prendra pas ». On retrouve le manteau au vestiaire. Conclusion d'Audemars : « Je savais bien qu'on me le rendrait... rien à faire avec moi... »*

Hamilton, débordant de whisky, a pris place dans l'auto qui les emmène tous à la gare. Il porte un magnifique feutre tout neuf, mais, trouvant qu'il fait chaud, il le lance négligemment par la portière... Le train n'attendait plus qu'eux pour démarrer vers Dallas.

IX

Texas, Mexique, Cuba

De la côte est à la côte ouest, la mort de John a fait les manchettes de tous les journaux. De quoi exciter la curiosité morbide d'un public avide de sensations macabres : jamais la compagnie ne fera d'aussi belles recettes que lors des étapes qui suivent le drame d'Harahan. En un mois, elle va même enfin enregistrer des bénéfices : 180 000 F !

À Dallas, ce sera un véritable triomphe ! Il faut dire que Young, le nouveau « manager », y a mis du sien. Ce jeune texan a toutes les qualités d'un organisateur. Il manifeste un sens aigu des relations humaines. Sa première décision : mettre à jour tous les comptes et assurer désormais des règlements réguliers au personnel. Pour lui, les aviateurs ne sont pas de simples numéros ou des pions, il les entoure au contraire d'égards et d'attentions. En retour, il demande aux intéressés un travail intensif, les déplacements se succèdent avec une rapidité jusqu'alors inconnue. *L'exploitation rendit son maximum*, assure Garros.

Alors que pour le personnel tout va pour le mieux, au moment où le public se met à accourir de toutes parts dans l'espoir à peine dissimulé d'assister enfin au spectacle d'un accident devant le public, c'est le matériel qui fait provisoirement faux bond : le Blériot de Barrier a disparu avec John. Ce sont successivement le monoplan de Simon et le biplan du vieux Frisbie qui subissent le même sort, sans dommage pour les pilotes. Quant à « C.K. », il continue, selon Garros, à *soigner sa panne*.

Voilà comment le plus grand aviation-show du monde se réduisit à un Blériot monté par trois pilotes... résume Garros. Mais chacun va pouvoir s'exprimer à son tour dans sa spécialité, Simon dans son numéro de *fool-flyer*, Garros en *cloud-*

kisser. Seul Barrier, le *recordman de vol sur les villes* ne pourra faire étalage de ses capacités. C'est que les aviateurs en ont assez des buildings et des réseaux électriques et ils ont pris entre eux l'engagement de ne plus voler au-dessus des villes, si ce n'est pour gagner des prix spéciaux.

Quant au *tiny* Audemars, il a ramené de France une Demoiselle jaune de Bayard-Clément. Mais la capricieuse refuse souvent de décoller. Une fois, même, un brave caniche qui s'est introduit clandestinement sur le champ accompagne les cahotements maladroits du *plus petit et plus dangereux aéroplane du monde* autour de la piste. Spectacle non inscrit au programme qui déchaîne l'hilarité des spectateurs...

Un soir au crépuscule, assis côte à côte sur un gradin au bord du *fair-ground*, Barrier et Garros admirent celui qui est devenu leur maître à voler : Simon. Le *fool-flyer* est décidément en verve... Le voilà qui passe à toute vitesse entre deux rangées de poteaux à oriflammes, saluant d'une main nonchalante avant de terminer après un virage par un atterrissage impeccable au centre de la piste.

Barrier se tourne vers Garros et lui dit :

– Eh bien, camarade... croyez-vous que nous en ferons jamais autant ?

Pour Garros, Simon a un style *plein de fantaisie spontanée, d'adresse et d'élégance naturelle*, mais son vol *ne suscite pas une seconde d'angoisse pénible, ni de monotonie.*

La fantaisie ? Simon la manifeste aussi dans sa vie. N'a-t-il pas acheté à Dallas un accordéon, une mandoline, un ocarina, une flûte? Il a fallu aussi toute la persuasion de ses camarades pour qu'il renonce à adopter un petit singe et un lézard. Mais personne ne s'est opposé à son mariage : tombé amoureux d'une jeune américaine, il l'a épousée sur l'heure, selon la pratique d'outre Atlantique. Mabel, qui va suivre un temps la tournée, saura mettre une touche de féminité dans l'équipe...

C'est à Dallas aussi que Roland volera pour la première fois pendant presque une heure. Par accident, pourrait-on dire. Face au soleil couchant, il est parti pour son numéro de *cloud-kisser*, ses fameux *effets de nuages*. Puis, admirant les teintes du ciel, il se laisse aller à une exquise sensation de solitude jusqu'à oublier un instant l'exhibition et le public... Il se rend compte soudain qu'il s'est probablement un peu trop écarté de l'aérodrome. Il repasse sous les nuages : la cité a disparu ! À sa place, une plaine grisâtre, tachetée de buissons mauves... Impression de cauchemar... Mais il se ressaisit vite : s'orientant grossièrement sur le soleil, il retrouve une ville, sans même réellement reconnaître Dallas. Reste à repérer l'aérodrome. Du centre de la ville, cela serait aisé, mais il y a la parole donnée aux compagnons : il lui faut donc en faire le tour sans surtout survoler la ville. Dans l'obscurité qui tombe, il aperçoit bien au loin ce qu'il prend pour un feu signal, mais sa recherche le mène au bout de son carburant : il se voit contraint d'atterrir dans un grand champ et c'est finalement en auto-stop qu'il rejoindra l'aérodrome..

À Fort Worth, non loin de Dallas, Young va instituer à la M.I.A. une ère nouvelle : celle des primes. Sur le terrain, le vent a soufflé sans répit toute la journée. On a utilisé tous les subterfuges pour tenter de calmer l'impatience de la foule. Le *speaker* a conduit de sa voix nasillarde la visite au sol des appareils. Seymour a fait pétarader sa terrible 100 chevaux Fiat. Frisbie a lâché ses cerfs-volants, dont certains disparaissent, arrachés par le vent. Les clients accrochés sur leur balançoire sont ravis...

Mais les autres s'impatientent : ils ont payé pour voir voler des avions... Va-t-il falloir rembourser ? Young s'inquiète et vient consulter les aviateurs, sans toutefois insister, convaincu que les conditions atmosphériques sont exceptionnelles. Garros le prend à part.

– Je veux tenter de sauver la situation : c'est un risque exceptionnel, je demande une indemnité..., lui dit-il.

Le manager est rapidement d'accord. On conduit l'appareil au départ. Simon s'écrie :

– Il est complètement fou !

Barrier s'exclame :

– ... Vous avez bien vu le vent ?...

– Je sais, ce sera un mauvais moment à passer...

Et, pendant que l'on pousse le Blériot dans lequel Garros a pris place, Audemars, très sérieux, retire lentement son melon qu'il presse sur son cœur, ses deux complices se découvrent aussi et tous trois suivent le convoi, tenant symboliquement les cordons funéraires:

– Adieu camarade... Dommage... bien brave garçon...

Le vol dure un quart d'heure et ne laissera à l'aviateur d'autre impression que celle d'une lutte furieuse, les dents serrées, à laquelle un atterrissage hasardeux met fin brusquement.... Mais il marque une étape décisive de ses progrès : il sent qu'il a désormais vaincu le vent, le *vent-ennemi.*

***

Peu accueillante, l'étape suivante d'Oklahoma ! La neige et la gelée les y attendent. Et on leur recommande de ne pas sortir la nuit, les rixes étant fréquentes dans ce charmant pays. De leur chambre d'hôtel, ils vont même suivre par le bruit des coups de feu qui leur parvient le déroulement d'une sanglante bagarre dans un bar voisin !

Il est difficile de voler lorsqu'à 100 mètres vous attend un plafond humide et glacial. 10 minutes en l'air et c'est la mort par le froid ! Ils voleront néanmoins, tous les jours. Et Garros, toujours méthodique, en profitera pour faire la première fois l'essai dans le brouillard d'une boussole, sur quinze kilomètres. *En moi-même,* écrit-il, *je dédiai ce petit succès au pauvre John, qui avait été un si ardent apôtre de la boussole.*

En revanche, Waco se révèle plutôt une étape sympathique. Malgré le mauvais temps, le *show* sera donné tous les jours, sauf un seul où Young estime que les dangers sont réellement trop grands. Surviennent à l'heure dite le tournoiement habituel de Seymour courbé sur son volant, poursuivi par les avions, les vols de fantaisie, les cerfs-volants de Frisbie. Quant à la Demoiselle d'Audemars, un nouveau carburateur lui a donné une nouvelle jeunesse. Et même Hamilton fera une apparition...

Et si Waco manque de distractions, les aviateurs sont logés dans un hôtel confortable et disposent d'un boudoir où ils passent leurs soirées à faire de la musique : René Simon étrenne tous ses nouveaux instruments et chante à sa dulcinée :

Paquita ! Viens ma brune...

Roland, lui, se remet au piano et tente de retrouver dans ses souvenirs les notes d'une habanera langoureuse. Des heures passent ainsi mais il bout d'impatience de voler et de voler mieux...

Quant à l'incorrigible Audemars, il a tous les jours un accrochage... S'il parle l'Allemand comme Gœthe, il se refuse à tout effort pour être compréhensible en Anglais et, d'ailleurs, il montre une incapacité originale à prononcer aucun mot de cette langue. Mais, à toute occasion, à l'hôtel, il est pendu au téléphone.

Et voici le schéma de l'inévitable drame : Audemars (très calme, très naturel, comme s'il avait l'habitude d'être compris...)

– Alo... alo... sandop balboa...

Le portier nègre (qu'on n'entend pas) -
– What, Sir ?...
Audemars (toujours naturel, se disant : il n'a pas entendu...)
– Sandop balboa...
– Le nègre – « ?...? »
Audemars (l'air étonné, s'appliquant)
– San-hop – balboa – belbaé...
Le nègre : – What you mean Sir ?
Audemars (à la cantonade)
– Salaud... Il se f... de moi...
(au téléphone, hurlant :)
– Balvoé... Ba'lboi... Bilbao...
Le nègre terrifié raccroche.
Alors, c'était une explosion de rage... Nous prenions le téléphone, Barrier ou moi et prononcions intelligiblement : – Send up a bell-boy, please...
– C'est exactement ce que j'ai dit... affirmait le « minuscule » – Et le lendemain la même scène recommençait identique...

***

Temple, à une soixantaine de kilomètres de là, c'est la ville où Young a fait ses débuts comme modeste employé. C'est dire s'il est fier d'y retourner à son âge à la tête d'une puissante compagnie. Et les aviateurs aiment bien ce grand jeune homme au sourire franc. Sous son curieux feutre taupé relevé sur le côté, Young a réussi à créer au sein de la compagnie un véritable esprit d'équipe. Alors, comme pour un hommage au jeune manager, tous les appareils soigneusement alignés s'envolent l'un derrière l'autre et ils sont tous en l'air en même temps, pour une *invraisemblable fantasia aérienne* et chacun se surpasse. Roland, qui suit ses propres progrès presque de l'extérieur, réussit sa première grande spirale. La Demoiselle vole à merveille... Et le spectacle se termine par un atterrissage groupé, comme un vol de perdreaux s'abattant dans un champ.

Les vivats se déchaînent. Le Comité exulte.

– Comment vous marquer notre satisfaction ? demande-t-on discrètement aux aviateurs. Unanimes, ceux-ci désignent Young et répondent qu'ils seraient sensibles à toute attention à son égard. Le lendemain, le Comité lui offre en grande pompe une énorme montre d'or massif sur laquelle est gravé :

À Young,
Au roi des managers.

***

Houston sera le deuxième grand succès financier de la M.I.A. Mais l'équipe y est cueillie à froid par un télégramme qui attend chacun à l'hôtel. Signés de « Adolph W. Wuppermann – Sec'y and Gen'l Manager », sept mots très secs :

« Why did you not fly in Waco ? »

Pour les aviateurs, c'est une véritable gifle ! Chacun y répond dans l'heure, C.K. agrémentant son message d'une bordée d'injures. Mais Young prend l'affaire en mains et dans une longue lettre adressée à New York, il prend ardemment le parti de ses aviateurs contre les bureaux qui se mêlent de ce qui ne les regarde pas... Affolé, Wuppermann envoie à chacun une lettre d'excuses et de remerciements rendus à la compagnie... Ainsi se clôt l'incident et c'est heureux, car, pour une fois, les conditions sont idéales.

Les aviateurs disposent enfin d'une vaste plaine et la première manifestation consiste (avec prime) en un vol sur la ville. Garros fait le premier. Simon le second, mais il est aveuglé par le soleil et la réverbération. Du sol, on voit son Blériot passer au-dessus du terrain, avant d'aller se perdre dans la nature. Aussitôt, c'est la pétarade des voitures qui se précipitent au secours de l'égaré, rapidement rejoint.

– *Vous êtes déjà là?...Où est-ce que je suis?... Rien vu... Où est le champ?...*

– *Le champ? Il y a une heure que tu tournes au dessus...*

– *Pas possible...*

– *C'est vrai tout de même... Allons, remonte...*

– *Mais où est le champ, nom de D... !...*

– *Là en face, à 500 mètres... Veux-tu que ta nourrice t'y conduise?...*

Il est tellement furieux qu'en redécollant, son aile accroche la capote d'une auto... Plus question pour lui de repartir en avion et les trois compagnons hilares qui le raccompagnent dans la Stern de service ne se priveront pas de le couvrir d'humiliation jusqu'au terrain.

Mais le meilleur souvenir que Roland retrouve, plusieurs années plus tard sur ses cahiers de Magdeburg, c'est ce premier bon vol de fantaisie à l'imitation du maître, Simon. Il est conscient de ses progrès faits depuis la Nouvelle Orléans, enhardi par sa première spirale de Temple. Pour la première fois, il ne sent plus ses ailes ou plutôt, il en sent enfin la docilité. « Croyez-vous que nous en ferons jamais autant ? », lui a dit Barrier le mois dernier. Cette phrase lui tourne dans la tête, il en est piqué au vif. Garros se lance dans des virages serrés, il s'efforce à la précision tout en jetant un coup d'œil aux trois lascars qui, au milieu de la foule, près de l'immense tente sur laquelle frétillent les couleurs françaises, américaines, irlandaises et suisses, suivent des yeux ses évolutions... Un brillant « changement de main » et un picotement autour des trois pilotes terminent l'exhibition... Un simple petit choc dans la roue à l'atterrissage, près du groupe d'amis dont il guette les compliments. Au bout d'un certain silence, la douce voix de Barrier le douche :

– *Vous exagérez un peu camarade...*

Pendant que Garros enregistre avec satisfaction ses propres progrès, le spectacle lui-même s'enrichit de nouveaux numéros : à Houston, on inaugure « la course des taureaux en aéroplane », qui consiste à charger de malheureux bovidés terrorisés par les rugissements du moteur tournant à plein régime. Moins cruel, un autre exercice consiste à plonger sur les tribunes jusqu'à frôler les têtes et les plumes des chapeaux... *Plus nous causions de panique, plus on était content...*

Toujours à Houston, il souffle un jour un vent violent. Dans l'attente du spectacle, Simon, puis Garros font deux petits vols, mais le public s'énerve : il veut son spectacle ! Il envahit le terrain, entoure les appareils ! Il est question de mettre le feu ! Young prend Garros et Simon à part :

– Si nous n'agissons pas, tout flambe... Allez atterrir dans la campagne cela sauvera déjà deux machines et on fera courir le bruit d'un double accident...

Malgré l'annonce du départ par le *speaker*, la foule refuse d'évacuer le terrain et les deux pilotes doivent se contenter d'un étroit couloir pour décoller, l'un après l'autre, s'arrachant difficilement à ce champ vivant.. Simon s'arrête le premier, Garros continue quelques kilomètres et se pose près d'une ferme isolée, dont les propriétaires l'aident à garer l'appareil. Alors qu'il rentre en voiture, emmené par des automobilistes qui retournent à Houston, il aperçoit dans la nuit une grande lueur dans la direction de l'aérodrome. La tente ? Non, en passant près du terrain, il constate qu'on n'a mis le feu... qu'aux tribunes.

Le public de Houston n'est pas toujours aussi vindicatif et, un jour de relâche, ce sont des cow-boys venus à cheval visiter les aéroplanes qui offrent aux aviateurs une fantasia à leur manière...

Hormis ce spectacle impromptu, les distractions sont rares à Houston. Ou plutôt l'équipe préfère ne pas renoncer à la béatitude du pyjama, des boissons glacées et des cigarettes blondes parfumées. Il est bien soudé par l'amitié, ce quatuor de la M.I.A. auquel vient de s'adjoindre la jeune Mabel : un peu replié sur lui-même peut-être, mais comment faire partager à ceux qui ne les connaissent pas l'ivresse du vent qui vous frappe le visage, la vision du monde qu'on a d'en haut ? Ils se montrent *cyniquement inabordables aux étrangers, tout inconnu é(tant) pour (eux) un raseur. Ils découragent même certains compatriotes, pourtant tout heureux de rencontrer des Français...*

Ils n'échappent pas toutefois au Club français de Houston. Pour la plupart originaires du midi, ces braves oncles d'Amérique aux visages rebondis et réjouis qui ont fait fortune et *ils ont l'amour du banquet où l'on prend la parole.* À preuve, ce monologue inoubliable :

– *... et des écrevisses, il n'en faut plus, que ça ne sert qu'à nourrir les cocottes... Et les cocottes, il n'en faut plus, que ça encombre les trottoirs... Et les trottoirs, il n'en faut plus... etc.*

On rencontre aussi, dans ces banquets, le voisin aimable qui cherche par tous les moyens à vous être utile et vous présente gentiment sa carte où s'étale :

A. Durand
Pierres et monuments funéraires...

Et les quelques minutes drôles lorsque, au dessert, Frisbie et C.K. se mettent à danser sur la table...

En dehors de ces réjouissances collectives, il y a, pour les célibataires, les aventures fugitives d'une escale... L'aviateur, qui va devenir « le séducteur des années folles », comme a dit Cocteau, n'a déjà aucun effort à faire... Mais, avec sa pudeur habituelle, Garros n'y fait que de très rares allusions dans ses *Mémoires*, encore faut-il lire entre les lignes... Ainsi écrit-il seulement :

Le dernier soir, Young eut quelques peines à nous faire prendre le train. Par un caprice que je ne chercherai pas à expliquer, Barrier et moi voulions passer une nuit de plus à Houston...

***

À San Antonio, la M.I.A. inaugure un spectacle d'un type assez nouveau : la « journée militaire ». Young a obtenu la participation de l'Armée et, dès le matin, des artilleurs en chapeau de boy-scout, gantés et guêtrés de blanc, sont venus mettre en batterie leurs quatre pièces sur un coin du *fair-ground.* Parmi eux, un certain Dwight D. Eisenhower ; Edmond Petit signale sa présence, sans toutefois pouvoir l'affirmer. Participe probablement aussi à cette journée le Wright de Benjamin Foulons, le futur chef de l'aviation des forces expéditionnaires en Europe. Mais Garros n'en fait pas mention.

Les aviateurs mis à la disposition des officiers sont tenus d'aller reconnaître les environs. Avant le décollage, Young leur désigne en confidence les positions de la batterie et de la demi-compagnie qu'ils sont censés aller repérer : dans la vallée et derrière une colline....

Après un tour de piste à 200 mètres, Simon, toujours farceur, revient au rapport : *il aurait vu exactement l'inverse de ce qu'il aurait dû voir...*

Garros, pour sa part, trouve l'expérience intéressante. De 800 mètres, il va observer le paysage pendant un bon quart d'heure. Ce qu'il repère, c'est d'abord un troupeau de chèvres, puis un vague rassemblement d'hommes. Mais pas la batterie.

Peu importe :

On nous complimenta sur la précision de nos rapports et on en tira des conclusions glorieuses pour la future cinquième arme... Le spectacle se terminera par un simulacre de combat entre l'artillerie et les avions. Au bout de dix minutes, nous avions anéanti l'artillerie – ce qui ne l'empêcha pas de défiler en parade vers la sortie...

Cette innocente comédie, conclut Garros, *n'offrait évidemment qu'un faible intérêt technique, mais le spectacle fut amusant et mit à l'ordre du jour la question de l'aviation militaire* [1].

---

1. Comme le souligne Edmond Petit dans « Missions très spéciales », c'est par erreur que G. écrit en 1913 dans le « Guide de l'Aviateur » : « Enfin, notre directeur eut à Mexico l'idée d'un intermède militaire ». C'est bien à San Antonio que s'est déroulée cette journée militaire, le 4 février 1911. Quant aux oranges, G. indique dans ses « Mémoires » que c'est à El Paso qu'ils les envoyaient, aux insurgés mexicains, venus de l'autre côté du fleuve, abreuver leurs chevaux dans les eaux du Rio Grande.

Il n'en oublie pas pour autant sa Demoiselle-Gnome. Maurice Clément lui a annoncé que Romain persiste à de ne pas vouloir venir aux États-Unis. De l'hôtel « Gunter European » de San Antonio, Roland répond le 23 février à la lettre du 20 janvier que son ami lui a adressée de Paris. Audemars est maintenant dans le coup, dans la « combine d'aviation » qu'envisage Roland. Il se dit persuadé que la construction d'un monoplan sera d'ici « quelques mois (pas de suite) une affaire d'or ici – Les capitaux se ramassent sur place à la pelle quand on a un nom ».

Ce qui lui manque le plus, c'est une « équipe de 4 à 6 bons ouvriers que nous paierons le plus cher possible, en les intéressant aux bénéfices : il y a de l'or en barre à faire mais ce n'est pas mûr encore »... Ce serait, affirme péremptoirement le garçon de vingt et un ans, « la 1re fois de ma vie que je raterais un but »... En post-scriptum, il ajoute : « La Demoiselle que j'ai à Issy n'est pas payée : si tu arrives à la faire passer à l'as à l'usine, vends-la : elle est à toi »... Quant à Germaine, dont Clément lui a parlé dans sa lettre, « elle ne me doit absolument rien, n'ayant jamais été pour moi qu'une charmante petite camarade (...) J'ai été plutôt rosse qu'autre chose avec elle et c'est elle qui devrait m'en vouloir (...) Si tu as l'occasion de la voir seule, dis lui bien que son ami Garros ne l'a pas oubliée et pense souvent à elle »...

***

De nouveau, on fait embarquer personnel et matériel dans le train : cette fois-ci à destination d'El Paso, à presque 600 kilomètres à l'Ouest, juste sur la frontière du Mexique. Long trajet harassant, à travers un désert monotone, avant de parvenir dans une ville dont les habitants, à l'arrivée du convoi, sont curieusement juchés sur les toits : non, ce n'est pas pour accueillir les aviateurs, tous regardent de l'autre côté du Rio Grande, vers Ciudad Juarez, en territoire mexicain. Les fédéralistes de Porfirio Diaz, le vieux général qui a jadis combattu les troupes maximiliennes avant d'entrer à Mexico en triomphateur et qui pendant vingt-sept ans a été président de la république, y livrent bataille aux insurgés de Francesco Madero. On entend le bruit étouffé de la fusillade.

Pour rien au monde, les aviateurs ne veulent manquer cela : ils se précipitent dans leurs chambres pour y déposer leurs bagages puis vers un building d'une quinzaine d'étages qui leur paraît le meilleur observatoire. Les locataires de l'immeuble ont déjà occupé la terrasse... On voit bien dans le lointain de vagues mouvements, on entend encore quelques détonations, mais le crépuscule ramène le calme.

Malheureusement, pour les habitants d'El Paso, le spectacle se trouve de l'autre côté du Rio Grande. Ils vont bouder toutes les exhibitions de la M.I.A.. Le programme se déroulera régulièrement, numéro après numéro devant des gradins vides. C'est un fiasco complet... Et comme un malheur n'arrive jamais seul, voilà que Moisant, le vieil Alfred, fait une réapparition impromptue : le succès de Dallas lui a refait d'un coup une provision d'orgueilleuse confiance et il est venu montrer à Young comment mener victorieusement une entreprise !

Il est flanqué cette fois-ci du dénommé Lopez, bombardé directeur de « l'Usine », qui vient « inspecter » le matériel, *alors qu'il n'a pas la moindre idée de ce qu'est une machine volante* : l'ancien maître de cabotage, un peu pirate sur les bords, n'a comme seule capacité que son toupet exceptionnel... Ne vient-il pas annoncer aux aviateurs que les Blériot seront remplacés par des appareils neufs construits selon ses idées personnelles ?

Colère des aviateurs qui font front commun contre l'importun : leur contrat les engage à voler sur des Blériot en bon état. Il est hors de question pour eux de changer de type d'appareil. Le ton monte vite entre les aviateurs et « l'ingénieur » et devant A.J. ahuri, Garros lance :

– Monsieur Lopez ! De votre part, c'est une audace criminelle que de vous ériger en constructeur !

Exit Lopez, qui reprend discrètement le train pour New York. Malheureusement, A. J. reste, ce qui signifie pour les aviateurs le retour à la pagaille et le réveil de ce climat de tension que Young avait su habilement estomper.

Pendant ce temps, de l'autre côté de la frontière, les combats se poursuivent. Ce sera pour Simon l'occasion *d'une jolie promenade au-dessus des combats.* Cette reconnaissance aurait-elle été demandée par le gouvernement Diaz à la direction de la M.I.A. ? Il semblerait plutôt que non. La M.I.A. y aurait surtout vu un argument publicitaire. D'autant plus qu'il est prévu qu'après El Paso, la M.I.A. se rendra au Mexique. Pour la première fois, l'homme avait survolé de vraies batailles... Mais le vol de Simon n'a aucun retentissement. Tandis que, déplore Garros, *une petite sortie d'Hamilton sur le lit du fleuve frontière, à 100 mètres de haut, provoqua des cris d'admiration dans toute la presse américaine.*

Dans le « Guide », Garros affirme avoir lui aussi, ainsi que Barrier, fait « d'intéressantes reconnaissances au-dessus des lignes des insurgés ». Ceux-ci, il est vrai, sont d'ailleurs peu belliqueux à (leur) égard et sembl(ai)ent, au contraire, enchantés d'assister ainsi, sans payer, à des exhibitions d'aviation. « Toutefois », ajoute-t-il, « nos observations donnèrent souvent au gouvernement des indications qui lui rendirent service. Ceci se passait au début de 1911 et prouve que nous avons été les premiers à montrer l'utilisation militaire de l'aéroplane [1] ».

Les insurgés, les aviateurs ne vont pas manquer de les rencontrer à plusieurs reprises. À El Paso, le Rio Grande n'est guère qu'une rivière et, se promenant un jour en auto, ils aperçoivent du côté mexicain un groupe d'hommes faisant boire leurs chevaux. Face à face sans hostilité et puis, devant l'air affamé des pauvres gens, les aviateurs leur lancent des oranges, par-dessus la rivière. Les malheureux se bousculent pour les attraper...

On organise même un jour une excursion en territoire mexicain. Garros n'en est pas. Karl Halm, le photographe de la M.I.A., ramène une moisson de documents : dans un décor de Western, on les voit, ces insurgés moustachus, en chapeau pointu, ceinturés d'une double cartouchière, revêtus d'un vague uniforme. On distingue aussi Orozco, leur chef, sec comme un clou et portant cravate, qui a réservé aux touristes un accueil dont ils se déclarent enchantés...

Mais le séjour à El Paso touche à son terme. À l'hôtel, devant un verre, Roland fait la connaissance du toréador français, Robert, la vedette des corridas texanes et mexicaines, encore un autre spectacle qui a détourné le public de la M.I.A.. Le monde est petit : en égrenant leurs souvenirs, les deux hommes s'aperçoivent qu'ils ont tous deux fait leurs débuts sous la houlette du même imprésario : ce brave Albert Baré !

Et puis, dans le même bar, entre deux cocktails, avec Barrier, Garros va acheter à Hamilton un Blériot légèrement endommagé qu'il dit se trouver dans un wagon du convoi et dont C. K. leur garantit la livraison à la prochaine étape.

1. Ces vols ont eu lieu du 7 au 10 février 1911, soit bien avant le vol de reconnaissance du Capitaine italien Piazza sur les lignes turques entre Tripoli et Azizia, le 22 octobre de la même année.

15 000 dollars : le prix est raisonnable et maintenant, ils ont de quoi l'acheter et ils versent, contre reçu, un acompte de 5 000 dollars [1]. La bonne affaire ! L'appareil pourra être remis en état de marche pendant les moments perdus de leurs mécanos et c'est bien le diable s'ils ne peuvent en tirer, en le revendant en cours de route, au moins 1 000 F de bénéfice !

***

Impossible pour le convoi de la M.I.A. d'emprunter la voie directe d'El Paso à Mexico : les insurgés de Madero tiennent toute cette partie du pays. Ils ne tarderont pas, d'ailleurs, à chasser du pouvoir le général octogénaire qui viendra, comme beaucoup d'autres, finir ses jours à Paris.

C'est donc un énorme détour par Eagle Pass, trois jours et trois nuits à bord du train, jusqu'à Monterrey. Que faire pour passer le temps, même si l'on voyage dans un pullman confortable ? On a vite fait d'épuiser tous les sujets de conversation... Impossible de lire, avec les trépidations du wagon...

Momentanément célibataire, Simon sacrifie obstinément à Euterpe : il trouve d'abord un air sur la petite flûte, l'interprète sur l'ocarina, puis sur l'harmonica avant de lui donner toute son ampleur avec l'accordéon... Ses compagnons, vite lassés, ont toutes les peines du monde à négocier un petit répit... D'autres s'attablent autour d'un poker, mais le jeu n'intéresse pas Roland. Il rêvasse, en regardant défiler par la fenêtre la grande plaine sauvage.

J'avais presque le spleen... Ces petites batailles quotidiennes m'énervaient – J'étais impatient – Je voulais bien lutter, risquer, mais à condition de vivre, en même temps...

Or, la vie, après l'avoir âprement méritée, nous n'en profitions pas et sur nous planait toujours la menace... de tomber trop tôt...

Certes, réfléchit-il encore, il n'aurait pu espérer une meilleure école : comment en d'autres circonstances aurait-il pu voler tous les jours, pendant des mois, en étant confronté quotidiennement à trois ou quatre atterrissages difficiles ?

Ce pénible exil, loin de Paris et de notre milieu, avait été une condition nécessaire de progrès – Je m'étais donné tout entier à l'entraînement ; j'avais eu de précieux modèles et

1. Dans ses *Mémoires*, C. parle successivement de 5 000, puis de 3 000 dollars.

j'avais respiré la fièvre contagieuse du « struggle for life ». Mais j'en avais assez... Assez de basse cuisine et assez de « business »... Je voulais du sport et de la vie...

Et de songer ardemment à la prochaine saison aéronautique de France pour laquelle il se sent maintenant prêt. Et il décide que, coûte que coûte, même s'il doit payer un dédit, il en sera... Avec Audemars en face de lui, il est en pleine communion de pensée. Chacun suivant la même idée, ils échangent quelques mots, un regard...

Barrier lui aussi a la nostalgie de la France, mais il apprécie, à juste raison, de rester ici le « roi des dollars »... Simon jouait de l'ocarina...

Le voyage s'éternise. Mais tout d'un coup, dans le décor d'une tristesse lamentable d'un village où le train s'est arrêté, une apparition fugitive, un peu surréaliste, qu'il se remémore sur son cahier :

Nous apparut tout à coup une jolie fille brune, au teint doré de soleil, avec d'admirables yeux bleus... Son costume de sport, d'une simplicité élégante, contrastait étrangement avec le cadre – Seule parmi ces sauvages, elle paraissait aussi heureuse de voir des civilisés que nous l'étions de l'admirer.

Elle nous sourit avec une franche aisance et nous engageâmes une conversation « en bons camarades », qui dura hélas moins d'une heure.

Le train repartait...

Elle nous dit son nom étrange, – que je n'ai pas oublié – et elle nous donna en souvenir, des petits portraits d'elle, que nous emportâmes, avec un peu de mélancolie au cœur...

Eagle Pass, poste frontière, le train y arrive enfin et y restera quelques heures pour des formalités douanières. Les voyageurs ont faim. La station n'offre qu'un choix limité : le buffet de la Gare ou le restaurant chinois.

Par curiosité (mon Dieu, des Chinois à Eagle Pass...), va pour ce dernier. Tout est crasseux, les quartiers de viande défraîchie accrochés aux poutres sont couverts d'une nuée de mouches, qui ne consentent à s'écarter que lorsque le cuisinier vient y taillader un biftèque...

Essai malheureux et impossibilité de déglutir : Barrier et Garros *ont eu beau s'entraîner à avaler des matières nutritives, comme on met de l'essence dans un réservoir – Simon n'e(st) pas plus difficile, mais trop c'est trop.*

Nouvel essai au buffet de la gare, un peu plus propre, mais tout aussi détestable. Audemars, lui, semble avoir conservé ses illusions. Partout, il demande :

– Œufs du jour ?... blanc de poulet ?...

Puis il croquait une noisette en grognant :

– Quelle vie... Quel pays... Faut-il être fauché...

***

À l'arrivée au Mexique, le paysage se fait moins monotone, plus accidenté, le train dévale à toute allure les descentes, gravit au pas des pentes raides, avec quelques arrêts aux postes de ravitaillement. La physionomie des gens a changé : on reconnaît les métis d'Espagnol et de Peau-Rouge dans cette vieille femme au nez crochu, au regard d'oiseau de proie :

la mère ou l'épouse de l'Aigle-Noir ou d'Œil de Faucon (qui) nous vendit une collection de petits chapeaux mexicains multicolores, faits de brins d'herbe tressée, ou dans cette marmaille piaillante de gamins dépenaillés aux yeux noirs très vifs qui tente de leur vendre des pistaches ou simplement mendie des sous...

Quand le train est en marche, la seule distraction est de voir défiler le paysage. C'est finalement sur le toit du wagon qu'ils vont terminer le voyage...

***

À Monterrey, plus de gratte-ciel. Ce n'est qu'un éparpillement de vieilles maisons blanches parmi la verdure, avec places et kiosques à musique. L'hôtel dans lequel ils sont descendus manque peut-être de confort, *mais sa forme de vieille demeure espagnole a(vait) un air hospitalier...* Cela ne suffit pas à dissiper le malaise qui de nouveau s'est emparé des aviateurs. Ils en ont assez des appareils en ruine, des paiements irréguliers. La mauvaise humeur éclate lorsque le Comité local leur présente le champ, une étroite bande de terrain vague, mal aplani, bordée de cheminées d'usines, de maisons et d'arbres !

– Nous n'y volerons pas...

– ... Cependant, Monsieur Moisant...

– Qu'il se débrouille...

Cette fois-ci, c'est un véritable ultimatum qu'ils lancent à Moisant : des Blériot neufs, des aérodromes convenables, des règlements automatiques, sinon, c'est la rupture !

Contrairement à leur attente, Alfred les écoute sans se

fâcher. Il a été surpris et même exalté par les progrès réalisés par « ses » aviateurs. Il se lance dans une longue série de promesses : oui, ils les auront, les avions neufs, les champs immenses, ils seront régulièrement rémunérés. Puis, des projets : après le Mexique, Cuba, avant New York où l'invincible équipe de la M.I.A. remportera la Gordon-Bennett ! Quant à Hamilton, devenu en quelque sorte l'ennemi personnel de Moisant à qui il a coûté une fortune sans presque jamais avoir volé, il est tout simplement et proprement remercié... Faut-il le croire ? « Le Vieux » a un tel accent de sincérité qu'il convainc les pilotes de ne pas trahir sa grande confiance et de l'aider encore à Monterrey...

Une fois encore, ils marchent et ils ont probablement raison. En tout cas, ils donnent à Monterrey une de leurs plus jolies exhibitions, avec comme « clou » le premier vol combiné Simon-Garros, par un temps idéal. « Croyez-vous que... » avait dit Barrier à Garros. Pendant dix minutes, les deux monoplans dessinent dans le ciel des figures symétriques, les atterrissages sont si semblables qu'on eût les manœuvres de deux automates... Garros se rend compte maintenant qu'il a pratiquement égalé son maître...

C'est à Monterrey aussi que se produit pour Audemars et Garros un coup de théâtre. Audemars a le don des discussions d'affaires, il est le plus patient de tous et c'est lui que ses camarades ont chargé d'entretenir A. J. dans ses bonnes intentions par des causeries quotidiennes.

Un beau soir, après dîner, le « minuscule » pénètre dans la chambre de Garros, tout surexcité. Il est tellement ému qu'il ne parvient pas à articuler un son... Enfin, il chuchote :

– *« Fantastique... c'est fantastique... Je te le donne en mille... »*

– *« Mais quoi ??? »*

– *« Non... Il faut que je prenne des précautions... Ce n'est pas le moment de claquer d'une embolie... Tiens-toi bien... »*

– *« Enfin, parle... Voyons... »*

– *« Voilà... Moisant... nous envoie... à Paris... »*

Il retrouve peu à peu son calme et se fait plus explicite : l'idée de la Demoiselle-Gnome, finalement, il l'a fait accepter par Moisant. Certain d'obtenir ainsi la Gordon-Bennett, « le Vieux » envoie Audemars et Garros à Paris où ils seront outillés comme nulle part ailleurs et où ils pourront bénéficier des conseils de Santos pour mettre au point ce qu'il appelle déjà la « baby-Moisant... » Et cela, sans rupture de contrat et même mieux : ils recevront la moitié des prix éventuellement gagnés par le nouvel appareil...

S'ils décident tous deux de ne pas en parler à Simon et Barrier, c'est pour éviter de leur donner l'envie de ce qu'ils ne peuvent leur faire partager. Et cette soirée se termine par une séance de gambades folles et d'entrechats silencieux, *dont la fatigue nous aida à trouver le sommeil, un peu plus tard – un sommeil peuplé de rêves merveilleux où des voluptés sans fin récompensaient d'éclatantes prouesses...*

Plus qu'un mois à attendre avant le retour en France : Garros se met à voler avec frénésie, ce que bien sûr ne comprennent ni Simon ni Barrier.

Je trouvais dans mes progrès une satisfaction intense, notera-t-il. – *Je m'observais sans cesse ; j'observais les autres ; je réfléchissais – Je prenais garde à l'excès de confiance ; je m'astreignais à une progression méthodique – Enfin je n'oubliais jamais l'état d'usure de notre matériel et je m'habituais à « souffrir« en même temps que mon appareil.*

***

Jamais aucun avion n'a encore pu voler à Mexico lorsque la M.I.A. y arrive à la fin de février 1911 : la capitale se trouve en effet à 2 240 mètres... Deux aviateurs l'ont récemment tenté, sans succès. Le dernier, André Bellot, un nouveau breveté [1], est même encore sur place.

« Chez Sylvain », le restaurateur français à la mode dont l'établissement est devenu le Quartier Général des aviateurs de la M.I.A., Bellot assure qu'on ne peut pas décoller d'une telle altitude. Il est catégorique : il en a éprouvé l'impossibilité et n'a besoin d'aucune explication pour y croire...

– Vous ne volerez jamais ! affirme-t-il, rejetant les arguments des gens de la M.I.A. qui soutiennent que leurs Blériot ont déjà atteint 3 300 mètres...

Les habitués du restaurant qui appartiennent à la nombreuse colonie française se partagent en deux camps : ceux qui y croient et ceux qui n'y croient pas... tout en espérant, dans le fond, le succès de leurs compatriotes...

En attendant la première exhibition, à laquelle Moisant veut donner tout l'éclat possible, les aviateurs profitent des

1. André Bellot avait obtenu le brevet N° 317 enregistré le 7 décembre 1910.

quelques jours de repos qu'impose la révision du matériel. *Mexico est resté le meilleur souvenir de notre voyage (...) Dans ce cadre d'élégance latine, parfumé d'exotisme, nous nous sentîmes revivre* – Ils ont loué une voiture qui les emmène tous les matins pour une promenade au parc de Chapultepec, le *Bois de Boulogne de Mexico*, pour un apéritif à *l'Arménonville du coin*, avant d'aller flâner quelques instants dans la rue centrale.

Ils déjeunent ensuite chez Sylvain. Quand il fait son apparition théâtrale dans la grande salle de son restaurant, ses rondeurs enveloppées du grand tablier blanc et coiffé de sa large toque, le père Sylvain se précipite sur « ses aviateurs » pour les interroger sur leurs derniers exploits tout en leur distribuant ses Partagas dont la bague s'orne de son portrait et du nom qu'il a choisi : « Chantecler de Sylvain ». Il les a pris en affection. Il les traite comme ses enfants, il est devenu leur grand ami, leur plus chaud partisan, leur ange gardien...

Un *tour au champ* après le déjeuner, puis une promenade quelconque avant le dîner, toujours chez Sylvain, pour le dîner et pour la fin de la soirée, une heure de spectacle et souvent un souper...

Tout va pour le mieux : pour une fois, le champ d'aviation est splendide. Le premier meeting est prévu pour le 27. La veille néanmoins, on décide de faire un essai. Il a lieu en tout petit comité. Parmi les fanatiques, Sylvain est là qui, malgré son inquiétude, a bien entendu parié « pour ». Bellot est là aussi, l'oiseau de mauvais augure...

Sans aucune hésitation, Simon décolle en grand style et fait un petit vol, avec son brio habituel. Dans le petit groupe de spectateurs, des regards amusés convergent sur le malheureux Bellot qui ne dit mot. Les yeux humides, Sylvain exulte :

– *Bravo... Bravo Simon... Je vous l'avais bien dit... Tout de même, c'est épatant... ça vous remue...*

À l'atterrissage, brassant l'air de grands moulinets de sa canne et de son chapeau, il se précipite vers l'avion à l'arrêt, saute au cou de Simon qui en descend et l'embrasse. L'intéressé dit simplement:

– *Évidemment, c'est un peu drôle, l'air ne porte pas, on glisse, on plane mal... Au fond, rien de terrible...*

La nouvelle se répand en ville comme une traînée de poudre : un avion a volé pour la première fois à Mexico... Le meeting du lendemain est un succès, celui du 1er mars un triomphe, attirant quelque 25 000 spectateurs... Les recettes seraient magnifiques s'il ne régnait un coulage dont Moisant ne se rend pas compte. Le vieil Alfred qui s'attribue le mérite de ces réussites préfère s'occuper de tout lui-même : l'emplacement des employés, la disposition du service d'ordre... Il prétend même aider les mécaniciens et, couvert de cambouis, il court de l'un à l'autre, un bidon dans une main, une seringue d'amorçage dans l'autre... Un jour que la foule a envahi le terrain, on le voit même se démener comme un diable pour faire dégager la piste. N'obtenant aucun résultat, le millionnaire *s'étend de tout son long dans la poussière en s'écriant, comme un vieux gamin qui fait sa colère :*

– Puisque c'est ainsi, on ne volera plus... Voilà...

Et pendant que les badauds entourent le vieil homme serrant toujours dans ses bras bidon et seringue, le coulage s'intensifie aux guichets...

Les aviateurs, eux, ont une autre préoccupation : acquérir ce nouveau tour de main que nécessitent le décollage et l'atterrissage en altitude... Ce n'est finalement qu'un réflexe de plus à soigneusement conditionner et il est vite acquis.

Bellot doit s'enfoncer dans sa honte : même la petite Demoiselle, par fort vent debout, parvient à faire quelques bonds ! À cette altitude, Audemars a dû la mener à la cravache. Mais ce sont Simon, Barrier et Garros seuls qui seront les rois du spectacle. Car, maintenant que C.K. a été éliminé, Frisbie a mis son appareil en carafe et il n'y a pas de piste pour la Fiat de Seymour.

Garros surtout met à voler une ardeur extraordinaire, si bien que le vieil Alfred ne jure plus que par lui. Il va s'efforcer un jour d'atteindre le plafond. Il grimpe, il grimpe, grimpe. Au bout de 40 minutes, son vieux 50 HP n'en peut plus : il a néanmoins fait 1 200 mètres depuis le décollage, ce qui l'amène à près de 3 400 mètres au-dessus du niveau de la mer, alors que le record de cette époque est de 3 200 mètres...

Un autre jour, c'est le vieux Porfirio Diaz en personne en compagnie du gouverneur de Mexico qui vient assister à un vol. Probablement une des dernières apparitions publiques du général-président. Une autre fois, l'ambassadeur de France, Monsieur Lefèvre, accompagne l'Amiral français de La Jarte, dont l'escadre est en visite à Veracruz.

Le vent est particulièrement violent. Mais Roland *se sen(t) en si belle forme qu'(il) m(et) quelque coquetterie à ne pas hésiter. Un vol heureux, qui lui cause une grande satisfaction intérieure et f(a)it impression sur (s)on entourage.*

Au comble de l'exaltation, A.J. lui dit même : « *À part mon pauvre John, je ne connais aucun homme au monde capable de faire ce que vous venez de faire !* »

Tout va pour le mieux pour lui... Par lettre, il apprend aussi qu'on lui a attribué le 12 mars, à Paris, la coupe de *La Vie au Grand Air* !

Sylvain est plus qu'un père pour *ses enfants*, c'est aussi un mécène. Dans la colonie française, il est parvenu à faire créer un prix, confortable, dont l'enjeu consiste à aller doubler au centre de la ville la coupole d'une maison française. Selon les règles que se sont fixées les aviateurs, on tire au sort : il désigne Barrier. Tout seul, à 11 heures du matin, il se rend au champ et accomplit le trajet imposé. Il est encore tout pâle quand il vient raconter à ses camarades combien l'épreuve a été pénible (*le vieux 50 CV poussif... plusieurs tours de piste avant d'atteindre une centaine de mètres... des remous de chaleur... l'impression permanente d'accrocher les toits...*). Il ne s'attire que d'affectueux sarcasmes de ses amis, qui ne peuvent s'empêcher de l'imaginer, l'œil fixe, les mains crispées, redressant ses embardées à grands coups de pied, sous la menace pointue des paratonnerres...

Mais lorsque le donateur affirme que l'aviateur n'a pas tout à fait « doublé » sa coupole, les aviateurs s'indignent et Sylvain, lui, se prend la grande colère, si bien que le prix sera solennellement remis au *roi des Dollars*, à l'issue d'un banquet joyeusement arrosé...

C'est sur « leur » terrain aussi qu'ils voient *un riche amateur mexicain*, avec un courage et une inexpérience inquiétants, faire voler le Maurice Farman tout neuf qu'il vient de recevoir. Le malheureux avait espéré être le premier à survoler sa capitale mais l'appareil n'était pas prêt à l'arrivée de la M.I.A...

Finalement, dans cette ambiance chaleureuse, ce sont plus de deux semaines que la compagnie passe à Mexico. Et rebondit tout d'un coup l'affaire Hamilton. Avec Alfred Moisant d'abord. Lors de son licenciement, Moisant a conservé le grand biplan noir du « national ». C.K. le lui réclame, mais « le Vieux » refuse de le lui rendre, il l'a d'ailleurs probablement payé. Lorsque, fidèle à ses méthodes, Hamilton fait entreprendre par ses deux mécanos un cambriolage en règle des wagons de la compagnie. Malheureusement pour lui, un policier oublié dans la distribution des pourboires surprend en flagrant délit les deux hommes de C. K. Ils sont bouclés mais les dollars de l'Américain ont vite fait de les faire libérer.

Et le Blériot pour lequel ils ont versé une avance ? Depuis Monterrey, ils l'ont réclamé plusieurs fois à C. K. qui leur a répondu, évasif : – Demandez-le à Moisant... Pour Moisant, l'appareil n'existe plus : il y a longtemps qu'il a été cannibalisé et que ses pièces ont servi à la maintenance du parc... Mis en demeure par Garros et Barrier, Hamilton répond avec cynisme... qu'il leur a déjà livré la machine. C'en est trop : Roland met l'affaire entre les mains d'un avocat et obtient l'arrestation d'Hamilton, l'avant-veille de leur départ de Mexico pour Veracruz. Mais le soir même, l'escroc manifestement protégé par des influences mystérieuses et puissantes est sorti de prison et disparaît...

Roland qui a entamé une procédure ne veut pas en rester là. Moisant, ravi de cette guerre contre son ennemi personnel, l'autorise à rester trois jours de plus à Mexico. L'ambassadeur de France le conseille, obtient même que Roland soit invité à un bal officiel pour être présenté au général Diaz fils. Celui-ci, à qui il a exposé son problème, lui promet son appui. Mais peut-être le fils du président a-t-il déjà d'autres chats à fouetter... Rien n'aboutit... Roland abandonne...

Cela ne l'empêchera pas de faire un dernier vol à Mexico. Parmi les amis de Sylvain, il y a un certain Pujibert, un très brave homme, directeur de la société « El Buen Tono ». C'est le propriétaire du fameux Blériot que Bellot n'a pas réussi à faire décoller et il aimerait tant le voir voler, son avion... Il est tellement serviable, ce brave Monsieur Pujibert, qu'on ne peut rien lui refuser.

Sylvain donne donc rendez-vous au parc de Chapultepec où il attendra Garros en compagnie de Pujibert et d'un couple d'amis parisiens de rencontre. À l'heure dite, Garros décolle sur son appareil mal réglé et à bout de souffle, il survole à faible hauteur les faubourgs de la ville, *en flagrant délit d'excès de confiance...* et atterrit près des amis qui l'attendent attablés à une terrasse, devant un thé exquis. Le retour est plus acrobatique, il se faufile entre les cimes des arbres, le Gnome faiblit, mais tourne jusqu'au hangar. *J'avais frôlé l'accident de bout en bout*, notera Garros, qui ne regrettera jamais ce geste un peu fou à l'égard d'un compatriote dont il a su apprécier la grande gentillesse. Pujibert lui offre d'ailleurs en souvenir une splendide montre en platine...

Le soir même, il est dans le train à destination de Veracruz, en compagnie de Sylvain, décidément incapable de se séparer de ses nouveaux amis, les aviateurs... Le lendemain matin, après une nuit de sleeping, Sylvain tente en vain de faire partager à son compagnon son émerveillement devant le paysage qui s'étale devant leurs yeux. Pas plus de réponse que s'il se fut adressé à une bûche...

***

À Veracruz, les aviateurs sont installés à l'hôtel « Diligencia ». Ils y resteront une semaine environ. Barrier prend connaissance des derniers développements de l'affaire Hamilton. Ils enragent, les deux gogos : avoir été si souvent prudents et se laisser berner comme des enfants ! Et ils ne peuvent réellement s'en prendre qu'à eux-mêmes ! *La leçon était chère, mais méritée...*

Pour une fois, l'organisation des exhibitions est assez originale : elles ont lieu en rase campagne, à quinze kilomètres de la ville ce qui fait que les spectateurs ne peuvent accéder au champ que par la voie ferrée. On paie ainsi l'entrée en même temps que le train, donc pas de coulage...

Au niveau de la mer, la Demoiselle a retrouvé toute son énergie et fournit un spectacle très apprécié. Roland, lui, va survoler par deux fois l'escadre de l'amiral de la Jarte qu'il salue par quelques spirales. Quant à Simon et Barrier, ils ne parviennent pas à comprendre le zèle intempestif soudain déployé par leurs deux amis...

Arrive le dernier, le dernier vol. Les mécanos démontent les vieux appareils, tout déglingués. Il y a surtout une vieille paire d'ailes dont les aviateurs ont vainement réclamé le remplacement. Elles sont posées à terre. C'est le moment : d'un air dégagé, les aviateurs s'en approchent puis sortent chacun de leur veste un petit bidon d'essence dont ils les arrosent. Les ailes se transforment rapidement en feu de joie, sous l'œil scandalisé de Young qui a assisté impuissant à la scène, trop rapide pour qu'il puisse intervenir...

– *En voilà deux qui ne nous auront pas... remarqua le minuscule.*

***

Le voyage vers La Havane à bord de « l'Espagne » n'est marqué d'aucun incident particulier, sinon que Barrier le bourreau des cœurs tombe une fois de plus amoureux, cette fois-ci d'une *copieuse espagnole* et que ses amours sont contrariées... par le mal de mer...

En arrivant à l'hôtel « Plan Américain », Garros est pris d'une colère douloureuse de violence : le Blériot biplace du type « Paris-Londres » qu'il a commandé en France est là, en exposition dans le hall. Il est à moitié monté, par le premier pseudo-mécanicien venu... On paie même le droit d'aller l'admirer et le toucher...

J'imaginai la brutalité de vandales avec laquelle on avait dû arracher mon bel oiseau neuf de sa caisse, piétiner les ailes, forcer les pas de vis... À cette pensée, des effluves de rage muette me montaient douloureusement au cerveau... J'eusse volontiers étranglé le responsable...

Devant ce déchaînement de colère, Moisant jure ses grands dieux qu'il n'y est pour rien, ce qui est probablement vrai. Et comme il ne veut rien compromettre de son avenir, de sa prochaine évasion vers la liberté, Roland parvient à ne pas faire trop de scandale mais toute une nuit blanche lui est nécessaire avant de retrouver son calme.

Cet hôtel moderne ne convient décidément pas aux aviateurs qui, dès le lendemain, déménagent pour le « Miramar ». De leur appartement, les fenêtres donnent sur la baie. De leur balcon, ils peuvent contempler l'entrée du port, le fort de Morro-Castle, la belle avenue qui suit le rivage. À l'heure de la promenade, ils y voient passer toutes les élégances de la ville. Dans cette exquise fin d'hiver tropical, ils dorment, fenêtres ouvertes, bercés par le murmure de la mer...

Autre scène que décrit Garros dans ses *Mémoires*, cet accident auquel ils assistent depuis leur balcon. *Le phénomène du « chauffard » n'est plus une exclusivité européenne*, rappelle Garros et il s'est répandu dans le monde entier et particulièrement l'Amérique latine. Un paisible cocher de fiacre décide, sans un regard pour l'arrière, de tourner brusquement sur la gauche. La puissante automobile qui le suit de loin

est menée à tombeau ouvert par l'un de ces conducteurs qui se prennent pour Boillot ou Nazzaro. Auprès de lui a pris place la-jeune-femme-nerveuse-qui-raffole-de-vitesse. Ce qui devait arriver se produit :

Le bolide n'a même pas dévié... Il a passé droit au milieu de l'obstacle avec un bruit sec – Le fiacre est à droite du chemin, sur ses roues intactes, à gauche, le vieux cheval cagneux attend tranquille, tout harnaché, entre ses brancards section-

nés nets au ras de sa queue – (mais) Le cocher a disparu – on ne retrouve que son chapeau...

Le bolide entraîné par l'élan s'est arrêté à cent mètres de là – Il revient en marche arrière – Il a deux phares télescopés – c'est tout... La direction est neuve, le radiateur est vierge...

Enfin, sur la moelleuse banquette arrière du bolide, trône – ô magie... – le vieux cocher sourd, abruti, tenant encore son fouet... Lui aussi est intact... On n'a rien fait de mieux, au cinéma...

Une vie de coqs en pâte : dans l'attente des vols, ils passent la journée dans la tiédeur aérée des chambres, en pyjamas de soie, dégustant des *cups* glacés de champagne aux fruits ou de *pina collada* à l'ananas, fumant les meilleurs cigares du monde et *comme ils doivent être fumés, c'est à dire frais (...) encore humides de la sève des feuilles...*

Mabel partage en camarade ces parties de pyjama. On la taquine souvent. Simon, à qui les douceurs de la vie conjugale ont fait perdre sa belle exubérance, suit ce jeu du fond de son fauteuil, d'un œil attendri, tirant longuement sur son long fume-cigarettes d'ivoire sculpté et murmure d'une voix émue :

– Merci... Merci, camarades...

L'après-midi se termine par une promenade sur l'avenue ou encore par quelque consommation prise à la terrasse du café Miramar... C'est là qu'un jour ils voient apparaître C.K. Hamilton, qui leur adresse un salut moqueur... Le soir, ils dînent au Miramar dans un jardin illuminé alors qu'une blonde Américaine chante d'une voix de contralto des romances sentimentales...

Il faut bien passer le temps, puisque les exhibitions ne sont pas encore programmées. Le vieux Moisant poursuit sa chasse au terrain, mais, par son attitude bourrue, il est parvenu à se mettre à dos toutes les personnalités qui auraient pu lui être utiles. On a bien repéré un terrain bien desservi qui serait idéal, mais Alfred n'obtient aucune des autorisations nécessaires et se voit même refuser le concours de la compagnie des tramways...

Alors, les aviateurs tentent de s'occuper, sans trop se laisser endormir par leur sybaritisme : n'est-ce pas l'entrée du port de la Havane qui passe pour l'un des endroits du monde la plus forte concentration de requins ? Va pour la pêche au requin ! Ils s'embarquent avec un pêcheur... qui les mène en bateau : pas le plus petit aileron pointant à la surface de la mer... Ils ne renoncent pas pour autant et proposent à leur pêcheur le double du prix demandé s'ils parviennent à ramener un squale. Le lendemain, le pêcheur a prévu les appâts, « oubliés » la veille, une demi-douzaine de gros poissons complètement putréfiés, si bien qu'aucun requin, à un kilomètre à la ronde, ne pouvait ignorer la présence de cette proie...

Certes, la patience est la première vertu du pêcheur : la nôtre fut héroïque – Des heures entières nous attendîmes la secousse révélatrice – Nous revenions notre souffle, pour respirer le moins possible... Une telle constance ne fut pas récompensée... Vaincus par la nausée, la fatigue, le sommeil, nous rentrâmes... encore bredouilles...

On leur signale aussi l'existence, à une demi-journée de train, d'un grand élevage de crocodiles pour le commerce des peaux. Voilà aussitôt Simon émoustillé qui parle d'en ramener *un petit vivant*. Ce qui fait renoncer à l'excursion. C'est aussi la visite des grandes manufactures de cigares, à laquelle, *par paresse* dit-il, Garros ne participe pas, ce qui ne l'empêchera pas de recevoir un coffret de cigares bagués à son nom...

Mais l'impatience commence à s'emparer des aviateurs. La débauche de champagne, de bonne chère, de gros cigares, c'est bien, mais l'exhibition ? Ils se décident à aller présenter à Moisant une mise en demeure. Ils trouvent « le Vieux », triste et solitaire, en tête à tête avec une feuille de laitue, un demi concombre, une croûte de pain et un verre d'eau.

– Moi... J'n'ai jamais faim..., leur dit-il.

Après toutes les rebuffades qu'il s'est attirées, Alfred a pris le parti de leur montrer qu'après tout, *il n'a(vait) besoin de personne*. C'est plus qu'une exhibition, c'est un véritable *meeting* qu'il a promis aux sportsmen cubains. À cette intention, il a loué une petite prairie coupée de caniveaux invisibles et bordée de palmiers, mais seulement accessible à pied ou en voiture par un chemin défoncé... Les spectateurs les plus enthousiastes en seront découragés et le public ne sera jamais très nombreux.

On commence enfin à se préparer pour le spectacle. Les ailes des Blériot sont si délabrées qu'on est bien obligé d'utiliser les neuves reçues de l'usine. Un modèle Blériot « amélioré » par Lopez, un peu plus petites, un peu plus plates, juste ce qu'il faut pour donner une instabilité inhabituelle aux appareils... Mais il faut sauver la situation !

Et il ne s'agit que de courir une série de *prix imaginaires : vitesse, hauteur (Moisant disait : alture...), durée (duration) etc.* Il y a aussi un vrai record d'altitude, que Moisant a promis. Depuis l'expérience de Garros à Mexico, Alfred est persuadé qu'il ne s'agit plus que de le *cueillir... Naïvement, sans réfléchir à ce qu'on pouvait attendre des ailes Lopez, je prom(ets) d'essayer...* Et il se lance à l'assaut du ciel. Au bout d'une heure, il a atteint les limites du Blériot modifié Lopez : 2 200 mètres. Toute obstination, tout effort sont vains. Roland reconnaîtra, dans ses *Mémoires*, que *dans aucun de (s)es records postérieurs il ne (lui) est arrivé de pousser aussi opiniâtrement un plafond...*

C'est une profonde désillusion pour Moisant qui finit par admettre la responsabilité de Lopez, sans bien comprendre comment ni pourquoi... L'Aéro-Club de Cuba a contrôlé la tentative et homologuera le vol comme un record local qui tiendra même quelques années.

Reste à utiliser enfin le biplace, le premier Blériot de Garros, puisqu'il lui faut bien faire une croix définitive sur celui qu'il a acheté en participation avec Barrier. Les mécanos l'ont remonté et réglé, il va d'abord l'essayer sans passager, au cours d'une exhibition. Il coupe le Gnome un peu tôt, le moteur ne repart pas, un vol plané difficile lui permet d'atteindre le terrain : il brise le châssis à l'atterrissage... Après réparation, deuxième essai, plusieurs jours plus tard, avec un passager, le président de la Chambre Cubaine, O. Ferrera. Là, dès le décollage, l'appareil s'incline sur l'aile et le train s'écrase de nouveau. Ferrera se foule un poignet dans le choc, mais il ne s'en déclare pas moins enchanté! Le troisième essai, avec un mécanicien, n'est pas plus probant : Garros fait mettre son appareil en caisse et ne s'en servira plus jamais...

Dernier jour du meeting (*Je me rappellerai toute ma vie la béatitude qui n'envahit lorsque mes roues s'arrêtèrent pour la dernière fois, au milieu du petit terrain entouré de palmiers...*), puis c'est le moment des vols d'adieu... La Demoiselle, pleine de fougue, fait des prouesses avec Audemars sur fond de palmiers. À l'heure de la promenade, Simon s'en va sur la ville offrir aux sportsmen cubains, à la presse et à la foule grouillant sur l'avenue Miramar, une fantasia mémorable... Barrier, lui, va remporter le prix du Morro-Castle en traversant par deux fois la ville, doublant le phare de la jetée et recevant en récompense un sac plein de grosses pièces d'or.

Simon et Barrier ont été mis au courant du départ de Garros et d'Audemars. Barrier surtout envie leur sort, mais Simon, comme toujours plus philosophe, a dorénavant de bonnes raisons de s'ennuyer moins que les autres. Avec Moisant, les discussions sont âpres : Roland tient à emmener « son » biplace et les morceaux de la Demoiselle de Santos. Finalement, tout est réglé.

Audemars s'embarque le premier pour New York : il doit négocier, pour l'entoilage des *baby-Moisant*, l'achat d'une soie caoutchoutée noire semblable à celle du biplan de C.K. Il y a toujours une certaine part de tristesse dans une telle séparation. Les quatre amis ont vécu six mois dans une intimité complète, ils ont fait front commun devant les difficultés, sans que jamais aucun nuage n'eût obscurci leur entente.

Pendant huit jours, Audemars et Garros échangeront de longs câblogrammes, se mettant réciproquement au courant de leurs démarches. Au tour de Garros de partir, sur un bateau direct pour New York. Alfred doit les rejoindre par voie ferrée, via Key West.

À New York, Roland retrouve Audemars à l'Astor. A.J. est arrivé depuis quelques heures. À lui maintenant de matérialiser ses promesses. Le contrat lui est arraché, ligne par ligne et, après la longue séance, *Alfred conclut par ces mots : Adieu et bonne chance et il ajoute : J'ai signé... parce que j'avais promis... Mais maintenant, je crois que j'ai mal fait...*

Ils se sentent libres maintenant et dans une aisance chèrement gagnée : si les promesses écrites du Vieux sont réellement tenues à Paris, il n'y a plus pour eux, pour longtemps, de problème matériel. Alors, continuons dans le confort : ils retiennent deux cabines sur le « Provence », le plus beau fleuron de la « Transat ». La M.I.A. s'est chargée de toutes les formalités d'embarquement de leurs bagages. Au jour et à l'heure dite, ils se présentent, tout joyeux, au pied de l'échelle de coupée. Au moment de gravir la première marche,

Deux gentlemen s'approchèrent -

– « Pardon... Vous êtes bien Messieurs Garros et Audemars ? »

– (Des reporters, évidemment...)

– « Oui... »

– « Alors veuillez nous suivre... Voici deux mandats d'arrestation qui vous concernent. »

Les deux garçons sont atterrés : les deux jolis cartons blancs imprimés qu'on leur met sous le nez, malgré leur cachets officiels, ressemblent à des invitations de bal, mais ce sont deux mandats, en bonne et due forme. Roland tente de discuter, on l'interrompt :

– Messieurs, il est absolument nécessaire que vous nous suiviez immédiatement – La force publique est prête à intervenir sur un signe – Évitez le scandale...

– Nos malles...

– Vos bagages sont arrêtés...

Audemars me poussa le coude et me dit, sans geste :

– Le vois-tu ?... Là bas, au fond, à droite...

– Qui ?

– Parbleu... Hamilton... Il se tord...

Non... Je ne voyais pas... – Je suis un peu myope – mais je compris...

On les embarque pour le bureau central de la Douane où ils sont accusés de ne pas avoir réexporté du matériel entré en admission temporaire... Premier interrogatoire, puis longue attente dans une antichambre où ils sont gardés à vue.

Un vieux rond-de-cuir, hargneux nous donna le coup de pied de l'âne...

– « On vous apprendra à tricher, mes gaillards... Regardez moi ces airs innocents... Ne dirait-on pas deux honnêtes petits garçons ? ...

Au bout d'un temps infini, deuxième interrogatoire. Cette fois, il semble qu'on ait fait une enquête, le ton est plus poli. Roland répond avec précision à toutes les questions. C'est fini, on les libère, avec un vague mot d'excuses... Mais à cette heure là, le « Provence » est déjà loin...

Ils se précipitent tous deux à l'Astor, pour se réconforter et tenir conseil. Ils n'ont plus qu'une idée en tête : partir au plus vite. À la « Transat », on leur annonce le départ trois jours plus tard d'un vieux bateau réservé aux immigrants, le « Bretagne », qui fait la traversée en 10 jours. Mais le prochain courrier, qui part quelques jours plus tard, arrivera avant.

– Nous prenons le « Bretagne » ! s'écrient-ils à l'unisson.

Et, hantés par l'idée d'une autre mésaventure du même genre, ils gardent leur réservation à l'Astor, sans jamais y paraître et passent trois jours et trois nuits dans un petit hôtel suisse des quartiers excentriques, tout cela, pour dépister les recherches... Bien avant l'heure de l'appareillage, ils embarquent quasi clandestinement et s'enferment à clef dans la chambre d'un officier du bord... *Telle était notre frayeur puérile d'être encore retardés...*

Le retour des deux héros dans leurs pays est loin d'être le triomphe qu'au fond d'eux-mêmes les deux jeunes gens ont imaginé. Le « Bretagne » n'est vraiment qu'un sale rafiau.

Non seulement la nourriture est exécrable, mais encore leur faut-il faire intervenir le commissaire, sinon le médecin du bord, pour obtenir une simple tranche de jambon quand elle n'est pas « au menu du jour »... Et pendant huit jours, le mal de mer les rend malades, malades à délirer, à répéter en antienne, affalés sur leurs couchettes, le menu du premier déjeuner qu'ils s'offriront en terre de France...

X

Paris-Madrid : d'Issy à Angoulême

En cette année 1911, c'est un bien beau printemps que le mois de mai promet à Paris. Les marronniers sont en fleurs. Dans les rues, sur les boulevards, c'est partout, dans la capitale, l'animation des beaux jours.

Déjà, par la fenêtre ouverte du train qui les ramenait du Havre, Garros et Audemars ont goulûment respiré le parfum de la campagne normande s'éveillant à l'été.

– Regarde, ami... disait Roland...

Les arbres, les champs, les bœufs, les chaumières, les fermes, les ruisseaux, tout cela est un peu à nous... C'est chez nous... Nous y sommes... Comme c'est beau...

À midi et demi pile, le « Transatlantique » les débarque sur le quai de Saint-Lazare. Sans même prendre le temps de s'inquiéter de leurs bagages, ils plongent dans la salle des Pas-Perdus. Direction : chez Mollard [...]. Au bas des escaliers, un musicien ambulant, moulinant la dernière rengaine à succès, son ouistiti sur l'épaule, suit d'un œil écarquillé les deux joyeux drilles qui, dans la marée des midinettes froufroutantes, des bourgeois en melon et des jules en casquette, se livrent à des entrechats frénétiques. Heureusement pour leur dignité, qui n'en souffrira pas trop, le restaurant n'est pas loin, en face, de l'autre côté de la rue, toujours au 115, derrière sa porte aux vitraux multicolores.

Le menu, très simple, ils ont eu tout le temps de le préparer. Pendant presque six mois, ils l'ont équilibré, espéré, peaufiné, ce déjeuner du retour.

Le maître d'hôtel pas plus que le sommelier ne reconnaît les deux aviateurs, et pour cause ! Il n'est ni texan, ni mexicain, ni cubain. Ici, ce ne sont que deux clients comme les autres, que l'on sert avec respect et un brin de cérémonie. Sans plus.

Les marennes ? Aucun des deux n'y touche. L'écailler, planté près de la table, a vainement attendu le verdict de ses clients et s'en retourne vers son étalage, dépité, en s'essuyant les mains sur son gros tablier. Le Pouilly-Fuissé ? Quelques gorgées, quand même, un sourire au sommelier, le seul à qui on aura fait honneur. Mais, rien à faire, l'émotion est trop forte, ils ont la gorge serrée. Les ailes de poulet truffées, la mayonnaise, les petits filets, les pommes dorées, un à un, les plats repartent intacts vers la cuisine, à la grande honte du maître d'hôtel qui prend congé des deux convives, l'air un peu pincé.

De nouveau sur le trottoir, ils pensent aux autres choses sérieuses : en paiement de leurs gages, le « Vieux » leur a donné une traite à vue sur son correspondant à Paris. Légèrement inquiets, ils se précipitent chez M. Matheu, mais le vieil homme les reçoit très aimablement et les règle rubis sur l'ongle...

Dès lors, l'esprit enfin libre, les deux jeunes gens peuvent aller rechercher leurs bagages à la consigne. Deux taxis bondés de malles s'arrêtent bientôt devant le 7 de la rue Lalo, leur quartier général, en quelque sorte : Roland habite toujours au 3ème, Audemars a maintenant un appartement au 5e.

Pendant quelques jours, loin des neiges du Tennessee et du Texas, ils vont savourer avidement et pleinement le printemps parisien,

***

Toutefois, ils n'oublient pas pour autant la « Demoiselle-Gnome », la *Baby Moisant* d'Alfred, c'est bien pour cela qu'ils sont rentrés en France. Le projet les intéresse : pour eux, un tel appareil offre toutes les chances de réussite. Il leur faut d'abord rechercher un local, une « usine ». Ce n'est pas chose facile, mais ils parviennent rapidement à louer l'atelier idéal, à Puteaux. On achète ou on loue l'outillage nécessaire. Quant au personnel, il n'est que de réembaucher Romain, ainsi que Rigal, l'ancien mécano d'Audemars et de leur adjoindre trois compagnons. Et l'on se met au travail.

Pour en construire une neuve, on prend pour modèle la vieille Demoiselle que Garros a ramenée d'Amérique dans ses bagages. Le Gnome est notablement plus puissant que le

Dutheil-Chalmers, qui a jusqu'à présent animé le petit appareil de Santos. Comme aucun d'eux ne connaît les principes élémentaires de la construction aéronautique, cette adaptation se fait au petit bonheur. Il faut donc tâtonner, modifier, tailler, couper, rallonger, faire appel à son intuition. Heureusement, les vieux mécanos sont là...

– Elle ne sera jamais prête pour cette année ! déplore Roland.

C'est que la saison aéronautique 1911 promet et rien dans ses accords avec Moisant ne l'empêche d'y participer. Trois grandes courses sont en effet annoncées : à la mi-mai, *le Petit Parisien* organise un parcours *Paris-Madrid* ; fin mai, *le Petit Journal* prévoit un *Paris-Rome* ; mi-juin, c'est *le Journal* qui finance et supervise un *Circuit Européen.*

Sa fidélité à la vieille Demoiselle empêche Audemars de participer à une quelconque de ces compétitions. Pour sa part, Roland a reçu de New York son Blériot, le vieux biplace qui l'a suivi par bateau et son premier soin est de l'échanger, non sans frais, contre un monoplace neuf [1].

À Issy où on l'a livré, il l'essaie et note :

J'éprouvais un plaisir indicible à survoler en pilote accompli ce champ où mes ailes étaient nées et à revoir d'en haut la Seine, la vieille Tour Eiffel et tous les points familiers de Paris. Il gardera un *souvenir particulièrement précis d'une longue spirale (...) au-dessus du pavillon d'Arménonville, un soir, au crépuscule.*

***

Pas question de manquer les compétitions de l'année : Roland s'inscrit tout de suite pour le *Paris-Rome-Turin.* Il est parfaitement conscient des difficultés de courir à titre individuel, seuls les grands constructeurs peuvent disposer des moyens logistiques suffisants. Il s'adresse à Alfred Leblanc qu'il a connu sur le terrain du Belmont Park et que Louis Blériot a chargé de constituer une équipe.

– Vous tombez bien, j'ai justement un appareil pour vous !

---

1. Élasticité du temps quand on le ressuscite par la mémoire. G. écrit : « *J'avais déjà passé plusieurs semaines à Paris lorsque cette machine me fut livrée, à Issy-les-Moulineaux.* » Or, le « Bretagne » l'a débarqué au Havre dans la première semaine de mai 1911, et le départ du Paris-Madrid a lieu le 21 du même mois.

À 42 ans, le brillant vainqueur l'année précédente des six étapes du *Circuit de l'Est* est un homme de solide expérience, un sportif militant, venu à l'aviation par l'aérostation. Pendant toute l'épreuve, le Directeur sportif du « team Blériot » aura pour mission de suivre, en automobile ou en chemin de fer, le vol de ses équipiers, de leur assurer dans les meilleurs délais les réparations indispensables, d'organiser les relais de ravitaillement.

Il a déjà engagé deux aviateurs de très bonne renommée. En premier lieu, l'enseigne de vaisseau Conneau, une grosse tête diplômée de l'École supérieure d'Électricité, de l'École supérieure d'Aéronautique et... ingénieur frigoriste. Mordu d'aviation, cet officier canonnier de 31 ans s'est fait mettre en congé de la Royale et c'est à titre civil, sous le pseudonyme de « Beaumont » (plus facile à porter !) qu'il va participer aux grandes épreuves de 1911. Leblanc a également recruté un ami à lui, Louis Gibert, 26 ans, aviateur très populaire dans le Sud-Ouest dont il est originaire et où il s'est notamment illustré pendant la « Semaine de Bordeaux » en réalisant les 156 kilomètres du premier Bordeaux-Royan. Avec ses 23 ans, Garros fait, une fois de plus, figure de benjamin.

Le départ du *Paris-Rome* est fixé pour le dimanche 28. Le *Paris-Madrid* quitte Issy le dimanche d'avant, le 21 mai. Garros a bien envisagé de participer aux deux épreuves, mais les deux dates lui paraissent bien rapprochées.

À la veille de la clôture des inscriptions de la course franco-espagnole, il dîne chez des amis en compagnie de Douvier, journaliste au *Petit Parisien*.

– Comment... lui dit celui-ci, vous désertez notre course ! C'est très mal...

– Je préférerais concentrer mes efforts sur le *Paris-Rome*, répond Garros. Vous savez, j'ai fait mes études à Nice et, pour l'Italie, j'ai toujours eu un faible...

– Oui, mais le *Paris-Madrid*...

– D'autre part, enchaîne Roland, le règlement du *Paris-Rome* me paraît plus intéressant... Et puis, je dois vous avouer que j'ai un peu peur de me disperser.

– Mais pourquoi ne faites-vous pas les deux, comme la plupart de vos camarades ? Tenez, vos coéquipiers Beaumont et Gibert, ils figurent parmi nos premiers inscrits !

Roland est tenté, mais il hésite encore.

– Vous allez vous ennuyer horriblement... poursuit Douvier, avec un sourire persuasif.

Un tel argument a de quoi convaincre un jeune aviateur dominé par sa passion : à la dernière limite, il demande à Douvier de faire porter son nom sur la liste. Après lui, deux autres seulement seront engagés. Le Lieutenant Tretrabre est le 26e. Le dernier numéro, le 27, reviendra à un aviateur-constructeur qui doit courir sur un appareil à fuselage métallique de sa fabrication. Il a 34 ans et s'appelle Émile Train.

Trois étapes pour le *Paris-Madrid* : Paris-Angoulême, Angoulême-Saint Sébastien, Saint Sébastien-Madrid. Le gagnant sera celui qui aura couvert le parcours total dans le temps minimal obtenu en ajoutant les temps des trois étapes. Il recevra le prix de 100 000 F du *Petit Parisien*, compte non tenu de nombreux autres prix offerts par Alphonse XIII et quelques unes des villes étapes.

Mais personne ne peut ignorer les difficultés d'un tel parcours. Leblanc lui-même en est profondément conscient, qui écrit dans *l'Excelsior* à la veille même du départ :

Les progrès de l'aviation autorisent les plus grandes hardiesses, mais peut-être les épreuves de 1911 sont-elles un peu audacieuses...

Et *Le Petit Parisien*, envisageant prudemment la possibilité qu'aucun aviateur n'atteigne le but, a prévu un prix de 50 000 F qui seront, dans ce cas, répartis entre les trois premiers du classement sur une ou plusieurs étapes partielles !

***

Le printemps n'a pas tenu ses promesses du début du mois car il pleut à verse sur Issy, le jour où la maison Blériot livre son monoplan de course à Garros, la veille même du départ. Cela lui laisse bien peu de temps pour l'essayer. Leblanc lui a dit et répété :

– Mon cher Garros, allez donc reconnaître la sortie de Paris ! Au moins jusqu'à Monthléry ! Vous verrez, cette Tour, quand vous l'aurez trouvée, vous serez sauvé...

Il ne pourra même pas suivre ce conseil : le samedi, pendant presque toute la journée, Quinones de Léon, le Marquis de Kergariou et André Fournier, qui officient pour *le Petit Parisien* en qualité de commissaires de la course, ont pratiquement immobilisé tous les appareils dans les hangars afin de les poinçonner. Car le règlement stipule qu'une fois franchie la ligne de départ de chacune des étapes, les concurrents ne devront pas changer d'appareil.

Roland, lui, est parfaitement serein et sûr de lui. Ce qu'il appréhende, ce ne sont pas tant les difficultés du vol – il en a bien vu d'autres – mais l'orientation en pleine campagne. Dame, il n'a aucun « voyage » à son actif ! Aux États-Unis, ses exhibitions ne duraient pas plus d'une demi-heure. Il n'y a guère qu'à Dallas qu'il ait volé plus d'une heure, mais il s'était égaré dans la brume. En quelques heures, Leblanc lui transmet l'essentiel de son expérience de la navigation à vue, lui apprend à lire une carte, lui prodigue ses conseils.

– Les routes, les voies ferrées ou les cours d'eau, cela vous mène toujours quelque part !

Le samedi soir, un groupe de camarades emmène Roland dîner dans le petit restaurant très gai où ils ont leurs habitudes. Il les quitte bien vite pour aller se reposer. Ses compagnons bambochent toute la nuit avant de venir le prendre rue Lalo, vers 3 heures et demie, pour l'accompagner au terrain.

On n'a pas encore trouvé le nom du phénomène qui les attend sur la route d'Issy : il s'agit tout simplement d'un « embouteillage » : plus de 200 000 Parisiens ont voulu assister au départ de cette première grande course aérienne internationale. Il est indispensable de pouvoir plus tard dire aux enfants et aux enfants des enfants : « le *Paris-Madrid* ? Tu parles ! Moi, j'étais là, quand ils sont partis ! »

L'automobile qui emmène le concurrent a de la peine à se frayer un chemin dans la foule des piétons qui patauge dans la boue et prend au piège fiacres et automobiles.

***

Ce dimanche matin, le temps est *gris, humide, agité de mauvaises petites rafales*. On tire au sort l'ordre de départ. L'honneur de partir en tête revient à l'équipe Blériot, annonce le Commissaire. Ordre de départ : Beaumont, Garros, Gibert, Le Lasseur de Ransay. Selon le règlement de la course, on donnera les départs de 5 en 5 minutes.

Du hangar, orné sur son fronton de la signature du vainqueur de la Manche, les mécaniciens de Blériot sortent les trois monoplans et les alignent. En perfectionnistes, ils mettent la dernière main aux réglages qu'ils ont pourtant poursuivi toute la nuit. Sur son costume de ville, Roland a passé une épaisse combinaison kaki, sa tête est prise dans un moelleux passe-montagne de laine blanche ; sur le front, il a ses grosses lunettes. Qu'il est déjà loin le temps où l'on se contentait, avant un vol, de rabattre la visière de sa casquette sur la nuque !

Très affairé, Leblanc passe de l'un à l'autre de ses trois poulains, prodiguant les ultimes recommandations, récapitulant une dernière fois sur la carte les points de repère. Louis Blériot, en faux-col et melon, a quitté un moment la tribune officielle pour venir serrer la main de ses champions.

Soudain, un moteur, deux moteurs, trois moteurs démarrent dans un rugissement triomphant. Les mécanos retiennent les machines. Une fusée s'envole dans le ciel gris, Monsieur Fournier abat son fanion : le monoplan de Beaumont s'ébranle, roule, puis décolle, vire vers la Porte de Sèvres et prend la direction de Clamart [1].

Sur son cadran, Monsieur Richard, le chronométreur officiel, enregistre « 5 heures 16 » lorsque le deuxième appareil, le N° 25, franchit la ligne de départ... Le Blériot s'envole pesamment. Il emporte près de 80 litres d'essence. Garros n'a jamais volé avec une pareille charge et cette pesanteur lui procure une impression désagréable.

La Tour Eiffel et le terrain disparaissent rapidement derrière lui. Il s'enfonce dans le coton où il se dirige à la boussole. Il s'élève lentement au-dessus d'un enchevêtrement de toits auquel il ne comprend rien. Puis les constructions s'espacent et bientôt, il accroche une route toute droite bordée d'arbres et dirigée à peu près vers le Sud. Coup d'œil à la carte :

– Celle d'Étampes ! estime-t-il.

Et il la suit. Quelques minutes plus tard, il voit surgir du brouillard la fameuse tour de Monthléry dont Leblanc lui a si souvent parlé.

Je la reconnus et j'éprouvai pour la première fois la petite joie particulière de découvrir qu'on est sur la bonne voie.

Le monoplan se maintient entre 200 et 300 mètres, *un vol facile et agréable.* À partir d'Étampes, le chemin de fer a pris le relais de la route et c'est lui qui maintenant servira de guide, droit sur Orléans. De loin, Roland a aperçu la Loire. Il laisse sur sa gauche la ville qu'il distingue à peine dans le brouillard matinal pour s'aligner sur le fleuve qui le conduira jusqu'à Blois, jusqu'à Tours. Au-dessus de la vallée, l'avion est pris dans de violents remous mais l'inertie de la charge,

1. C'est par erreur que G. indique dans ses *Mémoires* que Gibert est parti le premier.

qui crée un vol désagréable au ras du sol, s'oppose heureusement en altitude à toutes les secousses.

C'est à Tours qu'il faut obliquer vers le Sud. Légèrement inquiet, il cherche des yeux la voie de chemin de fer : il lui faut un certain temps pour la découvrir, surgissant d'un tunnel. Ouf ! Le voilà sauvé ! Quoi qu'il se passe, désormais, il sait qu'il parviendra à Angoulême... Il se détend...

Pas pour longtemps : un cylindre se met à tousser anormalement puis se tait. Après Tours, il a perdu de l'altitude à rechercher son fil d'Ariane. Avec ce moteur qui faiblit de minute en minute, il lui est difficile de continuer, d'autant plus que le vent arrière porte mal et qu'il est au ras des arbres. D'urgence, il lui faut trouver un point de chute. Allez, il se contentera de ce petit champ clos de haies !

En Amérique, il n'a en fait jamais mis la main au moteur, même s'il est capable, rien qu'en les écoutant, de diagnostiquer l'état de santé des soupapes. Pendant ses exhibitions, il avait toujours à sa disposition une équipe de mécanos généralement qualifiés. Maintenant, c'est à lui d'agir.

– Certainement une bougie !

Le 50 CV de chez Gnome en compte sept ! Et ne sachant pas de laquelle il s'agit, il entreprend bravement de les démonter l'une après l'autre, de les nettoyer et de les remonter. Petite opération qui lui prend trois bons quarts d'heure.

Pendant ce temps, les paysans ont quitté leurs champs et leurs fermes pour venir contempler de près l'homme-oiseau et sa machine. Le voyageur met leur bonne volonté à contribution :

– Où est-ce que je pourrais avoir de l'essence ? demande-t-il.

– Tout près, au village.

– Comment s'appelle-t-il ?

– Villeperdue, qu'il s'appelle. M'en vas en chercher pour vous !

Les paysans l'aident ensuite à placer délicatement l'appareil dans l'axe du vent. À l'un d'entre eux, il apprend à lancer l'hélice. Dès qu'il est prêt, après quelques essais de moteur, Garros parvient à s'échapper de son champ de seigle haut, en sautant les tranchées qui le coupent transversalement.

– Plus aucune chance pour le classement de l'étape, songe-t-il, alors que ses yeux recherchent la ligne de chemin de fer. Jamais mon 50 CV ne pourra battre le 70 CV de Védrines ou celui de Weymann. Pour l'instant, la seule chose importante, c'est de se maintenir dans la course. *Allez, ma vieille !* dit-il à la voie ferrée qu'il vient de retrouver, *conduis-nous jusqu'à Angoulême !*

Roland a maintenant la satisfaction de constater qu'il commence à mieux se servir de la carte et que ses appréhensions du départ sont complètement dissipées.

À 9 heures, le sous-préfet de Châtellerault voit passer un avion dont il n'a pas pu distinguer le numéro, mais qui « voguait à grande allure, à 100 mètres de hauteur ». Il le téléphone à Angoulême.

C'est ensuite Poitiers, puis Ruffec que survole Roland. D'en haut, il voit les rues pleines de curieux agitant mouchoirs et chapeaux. Depuis plusieurs jours, *La Petite Charente* a prévenu la population du passage des avions ce dimanche matin. Bientôt, à l'horizon, l'aviateur entrevoit les formes d'Angoulême, d'abord imprécises, puis grandissantes. Il identifie aisément le champ d'aviation par les oriflammes qui flottent au vent et la foule qui attend.

U*ne vague spirale, en guise de salut et je me pose...*

La foule agite chapeaux et mouchoirs. Les cris qu'elle pousse, Roland les entend à peine car ses oreilles bourdonnent encore. Une nuée de Messieurs à brassards, commissaires, photographes, reporters, se précipite sur l'aviateur

On l'entoure.

– Bravo... Bravo...

Des mains se tendent.

– Qui est arrivé avant moi ?

Monsieur Martin, le chronométreur officiel de l'Aéro-Club de France qui vient de dégringoler de son mirador où il guettait l'arrivée des concurrents, répond en reprenant son souffle :

– Personne... Vous êtes le premier... de loin...

Avec son caban, son suroît et ses bottes de caoutchouc, l'homme aux belles moustaches blanches a l'air d'un Terreneuvas. Il porte en bandoulière l'étui de son gros chronomètre. Il le tend vers l'aviateur.

– Votre heure d'arrivée ? 10 heures, 3 minutes, 13 secondes, Monsieur Garros, précise-t-il.

– Et les autres ?

– Conneau, en panne, brisé, éliminé... Gibert, égaré, arrêté près d'Orléans, il attend le beau temps...

– Védrines a capoté au départ. Hors de course, intervient Monsieur Oudaille, le Commissaire de la Course.

– Et... vous savez... le malheur ?

– Non ?

– Épouvantable... Le ministre de la Guerre a été tué... Le président Monis est grièvement blessé... Train est tombé sur eux au départ...

Un peu abasourdi sous cette avalanche de nouvelles, l'aviateur est surtout transi de froid. Marcel Violette, l'envoyé spécial de *l'Excelsior* monté avec lui dans la voiture qui l'emmène vers les officiels, le trouve « d'une pâleur livide » et constate que « ses mains, sous les gants qu'il vient de retirer, sont bleues ». Dans la tribune, reporters et photographes se bousculent autour du héros. L'un d'entre eux, se fiant aux rumeurs qui ont couru sur le terrain, le prend pour un autre.

– *Vous aviez un avantage. Vous avez souvent volé dans le pays. Vous êtes d'Albi, n'est-ce pas, Monsieur Gibert ?*

– *Moi ? Mais je suis de La Réunion ! Et j'arrive d'Amérique ! Et je m'appelle Garros !* Et puis, ajoute-t-il, veuillez m'excuser, Messieurs, je vais aller prendre quelque repos.

Quelqu'un lui apporte un pardessus, une voiture l'emmène à l'Hôtel de France. Dans toute l'incohérence de cette arrivée, une seule chose reste bien claire dans son esprit, quand il s'allonge : il a gagné la première étape.

***

À Issy, le drame a éclaté à 6 heures et demie. Malheureux concours de circonstances mais surtout inconscience fatale de la part des officiels. Le Ministre de la Guerre, Berteaux, est arrivé sur le terrain au moment où Garros décollait. Le Président du Conseil Monis alors que Gibert s'envolait à son tour.

Le petit groupe auquel se sont joints le Président de l'Aéro-Club Henry Deutsch de la Meurthe, le Général Maunoury, Gouverneur de Paris et le Général Roques, Directeur de l'Aviation militaire, se tient près de la ligne de départ. Le Préfet Lépine a beau leur dire que c'est dangereux,

– Oh, nous ne craignons rien, répond en souriant le Président du Conseil. En ce moment, il n'y a aucun péril à redouter. Nous nous en irons tout à l'heure...

De très, de trop près, ils ont assisté aux essais de Frey, au départ de Le Lasseur. Ils n'étaient pas loin non plus du Morane-Borel de Védrines quand il a capoté sur une fondrière.

La foule aussi veut voir de près et elle a rompu les barrages. Le Préfet demande au 103ème de Ligne et aux cuirassiers de la contenir. C'est alors que Train tente un essai avec passager. À deux reprises, il s'efforce vainement de décoller puis s'arrache enfin au sol, péniblement.

Les ailes de l'appareil oscillent, Train vire à angle droit. Un peloton de cuirassiers est sur sa trajectoire. Il évite de justesse les cavaliers. Mais pas, juste derrière, le groupe des officiels parmi lesquels son hélice fait des ravages. Le Ministre de la Guerre est pratiquement décapité, le Président du Conseil sérieusement blessé, Deutsch de la Meurthe moins gravement.

Aussitôt, le Préfet Lépine suspend la course. Le Marquis de Kergariou défend cette décision devant la Commission sportive qu'on a réunie d'urgence. Ce n'est pas l'avis du Secrétaire général de l'Aéro-Club, Georges Besançon, qui obtient que l'épreuve soit poursuivie. Il y a exactement huit ans, rappelle-t-il, le *Paris-Madrid* automobile a été interrompu à la suite de nombreux accidents mortels. Mais ce n'est pas comparable : il ne s'agissait alors que de distribuer quelques vagues médailles, alors qu'aujourd'hui, organisateurs français et espagnols ont engagé des capitaux considérables...

De son lit d'hôpital, le Président Monis intervient personnellement par téléphone pour que la course soit reprise. Et finalement, la Commission décide que le départ sera donné le lendemain lundi à Weymann, André Frey, Verrept, Léonce Garnier, Védrines et Train.

***

Un télégramme annonçant cette décision est tout de suite adressé au Commissaire sportif délégué à Angoulême, Monsieur Oudaille. On l'affiche en ville, des voitures automobiles circulent partout avec de grandes pancartes sur lesquelles tout le monde pourra lire : « La Course continue officiellement. Les cartes sont valables demain. »

Garros n'a pas dormi plus de deux heures. À midi, il déjeune à l'hôtel en compagnie de Marcel Violette. Celui-ci s'étonne de sa forme physique. « Jamais », écrit-il, « on n'aurait dit qu'il venait de voler pendant cinq heures ».

– C'est quand même injuste, argumente Garros, entre poire et fromage. Je suis parti à mon heure, j'ai eu à subir le mauvais temps. Je savais que j'étais moins vite et que ma chance était précisément de partir quand les autres ne partaient pas...

– Mais c'est une décision de la Commission sportive de l'Aéro-Club...

– Peut-être... Mais cette avance, eh bien ! Je l'ai gagnée au risque de mes jours, non ? Et on laisse à mon concurrent vingt-quatre heures pour remettre un appareil en état, alors que l'on ne va pas me défalquer mes cinquante minutes de Villeperdue...

– Assurément...

– Et puis, Gibert... Si on ne lui avait pas annoncé que la course était interrompue, il serait déjà ici, à Angoulême, vous pensez bien!

– Certes...

– Et il n'a pas eu l'habileté de capoter au départ, comme Védrines! conclut Garros avec dépit.

Entre Garros et Védrines, il y a sept ans d'écart, mais ce qui oppose les deux hommes, ce sont surtout leurs tempéraments, l'antithèse l'un de l'autre. Contrairement à Garros, on peut appliquer à Védrines le qualificatif de tête-brûlée. C'est est un remarquable pilote, il en a fait et en fera la preuve et Garros ne contestera jamais ces qualités. Mais Védrines, qui est venu à l'aviation à la force du poignet, après avoir appris l'automobile et la mécanique comme chauffeur de taxi, Védrines est un extraverti, un exubérant ; à la limite, on pourrait dire que c'est un hâbleur. Aux journalistes, il donnera toujours une version des événements propre à le mettre en valeur. Cette attitude se heurte diamétralement à celle de Garros, toujours dictée par ce « code des bonnes convenances » qui lui vient de sa prime enfance et dont il n'a d'ailleurs aucune envie de se défaire. Dans ce premier affrontement entre Garros et Védrines, on est tenté de voir l'origine des relations toujours ambiguës qui régneront entre les deux hommes, chacun d'entre eux admirant sans réserve chez l'autre l'aviateur mais restant réticent, jusqu'à l'injustice, en ce qui concerne l'homme.

Il n'empêche qu'à Angoulême Roland ressent la décision de l'Aéro-Club avec beaucoup d'amertume. Elle ressort nettement de la dépêche que Violette adresse à *l'Excelsior* :

Ce qui me paraît certain, c'est que Garros ne saurait en tout état de cause être dépossédé de sa place de premier. Ce qui est à craindre, c'est que Garros et Gibert, en présence de la décision de la Commission sportive, renoncent à prendre le départ (d'Angoulême), ce qui diminuerait singulièrement l'intérêt de la course.

Le lundi, à 7 heures 54 minutes 10 secondes, le Borel rouge de Védrines se pose à Angoulême, « par un vent violent ». Il a mis 4 heures 11 minutes 20 secondes pour parcourir les

449 kilomètres de la voie ferrée séparant Paris d'Angoulême. Avec 122 kilomètres à l'heure de moyenne, il bat tous les records et prend la première place, devant Garros. Venant de Pontlevoye, où il a passé la nuit, Gibert atterrit à 10 heures cinquante.

Au deuxième jour, le *Paris-Madrid* ne compte donc que trois concurrents ayant franchi la première étape. Beaumont est toujours à Loches où il a brisé son hélice. Le Lasseur de Ransay, qui court sur Blériot mais à titre individuel, s'est perdu dans le brouillard et n'a pas encore quitté Cosnes, dans la Nièvre.

Autour du terrain, la foule est déçue. Elle a payé pour « voir arriver les aviateurs » et depuis la veille, elle est à la portion congrue. Après l'atterrissage de Gibert, quand elle apprend que personne n'atterrira après lui, elle commence à manifester son mécontentement.

Pour calmer tout le monde, le Président du Comité demande alors à Garros de faire un vol. Ce dernier n'y voit *aucun attrait sportif mais pose néanmoins ses conditions, avec une exigence toute américaine.*

– Pas question, répond Monsieur Oudaille. D'ailleurs, Monsieur Védrines nous a dit qu'il ferait un vol...

On l'annonce au public. Le Borel est sorti du hangar. Mais Védrines hésite, puis finalement refuse à son tour...

Le public commence à presser le service d'ordre. Nouvelle démarche du Comité auprès de Garros qui, par principe maintenant, refuse tout marchandage.

La foule rompt alors les barrages, envahit le terrain, arrache les pieux, les fils de fer et les drapeaux, menace de mettre le feu (*tout comme au Texas*, remarque Garros). Les militaires doivent même protéger Védrines et ces Messieurs du Comité contre la juste, mais excessive colère des Angoumoisins.

Lorsque, aidée par la nuit, la police parvient enfin à faire évacuer la place, il y a belle lurette que Garros s'est endormi.

XI

Paris-Madrid : d'Angoulême au torrent d'Andoain

– Trop de brouillard ! Pas question de partir maintenant ! On ne pourra jamais se diriger là-dedans !

Le lendemain, dans la fraîcheur de l'aube, alors que le départ de la deuxième étape a déjà été donné aux trois aviateurs, le ton de Védrines est péremptoire. Un avis aussi définitif de la part d'un vieux routier a de quoi faire hésiter le navigateur débutant mais, au bout d'une demi-heure, énervé de perdre du temps, Garros se décide à décoller.

Védrines avait un peu raison, mais pas tout à fait. Il est certes difficile de se diriger, mais pas impossible. D'en haut, le paysage n'apparaît guère que sous forme de taches de verdure, piquées au hasard dans le flou brumeux qui recouvre la terre. Roland se souvient de ses vols d'Amérique et il ne ressent aucune inquiétude.

Avec le soleil, la couverture de coton se gonfle, l'appareil grimpe d'autant, l'altimètre aussi qui atteint bientôt les 1 000 mètres. Le navigateur a bien maintenu son cap puisque, dans une tache plus colorée, il repère le bec d'Ambès au confluent de la Garonne et de la Dordogne. Il est seul, sur son avion, dans ses nuages. La description que longtemps, bien longtemps plus tard, il fait de cet instant, a des accents profondément poétiques :

Je contemplais pour la première fois le spectacle éblouissant de la « mer de nuages » – Au-dessus, un ciel bleu d'une pureté idéale – À ma gauche, un soleil comme on n'en peut voir de la terre, car elle est toujours enveloppée de vapeurs imperceptibles qui tamisent les rayons lumineux, les décomposent ou les ternissent. Là-haut, c'était de la lumière vierge dans de l'air vierge – C'était une volupté de voir et de respirer.

Je glissais sur les flots figés d'un océan d'argent – En des-

cendant plus près, cette mer prenait du relief et se transformait en paysages étranges, chaos de rochers, de grottes, de vallées, de précipices... Mes ailes écrêtaient des pics vertigineux, surplanaient des abîmes inondés de blancheur...

Dans ma tête, c'était un rêve qui se déroulait – Le souvenir de la vie ordinaire flottait lointain et flou – et pourtant les violons d'Arménonville me chantaient doucement à l'oreille :

« On est si bien près de toi... »

Ce rêve ne peut durer. Sans aucune possibilité de se repérer d'après le sol, Roland s'expose à deux dangers : l'Océan ou les Pyrénées. La mer ? Il élimine le péril en piquant vers le Sud, espérant bien trouver à un moment la trouée salvatrice. Sinon, il se fixe un délai au bout duquel il passera sous les nuages, au risque alors de rencontrer la terre plus tôt que prévu car il ne connaît ni l'épaisseur de la couche, ni le relief.

Il navigue maintenant à 1 800 mètres. À son bracelet-montre, il voit qu'il est temps de descendre. Coup de peau de chamois sur la vitre du barographe. Puis il coupe le moteur, *avec précautions, pour qu'il (soit) prêt à repartir en cas d'alerte.* Et il plonge dans la nuée :

J'entrai d'un coup dans l'humidité cotonneuse du nuage – La belle lumière claire avait disparu... Cette sensation de scaphandrier se prolongea désagréablement – L'atmosphère devint obscure, visqueuse – Je n'avais plus notion de l'horizontalité – Mes lunettes, le cadran de mon altimètre, se couvraient d'eau – Mon angoisse de rencontrer le sol augmentait...

Il se matérialise soudain à quelques mètres sous les ailes. Impossible d'identifier sur la carte cette grande plaine marécageuse. Peu importe où il se trouve, l'Océan, c'est à l'Ouest. Il prend le cap. Il le suivra pendant près d'une heure, avant d'apercevoir Biarritz, facile à identifier.

Au-dessus de la mer, il suit maintenant une côte escarpée, hérissée de rochers, bien peu hospitalière pour un aviateur. Roland a retrouvé le beau temps mais il n'a guère le goût de l'apprécier. Avant sa percée sur Biarritz, il a perdu de précieuses minutes. Il est maintenant au bout de sa réserve de combustible. Bien sûr, il n'est plus tellement loin de Saint-Sébastien, mais le niveau l'inquiète. Pour l'heure, nouvelle alternative : se poser à Biarritz pour faire le plein ou au contraire continuer en utilisant l'essence au plus près. L'ennui d'avoir à s'arrêter, l'espoir d'arriver plus vite, il dépasse la ville.

Les minutes qui suivent sont un vrai supplice. La côte qu'il longe à 100 mètres de hauteur garde son aspect hostile. Quant au niveau, la cote d'alerte est bientôt atteinte.

Dans ce décor rébarbatif, un petit promontoire lui paraît plus abordable que d'autres. Il va s'y poser. Un vrai tour de force, un de ceux auxquels il est maintenant aguerri.

Le moteur s'est tu. Le silence n'est troublé que par le vent dans les broussailles et la respiration de la mer. Pas une maison, pas une route. Pas âme qui vive. Un torpilleur passe au large, probablement chargé de convoyer les concurrents mais il est trop loin pour qu'on puisse éveiller son attention.

C'est au tour d'une vedette, venant de Saint-Sébastien [1]. Abandonnant son avion, Garros se précipite vers le rivage. Il agite les bras en signe de détresse : personne ne le voit, l'embarcation s'arrête quelques instants à quelques encablures, puis reprend sa route...

– Imbécile ! se dit-il à voix haute, alors qu'il remonte auprès de son avion, Tu aurais mieux fait de t'arrêter à Biarritz !

Quand il le retrouve, le Blériot est entouré d'une troupe de moinillons en frocs de bure dont le visage épanoui dit assez leur joie *d'en voir un de près*. Ils adressent au pilote mille salutations incompréhensibles. L'aviateur n'a pour le moment d'autre souci que de ravitailler sa machine.

S'aidant de mimiques, Roland tente d'expliquer ses malheurs et ses besoins. Il fait le geste de verser un liquide dans l'orifice du réservoir mais il a beau répéter « Benzina ! Benzina ! », sa pantomime n'a aucun effet sur les petits moines. Ou plutôt si, son air est tellement désespéré que les saints hommes, comprenant sa détresse, s'agenouillent et se mettent en prières.

Heureusement pour lui, quelques civils les ont rejoints. L'un d'eux plus dégourdi part en courant chercher de l'essence mais, l'a-t-on prévenu, il n'y en a pas à Guadalupe, mais à Fontarabie et Fontarabie, c'est loin ! Il lui faudra faire encore une bonne consommation de patience !

Comme un fauve en cage, Roland tourne autour de son appareil. On arrive maintenant de loin ; personne, dans la région, ne veut manquer un spectacle aussi nouveau. Il y a

---

1. La vedette était partie de Saint-Sébastien à la recherche de Gibert, qu'on disait disparu en mer.

même là Marcel Violette [1] accouru de Saint-Sébastien où il avait précédé les concurrents et où il a appris les mésaventures de Garros. Avec discrétion, le journaliste se contente de le saluer sans lui poser la moindre question ou lui adresser quelque parole de condoléances : il sait parfaitement que ce genre de démarche ne serait d'aucun réconfort pour l'aviateur.

Au bout d'une heure, alors que Roland passe et repasse en bougonnant devant l'avion, son regard tombe sur le niveau d'essence. Incrédule, il s'approche, se frotte les yeux. Le niveau est remonté de dix centimètres... Peut-il repartir tout de suite ? Non, se raisonne-t-il, c'est l'inclinaison de l'appareil qui fausse le niveau.

Alors, la fatigue et le découragement l'envahissent. Ce n'est finalement qu'au bout de deux heures, deux longues heures d'attente fébrile, qu'il verra enfin apparaître deux militaires, suant et soufflant comme de vieilles mules, transportant au pas de course les bidons tant attendus.

... Au moment précis où se fait entendre le crépitement d'un Gnome. Tout le monde lève la tête. C'est un Borel, celui de Védrines, qui pique droit sur Saint-Sébastien. Roland a l'impression confuse que l'avion rouge est passé au-dessus de lui uniquement pour le narguer.

Plus un instant à perdre, les soldats l'aident à déplacer vivement le Blériot. À peine prêt, il décolle face à la mer sous les vivats des spectateurs. Il n'en est pas plus fier pour cela : cette escale imprévue lui a fait perdre plus de deux heures sur son avance !

Un quart d'heure plus tard, alors qu'il effectue un large virage sur la mer, il voit, d'en haut, le terrain marqué par un ballon captif, la foule ; près des hangars, le monoplan rouge du vainqueur entouré d'une nuée de gens. Un commissaire brandissant un drapeau espagnol lui indique le point d'atterrissage. Moteur coupé, il descend en planant dans les applaudissements de la foule et les flonflons de la musique militaire.

***

Cela fait un quart d'heure que Védrines est arrivé. Il a été aussitôt assiégé par une meute de journalistes, crayons, carnets et appareils de photo en batterie.

---

1. G. indique que Violette était « Directeur de la Vie au Grand Air », alors qu'il était à ce moment l'envoyé spécial de « l'Excelsior ».

– Effrayant, c'était effrayant, affirme le vainqueur du parcours.

Les reporters, subjugués par son bagout, posent toutes sortes de questions, notent religieusement les réponses. Jamais, estime-t-il, jamais un homme n'est allé aussi haut ! Je crois bien que j'ai pulvérisé tous les records...

– Et les trous d'air, vertigineux qu'ils étaient, les trous d'air, ajoute-t-il... J'ai fait des plongeons de... oh... je ne sais plus.

Les crayons notent avec gourmandise les moindres paroles du héros. Ce n'est pas tous les jours qu'on a sous la main un pareil personnage et un tel sujet !

– Et puis, oh, je ne sais même pas si je peux vous le raconter tellement cela peut vous paraître extraordinaire...

– Oh si, Monsieur Védrines ! hurle la presse unanime.

– C'est bien parce que c'est vous, allez ! Eh bien, regardez mon aile : elle est faussée, non ?

– On dirait bien...

– Et vous savez où je l'ai faussée ?

– Non ?

– Eh bien, c'était dans un nuage... Dans un nuage, je vous dis ! J'ai tout simplement heurté un rocher... Heureusement que je l'ai senti à temps... Sinon, Messieurs, conclut-il d'un ton solennel,, je ne serais pas là, à Saint-Sébastien, pour vous en parler...

***

Sous leurs tricornios de carton bouilli, les Gardes civils montent une faction sourcilleuse auprès du Blériot N° 25. À la porte du hangar surgit Leblanc. Il vient d'arriver. Il n'a même pas eu le temps d'ôter sa pelisse d'automobiliste.

– Pas de chance, mon vieux ! dit-il à Garros en lui tendant la main. Que s'est-il passé ?

Roland lui fait le récit de ses malheurs.

– Mais comment avez-vous pu manquer d'essence ? On n'a donc pas fait le plein ?

– Je n'en sais rien, Leblanc... Toujours est-il que quand j'ai atterri, le réservoir était pratiquement à sec...

Leblanc s'approche du niveau, l'examine de près...

– Mais dites donc, Garros... Combien de litres avez-vous rajouté à Fontarabie ?

– Deux bidons, de cinq litres...

– Malheureux... Mais il vous en reste bien plus de dix litres... Vous aviez bien largement ce qu'il fallait !

Roland avait bien envisagé cette explication mais ne voulait pas l'admettre. Eh quoi ! Avant d'atterrir sur cette espèce de console, accrochée à la falaise, il avait bien vu, de ses yeux vu le niveau proche du zéro... L'explication que lui donne maintenant son Directeur sportif est parfaitement acceptable : un simple défaut de communication entre le réservoir d'alimentation et le réservoir de réserve.

– Il était donc normal que j'atterrisse, reprend Garros, mais, bon sang ! J'aurais pu repartir tout de suite ! Si seulement j'avais pensé à tout vérifier de près ! Tout cela, voyez-vous, Leblanc, cela vient de mon inexpérience du « voyage » ...

– Mais non, mais non, Garros ! le rassure l'ancien. Ne vous en faites donc pas ! La course est loin d'être courue... Et vous êtes bien placé, vous savez !

– Peut-être, mais mon moteur ne tiendra certainement pas le coup.

– Écoutez, Garros, les mécanos, ce sont ceux de chez Gnome, ils sont en train de vous l'ausculter, votre moteur...

En effet, une équipe de mécaniciens a pris l'affaire en mains. Le moteur est démonté, examiné. Ils l'essaient au point fixe.

– Mais vous entendez bien qu'il est trop faible ! s'obstine Garros, un doigt pointé sur l'oreille.

– Mais non, M'sieu Garros, répond le chef mécanicien, vous voyez bien qu'il entraîne l'hélice à plus de 900 tours... [1]

Garros se retourne vers Leblanc :

– Dites donc, Leblanc, n'y a-t-il pas un appareil de rechange neuf à la gare ? Le règlement m'autorise à changer d'appareil jusqu'au départ de l'étape. Je préférerais en changer tout de suite...

– Mais non, mon vieux ! À mon avis, je pense qu'il serait plus sage de garder celui qui vous a amené jusqu'ici. Il est éprouvé. Et puis, vous n'avez aucune raison de dire que votre moteur ne va pas. Ce n'est qu'une impression...

Roland sait qu'il a raison. Il l'a entendu et écouté ce Gnome et il sait qu'il est prêt à rendre l'âme. Mais il est fati-

1. G. écrit dans ses *Mémoires* : *...C'était un des vieux axiomes stupides d'alors, qu'un Gnome était en bon état, lorsqu'il entraînait son hélice ordinaire à plus de 900 tours.*

gué, très fatigué, malade et alors, par facilité, il s'en remet, à celui qui *doit savoir*.

***

Ce n'est que dans l'après-midi que Gibert rejoint ses deux partenaires à Saint-Sébastien. Lui, il a survolé les Landes, il a dû se poser à Bayonne pour se ravitailler. Lui aussi, il a eu droit à son atterrissage aux vivats de la foule.

On a rangé son Blériot sous le hangar, auprès de celui de Garros. Les mécanos lui racontent l'interview de Védrines.

– Ah, celui-là ! Ce qu'il m'énerve, celui-là ! dit-il de son accent où roulent tous les galets du Tarn. Il va voir comment on les raconte, les histoires, chez nous...

Quelques instants plus tard, Garros vient jeter un dernier coup d'œil à son appareil. Assis sur une chaise, Gibert maintient son casque métallique entre les genoux. Il brandit un crochet à bottine.

– Hé là, Gibert ! Qu'est-ce que vous faites ?

– Ce que je fais ? répond l'Albigeois avec un clin d'œil. Moi, Mossieû, je suis peut-être allé moins haut et moins vite que le Parisien, mais moi... (il tousse un peu) Je me suis battu... avec un aigle... Regardez ce qu'il a fait à mon casque...

Et, dans un grand éclat de rire, il montre à Garros la marque dont il vient de griffer son casque.

Pour la petite histoire, il faut rappeler que *le Petit Parisien* n'a pas hésité à consacrer au récit imaginé par Gibert un numéro spécial, présentant à la « Une » – et en couleurs s'il vous plaît – une illustration du combat de l'homme-oiseau et de l'aigle. Belle allégorie, dont le succès ne manquera pas de rendre Védrines fou de jalousie.

***

Dès quatre heures du matin, c'est la fiesta à Saint-Sébastien. Plus de douze mille personnes se sont déjà réparties entre l'aérodrome, le mont Igueldo, la promenade Coucha et le parc Alderbreder. Mais à cette heure, des nuages épais enveloppent la ville.

À 5 heures et demie, Garros a essayé d'aller voir l'horizon d'en haut. L'épaisseur de la brume lui fait renoncer à partir tout de suite.

À 6 heures, les nuages se dissipent, faisant place à une superbe matinée ensoleillée et chaude.

On amène sur la ligne de départ le Blériot N° 7 de Gibert. L'aviateur serre la main de Védrines puis prend place aux commandes. Il est lâché, s'élève droit vers l'Océan. La foule qui a chaleureusement salué son décollage lui fait une ovation enthousiaste quand il revient et passe à 400 mètres au-dessus de Miramar.

Garros se livre à un dernier examen de son moteur qui ne lui inspire décidément pas confiance. Il préférerait évidemment changer d'appareil.

Chose curieuse, note-t-il dans ses *Mémoires, Védrines qui était fin prêt ne partait pas. Il m'attendait, pourquoi ?*

À 7 H 05, Garros se décide : il fait sortir son Blériot.

« Lâchez tout ! ». Il monte « à une vitesse fantastique », assure *l'Excelsior*, « fait deux tours et coupe la ligne à 07 H 12' 41 ». Il revient, vire sur la mer et repasse au-dessus de l'aérodrome au moment où Védrines s'élève à son tour. Il est 07 H 17.

Le vainqueur du Paris – Saint-Sébastien, dont le Morane (Gnome) semble marcher à merveille, s'élance à la poursuite de Garros.

C'est certainement l'étape la plus périlleuse de la course. Si Saint-Sébastien est pratiquement au niveau de la mer (23 mètres), Vitoria est déjà à 426 mètres, Burgos un peu plus haut, à 864 mètres, mais, avant de redescendre jusqu'aux 705 mètres de Madrid, il faut franchir le Puerto de Somosierra ouvert à 1 460 mètres. Et pour atteindre ces altitudes, il faudra remonter les vallées envahies de nuages...

Garros s'engage dans une vallée. Son Gnome s'époumone vainement à tenter de gagner quelque hauteur, ce qui l'empêche de sortir de son couloir de montagnes. Il se rend compte soudain qu'il est en train de s'égarer du côté de Bilbao. Demi-tour, il pénètre cette fois-ci dans la vallée de l'Oria mais l'avion s'alourdit, les ailes ne portent plus. L'atterrissage devient urgent. Un bout de terrain minuscule fera l'affaire. Garros *s'y laisse tomber*. Catastrophe ! Son aile gauche heurte un poteau télégraphique.

L'aventure n'en est pas terminée pour autant. Il a beau sentir sa fatigue, contre toute logique, il refuse l'échec. Au pas de gymnastique, il gagne le village le plus proche, Usurbil. Là, à quelque paysan effaré devant cet homme tombé du ciel, il emprunte un vélo et le voilà, pédalant à pleins mollets vers Saint-Sébastien... comme au bon vieux temps.

Il a entre temps pu prévenir Leblanc par téléphone : celui-ci a bondi dans sa voiture avec une équipe de chez Gnome. Ils se rencontrent à mi-chemin. Garros les ramène à l'appareil endommagé.

Pendant que les mécaniciens s'affairent à un bricolage sur l'aile et autour du moteur (*un vague nettoyage de bougies et de soupapes : c'e(st) tout ce qu'ils sav(ent) faire*, note Garros avec un certain dépit), Roland s'est allongé dans l'herbe, la tête pleine de réflexions amères. Autour de lui, les indigènes font cercle, l'examinant sous le nez, comme une bête curieuse.

– Garros, c'est prêt ! Vous pouvez y aller ! s'écrie Leblanc au bout d'une heure. Mais comment allez-vous faire? Vous ne pourrez jamais repartir d'ici, mon vieux !

Le moins qu'on puisse dire est que terrain présente quelques difficultés : un petit champ, trop court pour décoller, prolongé en angle obtus d'un deuxième, tout aussi réduit, les deux séparés par un fossé d'un mètre environ, surmonté d'un câble électrique de 5 000 volts... soutenu au centre par un poteau !

– C'est très simple, explique Garros. Il me suffit de passer à droite du poteau, sous le fil, au-dessus du fossé, tout en amorçant un virage...

– Mais c'est fou ! Vous n'y arriverez jamais !

– Sur ce chapitre, se dit Garros in petto, je n'ai pas besoin de ses conseils !

Et il réussit son décollage ! Mais le Gnome est décidément à bout de souffle. Pendant qu'il tente d'atteindre la très modeste altitude de 100 mètres, Roland rumine de sombres pensées. Une fois de plus, que faire ? Rentrer sur Saint-Sébastien pour faire démonter et revoir entièrement le moteur et ne repartir que demain? Plus question alors du moindre classement. Et puis, saura-t-on me le réparer ? Est-il toujours possible que je change d'appareil ? Que dit le règlement à ce sujet ? En fait, on doit me *soupçonner d'avoir peur de la montagne...*

Il poursuit machinalement sa course, remontant péniblement la vallée. On l'a pourtant prévenu qu'elle était barrée de centaines de câbles électriques mais son Gnome poussif ne lui permet pas de choisir d'autre route. Et il perd de l'altitude, le sol se rapproche. Il est maintenant au fond, là où coule un petit torrent. Un dernier saut au ras d'une petite centrale et de ses câbles, il choisit in extremis un coin favorable.

Et *y écra(se) doucement son train d'atterrissage, dans une eau peu profonde.*

J'avais fait mon possible. Dans ces conditions, la course était devenue une odieuse corvée. J'étais presque soulagé d'en être débarrassé

C'est du moins ce qu'il écrira dans ses *Mémoires*. Il semble bien pourtant qu'il n'ait pas aussi facilement accepté sa défaite. Si l'on en croit la presse, cet après-midi là, il n'a pas encore abandonné. Dans *l'Excelsior* , par exemple, on peut lire :

... Garros avait eu l'intention de changer d'appareil. Mais il était prévenu qu'il serait disqualifié s'il mettait son projet à exécution. Aussi décidait-il de revenir à son point de départ pour effectuer les réparations. Il repartira lui aussi en même temps que Védrines de Burgos et Gibert de Vitoria demain matin.

Toujours est-il qu'il s'est échoué si près du bord qu'il peut quitter l'épave sans même mouiller ses pieds en marchant sur le longeron de son aile. Sans se retourner, il quitte les lieux d'un pas de promenade, en suivant le sentier qui longe la rivière.

Sur son chemin, il rencontre quelques braves gens qui le conduisent à l'usine électrique d'Andoain. On l'y accueille chaleureusement puis il reprend le sentier de Saint-Sébastien.

À un détour, il tombe nez à nez sur Leblanc, coudes au corps, qui sursaute à son apparition.

– *Ah les brutes, les brutes ! répète Leblanc.*

– *Eh bien, qu'avez-vous ?*

– *Ce que j'ai ? J'ai, parbleu, que je venais vous ramasser...*

– *Quoi ?*

– *Il n'y a pas cinq minutes, deux paysans m'ont affirmé qu'ils vous avaient vu, eux-mêmes, le crâne fracassé... Les brutes...*

Personne n'a retranscrit la conversation des deux hommes. Il semble bien toutefois que Roland n'ait pas encore renoncé et que Leblanc, au contraire, considère que la course est terminée pour Garros.

À Saint-Sébastien, dans l'après-midi, ils apprendront que Védrines a atteint Burgos réservoir crevé et que Gibert est en panne à 14 kilomètres de Vitoria et que tous les deux ont l'intention de repartir dès le lendemain matin pour Madrid.

Les mécaniciens ont déjà probablement donné leur verdict : le Blériot N° 25 est irréparable.

En somme, me disais-je, je suis parti pour faire une expérience. Elle est faite. Pensons à Paris-Rome [1].

***

Le vendredi 26 mai, à 08 H 06' 41, Védrines est arrivé seul à Madrid sur le terrain d'aviation de Getafe. Il a parcouru la troisième étape en 37 H 27' 12 1/5. Mais si on en déduit les arrêts, il n'a mis que 3 H 55 pour parcourir les 428 kilomètres du trajet. En déduisant le arrêts et les neutralisations, Védrines a mis 12 H 18' 12 sur l'ensemble du parcours... Alors que le Sud-Express ne peut le faire qu'en 26 heures et 7 minutes !

Ces quelques chiffres illustrent éloquemment les conditions dans lesquelles se disputaient alors les épreuves aéronautiques. Sur 27 concurrents, il est le seul a avoir franchi les 1 163 kilomètres du parcours. C'est un exploit remarquable. Par quelle vanité innocente faut-il qu'il le gâche, par cet invraisemblable récit qu'il livre à *l'Excelsior ?*

... Moi aussi, j'ai fait mon petit Gibert avec les aigles.

J'étais au-dessus du cirque de Pancorbo lorsque, tout à coup, j'aperçois un immense oiseau aux ailes déployées. Quel était ce concurrent de *Paris-Madrid* qui venait faire un match avec moi ? C'était un aigle et je vous assure que si j'avais pu le décider à m'accompagner, j'aurais été heureux d'en faire don au Jardin d'acclimatation.

Piqué au vif de me voir traverser son domaine avec sérénité, il commença à me montrer qu'il pouvait voler plus vite que moi. Puis,

---

1. Dans le « Bulletin officiel du Stade français », un nommé Frezeleau célèbre alors, sur l'air de « La Charge », la malchance de G. :

« L'air est lourd, la piste est large,
Dans le ciel battant la charge
Le moteur ronfle gaiement :
C'est le cher Garros du Stade
Qui fait une promenade
Sur son joli monoplan... »
« Mais voici que la malchance
Veut qu'il n'y ait plus d'essence
Et quand il s'en aperçut
Il atterrit... Mais... il glisse
Il brise une aile... son hélice
Et Garros ne volait plus... »

Il est impossible de fixer une limite au mauvais goût.

cette démonstration faite, il sembla éprouver un certain malaise à me voir à ses côtés. Furieusement, il se précipite sur mon hélice. Je joue les toréadors aériens : je pique et l'esquive. Je passe dessous. Trois fois, il recommence, trois fois, j'imite ma première manœuvre. Et, honteuse de cette défaite, cette bête superbe, qui avait deux à trois mètres d'envergure, fuit en s'avouant vaincue... »

XII

Paris-Rome : de Buc à Pise

Si l'on suit son récit à la lettre de ses *Mémoires*, on en retire un peu l'impression qu'entre le *Paris-Madrid* et le *Paris-Rome*, Roland Garros a eu tout le temps de souffler...

Cette fois encore, écrit-il notamment, *mon appareil ne fut prêt que la veille de la course, on me le livra à Buc, à l'aérodrome Farman, où devait avoir lieu le départ.*

Dans la réalité, les deux épreuves se sont directement enchaînées l'une à l'autre. Sa machine lui est livrée *la veille de la course* : le samedi 27 mai. Mais l'avant-veille, le jeudi 25, il patauge encore au fond de son torrent d'Andoain et compte tenu de plus de 24 heures de train, il n'a pu arriver dans la capitale que le vendredi, tard dans la journée. Ce qui, après les mésaventures espagnoles, ne laisse finalement que bien peu d'heures de détente...

Alfred Leblanc et Louis Blériot sont venus au terrain lui présenter sa nouvelle monture.

– Savez-vous, mon cher Garros, explique le premier, je vous ai réservé mon appareil, vous savez, celui du « Pau-Paris »...

– Je vous suis reconnaissant de votre confiance, répond le jeune homme.

– Comme vous le voyez, poursuit le capitaine de l'équipe Blériot, il s'agit d'un biplace-tandem. Alors, méfiez-vous, mon vieux ! L'équilibrage n'est pas du tout le même que sur les autres...

– Quant au moteur, intervient le vainqueur de la Manche, il est de la série « à petites tiges ». À mon avis, c'est l'un des mieux réussis que Gnome ait jamais fabriqués...

– Bien plus endurant que les modèles récents...

– Voilà pourquoi tous les collègues les recherchent, renchérit le jeune Garros.

– Aux essais, il a développé une puissance exceptionnelle, poursuit le spécialiste. Depuis, il a fourni un long service, sans aucune défaillance. Vous voilà paré ? Allez-y, Garros !

Il ne se fait pas prier. Il se *met en selle*, fait lancer le moteur, ordonne le « Lâchez tout ! ». Il s'habitue très facilement à ses nouvelles ailes et se dit *enchanté du beau ronflement sonore du vieux Gnome.*

***

Le cinquantième anniversaire de l'indépendance italienne donne lieu dans toute la péninsule à toutes formes de célébrations et *le Petit Parisien* s'est associé au Comité italien de commémoration de l'Indépendance. Il a également obtenu la coopération de la Commission exécutive de l'Exposition internationale de Turin, du Touring Club d'Italie et de la société des Parioli. Dans toute la presse, le « Paris-Nice-Rome-Turin » a été présenté comme la course la plus dure de la saison. Mais aux yeux de Garros, son règlement en fait l'épreuve la plus intéressante : pas de séjour obligatoire aux étapes, le changement d'appareil est autorisé, on peut voler ad libitum, la seule contrainte consistant à signer aux différents contrôles, ouverts de 3 heures du matin à 8 heures le soir.

Le journaliste Jacques Mortane qui va suivre la course pour *l'Excelsior* estime qu'il s'agit, pour la première fois et ce avec une telle envergure, d'une véritable course en ligne d'aéroplanes.

Il y a en effet vingt et un inscrits, dont l'ami Bielo toujours fidèle à son Voisin de course, aux côtés d'autres vedettes du moment, comme Beaumont, le coéquipier de chez Blériot, et Frey, sur Morane, Vidart, le joyeux vivant, sur Deperdussin, l'Américain Weymann, premier prix Michelin, sur Nieuport, Kimmerling, le populaire « Ki-Ki » qui emporte, accrochée à un plan de son Sommer... une cage à pigeons voyageurs (en cas de panne loin d'un téléphone !) ; les Italiens Manissero sur Blériot et Lusetti sur Morane, sans compter les militaires... Védrines, lui, s'est désisté, car l'Espagne lui offre en ce moment de somptueuses festivités et *le Petit Parisien* l'a retenu pour une entrée solennelle dans Paris.

***

Les autorités ont tiré les leçons du drame de la semaine dernière. Pour le départ, elles ont choisi le terrain de Buc plus éloigné de Paris et donc moins accessible, pensent-elles. Illusion ! La multitude sera au moins aussi envahissante que lors du tragique dimanche d'Issy.

Mais cette fois-ci, pour surveiller les voies et condamner les passages dangereux, on a déployé à vingt kilomètres à la ronde les sapeurs du 1er et du 5e Génie, quatre escadrons du 2ème Dragons ainsi que la gendarmerie départementale. Les médecins militaires auxquels se sont joints quelques médecins civils de Versailles, ambulanciers et ambulancières des Dames Françaises de Versailles, tout le monde est sur pied de guerre.

Le petit commerce ne perd pas l'occasion d'une telle concentration de chalands : sur les routes de Buc, de Toussus-le-Noble, de Jouy-en-Josas, des restaurateurs ambulants poussant leurs petits étalages à roues proposent aux assoiffés et aux affamés boissons fraîches ou « charcuterie réparatrice ».

Vers les trois heures, comme dimanche dernier, la même joyeuse bande de noctambules est venue tirer Roland du lit. Il était temps : les routes sont si encombrées que leur auto a toutes les difficultés du monde à se frayer un passage dans la cohue, à la grande inquiétude du concurrent qui craint un moment de ne pas arriver à temps pour le départ...

Pendant que sous le hangar les mécaniciens s'affairent autour des Blériot, Roland absorbe sereinement ce qu'il appelle son habituel *repas de bataille : œufs crus, café au lait, sandwiches. Les œufs*, a-t-il coutume de dire, *ça donne des ailes !* À chacun ses petites manies alimentaires : Beaumont, lui, ne manque jamais de bourrer ses poches de morceaux de sucre avant chaque décollage...

Puis Garros se rend auprès des officiels pour se faire expliquer une fois encore la façon correcte de partir.

***

Le Général Goiran présidera la cérémonie de départ. Les journalistes ne manquent pas de souligner que la première cérémonie officielle du nouveau ministre de la Guerre, une semaine après la catastrophe d'Issy, est le départ « d'une nouvelle et magnifique course d'aéroplanes ».

Sur le terrain que les réverbères ne parviennent pas à sortir complètement des ténèbres, c'est l'excitation des grandes épreuves, sourd brouhaha de la multitude se mêlant aux ronronnements des moteurs que l'on fait tourner au sol, presque en sourdine. Un chroniqueur de *l'Excelsior* y va de son églogue, digne de l'antique :

Cependant, l'aube radieuse se lève. Le soleil, énorme disque rouge, émerge magnifique, par delà les bois lointains. La rosée moire d'un brouillard argenté l'herbe souple des vallées qui s'alanguissent au pied des floraisons hautes et sombres. Aucun souffle n'agite les feuilles somnolentes. La température est exquise...

5 heures. Le ciel s'éclaircit et s'anime : Molla décolle sur son monoplan Sommer pour un essai ; suivi par Frey sur son Morane. C'est ensuite au lieutenant Lucca, l'un des huit officiers inscrits, de surgir en vol venant de Saint-Cyr : le passage de son Farman est chaleureusement applaudi par les spectateurs. Le dirigeable « Torres » qui a quitté son hangar d'Issy vient à son tour évoluer lentement au-dessus de la foule de plus en plus dense. Puis c'est un biplan non identifié qui se pose : on apprendra par la suite qu'il s'agit d'un appareil construit par un élève d'H.E.C. nommé Paumier, qui aura ainsi effectué son premier vol « au-dessus de la campagne »... Dernier salut aérien et fraternel avant le grand départ : Louis Paulhan, « le merveilleux petit Français » des journalistes américains, le récent triomphateur de Londres-Manchester, vient sur son Farman présenter « aux hardis pilotes ses vœux de bon voyage ».

5 heures et demie : l'ambiance se fait encore plus électrique. Poliment mais avec fermeté, Oudaille, responsable du service d'ordre avec le Préfet Autrand prie les « privilégiés » de ne pas dépasser le talus qui borde la route. (Un ministre par semaine, c'est quand même beaucoup !)

Il ne reste plus sur la piste que les quelques responsables, porteurs d'un brassard blanc. Et les douze appareils. Car sur les vingt et un inscrits, il ne sont plus que douze à se présenter au départ. Les mécanos alignent soigneusement monoplans et biplans et s'affairent aux derniers réglages.

Le départ va être donné. Un Commissaire fait exploser la bombe : ce sera l'unique signal de départ de toute l'épreuve. On lance les moteurs. Louis Blériot lui-même s'est emparé de l'hélice de Beaumont. Toute l'intensité du départ de cette première étape, nous la revivons dans les quelques mots très simples de Garros :

C'est l'heure... Plusieurs appareils s'envolent... J'attends tout installé dans le mien – Conneau part, juste avant moi... Voici mon tour – « Contact... » – On lance l'hélice – J'attends le signal de mon commissaire... « Partez... » – Je démarre...

***

Beaumont a précédé Garros. Ce dernier a identifié son premier repère (l'étang de Saclay) puis continue à la boussole. Pendant quelque temps, il peut apercevoir, à deux ou trois minutes devant lui dans l'air clair et frais du matin, le numéro 6 du monoplan de son coéquipier et néanmoins adversaire. Puis il le perd de vue.

Si la matinée a été calme, le vent du Sud se fait bientôt plus fort, ralentissant la machine dont la vitesse, estime son pilote, n'est plus que de 60 ou 70 kilomètres à l'heure. Sa fâcheuse expérience de la semaine dernière à Fontarabie lui a été profitable. Le vent contraire lui impose une consommation excessive et il ne pourra jamais atteindre Dijon. Il n'attend donc pas la panne et décide de se poser, mais près d'une ville cette fois-ci.

Voici Tonnerre. À quelques centaines de mètres des maisons, un magnifique pâturage. À peine posé, il voit les habitants se précipiter vers lui. Deux d'entre eux, pleins de bonne volonté, vont lui chercher de l'essence et de l'huile. Les autres, pleins d'étonnement et de curiosité, ont entouré l'oiseau rare et, sans méchanceté, d'une façon gentiment inconsciente, ils se mettent à palper ses toiles, à tirer sur ses câbles. Sans grand mal peut-être, mais pour le pilote qui a amené jusque là ce précieux assemblage de bois, de toile et de métal, *tous les petits chocs que subi(t) (s)on appareil se répercut(ent) dans (s)es nerfs.*

– S'il vous plaît, ne touchez à rien ! les supplie l'aviateur, d'abord inquiet puis furieux, au point, avoue-t-il, *de s'emporter et de crier aux habitants de Tonnerre des choses plutôt désagréables.*

L'arrivée des bidons tant attendus met fin à son impatience au moment même où un grand biplan, violemment secoué par les rafales, se pose derrière une ligne d'arbres. Roland apprendra par la suite qu'il s'agit du Farman du lieutenant Lucca, qui va s'écraser quelque temps plus tard après avoir atteint la côte.

Au bout d'une heure d'attente impatiente, Garros peut enfin redécoller. Pour lui qui a maintenant l'habitude de tous les remous et de tous les vents contraires, c'est jusqu'à Dijon un voyage agréable, le Gnome tournant avec une régularité de chronomètre.

Beaumont s'est posé à Dijon quelques instants avant son coéquipier. Il se repose. Après avoir signé ses contrôles, Roland ne perd pas une minute. « Comment pourrait-on se perdre entre Dijon et Lyon ? », songe-t-il en s'envolant. Il a bien étudié sa carte et repart à la boussole. *Mais devrait-on se fier à ces articles de bazar ?* Aveuglé par le soleil, il survole à un moment de vastes marécages qu'il traverse au petit bonheur. Et la Saône ? Mais où donc est la Saône ? Pendant un quart d'heure, il suit une voie ferrée qui l'entraîne sournoisement hors de sa carte ! Pour se repérer, pas d'autre solution que de se poser.

– Marécages ? Quels marécages ? répondent, perplexes, les deux braves paysans interrogés dans le champ où il s'est posé.

– Mais oui, insiste l'aviateur, vous savez bien, par là-bas !

– Là-bas ? Mais c'est la Saône, elle a débordé, répondent en chœur les deux hommes, l'air surpris.

Garros baisse la tête, honteux. Il les remercie et repart, cap sur Chalon, retrouve la Saône, sa tranquillité d'esprit et surtout, la bonne direction de Lyon. Il n'a perdu qu'une demi-heure mais cela suffit. À Bron où attend une foule considérable, Beaumont a atterri depuis quelques minutes. Tous deux ont sur les autres une respectable avance.

– Alors Garros, vous continuez ? lui demande Beaumont, loin de l'enthousiasme bruyant des spectateurs, cependant que Legagneux qui ne participe pas à la course vient faire au-dessus d'eux un vol de démonstration.

– Oui, je pense.

Pas tout à fait d'accord, Beaumont, qui attendrait volontiers si Garros partageait son avis.

– Je crois au contraire qu'il faut essayer d'augmenter notre avance... pour nous assurer une marge de sécurité, soutient Garros.

Un peu de repos, un petit casse-croûte et Roland est de nouveau en l'air, précédant son rival.

Au départ, il s'oriente mal et perd des minutes à repérer le Rhône. Une fois retrouvé, il ne le lâchera plus jusqu'à Avignon, luttant toujours contre le vent contraire...

Dans le crépuscule, le palais des Papes se révèle enfin sous ses ailes mais à l'endroit indiqué par la carte, aucune trace d'aérodrome. Il lui faut un bon quart d'heure avant d'apercevoir le signal qu'on vient d'allumer. Lorsqu'il pose ses roues sur la piste, la nuit est tombée, illuminée du grand feu qui ronfle en bout de piste et qui dessine en pointillé la silhouette décharnée de trois Blériot, rangés en bordure de terrain. Un seul porte un chiffre peint sur la dérive. C'est un 6. Une fois de plus, le marin est arrivé avant lui. Ce jour-là, les deux premiers du *Paris-Rome* dont le « duel » déchaîne l'emballement des journalistes et des lecteurs auront pratiquement volé douze heures d'affilée !

Plusieurs ombres s'agitent dans la lumière du feu-signal. Roland a le plaisir de reconnaître la silhouette du « tiny », d'Audemars, qui, toujours sur son petit Santos, en compagnie des « blériottistes » Kuhling et Morin, participe dans la cité des Papes à une série d'exhibitions aériennes, mises en scène par l'infatigable Baré.

La présence réconfortante de son ami fait disparaître les fatigues de Roland. Réunis pour un soir, les deux compères d'Issy, de New York, de la Nouvelle Orléans, d'El Paso, de Mexico, de la Havane, vont traîner, jusqu'à minuit, de brasserie en brasserie.

***

Aux aurores [1], Roland se trouve de nouveau aux commandes. Mais à peine en l'air, il sent le moteur faiblir. Retour à la case départ. Pendant ce temps, Beaumont a disparu. Les mécanos de Gnome s'affairent autour du moteur.

Ils n'ont pas fait de progrès depuis Saint-Sébastien, déplore Garros. *Dès que quelque chose ne va pas, on change les bougies et on nettoie les soupapes – Si cela ne fait pas d'effet on recommence... C'est navrant, décourageant...*

Il a déjà perdu une heure sur son concurrent direct quand il prend l'air de nouveau. C'est pour se traîner lamentablement le long de la Durance. Au bout de vingt minutes, la panne qu'il craignait se produit, définitive. Un coup d'œil à la carte : il est à hauteur de Mallemort (lugubre présage, pense-t-il). Il cherche où se poser, un petit champ de blé lui paraît favorable. Il s'y laisse tomber, bien cabré, pour éviter le capotage.

Je sentis à peine un petit choc... Mon train d'atterrissage resta intact : ce fut une stupéfaction que de voir mes deux

1. G. écrit : *À 2 heures 1/2, j'étais de nouveau en piste*. En fait, son départ est enregistré à 05 H 36' 49".

ailes se replier en craquant... brisées... Il me sembla que je venais de perdre ma deuxième course.

L'aviateur saute à terre, dans le blé qui lui dépasse la ceinture. Rapide examen du Gnome : les cylindres sont bleuis jusqu'à la base, irrémédiablement grillés. Mallemort ? Des paysans lui indiquent le chemin. Au bout d'un à deux kilomètres, il frappe à la porte du receveur des postes.

– Qu'est-ce que c'est ? répond une voix de rogomme que l'on a manifestement tirée du sommeil.

– Monsieur le receveur, s'il vous plaît, insiste l'aviateur. Je m'appelle Garros. Je participe à la course *Paris-Rome* et je suis en panne, tout près d'ici.

– Garros ? Vous êtes Garros ?

Le ton est devenu coopératif et aimable. On ouvre la porte du bureau de Poste, on reconnaît le héros, son portrait a souvent paru dans le journal, on se met en quatre pour l'aider. On téléphone à Avignon. La communication est difficile à obtenir mais le receveur fait merveille. Il obtient enfin Audemars à son hôtel.

– J'arrive !

Une demi-heure plus tard, l'ami est là. Il a réquisitionné l'un des plus fins volants du pays dont la conduite sportive imposera au système nerveux de Roland une épreuve nouvelle et pénible.

– Et on ne sait même pas où se trouvent les appareils de rechange ! s'exclame Roland, d'un ton furieux.

– Bah, ils doivent être quelque part, dans un wagon, sur une voie de garage, ironise Audemars.

– Edmond, il me faut un appareil !

– Mais dis donc, il y a là-bas ceux de Morin et de Kuhling !

– Tu crois qu'ils marcheraient ?

– On va essayer...

La puissante automobile freine devant le hangar. Les deux hommes se précipitent à l'intérieur. Les deux propriétaires sont rapidement d'accord.

Garros jette son dévolu sur le Blériot de Kuhling, plus ancien peut-être, mais son moteur est de la bonne série « à petites tiges ». Malheureusement, Kuhling entend être réglé comptant.

– Diable ! Je n'ai pas 35 000 F sur moi, vous pensez bien !

– Faut-il être fauché ! persifle Audemars qui ne rate jamais une occasion de placer sa phrase favorite.

Et la signature d'un Monsieur qui allait à Rome en aéro-

plane ne valait pas cher à cette époque (un accident est si vite arrivé), écrit Garros dans ses *Mémoires*.

– Vous ne pourriez pas obtenir, je ne sais pas, moi, au moins une garantie de la Maison Blériot ? insiste Kuhling.

– Mais Leblanc a déjà pris le train ! À l'heure qu'il est, il ne doit pas être loin de Nice !

– Je vais lui télégraphier en Gare Saint-Charles, intervient Audemars. Inutile d'attendre son retour. Va te reposer, Roland. Tout à l'heure, tu auras besoin d'être en forme. Je m'occuperai de tout !

***

En début d'après-midi, on vient le tirer du lit.

– Leblanc est arrivé ! ça y est, il a réglé Kuhling, l'avion est prêt !

– Et Beaumont ?

– En panne avant Fréjus !

– Cela veut dire que sans l'intransigeance de Kuhling, j'aurais pu être premier à Nice ! Cette petite histoire me coûte donc 50 000 F !

Remarque un peu amère qui ne lui enlève pas son entrain. Aussitôt, il repart sur le vénérable Blériot, peut-être fringant quand il participait au *Circuit de l'Est* (que c'est déjà loin !) mais dont le moteur sonne la ferraille. L'huile noire gicle du capot disjoint en plein sur son visage, il doit perpétuellement essuyer ses lunettes. L'appareil est fatigué, ses plans sont flasques, il répond mollement.

Ce qui ne facilite pas la navigation dans le ciel nuageux qui le contraint à rester très bas sur une région accidentée. Les rafales de vent sont chargées de gouttes de pluie. Dans les secousses, les vieilles ailes vermoulues craquent lugubrement comme dans les pires moments d'Amérique. Pendant plus d'une heure, entre Peyrolles et le sud de Draguignan, il doit traverser à l'aveuglette plusieurs nuages de pluie.

Encore une crête à franchir et il découvre la plaine de Fréjus, où l'atmosphère lui paraît plus calme. Ses muscles connaissent un bref instant de repos avant la traversée d'un violent orage de pluie. Avec ce sacré mouchoir tout imbibé d'huile, impossible de nettoyer ses lunettes ! Et puis, patatras, en les frottant nerveusement, il a fait sauter l'un des verres ! Si bien qu'un de ses yeux est aveuglé par la lunette maculée d'huile, l'autre reçoit directement les gouttes de pluie. Il ne peut plus s'orienter qu'en tournant la tête pour regarder derrière les ailes !

Le voilà sur Fréjus. Il cherche le terrain où l'attend le ravitaillement, entre l'est et le sud, comme le lui indiquait la carte. Rien à faire, il n'y voit plus. Mieux vaut se poser au bord d'une route. Le terrain marécageux est couvert de grandes herbes. Aucun dommage.

Il y a un village tout près. Il y court. Une bicyclette repose sur la porte d'une maison.

– Je vous la ramènerai ! crie Roland à son propriétaire ahuri en même temps qu'il l'enfourche et part à toutes pédales vers le centre ville. Stoppé à un carrefour, il se renseigne :

– L'aérodrome ? C'est par là ! Il y en a déjà un d'arrivé !

– Beaumont, bien sûr, songe le cycliste à qui cette pensée donne des ailes.

Il parvient tout essoufflé au terrain. C'est Sallenave qui assure le ravitaillement de la maison Blériot. Il a vu Garros les survoler puis disparaître. Il a tout préparé. Le moteur de la voiture tourne au ralenti. Les mécaniciens et le ravitaillement sont prêts. Garros saute dans l'automobile qui démarre à fond de train.

– Beaumont était en route pour la ville quand vous avez apparu... explique l'homme de Blériot. Il est tout de suite revenu et a fait préparer son appareil.

– Il est déjà parti ?

– Oui.

– Et pendant ce temps, enrage Roland, je faisais du vélo !

Alors que les mécanos remplissent les réservoirs avec une lenteur maladroite, Garros s'efforce de se préparer une piste de décollage en piétinant les hautes herbes qui pourraient le gêner. Puis il grimpe sur le siège.

– Et la seringue d'amorçage ? demande le chef mécano.

– On l'a oubliée !

Pendant les vingt minutes qu'on perd à faire repartir le moteur, immobile derrière ses commandes, Roland contemple impuissant l'obscurité qui s'installe petit à petit.

Il fait presque nuit quand il peut enfin reprendre l'air. Il a retrouvé une vieille paire de lunettes dans le fond d'une de ses poches. On lui a même donné un mouchoir neuf. Il ne pleut plus et le paysage qu'il survole, il l'a souvent parcouru à bicyclette quand il avait 14 ans. Pas besoin de lumière pour reconnaître cette côte qu'il *survole bas, à cinquante mètres, pour couper court car il fa(u)t arriver à Nice avant la fermeture du contrôle.*

Dans l'ombre, à ma gauche, c'était le décor de mon enfance, qui se déroulait, lentement, pointillé de lumières, tandis que devant moi la grande nappe sombre, ondulée, attirante de la mer, fuyait sous mes ailes, d'un glissement égal et doux.

Dans le golfe de La Napoule, il suit une ligne droite qui l'écarte de plusieurs kilomètres en mer (*Si j'ai une panne ici*, se dit-il, *je suis tout bêtement fichu...*). Le phare du cap d'Antibes lui sert de repère. Ces lumières qui s'égrènent le long de la côte lui font irrésistiblement penser au petit Poucet et il s'étonne d'une telle réminiscence puérile, au moment où il sent sa vie dépendre d'un fil d'allumage. Dix minutes pour traverser le golfe, dix minutes d'interrogations, dont il gardera un souvenir lucide et précis :

Je passai en revue tout ce qui pouvait vraisemblablement m'arriver (...) Arriverais-je à Nice ? Y serais-je le premier ? Atterrirais-je sans accident, dans cette obscurité ? (...) Toutes ces réflexions étaient cependant bien banales... Mais une impression profonde et indéfinissable se dégageait des choses environnantes.

Il croise entre Sainte-Marguerite et Cannes, traverse le cap d'Antibes à sa base, suit la plaine qui a été le domaine de ses explorations cyclistes, devine dans les ténèbres l'embouchure du Var.

Un feu signal s'allume : sur le terrain de la Californie, on a entendu son moteur.

Je visai le feu – Les roues prirent contact dans les flammes même et l'appareil s'arrêta normalement, un peu plus loin.

Conneau était arrivé depuis 20 minutes.

***

Tout ce lundi, sur le petit terrain de Nice coincé entre la digue d'un pont et les maisons de la Californie, on a commenté avec fébrilité la lutte acharnée des deux titans qui se sont disputé la première place, de Buc à Dijon, de Dijon à Lyon, de Lyon à Avignon. Beaucoup de monde. Auprès des officiels, Paul Chauchard, Nicot de Villemain, Fernandez, Hanzikes, le chronométreur officiel. Une des spectatrices les plus attentives : Anastasia, la grande-duchesse de Mecklembourg-Schwerin qui habite Èze, la propre belle-mère du Kronprinz,

(Sa fille Cecilie a épousé l'héritier des Hohenzollern). Elle a toujours manifesté beaucoup d'intérêt pour le sport et deviendra l'une des admiratrices les plus fidèles de Roland Garros.

Il y a également Jacques Mortane, l'envoyé spécial de *L'Excelsior* et de *La Vie au Grand Air*, qui deviendra par la suite lui aussi l'ami de Garros et de tous les aviateurs et plus tard l'historiographe de cette période de l'aviation. Il nous rapporte la scène. Dans l'après-midi, alors que la foule est devenue énorme, des dépêches de Toulon et de Fréjus ont donné au fur et à mesure la progression des deux champions. Mais l'angoisse est grande, car le vent souffle en tempête.

... Enfin, à 19 H 10 arrive Beaumont. À 20 H 00, c'est au tour de Garros. Arrivée féerique (...) des aviateurs descendant dans la nuit sur le champ de la Californie, décrit le journaliste.

Beaumont lui raconte son voyage : journée épouvantable, vent contraire, la pluie, des ratés et l'arrêt obligé près de Brignoles – l'escale de Fréjus (« Sur ma demande, le Dr Trescou vint me faire une piqûre de caféine ») et le nouveau départ, quand il apprend l'arrivée de Garros, « non loin de là ».

À Nice, les deux adversaires se serrent la main. Ils repartiront le lendemain, disent-ils, dès le lever du jour, malgré la dépêche du Comité d'aviation de Gênes qui annonce une très forte bourrasque sur l'Italie et demande de surseoir à tout départ. Beaumont va se coucher (il est originaire de Toulon et on est venu le saluer en famille).

Pour Garros, le sommeil n'est pas possible. Tous ses vieux souvenirs lui souhaitent la bienvenue : *souvenirs d'enfance, souvenirs déjà lointains de l'année précédente – quand (il) ne volait pas encore...*

Nice a pour lui sa physionomie intime de l'été, lorsque les fêtes sont passées et qu'il ne reste plus que les gens de la famille... Et il en est, estime-t-il.

Il trouve une chambre au Terminus : hors saison, les hôtels de la Promenade des Anglais sont déjà tous fermés. Vers dix heures, après un long bain réparateur, il descend dans le hall. Comme autrefois, il sort dans la rue, les mains dans les poches, sans se presser, les oreilles encore bourdonnantes, les yeux toujours brûlants, un peu faible et fiévreux, probablement l'émotion.

Mais quel bien-être pour lui de marcher libre, indépendant et un peu fier tout de même, dans ces rues où (il a) si souvent passé triste et inquiet. Il sait bien qu'il doit se retrouver au départ, tout à l'heure, à 3 heures, mais ces moments un peu oniriques lui sont plus profitables que tout sommeil.

Au fil de ses pas, il échoue au café de la Régence. La salle est déjà vide. Il est le seul client.

– Des œufs au plat et une grillade, commande-t-il à un garçon peu empressé à servir un client capable de le faire coucher aussi tard...

Roland prend tout son temps pour dîner, après quoi il s'en va flâner encore un peu dans les rues, jusqu'à minuit.

***

Il pleut légèrement sur le terrain de la Californie quand la matinée commence, à trois heures et demie. Les mécanos ont sorti le Blériot de Beaumont. Le chef d'équipe de Gnome a trop sacrifié à Bacchus, il est complètement saoul. Garros imagine sans peine la qualité des soins qu'on a pu apporter à leurs moteurs...

Leblanc essaie de calmer les esprits. Son sens de la diplomatie ne peut toutefois pas faire tourner à une allure qui permette de voler le moteur de Beaumont.

À son tour, Roland fait apprêter son appareil. Il a plus de chance que son partenaire, son Gnome démarre au quart de tour mais il produit un tel son qu'une ultime vérification est nécessaire. Après un vague tripotage des soupapes, Leblanc lui conseille de partir. À 04 H 55, il peut enfin s'envoler « avec une grande facilité », affirme un témoin.

En fait, se rassure Garros, l'oreille s'accoutume à tout, même au bruit de ferraille d'un moteur, pour peu que son régime ne baisse pas. Il laisse à sa gauche Nice et le Mont Boron, traverse la rade de Villefranche, la baie de Beaulieu, salue au passage le rocher de Monaco, le Cap Martin... Tous ces paysages familiers qu'il voit pour la première fois du ciel, mais à travers la pluie, chassent son appréhension de la panne.

Il franchit la frontière au-dessus de la mer. Un torpilleur croise le long de la côte. Un petit vol plané l'amène à sa hauteur. Les matelots agitent frénétiquement bérets et mouchoirs dans sa direction.

Jusque là, le temps n'était que maussade. Après San Remo [1],

1. L'Italie a une heure d'avance sur la France. Il survole San Remo à 06 H 30 (heure italienne). Les cloches de toutes les églises saluent son passage.

il devient réellement mauvais. Pour éviter le vent du Nord qui jaillit en trombe de toutes les gorges des Alpes, il s'éloigne vers le large mais c'est ajouter le risque de noyade aux autres. Contre les remous, la lutte est pénible, épuisante et il lui est plus difficile de revenir à la côte que de s'en être écarté.

Plus qu'un quart d'heure avant Gênes : la quasi-certitude d'y arriver enfin le premier dissipe toutes ses fatigues. Le terrain est limité par une colline abrupte. Il faut le prendre de loin, en douceur. Garros décrit deux larges virages au-dessus de la mer, s'approche, touche le sol : il est huit heures vingt.

Comme d'habitude, c'est la ruée des porteurs de brassards, *seulement plus impétueux et plus bruyants, parce que nous sommes en Italie*, rapporte Garros.

On lui confirme sa première place, on le presse de partout, *tout le monde ne cherchant qu'à bien (l)e recevoir*. Mais il a moins que jamais envie de jouer à l'aviateur qui arrive. Il se rappelle même avoir été hargneux et après quelques concessions au protocole, il parvient à s'isoler dans un hangar.

Dans le calme, Roland a tout le temps d'absorber ses œufs crus et son café au lait. Les mécanos se sont emparés du vieux Blériot. À grands coups de marteau, ils plantent dans l'ossature de frêne des myriades de clous pour obturer les trous de ses plans délabrés. On lui transmet un radio-télégramme donnant l'état du temps sur tous les points du parcours. On nettoie vaguement le moteur et on remplit les réservoirs.

Il est 10 H 49 quand il peut de nouveau décoller, vent debout et face à la colline qu'il évite d'un virage serré.

Autour de l'observatoire de Portofino, une foule impatiente hérissée de toutes sortes de lunettes et de jumelles a guetté depuis le matin l'existence des hommes-volants. On applaudit longuement lorsque le Blériot passe, à 300 mètres d'altitude.

***

En compagnie de Mercanti, commissaire italien de la course et de Savorgnan de Brazza, son confrère du *Journal*, Jacques Mortane se trouve dans le train qui quitte Gênes à la minute même où décolle Garros. Il écrit à son journal :

Angoissant, indescriptible fut le match entre Garros et notre train. En sortant d'un tunnel, nous apercevons un point derrière la cime de Portofino-Kulm. Les cœurs contractés d'émotion à la vue de ce compatriote qui vole là-bas dans le ciel, nous ne pouvons nous empêcher de pousser des cris d'admiration.

Garros suit la ligne tracée par les quelque quatorze navires de guerre italiens répartis de quinze en quinze kilomètres. Confortablement installés dans leur wagon-salon, les voyageurs le voient apparaître, « horriblement secoué » dans les remous, puis disparaître dans les nuages. Le Blériot dépasse le train mais le vent se lève, il perd du terrain, le regagne. « Dix fois, la manœuvre recommence », écrit Mortane et ils finissent par en perdre la trace, avant Pise.

Cette partie du trajet est loin d'avoir marqué la mémoire de l'aviateur de souvenirs aussi dramatiques. Son moteur tient bon. L'air devient plus calme. Il se sait à 3 heures de Rome et il en oublie ses fatigues. Il n'a même pas un regard pour le splendide panorama de la côte italienne qui défile sous ses ailes.

Roland est en vue de Pise quand son moteur commence à faiblir. Des ratés intermittents. Comme à Saint-Sébastien, comme à Avignon. Un ballon captif signale le terrain de San-Rossore. Le Gnome est pratiquement en panne lorsqu'il parvient à s'y poser.

Il est 12 H 35. Le voyageur a gardé de cette arrivée à Pise le souvenir d'une réception en petit comité. *Il Secolo* de Milan fait au contraire état d'une « foule considérable » qui porte en triomphe le vainqueur de l'étape jusqu'à son hangar. Toujours est-il que l'équipe d'aviateurs qui, à l'occasion de la course, fait sur le terrain une série d'exhibitions, l'accueille avec chaleur. Cheuret, une vieille connaissance, lui donne même l'accolade, les yeux humides. Éros, un autre collègue, lui propose l'assistance de ses mécaniciens. Cependant qu'ils lui offrent un vrai déjeuner, sous un hangar.

On le met au courant des derniers développements de la course.

– Vous avez tout le temps ! Beaumont ne repartira que demain matin de Nice... Il a dû se faire expédier un moteur neuf de Paris !

Et quand Garros veut repartir, après le repas, tous s'acharnent à le retenir.

– Vous n'irez pas loin avec votre moteur, soutient Éros. Laissez donc mes hommes le remettre en état. C'est la meilleure façon de profiter de votre avance. Un peu de sang-froid et la course est à vous ! Il ne faut pas la perdre par impatience !

– D'ailleurs, enchaîne Cheuret brandissant un télégramme, on vient d'annoncer une violente bourrasque sur Rome...

Tous ces arguments font leur effet sur l'aviateur *fatigué, aux nerfs épuisés, incapable de clairvoyance.*

Je me laissai influencer par les conseilleurs. Ce grand diable d'Éros, avec sa physionomie franche et sympathique, m'inspirait confiance. Et on sentait en lui la bonne roublardise du coureur cycliste. Cheuret et sa charmante femme me pressaient aussi. Hélas ! hélas ! hélas ! je cédai et restai. Aussitôt la décision prise, mes nerfs se détendirent, je goûtai le repos.

Au Grand-Hôtel, on lui a réservé la chambre de Garibaldi. Sur le lit où le héros a reposé, il cherche vainement le sommeil car sa tête est pleine de souvenirs tous frais, l'enthousiasme de Gênes, les mains tendues vers lui, les cris, les regards brillants, cette émotion à laquelle il n'a répondu que par un abrutissement un peu étonné, la réminiscence du Petit Poucet (pourquoi ?...). Et tout cela, alors qu'il n'est qu'à deux heures de Rome !

Le soir, les confrères lui offrent à l'Hôtel un banquet intime dans un petit salon du premier étage. Pendant toute la soirée, il n'est question entre tous les convives que de la course, non par politesse, explique Garros, mais parce que personne réellement ne songeait à autre chose... J'étais étonné de ce qu'on disait de mon voyage. On imaginait des sensations héroïques que je n'avais pas eues ; on ne soupçonnait pas celles que j'avais éprouvées.

Sous les fenêtres du salon, une rumeur de foule : de plus en plus bruyamment, on réclame le héros « au balcon ».

J'avais honte de me montrer : on m'entraîna, on me poussa sur le balcon. Alors, tout le feu du tempérament italien éclata : « Bravo.. Bravo... Viva la Francia ! »

La fatigue donne aux nerfs une sensibilité étrange. J'eus comme un vertige et d'un geste incohérent et machinal, je saisis un pli du drapeau tricolore qui flottait près de moi et le portai à mes lèvres...

Au troisième jour de la course aérienne *Paris-Rome*, Garros est en tête, à Pise. Il a parcouru 1.183 kilomètres depuis Paris. Un troisième larron s'est glissé dans le « duel » Beaumont – Garros : Frey, maintenant à Gênes après une randonnée de 1 031 kilomètres. Beaumont, rétrogradé en troisième position, n'a pas encore quitté Nice.

XIII

Paris-Rome : de Pise à Parioli-Avia

À deux heures de Rome ! Quand il se saisit de la cloche, à l'aube du lendemain matin, Roland ne doute plus être le vainqueur de la plus belle course du monde. Et pourquoi en douter? Ses cylindres ont retrouvé leur jeunesse, mis à part *certain petit cognement* ; le temps est splendide. À faible hauteur, il a survolé Livourne avant de se laisser glisser vers le Sud, le long de la côte. Mais il garde l'oreille tendue vers le moteur, *comme l'accusé doit écouter la sentence. Ses yeux vont de la carte à la montre, (il) compt(e) les minutes, ne regardant le paysage que pour y découvrir des points de repère et suivre (s)es progrès.*

Il n'a pas fait trente kilomètres que les choses se gâtent : le Gnome émet un *craquement affreux puis quelques explosions espacées et de sinistres raclements de pièces cassées contre les parois de tôle du capot*. L'avion descend sur une grande plaine verte coupée de caniveaux. Avec *sa mécanique qui éternu(e) tous les deux tours*, il n'a plus le choix du terrain : au dernier moment, une rigole lui barre la route. L'appareil s'incline, une roue s'écrase, l'aile porte à son tour et sur ce point d'appui, toute la machine se retourn(e) d'un coup, en craquant. Garros est enfoui sous les débris.

– Bon sang ! L'incendie !

L'instinct de conservation lui dicte sa conduite : il se dégage en rampant, dans la terre molle. Il jette un regard démoralisé sur l'amas de bois, de toile et de métal. C'est une tige de soupape qui s'est brisée entraînant la rupture des autres. (Éros n'a-t-il pas fait remplacer ses ressorts de rappel par d'autres plus forts ? se rappelle Garros)

Mais il n'est pas temps de se lamenter sur son sort. Il n'a qu'une idée en tête : changer d'avion. Une voie ferrée étroite passe à quelques centaines de mètres : coupant à travers champs, il s'y précipite. Le conducteur du train venant de Pise aperçoit, planté entre les rails, une sorte d'épouvantail aux vêtements déchirés et maculés de terre. La créature agite frénétiquement un bras (l'autre est immobilisé par une luxation de l'épaule). Il arrête son convoi.

En quelques mots, le naufragé explique la situation, le mécanicien le fait monter à ses côtés. Cinq minutes plus tard, Roland débarque à la gare de Cecina. Il est tout de suite entouré. Heureux de voir de près un aviateur, les voyageurs le pressent de leur admiration en l'étourdissant de questions:

– *Et vous n'avez pas froid, là-haut ?*

– *Vous n'avez pas peur ?*

Difficile d'en vouloir à ces braves gens. Mais Garros, trop énervé, trop préoccupé, ne peut leur répondre. Par téléphone, il parvient à prévenir Leblanc.

Il n'est de retour à Pise qu'à midi. Leblanc a pu lui dénicher un nouvel appareil qui ne sera disponible que le lendemain. Un peu désemparé, écœuré, Roland va s'enfermer dans sa chambre qui n'est plus pour lui « une chambre d'honneur »... À deux heures, on vient lui annoncer le passage de Beaumont. Dans la soirée, l'arrivée à Rome de son concurrent...

***

DE LA VILLE LUMIÈRE À LA VILLE ÉTERNELLE,
titre *l'Excelsior*
L'HOMME-OISEAU VENU DE FRANCE A PLANÉ AU-DESSUS DU VATICAN.

Rome est en fête, télégraphie son envoyé spécial. La population toute entière est dans les rues, attendant avec anxiété les trois coups de canon qui doivent annoncer que le premier aviateur a quitté Pise.

Sur tous les points élevés de la ville, la foule se presse. Sur le dôme de Saint-Pierre, toutes les plus hautes personnalités du Vatican sont groupées, car les aviateurs doivent en effet passer juste au-dessus du dôme pour gagner le champ d'aviation de Parioli.

S.S. Pie X suit la course avec le plus vif intérêt. Il se fait donner des nouvelles de quart d'heure en quart d'heure et on a installé un bureau télégraphique spécial pour lui. Le pape a, en effet manifesté l'intention de voir passer les aviateurs de ses fenêtres.

(...)

L'aviateur Beaumont apparut dans les nuages du côté de Monte-Mario. Il effectua son atterrissage sur la petite piste (...) pour finir son vol sur la grande piste, où un drapeau italien et un français étaient tenus par MM. Mercanti et Schneider.

(...)

Il gagne ainsi le premier prix de 50 000 F affecté à l'étape Nice-Rome, ce qui, avec sa victoire dans l'étape Paris-Nice, porte à 100 000 F son gain total actuel. La performance du vainqueur est particulièrement remarquable si l'on tient compte qu'il a fait le parcours Nice-Rome en une seule étape.

***

Le lendemain, à 10 H 50, après un petit vol d'essai et un dernier réglage, Garros reprend le chemin de Rome sur le Blériot de rechange reçu la veille et que Leblanc a fait remonter dans la nuit.

Mais il s'agit d'un appareil de série sur lequel Blériot n'a pas cru devoir augmenter la capacité des réservoirs. Il a donc fallu prévoir un ravitaillement intermédiaire, à Orbetello. Où donc ? Personne n'a pu renseigner le navigateur avec précision. Ce souci s'ajoute à l'amertume de ne pas être le premier dans la ville éternelle et à la douleur lancinante de son épaule.

Mais le temps est beau et il se laisse porter sur soixante-dix kilomètres... avant les premiers ratés. Il s'arrête dans un champ, au sud de la falaise où se perche le village de Castiglione di Pescaia. Aussitôt à terre, il se livre à un nettoyage général des bougies.

L'arrivée du Blériot n'est pas restée inaperçue : les villageois accourent pour le voir de près. Mais contrairement à ce qui se passe d'ordinaire, *les gens du crû* (*même les enfants,* remarque Garros) *sont d'une merveilleuse discrétion, se tenant à distance respectueuse de l'appareil, sans poser les traditionnelles questions tellement énervantes.*

L'aviateur en profite pour faire remplir son réservoir, ce qui lui évitera ce ravitaillement problématique d'Orbetello. L'essence, il n'y en a qu'à Grossetto, lui dit-on et aussitôt on y expédie un petit attelage.

Pendant ce temps, tous les villageois se sont rassemblés autour de l'appareil ; la fanfare, tous plumets au vent, donne une aubade ; on offre à l'hôte une collation de poulet froid et d'œufs frais, agréablement arrosée d'un petit vin du pays.

Si bien qu'il ne repart que deux heures plus tard, presque à regret *emportant de Castiglione le plus charmant des souvenirs...*

Il n'a pas encore atteint le but : à un quart d'heure de

Rome, nouvelle panne de cylindre. En atterrissant, le Blériot, troublant la placidité d'un troupeau au pâturage, fait fuir en panique les malheureux bovidés. Le cylindre déficient est rapidement identifié, sa bougie nettoyée. Des automobilistes de passage lui prêtent main forte pour la remise en route.

Quelques instants plus tard, il a sous les yeux le dôme majestueux de Saint-Pierre.

– Quelle tristesse ! se dit le jeune homme. Que n'ai-je vu cela hier!

***

Sur le terrain de Parioli Avia, il est 17 H 10 quand les spectateurs, à peine moins nombreux que lors de l'arrivée de Beaumont la veille, aperçoivent le monoplan volant à une assez grande hauteur. Cinq minutes plus tard, le Blériot de Garros se pose en vol plané devant la loge du jury.

Les carabiniers ont toutes les peines du monde à refouler les impatients qui veulent approcher l'aviateur. Beaumont lui-même, qui n'a pas été reconnu par les représentants de l'ordre malgré le drapeau français qu'il agite en tous sens, a lui aussi été quelque peu malmené. Il tient à être le premier à saluer Garros à sa descente d'avion. Tout le monde note le teint pâle et l'air fatigué de l'aviateur quand il descend du Blériot.

– Cette sacrée épaule ! explique Garros à son rival heureux, cependant que les vivats réunissent les deux Français dans un même tumulte alors qu'ils s'efforcent de se frayer un passage dans la cohue vers la tribune officielle.

Mes nerfs exaspérés par tant de contrariétés, supportaient mal ces démonstrations – Je me montrai aussi peu aimable que d'habitude, note Garros (...). J'aurais donné cher pour que cela fût fini et qu'on me laissât seul dans une chambre – Prendre un bain et dormir...

Beaucoup de personnalités, autour du buffet où l'on débouche bouteilles de champagne et d'asti. Représentants du gouvernement, de la Mairie, des Aéro-Clubs, les Commissaires de la course, M.Barrère, l'ambassadeur de France... Tous applaudissent longuement les deux aviateurs quand ils choquent leur verres, Garros mesurant *alors l'étendue de (l)a joie (de Beaumont) et celle de (s)a (propre) tristesse...*

Dans le brouhaha de la réception, un aimable convive, verre en main, vient lui dire:

– M. Nathan, le Maire de Rome, vous prie de l'excuser. Il n'a pu se déplacer pour venir vous souhaiter la bienvenue.

Garros a un salut de la tête, à peine poli. Quelques instants plus tard, une autre personne vient lui faire la même commission.

Peu après, un Monsieur distingué et fort élégant, rose à la boutonnière, s'approche à son tour de l'aviateur.

– Monsieur Garros, dit-il en inclinant légèrement la tête, M. Nathan me prie de l'excuser...

– Oui, je sais, coupe vivement le jeune homme, c'est la troisième fois qu'on me le dit en moins de dix minutes...

Gardant son sourire aimable, le Monsieur reprend :

– Veuillez m'en excuser, Monsieur, je comprends parfaitement votre fatigue...

Je sus, un peu plus tard, que j'avais adressé ce mot stupide au prince Potenziani, président de l'Aéro-Club d'Italie – Il comprit mon énervement et ne tint aucun compte de ma mauvaise humeur. (...) En attendant, je me sentais bourru, insolent – et j'en souffrais...

Garros aimerait bien se retirer discrètement. Impossible : au bas de la tribune officielle, la foule s'est massée et réclame la présence au balcon des deux héros. La mort dans l'âme mais s'efforçant de faire bonne figure, il doit se présenter aux côtés du vainqueur pour recevoir l'hommage débordant des Romains qui associent dans leur ardeur les deux Français.

Ce n'est que bien plus tard qu'il pourra enfin prendre place, avec Beaumont, dans l'automobile qui les conduit vers leur hôtel. Tout le long du chemin, ils seront accompagnés par des « Viva la Francia ! ».

***

Rome est aux pieds des deux vainqueurs. Du Quirinal au Palais Farnèse, c'est à qui s'arrachera la présence des deux héros. Garros accompagne Beaumont dans toutes les réceptions, s'efforçant de faire bonne figure malgré sa profonde déception d'avoir manqué la première place. Rome est là pour le consoler, Rome qu'il aime avec une sorte *de respect filial, apaisant et réconfortant*. Pour lui, une ville qu'il visite n'a d'intérêt que dans son atmosphère propre, cette sorte d'âme où se mêlent le passé et le présent, le tempérament des hommes et la nature.

Quand on reconstitue au jour le jour l'emploi de son temps, on constate que Roland depuis Cholet a vécu toutes les heures de ces onze mois avec une intensité constante, son esprit et son corps entièrement tendus vers le métier ou plutôt vers la vocation qu'il a choisie. Ce séjour romain donne un peu l'impression que c'est la première halte dans son itinéraire, que c'est la première fois que lui est offert le temps d'un retour sur lui-même et en arrière.

L'occasion se présente en la personne de Jean Ajalbert, en vacances à Rome. Alors qu'il était fonctionnaire colonial, celui-ci a fait à Saïgon la connaissance de la famille et il est devenu un grand ami de Georges. Dans sa « Vie passionnée de Roland Garros », il assure ne pas avoir fait avant cette rencontre le rapport entre Georges et Roland, ce qui paraît difficilement imaginable lorsque l'on songe à la notoriété que Roland s'est déjà acquise.

Jean Carrère, le correspondant du *Temps*, a demandé à Ajalbert de l'accompagner à Parioli-Avia pour l'arrivée du premier Français de la course. Ainsi l'écrivain (Ajalbert, auteur de plusieurs romans) se serait-il trouvé mêlé à toutes les manifestations françaises en l'honneur des vainqueurs du *Paris-Rome*. L'auteur raconte qu'au cours d'une des réceptions pendant lesquelles Beaumont et Garros sont soumis à l'épreuve des autographes, Roland lui demande :

– Pardon, Monsieur... Seriez-vous parent de M. Jean Ajalbert, l'homme de lettres?

– Mais,... c'est moi...

– Alors, mon nom ne vous dit rien... Roland Garros, le fils de Me Garros, de Saïgon... Vous ne me reconnaissez pas...

– Le fils de l'avocat... Ah, laissez-moi vous embrasser... Vous dînerez avec moi ce soir...

Nous sommes contraints de nous fier à cette unique version. Roland, qui s'abstient, dans ses *Mémoires*, de toute allusion à sa vie familiale, son domaine réservé, ne fait quant à lui aucune mention de cette rencontre.

Le jeune homme accepte donc l'invitation de l'ami de la famille, occasion pour lui de se soustraire un moment aux mondanités auxquelles il est astreint. Et puis, cela fait longtemps qu'il n'entretient plus de relations avec son père qui ne lui a plus donné signe de vie et il ne sait pas encore s'il lui a pardonné d'avoir failli à la carrière qu'il lui avait choisie...

Ils dîneront plusieurs fois ensemble, dans « les trattoria où l'on savoure les plats nationaux, en dégustant les vins du terroir ».

Pour la première fois, écrit Ajalbert, il pouvait s'abandonner aux confidences, avec un compagnon au courant de ses affaires de famille et qui avait voyagé par cet Extrême-Orient nostalgique. Garros sentait une curiosité avertie, une sympathie active :
– Je dois vous assommer avec ces histoires de soupapes et de bougies, comme si nous étions à Villacoublay [1]... Comme je vous envie d'être à Rome, pour y jouir de toutes les merveilles. Moi, j'étouffe dans les palais, les églises, je me trouve mal dans les musées ; je voudrais lire, j'aime les vers : je ne peux plus : il ne me reste que la musique.

Ils dînent le dernier soir en plein air à l'osteria di Castello di Costantino, sur l'Aventin, alors que le soleil se couche sur la ville éternelle. Beaucoup de monde sur la terrasse, une société élégante et les femmes jettent « des regards admiratifs sur la beauté grave et fière du jeune homme ». Une fois de plus, Roland évoque son père. Il « en parlait et le jugeait, avec autorité. Que ne rentre-t-il en France, au lieu de continuer à s'user en Cochinchine ! » Devant ce jeune homme à peine plus âgé que son fils, Ajalbert se sent « prodigieusement attiré vers un représentant d'un idéal nouveau, ardent, certain et grave, comme un précurseur, car le jeune homme, si réservé d'habitude, se livrait peu à peu davantage ». Alors que tout le monde est déjà parti, ils restent tous les deux debout, à regarder la ville :

– Il faut lire Chateaubriand là-dessus, dit Ajalbert.

– Oui, répond négligemment Roland Garros, c'est émouvant tous ces châteaux, ces cimetières, ces aqueducs... Des travaux de Romains... Mais celui qui trouvera le moteur...

***

Pendant tout leur séjour romain, une meute d'envoyés spéciaux et de correspondants reste accrochée aux basques des deux aviateurs. L'ambassadeur de France les a conviés à

1. Lorsqu'il reconstitue ce dialogue, Ajalbert oublie qu'à l'époque du Paris-Rome, G. n'a pas pu fréquenter l'aérodrome Morane de Villacoublay qui n'existait pas encore...

déjeuner puis leur fait les honneurs de sa résidence. En fin d'après-midi, champagne en leur honneur à la villa Médicis où Carolus-Duran et les élèves de l'École font aux aviateurs un accueil plein de chaleur.

Le 3 juin, c'est au tour de Frey sur Morane d'atteindre les bords du Tibre. Il est suivi le lendemain par Vidart sur Deperdussin. Le fastueux Deperdussin au faîte de sa gloire, accompagné de son élégante épouse, attend depuis plusieurs jours dans la ville éternelle son aviateur et son avion pour les accueillir royalement avec fleurs et champagne. Quand en 1916 Garros évoque ce personnage, c'est en termes chaleureux mais amers et désabusés. *Eh quoi, s'indigne-t-il ! Voilà l'homme entreprenant, généreux, à qui l'aviation doit tant, que l'on a couvert d'honneurs et de récompenses et qui moisit, depuis trois ans, dans les cachots... Le grand constructeur devenu escroc !* Deperdussin n'est pas aviateur, il n'est pas même avionneur. C'est un financier qui a cru en l'aviation. Et c'est celui qui a eu le mérite de distinguer les ingénieurs d'avenir, de leur donner toutes les possibilités de travailler : Béchereau, surtout, l'auteur d'un « monocoque« révolutionnaire (sa technique du contre-plaqué moulé ne sera reprise que pour les Mosquitoes de 1940...) et du futur SPAD, le vainqueur du Fokker D VII à la fin de la guerre. Mais, entre temps, l'homme a fait faillite et il a été condamné. *En France*, regrette Garros, *on pardonne l'assassinat plus facilement que le vol...*

Et ce sont encore et toujours des banquets. Beaumont, s'amuse Garros,

s'y montrait aussi intrépide orateur qu'il était brave pilote – À ces moments là, je cessais d'envier sa gloire et il se souvient d'une fin de dîner que l'aviateur offre en remerciement à ses hôtes de Rome et qu'il conclut par ces mots :... J'aurais voulu réunir ce soir tous ceux à qui je dois des remerciements... Ils sont trop... Je n'aurais pas trouvé de salle assez grande... Alors j'ai pensé à les réunir en un sentiment... un sentiment de charité... et j'ai fait un don aux pauvres...

Mais il attribue la palme de l'éloquence à

Jacques Schneider, au demeurant le plus charmant des compagnons, qui avait pris au tragique ses fonctions de délégué de l'Aéro-Club de France et ne nous faisait pas grâce d'un seul des vœux que formaient les Aéro-Clubs, les uns pour la prospérité des autres – et Dieu sait s'ils en formaient...

Garros n'en oublie pas pour autant l'injustice dont il estime avoir été victime à l'issue de l'étape Paris-Angoulême lorsque, alors qu'il avait été le seul concurrent à accomplir dans les temps cette première étape, le comité d'organisation du *Paris-Madrid* a autorisé le départ des autres concurrents. C'est en effet de Rome que, le 3 juin, il adresse au président de la Commission sportive aéronautique un télégramme maintenant la réclamation qu'il lui a adressée d'Angoulême. Il confirme ce télégramme par une lettre dans laquelle il réclame « le déclassement ou la mise hors course de Monsieur Védrines et demande pour (lui) le classement de premier de Paris-Angoulême et d'Angoulême-St Sébastien qui (lui) est dû ainsi que le prix attribué pour les deux étapes ».

Autre souvenir de ce séjour que Garros retrouve au fond de sa cellule allemande : une promenade au domaine du prince Potenziani, le Président de l'Aéro-Club d'Italie à qui il a si grossièrement répondu le jour de son arrivée. Il est question d'organiser une course Rome-Rimini et le prince l'emmène, en compagnie de Manissero qui a dû abandonner le *Paris-Rome* et poursuivre sa route en train. La « 120 HP Italia » impressionne le connaisseur autant que la maestria du prince au volant et il reste sous le charme de l'exquise amabilité de la princesse.

***

Le *Paris-Rome* s'appelait primitivement « Paris-Rome-Turin » et la troisième partie du trajet Rome-Turin, qui constitue en fait une course indépendante, s'annonce mal. L'organisation du raid sur le territoire italien paraît insuffisante aux yeux des aviateurs. Les dirigeants de l'épreuve prennent ces remarques en considération et décident l'établissement d'un très rigoureux service d'ordre le long du trajet.

Au départ, Beaumont et Garros sont bien décidés à y participer. Garros, qui a quelque peu perdu confiance dans l'organisation qui le soutient (des appareils à mettre au point, des réservoirs trop petits, des moteurs à panne, des mécaniciens ivres et ignares...) voit dans cette épreuve l'occasion d'une revanche, malgré son épaule qui continue à le faire souffrir. Beaumont, moins enthousiaste, souligne Garros, préférerait peut-être rester sur son succès. Mais l'accueil chaleureux qu'ils ont reçu des Italiens, confiera quelques jours plus tard l'enseigne de vaisseau à Jacques Mortane, les pousse à ajouter la fatigue de ces 800 kilomètres à celle qu'ils ont déjà emmagasinée. Ils ont tous les deux étudié la carte, reconnu les itinéraires en voiture. Leur arrive soudain une dépêche de Blériot : « Renvoyez immédiatement les monoplans à Paris ». Dans le but de les réviser avant le départ du *Circuit Européen.* Grave dilemme pour les deux hommes : déplaire aux Italiens ou risquer un échec dans l'épreuve du « Journal » si les machines n'ont pas le temps d'être complètement revues avant le départ...

Ils n'ont pas sur place de pièces de rechange. Ce « Rome-Turin » doit donc être accompli sans aucun accroc. Néanmoins, ils pensent tout de même devoir entreprendre l'épreuve. Leurs obligations à l'égard de la maison Blériot qui les emploie les oblige à demander aux organisateurs une garantie de 10 000 F pour les frais de casse possible. Fureur de ceux-ci qui se méprennent sur le sens de cette demande et échange de dépêches peu courtoises, indique Beaumont.

Beaumont et Garros décident donc de rentrer en France au plus vite. Les organisateurs se sont repris et ils adressent aux deux aviateurs des télégrammes, « empreints cette fois d'une parfaite urbanité et accordant tout ce que nous demandions », explique Beaumont.

Mais il est trop tard : le « Circuit » part le 18 juin... Beaumont est à Paris le 15. Roland arrive le lendemain...

Seul Frey participera au « Rome-Turin » : il sera arrêté dans les Apennins par une chute terrible. Il sera opéré par le chirurgien du Pape... Et au début de ce mois de juin, en même temps qu'ils relatent les dernières péripéties du *Paris-Rome*, les journaux font état d'une autre information aéronautique : dans sa tentative de traversée de la Méditerranée via la Corse, le lieutenant Bague est porté disparu.

XIV

Le circuit européen

Les « vacances » romaines de Garros sont déjà terminées et il est de retour à Issy l'avant-veille du départ du *Circuit Européen.* Dans l'esprit de Georges Prade, le rédacteur en chef du *Journal* qui l'a imaginé et organisé, le Circuit doit affirmer tout ce que l'aviation doit « à l'énergie française et au génie de nos constructeurs » et marquer les mémoires par le départ et l'arrivée des quelque quarante concurrents sur le champ de manœuvres de Vincennes, pour l'occasion transformé en champ d'aviation.

Dès le vendredi, les hangars ont commencé à se peupler. Dans une animation extraordinaire, devant une foule considérable de curieux et d'amateurs fanatiques, les appareils arrivent, soit sur camion, soit par la voie aérienne. Toutes les vedettes de l'heure se sont inscrites, Védrines, Beaumont, Tabuteau, Weymann, Wijnmalen, Kimmerling, Bielo, Gibert... Et aussi les militaires.

On livre à Roland son appareil sur le terrain d'Issy. Impossible de faire démarrer le moteur et Leblanc se résigne à le remplacer. Si bien que ce n'est que le samedi soir que Roland peut l'emmener d'Issy à Vincennes. Tout semble aller bien, son Gnome inaugure un nouveau modèle de bougies en mica. Pour se le mettre en main, Roland se permet quelques minutes de *fool-flying, modéré,* souligne-t-il. Et on range l'avion dans son hangar, jusqu'au lendemain matin.

Comme pour ses deux premières courses, ses amis viennent le réveiller rue Lalo à 2 heures du matin. Pendant tout le trajet, Roland ne peut effacer cette inquiétude qui le prend au départ de chaque course d'arriver au terrain en retard. D'autant plus que son épaule le fait encore souffrir et qu'il se sent devenir fiévreux, signe avant-coureur des probables crises de paludisme qui le secoueront quelques heures plus tard. Des milliers de personnes (1 million de spectateurs assure *le Journal* !) piétinent sur la route, les automobiles avancent au pas, en triple file et les occupants de la Grégoire ont beau dire qu'ils transportent un aviateur, personne ne veut les laisser passer. Il faut toute l'habileté de Jacques Quellennec pour emprunter le trottoir en écrasant quelques orteils, ce qui déclenche un bon échange d'insultes, pour arriver tout juste en temps utile devant le hangar.

Dans la maigre lumière des becs de gaz et des projecteurs, une quarantaine d'appareils de tous modèles sont rangés sur deux rangs. Le gouvernement est représenté par le garde des Sceaux, Berrier, le ministre de la Marine Delcassé et Émile Constant, sous-secrétaire d'État à l'Intérieur. Le Général Roques maintenant « Inspecteur général de l'Aéronautique » est également présent, comme au départ du *Paris-Rome*. Les organisateurs ont fixé d'avance le sens des départs sans tenir compte du vent. Une petite brise souffle du sud-ouest, ce qui fait que les aviateurs devront partir vent de côté...

À six heures précises, Tabuteau part le premier, les autres se suivent, de minute en minute. On lance le moteur de Garros. C'est aussitôt une suite ininterrompue de ratés... Arrive son tour. Il part quand même mais se sentant poursuivi par la guigne, il estime imprudent de continuer dans ces conditions. Après un simple tour de piste, il décide d'atterrir et de regagner en roulant la ligne de départ. Leblanc s'est précipité avec son équipe de mécanos : Conneau, dit-il, a eu les mêmes ennuis et il n'est pas encore parti. Il fait vérifier les bougies.

Arrive aussi une volée de commissaires sportifs : « Il est interdit de revenir sur la piste comme vous l'avez fait ! ».

Pendant ce temps, les départs se succèdent : Beaumont, puis Lemartin, chef-pilote chez Blériot. Il est déjà sept heures et demie. Trente aviateurs au moins sont déjà partis. Le Blériot de Lemartin prend difficilement de la hauteur, sur la droite du terrain. Soudain, alors qu'il se trouve à deux cents mètres des tribunes du champ de course, on le voit soudain tanguer puis, de façon incompréhensible, glisser sur l'aile droite et piquer dans le petit bois qui se trouve au-dessous de lui. Le malheureux est tué sur le coup, le crâne fracassé.

Le Gnome de Garros est enfin prêt. Roland reprend l'air pour la deuxième fois, dans un concert de ratés. Oh, rage-t-il, *cette impression d'impatience impuissante ; c'est comme une douleur au cerveau et dans tout le système nerveux...* Cap sur

Reims, pendant quelques minutes et toujours ces maudits ratés. Il en vite a assez, au point *d'envisager de renoncer à la course et à toutes les courses du monde*. Il est exaspéré de cette *lutte contre ses propres armes. Qu'on me donne un appareil qui marche, tonnerre ! Que les mécaniciens fassent leur métier et je ferai le mien...*

Le vent s'est levé et retarde maintenant son retour au terrain alors que le Gnome semble tourner mieux. Mais Roland est tellement excédé qu'il redescend quand même. Puisqu'il est interdit de revenir sur la piste, il se pose cette fois-ci sur le large espace situé entre la ligne de départ et le public...

Les mécanos sont de nouveau rapidement à l'œuvre.

– Ce sont les nouvelles bougies ! M'sieu Beaumont, il les a fait toutes changer et il est parti...

Alors qu'on procède à la même opération sur le moteur de Garros arrive une délégation officielle, Georges Prade précédant le marquis de Kergariou et Ernest Zens. Le ton monte rapidement. Blériot et Leblanc viennent prêter main forte à Garros.

– Vous n'aviez pas le droit de revenir au terrain ! L'Aéro-Club vous inflige une amende de 500 F !

– Mais vous êtes fous ! Le terrain est le seul endroit de la région où l'on puisse se poser en cas de panne !

– C'est ridicule ! Et Lemartin, s'il ne s'était pas tué, vous l'auriez pénalisé, lui aussi ?

– D'ailleurs, le préfet de Police vous interdit de repartir !

– C'est quand même un peu fort ! s'indigne Leblanc. À Issy, on promène les ministres à travers l'aérodrome et ici, on l'interdit aux aviateurs !

L'Excelsior résume ainsi l'incident :

Les commissaires n'ont eu à sévir que contre un seul des concurrents, un des plus corrects cependant, des plus calmes et des plus adroits, Garros. Celui-ci, qui avait des difficultés avec son moteur, dut revenir trois fois atterrir sur le terrain. Les deux premières fois, il crut bien faire, pour éviter de se rencontrer avec ceux de ses camarades qui prenaient le départ, de descendre entre la ligne et les enceintes où se tenait la foule, ce qui lui valut d'ailleurs cinq cents francs d'amende. La troisième fois, il se conforma au règlement, mais alors, ce fut M. Lépine qui lui interdit de repartir. Une heure après, l'interdiction était levée, mais le malheureux Garros n'en avait pas moins perdu une heure.

Et le voilà de nouveau en l'air. Tout se passe bien. À 1 000 mètres, au-dessus des remous, le vent qui s'est levé le pousse le long de la vallée de la Marne jusqu'à Dormans. Il oblique alors à gauche pour suivre la route de Reims, qu'il connaît bien. Et quand il atterrit à Bétheny, sans plus d'incident, Audemars qui l'attend avec œufs frais et lait lui apprend qu'il a réalisé un des meilleurs temps réels... Néanmoins, pendant la demi-heure de neutralisation réglementaire, il fait doubler les haubans de cordes à piano car les remous rencontrés à la descente lui ont rappelé les exemples récents de ruptures d'aile.

Sous le hangar, il prend aussi le temps de raconter à son ami les incidents de Vincennes. Audemars lui apprend la mort de deux autres aviateurs, le lieutenant Princeteau, à Issy et celle de Laudron, entre Paris et Reims. À Reims, les nouvelles sont moins tragiques : il n'y a eu qu'une des scènes habituelles de l'intarissable Védrines.

Le vainqueur de Paris-Madrid et... des aigles s'était trompé d'aérodrome, rappelle Garros, *et dans son style habituel, il rendait le ciel et la terre responsables de cette erreur – Enfin du bruit... Beaucoup de bruit...*

***

Au grand étonnement de son *cher soigneur*, Garros pourtant déjà en retard ne paraît pas pressé de quitter Bétheny. Il est vrai qu'au regard des épreuves du *Paris-Madrid* et du *Paris-Rome*, le *Circuit européen* en raison de son règlement apparaît à Garros comme une course d'enfants.. Entre chaque étape, un ou deux jours de repos, le changement d'appareil est à discrétion, pas d'étape de plus de 300 kilomètres. De la promenade, du tourisme en somme.

Au départ de Reims, le vent arrière le pousse, la voie ferrée le guide. En un instant, il est à mille mètres au-dessus de Mézières. Puis il dépasse la couche des nuages et atteint à 1 800 mètres le calme absolu. Survolant sans dommage les redoutables Ardennes, il vise alors à la boussole la Meuse qu'il découvre à quelques kilomètres en amont de Liège. Nouveau plongeon dans les nuages pour les percer et il aperçoit tout de suite sur le plateau, au Nord de la ville, l'aérodrome d'Ans décoré de drapeaux. Il s'y pose d'une façon assez laborieuse car il ne se sent déjà pas très en forme. À peine arrivé, il se met en quête d'un lit pour s'allonger quelques instants.

Audemars qui le convoie sur la 6 cylindres Grégoire que le

Docteur Luling a mise à sa disposition ne peut le rejoindre que tard dans la nuit. Cette Grégoire est l'une des dernières vendues par Roland, avenue de la Grande Armée, et elle ne fait pas honneur à son fournisseur. En route, Audemars et son mécanicien Turet ont connu toutes les pannes imaginables. Le *Tiny* débarque, sur les genoux, poudreux, défait, maquillé de cambouis... *Quelle belle chose que l'amitié...,* souligne Garros. Audemars poursuivra la route, dans la voiture de Leblanc ou en train, si nécessaire.

***

Quarante et un aviateurs ont quitté Vincennes, huit seulement ont atteint Liège dans la journée de dimanche. Avec 3 H 13' 29, René Vidart sur son Deperdussin est le vainqueur de l'étape. C'est un grand gosse joyeux qui s'est préparé à ce succès par une nuit blanche... bien employée. Il a pris goût au champagne de Deperdussin et a arrosé son départ avec une bonne bouteille de Moët sec et quelques sandwiches. Mais il semble que les remous perfides dans la fraîcheur du matin aient créé chez lui une étrange sensation d'océan agité... *Il faut demander à Vidart,* sourit Garros, *ou à ceux qui l'ont vu arriver à Liège, si on a le mal de mer, en aéroplane...*

Védrines est deuxième, Beaumont quatrième. Garros, qui a mis 5 H 03' 01' 0/5 pour parcourir les 325 kilomètres du parcours, est loin derrière, 7e seulement [1]. Le lendemain, le 19, ils sont dix-huit à avoir franchi la première étape.

La deuxième est la plus courte, Liège-Spa et retour. Une tempête fait qu'on doit la reporter de vingt-quatre heures. Les aviateurs resteront ainsi au moins quatre jours à Liège. Durant la plus grande partie de ce séjour, Roland demeurera alité, ne quittant plus le lit que pour voler, quand il le fallait. Tous les soirs, il est pris de violents accès de fièvre. Le médecin qui le soigne lui conseille vivement d'abandonner la course. Garros ne peut s'y résigner. Heureusement pour lui, les maladies tropicales sont familières en Belgique et les soins qu'on lui prodigue lui permettront de poursuivre la course jusqu'au bout.

Il fait un temps de chien lorsque Garros quitte son lit pour prendre les commandes du Blériot. Il n'a pas pu étudier son itinéraire et à quelques kilomètres de Spa, il est pris dans une

1. G. écrit : *« À partir de ce moment (l'étape d'Utrecht), Conneau prit et conserva la première place et moi la deuxième ».*

averse qui l'aveugle et lui fait perdre sa direction. À moins de cent mètres d'altitude, il erre quelques minutes au-dessus d'une plaine marécageuse piquée de silhouettes de moulins à vent. Il atterrit à quelques mètres d'une petite ferme isolée entre deux pommiers et une vache.

– Spa ? L'aérodrome ? Mais c'est tout près !

On peut en effet en apercevoir le pylône du toit de la ferme où on le fait monter. Dans l'état de fébrilité où il se trouve, l'exercice lui laisse un mauvais souvenir. Et on l'aide à repartir. En un coup d'ailes, il est à Spa. Le retour est très facile. Mais, heureusement pour lui, Audemars et Mortane sont là à l'arrivée, qui l'aident à descendre péniblement de la carlingue pour le soutenir jusqu'à l'ambulance...

Ils ne sont que quatorze à avoir accompli le parcours. Védrines vient en tête, suivi de Vidart et de Beaumont. Le classement général de Garros ne change pas.

***

Une fois de plus, Garros quitte son lit de malade pour prendre le départ de l'étape Liège-Utrecht. Son état n'est pas plus brillant, il grelotte de fièvre, il est tout endolori, il souffre des reins.

Contrairement aux autres aviateurs qui ont l'habitude de voyager à 200 mètres, il s'installe tout de suite à 1 000 mètres, au-dessus des remous, là où le vent du sud-ouest est plus poussant. Technique payante du « cloud kisser » : il quitte le terrain d'Ans à la boussole, retrouve la Meuse en aval de Liège et suit le fleuve, *très agréablement*, écrira-t-il. Il dépasse Maestricht, puis atterrit à Venloo où est installé un contrôle obligatoire.

Beaucoup de monde sur le terrain. On reconnaît dans la foule des uniformes d'officiers allemands : ils ont passé la frontière à 6 kilomètres de là pour venir assister au passage des aviateurs. Ils restent impassibles mais sont attentifs. Les Hollandais, eux, sont enthousiastes : « Daur is de Vhegende man » (Voilà l'homme volant), crient-ils quand l'un d'entre eux se présente dans le ciel. « Hy Komt ! » (il arrive)...

Garros a du mal à descendre du Blériot pour accomplir les formalités. Il se déplace comme un impotent. Les quelques minutes qu'il perd dans cet exercice lui coûteront probablement la première place.

Il suit de nouveau la Meuse, s'efforçant de raccourcir le trajet, coupe le Waal en vue du pont de Zaltsommel pour rattraper la route Bois-le-Duc/Utrecht qui le mène au but. Il cherche quelque temps avant d'apercevoir enfin les hangars de Soesterbegullkamp, l'aérodrome envahi de spectateurs, les oriflammes claquant furieusement au vent. Avant de toucher le terrain couvert de genêts et de buissons, il entrevoit le REP rouge de son ami Gibert arrêté devant un hangar...

La foule est gâtée : les arrivées sont très rapprochées et à 10 heures, on a pu voir dans le ciel trois appareils se suivant... Le REP de Gibert, le Deperdussin de Vidart, le Blériot de Garros...

Ce dernier éprouve quelque difficulté à demeurer quelques instants au milieu de la foule des aviateurs et des spectateurs. Plusieurs minutes plus tard, il peut admirer l'atterrissage de Charley Weymann sur son Nieuport, *un des pilotes les plus adroits de cette époque*. Puis tout le monde voit passer un égaré, à plusieurs kilomètres de l'aérodrome. Un Blériot ? Impossible de l'affirmer à cette distance, mais c'est bien Beaumont qui atterrira dans la brousse après avoir franchi sans le savoir la ligne d'arrivée.

Garros est deuxième de cette troisième étape, à 6 minutes derrière Gibert dont la moyenne, pour avoir parcouru le trajet en 2 H 04' 25 3/5, a été de... « 87 kilomètres 96 mètres à l'heure ». C'est au classement général qu'il a sérieusement progressé : il est maintenant troisième, après Vidart (moyenne générale « 83 kilomètres 308 mètres à l'heure » !) et Beaumont. Védrines est momentanément hors de course.

Autour des aviateurs règne toujours l'agitation des grands jours, fatigante, surtout pour un malade. La Reine mère qui assiste aux atterrissages, demande à voir les aviateurs. On lui présente Vidart et Garros, qui tient à peine sur ses jambes. Les photographies de cette entrevue montrent les joues creuses et les yeux fiévreux de Roland. Sa Majesté s'inquiète du vent qu'ils ont dû affronter et de l'altitude à laquelle il voyagent.

Mortane est là, lui aussi, crayon et carnet en mains, qui interroge les aviateurs.

– Je n'ai pas rencontré d'aigle, cette fois, lui déclare Gibert, l'œil rigolard, mais des vols de canards. Il fait là-haut un vent terrible mais les remous glissaient sur mes ailes. À Venloo, un commissaire empressé voulait me faire rester, après mes deux signatures. J'ai passé outre et je suis parti malgré ses menaces.

– À Venloo, j'ai fait une escale de vingt minutes pour changer mes bougies, déclare Vidart.

– J'étais bien décidé à abandonner tellement j'étais malade, lui confie Garros, juste avant d'aller se coucher. Mais, quand j'ai été sur le terrain, malgré les ordres du médecin, malgré la fièvre, je suis parti. Les remous m'ont obligé à travailler tout le temps. Heureusement, je n'ai pas eu de panne, sans cela, j'aurais abandonné. J'ai vu trois signaux seulement et j'ai marché à la boussole. L'aérodrome est très difficile à trouver.

Puis il quitte le groupe, d'un pas lourd.

Vite, un lit et du repos !

***

C'est pratiquement la tempête, le temps ne s'améliore décidément pas au-dessus d'Utrecht. Bien au contraire : le vent souffle maintenant à plus de 14 mètres/seconde, les nuages forment un mur noir infranchissable. Quand intervient une accalmie, ce n'est jamais pour très longtemps. Et la pluie ne cesse de tomber.

Ce dimanche matin, à Bruxelles, on s'impatiente sur l'aérodrome de Berchem parce qu'en Belgique, il fait un temps radieux. Et on ne comprend pas : les commissaires sportifs ont donné le départ depuis samedi matin à 4 heures et ce dimanche, en milieu de matinée, aucun avion n'est encore arrivé.

C'est qu'il se passe des choses à Utrecht. Gibert a bien câblé à Esnault-Pelterie qui l'attend à Berchem qu'il partira à la première accalmie, mais à cause de la marée montante, le vent doit augmenter au moins jusqu'à deux heures... Les aviateurs, ils sont maintenant quatorze à avoir atteint Utrecht, ne sont pas d'accord pour partir dans ces conditions et sous l'impulsion du pacifique et éloquent Tabuteau et de Wijnmalen, ils ont constitué ce que Garros appelle une *coalition de la prudence*. « Nous ne voulons pas nous tuer », disent-ils, « nous n'accepterons jamais de décisions pouvant mettre notre existence en péril. Il suffirait que l'un de nous parte pour qu'aussitôt d'autres suivent. C'est ainsi que nous comptons des victimes. L'aviation est assez dangereuse telle qu'elle est sans y ajouter l'imprudence de ceux qui veulent, malgré tout, nous voir partir ». Ce qu'ils exigent, c'est que ce soit la commission sportive de l'Aéro-Club qui fixe désormais les départs.

Les aviateurs se sont réunis de nouveau à 13 heures. Ils se promettent de ne pas partir sans en avertir les autres. Les commissaires refusent tout simplement d'annuler le départ qu'ils ont donné la veille et mieux, sur l'insistance des délégués anglais, ils décident de donner le départ à quatre heures de l'après-midi. Cela ne va plus et toute la presse va titrer sur « La grève des Aviateurs »...

Pour Garros, ce retard est bénéfique car ces deux jours gagnés sur la fièvre lui permettent de recouvrer une meilleure forme. Il s'est levé samedi et dimanche à l'aube pour aller tenir conseil à l'aérodrome, Audemars et Leblanc le représentant dans les discussions, pendant qu'il reste allongé sur le lit pliant du mécanicien de garde. On le ramène à l'hôtel vers 8 ou 10 heures... [1]

***

Lundi matin, Beaumont annonce qu'il reprend sa parole et qu'il partira à la première accalmie. Toute la matinée, le temps ne connaît aucune amélioration. À midi, Garros, pour qui ces quarante-huit heures de sursis ont décidément été bénéfiques, se joint aux autres et va déjeuner en ville. Mais une sorte d'instinct lui fait écourter son repas et il revient rapidement au hangar : il n'y est pas depuis dix minutes que Beaumont fait sortir son appareil et s'envole pour Bruxelles.

Cinq minutes plus tard, Roland se lance à sa poursuite. Il est 2 heures 25. Peu après, il perd son chemin dans la pluie. Toutes les dix minutes, il tombe sur un orage et l'eau lui entre dans les yeux. Sortant d'un nuage, il suit pendant vingt minutes une voie ferrée qui le conduit jusqu'à une ville qu'il prend pour Bréda. Il lui faut atterrir pour se renseigner : ce n'est pas Bréda, c'est Tilsburg [2]. Cette erreur lui fera perdre une bonne heure, estime-t-il. Il arrache difficilement son appareil d'un terrain détrempé mais atteint très vite l'étape obligatoire de Bréda. Beaumont est déjà passé, ainsi que plusieurs autres. Pendant le ravitaillement, deux ou trois appareils le

1. G. écrit : *« Plusieurs jours passèrent ainsi, pour moi bien monotones »* : il ne s'agit que du samedi 24 et du dimanche 25 juin 1911.

2. In *Mémoires*, G. écrit « Bois-le-Duc » – Le 26 juin 1911, c'est de « Tilsburg » qu'il parle à l'envoyé spécial de *l'Excelsior*.

rejoignent. Au bout de trente minutes, par un vent violent, il redécolle en même temps que Train [1].

Les deux avions naviguent de conserve quelque temps, Garros se maintenant entre 5 et 600 mètres, Train en-dessous de lui. Le temps de jeter un coup d'œil à sa carte et voilà l'appareil de Train disparu. Inquiétude de Garros qui appréhende la collision en plein ciel : *il fallait avoir le système nerveux bien fatigué pour imaginer de pareils dangers*, jugera-t-il plus tard.

Anvers se dessine à sa droite dans la brume et il est bientôt en vue de Bruxelles. *L'accueil du champ de Berchem fut très chaleureux,* se rappelle-t-il.

C'est qu'on les attend depuis longtemps, sur le terrain de Berchem. Le temps épouvantable a fait fuir les plus fanatiques. Mais dès que le télégraphe sans fil a donné la nouvelle des départs d'Utrecht, le comité décide de faire partir des bombes pour l'annoncer. Aussitôt, malgré la pluie qui ne cesse de tomber, les spectateurs arrivent de toutes parts. On apprend que Beaumont a atterri à Bréda à 4 heures. On aperçoit enfin au loin un point noir, à au moins dix kilomètres. Sur les gradins, les spectateurs poussent des cris d'enthousiasme, « dépassant même », souligne Mortane qui en est témoin, « les ovations que nous avions entendues à Rome ».

C'est un Blériot. Garros ? Beaumont ? On ne peut pas tout de suite lire le numéro. C'est le 12, celui de Beaumont ! La fanfare entonne la Marseillaise, tout le monde la reprend en chœur.

Juste après atterrit le Sommer de Kimmerling. Il rejoint Beaumont à la tribune officielle et lui serre la main :

– Vous avez été formidable, lui dit-il. Si vous n'aviez pas donné le bon exemple, personne ne serait parti.

– Mais comment êtes-vous déjà là, pour être parti longtemps après moi ? lui demande le vainqueur.

– Ah ! Je me suis dépêché !... Je ne suis resté que dix minutes à Bréda parce que j'ai vu arriver deux pilotes dans le lointain.

Mortane décrit ainsi pour son journal l'arrivée de Védrines :

---

1. Six ans plus tard, la mémoire de G. lui joue probablement des tours. En effet, à l'arrivée à Roubaix, Kimmerling raconte au journaliste de *l'Excelsior* qu'il a rencontré Garros qui semblait s'égarer. Quand il le voit, Garros se met à sa poursuite. Mais Kimmerling a bientôt une panne, et le perd de vue.

– Beaumont est-il là ? demande-t-il.
– Oui, répondons-nous.
– Alors, je proteste, nous déclare – probablement sans savoir pourquoi – le vainqueur du *Paris-Madrid*...

Vidart a perdu sa première place. Il est tombé en panne peu avant Bruxelles et il n'a pu réparer avant la nuit. Á la suite de son retard d'Utrecht, Weymann a renoncé au Circuit pour courir la Gordon-Bennett. Védrines, sur l'appareil le plus rapide de la course, gagnait d'habitude les étapes où il ne lui arrivait rien... *Mais dans les autres, il perdit tant de temps en réparations qu'il ne fut jamais menaçant.*

Beaumont et Garros sont maintenant nettement en tête. Désormais, seule une panne sérieuse peut modifier le classement.

Quant à Roland, sa fièvre s'est estompée. Encore un peu de repos et il retrouvera sa pleine forme. Et puis, dans cette pittoresque caravane d'avions et d'autos qui sillonne ciel et terre pendant trois semaines, des amitiés, des sympathies se tissent. Geo Prade, avec lequel il a eu à Vincennes un premier contact plutôt... rude, est au demeurant un agréable compagnon de voyage. Avec Geo et sa charmante épouse, Leblanc et Audemars, qui les quittent à Bruxelles, ils forment un groupe fidèle d'amis et passent d'agréables moments ensemble.

***

Bruxelles-Roubaix, la cinquième étape, n'est pour la plupart des aviateurs qu'une simple promenade. Roland quitte Berchem derrière Beaumont, le suit quelques instants puis le dépasse, car le Gnome de Beaumont a des ratés, alors que pour la première fois celui de Roland tourne rond. Un peu plus loin, c'est Védrines qui, tout en bas, donnant l'illusion de glisser sur le sol, fonce à une allure impressionnante. C'est lui qui atterrit le premier, suivi par Kimmerling, Garros et Beaumont.

Garros ? Voilà son atterrissage à 3 h 30 décrit par Jacques Mortane pour son quotidien. D'abord, un point noir qui grossit lentement.

Cette arrivée est vraiment majestueuse. Le virtuose de l'air est très haut, puis attend d'être au-dessus du champ pour piquer dans une de ces descentes où il est passé maître. C'est certainement la plus belle arrivée et elle est accueillie par les ovations enthousiastes d'une foule en délire.

L'accueil est particulièrement cordial. Vidart distribue à la ronde des cigares belges qu'il a passés en contrebande. Garros, dont les photographies montrent qu'il va beaucoup mieux, note sur son cahier :

Mademoiselle de la Noë, 4 ans, m'offre un bouquet – Son papa est le président de l'Aéro-Club local. Jacques Quellennec l'a recommandé à ses amis Motte, industriels et sportsmen et ceux-ci lui font aimablement les honneurs de la ville.

Pas de prolongation inopinée du séjour de la caravane dans la grande ville industrielle : dès le lendemain matin, tous les rescapés sont prêts à décoller de Roubaix où souffle un mauvais vent à destination de Calais. (Sur les quarante et un alignés au départ de Vincennes, ils ne sont plus que 14 et quatre n'ont pas encore atteint Lille !)

Roland part avec l'appréhension de la panne, il le dira à l'arrivée à Mortane, il le répète dans ses *Mémoires : C'était en moi une idée fixe, de découvrir dans le son ou l'aspect du moteur, le moindre signe de défaillance.* Prémonition ? Cette angoisse se justifiera. Jusqu'à Cassel, un point de repère qu'on lui a indiqué, le Gnome ne fait aucune difficulté. Tout d'un coup, un cylindre a des ratés puis se tait. Roland continue. Un deuxième s'arrête. Avec les 5 cylindres qu'il lui reste, il peut néanmoins atterrir sans difficulté près d'un champ. Et là, il a la chance de voir freiner près de lui une équipe de Gnome qui se rend à Calais par la route. *C'est presque un plaisir d'avoir des pannes dans ces conditions...*

Dix minutes plus tard, le voilà de nouveau parti et il est en vue de Dunkerque quand il affronte un coup de vent très violent. Et les ratés reprennent. Nouvel atterrissage, des paysans l'aident en maintenant l'appareil, au risque de se faire emporter par les rafales pendant qu'il nettoie les bougies. Re-départ, mais cette fois-ci, ce sont les soupapes qui lâchent. Et avec son moteur affaibli, il se traîne, rasant la cime des arbres... Il n'est plus qu'à quelques kilomètres de Calais. Il y parvient. *Ce fut un effort pénible, épuisant...*

À Calais, Védrines est arrivé bon premier.

Et sans perdre de temps, écrit Garros, *il fait aux officiels une scène affreuse : c'e(st) un crime d'avoir donné le départ dans une pareille tempête... Lui, Védrines, s'en était tiré, évidemment... Mais les autres ?... Avait-on pensé aux autres ? Les malheureux... Ah... c'était bien inutile de les attendre sur cet aérodrome...*

On les attendit tout de même, poursuit Garros *et le hasard voulut que cette étape fût malgré les difficultés une des plus régulières du circuit – Pas le moindre petit accident, une ou deux pannes vite réparées – À l'heure du déjeuner, personne ne manquait à l'appel...*

***

Relâche pendant quarante-huit heures. Il ne s'agit pas cette fois-ci de « grève » mais de vacances, de récréation : les pilotes ont obtenu de pouvoir aller assister à la coupe Gordon-Bennett qui se dispute de l'autre côté de la Manche, en Angleterre, sur l'île de Sheppey. On ne donnera le départ du Calais-Douvres que le lundi à 4 heures.

À Douvres, un convoi d'automobiles se forme, les passagers se regroupant selon leurs affinités. Avec Roland ont pris place Louis Blériot et sa femme, Geo Prade et son épouse, Leblanc qui participe à la coupe, Audemars (qui les a rejoints à Calais), Hall-Thomas, de l'Aéro-Club d'Angleterre.

La caravane arrive à Eastchurch de bon matin et la voiture débarque tout le monde devant le hangar Blériot. Stupéfaction de Roland : des mécaniciens armés de toutes sortes d'outils sont en train de rogner les ailes de deux appareils.

– Aux essais, explique Leblanc un peu nerveux, le Nieuport de Weymann a fait quelques secondes de moins que le Blériot... Alors, on a décidé de couper les ailes et on supprime un hauban... Oh, vous savez, les calculs sont là !

Depuis trois jours, Leblanc vit dans l'appréhension de cette course et il se rassure comme il peut. Cette amputation laisse Garros plutôt sceptique : *à voir les petites nageoires plates destinées à soutenir dans l'air cette demi-tonne de bois et d'acier, on n'arrive pas à se persuader que cela va voler...* Et pourtant, il vole. Et Leblanc se classera deuxième derrière Weymann.

Weymann est parti le premier et a tourné très régulièrement à plus de 126 à l'heure. Le petit vol plané qui met fin à son exhibition éveille l'admiration de Garros pour le pilote mais aussi pour l'appareil qu'il juge très supérieur au Blériot.

Le jeune Hamel ne peut aller plus loin que son premier virage : il dérape, s'écrase avec un bruit épouvantable sous les yeux de sa mère et de ses sœurs. Mais il ne sera pas tué, cette fois-ci du moins [1].

1. Gustav Hamel disparaîtra trois ans plus tard le 23 mai 1914 au-dessus de la Manche avec le premier Morane-Saulnier type « N ». Il envisageait de tenter la traversée de l'Atlantique et avait commandé à cette intention un 215 CV monoplan à coque étanche à la Société Martin et Handasyde.

Leblanc donne l'impression d'un condamné marchant au supplice. Garros comprend parfaitement cette anxiété et la partage. Pourtant, tout va bien, les premiers tours sont désastreux mais petit à petit, les virages s'améliorent, ses temps se rapprochent de ceux de Weymann et quand il descend de l'appareil, Leblanc paraît guéri, souriant, transfiguré à l'heureuse sensation que *c'est fini...*

Outre le 100 HP de Weymann, Édouard Nieuport a engagé un autre appareil, un simple 70 chevaux avec *des ailes de promenade* qu'il pilote lui-même. Il est troisième... Quelques mois plus tard, ce génial ingénieur dont les recherches sur l'aérodynamisme marqueront l'histoire de l'aviation trouvera la mort en présentant sur le champ militaire de Charny l'un de ses appareils. Ce pied-noir est une figure très populaire, appréciée dans tous les milieux pour son honnêteté et sa modestie. Six ans plus tard, se rappelant le personnage et la course d'Eastchurch, Garros ne peut s'empêcher d'écrire un hommage à son génie et à son courage :

Son appareil volait d'un vol facile et sûr, plus vite que la machine truquée et dangereuse de Blériot – Une intuition géniale l'avait conduit à une formule que pendant des années on essaya en vain de perfectionner – Cependant lui-même ne considérait son appareil que comme « une première étude » ; étude qu'il avait réalisée au milieu des plus décourageantes difficultés matérielles... Qui sait ce que cet admirable cerveau eût encore produit ?...

***

Retour en bateau sur le continent pour repasser la Manche en avion. Il y a deux ans que Blériot l'a franchie pour la première fois, un an que John Moisant l'a traversée avec passager. Ce sont cette fois-ci onze appareils qui feront le saut ensemble.

L'aube est magnifique, à peine brumeuse, il n'y a pas un souffle de vent. Depuis 3 h 30, la Marine a disposé cinq torpilleurs pour jalonner le parcours. À partir de 4 heures, les avions décollent, de trois en trois minutes. De l'aérodrome de Beau-Marais envahi de milliers de spectateurs, on tire une fusée blanche à chaque départ, signal que les navires reprennent les uns après les autres au passage des appareils. Védrines est parti le premier, il est le premier à toucher le sol anglais. Et quand on apprend à Beau-Marais que les dix autres ont eux aussi atterri à Douvres, l'enthousiasme devient délire.

Il ne l'est pas moins chez les aviateurs déjà arrivés. Garros raconte [1] :

J'assistai à la première invasion du territoire intangible de la vieille Angleterre par une escadrille volante... On découvrait d'abord de minuscules points noirs, dans le ciel un peu voilé ; puis les points grossissaient, prenaient forme, les silhouettes s'accentuaient et l'un après l'autre, les oiseaux de France se posaient... Un des plus jolis atterrissages fut celui de Tabuteau, sur un biplan Bristol – Il cala son hélice à 300 ou 400 mètres – ce qu'on voyait rarement en 1911 – et d'une seule spire gracieuse et précise, il vint s'arrêter au centre du petit terrain.

À peine le temps de souffler, les onze se remettent en piste à destination de Londres. Mais les commissaires veulent les garder jusqu'à sept heures. Colère de Védrines qui s'exclame :

– Si c'est comme ça, je préférerai abandonner, plutôt que d'attendre que le vent se lève !

Devant cette détermination, les commissaires les laissent décoller dès 6 heures. On longera la côte jusqu'à Brighton, étape contrôlée, avant de remonter sur la capitale. Le temps est magnifique mais l'odieuse appréhension de la panne qui le poursuit empêche Roland d'en jouir pleinement. Son Gnome a des ratés avant Brighton et à l'escale, on vérifie ses bougies avec soin. Ce qui n'empêche pas – à peine a-t-il décollé – un cylindre de s'arrêter. Il revient se faire réparer et repart de plus en plus inquiet d'autant plus que la campagne anglaise, avec ses arbres, ses petits terrains coupés de haies, lui paraît peu hospitalière aux aviateurs. Et que les remous sont éprouvants.

Le journaliste qui l'interroge à son arrivée note que « dans sa lutte contre les remous, il a dû saisir son levier avec tant d'énergie que sa main est en sang ». Il connaît encore une crise de ratés en survolant les faubourgs ouest de Londres *mais le facétieux moteur consentit à me tirer jusqu'à l'aérodrome de Hendon.*

---

1. Là aussi, G. se trompe quand il écrit : *« Parti deuxième, selon l'ordre du classement général, j'arrivai à Douvres un des tout premiers ».* Il est parti en septième position et n'a pu voir atterrir que Tabuteau, Barra, Valentine et Train. Mais il a certainement gardé en mémoire les splendides photographies de cette arrivée groupée publiées alors dans toute la presse.

***

Le ciel est bleu, roulant de rares nuages blancs, le soleil chaud, pas une brume. L'envoyé spécial de *l'Excelsior* s'en étonne : avec tout ce que l'on dit sur le brouillard de Londres, c'est le premier beau jour depuis le départ de Paris, même si le vent souffle à 10 miles à l'heure, avec des rafales de 15 à 18 miles. Ce matin, il a pris le premier train pour Hendon et il a eu du mal à s'orienter en sortant de la gare : lui qui a été habitué sur le continent aux foules joyeuses et exaltées accueillant ce genre de manifestation, il n'a rencontré aucun piéton se dirigeant vers l'aérodrome. Il le trouve enfin. Sans les quelque 150 policiers et mécanos présents, il n'y aurait personne sur le petit terrain. Il est vrai que les journaux anglais ont annoncé que les concurrents seraient retenus à Brighton jusqu'à 8 heures. Il est vrai aussi que cette arrivée avait été primitivement prévue pour le 27 juin, qu'on est déjà le 3 juillet et que les spectateurs se sont lassés d'attendre. Pour l'heure, il n'y a pratiquement sur place que des Français. En attendant les arrivées, on fait s'envoler d'énormes bonshommes de baudruche dont l'aspect grotesque parvient à entamer le flegme des bobbies.

Il est huit heures et demie lorsque le premier avion se pointe à l'horizon. C'est Védrines. Un triple hourra s'élève des quelques poitrines présentes lorsque Grahame-White, le vainqueur de la Gordon-Bennett 1910, monte en voiture pour aller l'accueillir. Une demi-heure plus tard, c'est au tour de Vidart de faire son apparition, suivi à quelques minutes de Kimmerling et de Beaumont. Le journaliste est surpris par une des réflexions du marin volant :

– Cela m'a fait un effet désagréable de passer au-dessus de l'eau, lui a-t-il dit.

C'est que l'enseigne de vaisseau connaît bien la mer et ses dangers.

Une heure après Védrines, c'est Valentine qui atterrit et, dans la minute, le Blériot du « virtuose Garros », qui descend de 1 000 mètres en un « impressionnant vol plané ».

En fin de journée, ils seront dix à avoir atteint Hendon. Dans la soirée, Dalziel, le propriétaire du *Standard*, offre un grand banquet en l'honneur des aviateurs. Garros parvient à couper à la corvée. En tout cas, il n'apparaît pas sur la traditionnelle « photo de famille ».

***

Et comme titrent les journaux, c'est le retour des aviateurs vers la terre de France. En deux étapes. De Londres à Douvres, le mercredi 5. De Douvres à Calais le 6 juillet, l'avant-dernière étape. Il ne reste plus que neuf aviateurs à pied d'œuvre au bord de la Manche. Certains ont cette fois-ci pris des précautions en cas de bain forcé : des ceintures pneumatiques, Tabuteau regonflant la sienne sans cesse ; le sage Beaumont, « l'oiseau de mer », a préféré quant à lui se revêtir d'une véritable cuirasse de liège.

Il ne faudrait pas croire qu'en 1911, la prouesse qui fit la célébrité de Blériot fût devenue un jeu..., rappelle Garros. *Même aujourd'hui, il y a largement assez d'eau dans la Manche pour se noyer et on y pense très naturellement pendant un petit quart d'heure...*

D'autant plus que la Manche est brumeuse 9 fois sur 10 : alors on perd la terre de vue, on ne peut pas se diriger sur le soleil et si l'on n'a pas une très bonne boussole... c'est un mauvais quart d'heure.

Après la froideur de Hendon, les journalistes peuvent apprécier la chaude ambiance qui règne aux alentours du terrain de Beau-Marais. Dès 3 heures 1/2, toutes les routes sont impraticables, encombrées de toutes sortes de véhicules, de la voiture de luxe jusqu'au char à bancs et même à la voiture à bras ! On remarque même « de nombreuses femmes qui n'ont pas reculé devant les fatigues d'une nuit blanche ! ». Tous les endroits d'où l'on pourra voir passer les avions, le port notamment, sont noirs de monde. Une musique militaire vient calmer les nerfs, tendus à la pensée de la catastrophe toujours possible, avec les allegros les plus entraînants, les pas redoublés les plus gais et même... avec des chœurs. *Spectacle rassérénant qui réchauffe le cœur.*

Le premier départ doit être donné à 4 heures. Il est retardé d'une demi-heure. Le terrain de Calais est moutonneux, la brume est épaisse, mais elle se dissipera vite. Partis neuf, ils arrivent tous, même si Barra qui a eu des ennuis de moteur n'est parti que deux heures après les autres. Védrines, vainqueur de l'étape, accomplit le trajet en 30'14, « Garros qui est 5e derrière Gibert, Kimmerling et Beaumont et dont l'atterrissage " de virtuose de l'air " a été follement applaudi, n'est qu'à 6 minutes du vainqueur. » Renaux a mis plus de

47 minutes au total mais il voyage avec Senouque, son passager depuis le début du Circuit et il a fait mieux que Moisant et Fileux puisqu'il a accompli le trajet dans les deux sens.

Les journalistes interrogent les héros : pas d'incident, temps idéal et surtout, « Vivement Paris ! ». Vidart explique que son moteur est tombé en panne au milieu de la Manche et que cela l'aurait « ennuyé » de prendre un bain parce qu'il aurait perdu du temps à prendre un bateau pour aller chercher à Douvres un appareil de rechange...

Quant à Gibert, le « comique de la troupe », il raconte à Jacques Mortane en « exagérant son accent du Midi » l'histoire de l'aigle dans les Pyrénées et avoue : « J'ai rencontré aujourd'hui, au large, des mouettes qui me regardaient de travers... » Et comme Mortane lui parle du courage des aviateurs, il coupe :

– Il n'y a pas de courage, il y a de la folie. L'homme courageux n'existe pas et lorsque j'entends le public s'extasier sur sa folie téméraire, il me fait rire. Notre courage, c'est simplement de l'instinct de conservation.

– Vraiment, conclut le journaliste, les aviateurs sont des hommes !

***

Suivons la dernière étape avec Garros. Pour une fois, il est aux commandes d'un appareil neuf complet. Beaumont est en tête et sa place de second est assurée. Il ne s'agit donc pour Roland que d'éviter toute imprudence. Il songe même (qui n'y penserait à sa place) qu'une panne de Beaumont lui assurerait la victoire.

Pas question donc de se perdre en route. Pour cela, une seule solution : quand il s'envole dans la brume de Calais, il choisit de suivre la côte jusqu'à l'embouchure de la Somme et de là de remonter sur Amiens, l'étape intermédiaire. Tout est facile jusqu'au fleuve mais après, la vallée n'est visible que par brefs instants, entre deux lambeaux de brume. Son moteur neuf, cylindres et soupapes sonnent agréablement à son oreille. Il est plein d'espoir et même, une sorte d'intuition lui dit d'espérer beaucoup (*Le sort ne me devait-il pas une revanche ?*)

Tout à coup, alors qu'il se retourne machinalement comme on a l'habitude de le faire sur le Blériot, il entrevoit à travers une déchirure de la couche brumeuse, l'espace d'un éclair, un Blériot posé dans un champ. Vision très fugitive mais il est sûr, maintenant : Beaumont est en panne ! Il en a confirmation à Amiens : le marin volant n'est pas encore arrivé, c'était donc bien son appareil !

D'autres sont déjà là, dont Védrines. Le bouillonnant Jules va décoller lorsque tout à coup, son moteur éclate littéralement : un gros objet noir traverse le capot et s'envole en tourbillonnant ! Son Morane-Borel s'abat comme une masse. L'aviateur n'a aucun dommage. Stupéfaction des mécanos et des spectateurs. C'est un cylindre qui a littéralement jailli en l'air ! Remis de sa stupeur, Védrines va chercher la pièce détachée et la ramène sous le bras devant l'objectif des photographes. *Inutile de dire quelle musique le national Jules fit entendre... dès qu'il fut remis de son émotion...*

Après son ravitaillement, Roland reprend l'air, tout palpitant de se savoir en tête. Il suit d'abord une mauvaise voie ferrée, s'en aperçoit à temps avant de retrouver la bonne. Il finit par préférer viser Paris à la boussole. Il a hâte de retrouver la capitale, ses amis. Il devine la ville à travers la brume, la tour Eiffel reste cependant invisible dans le brouillard. Alors qu'il survole les faubourgs, le Gnome commence à émettre des ratés et un de ses cylindres rend l'âme... Il est heureusement à 600 mètres et peut sans difficulté repérer le champ de Vincennes qui s'étale à ses pieds.

Au moment précis où je me jugeai à portée de vol plané de la ligne, je sentis s'éteindre en moi la préoccupation de la course ; je fis très machinalement une descente et un atterrissage incohérents...

Geo Prade, plus souriant que le jour du départ, accourt en tête d'un petit peloton :

– Et Beaumont ?

– Parti d'Amiens, 20 minutes après vous !

Roland ne se résigne pas, rien n'est encore perdu pour lui. Il croit encore à sa victoire...

Un quart d'heure après, un cri s'élève de la foule :

– En voilà un !

Roland plisse les yeux pour mieux le voir. Le point grossit. C'est bien la silhouette d'un Blériot... Et son dernier espoir s'évanouit.

***

Six ans plus tard, Roland dresse un bilan de ces quarante huit jours de vie intense, pleins de tensions, d'angoisses, de fatigues et d'espoirs.

Les journalistes compatissants me baptisèrent « l'éternel second« et je gardai un souvenir mélancolique des grandes courses de 1911 – Je savais qu'on ne retrouverait plus l'émotion étrange de ces premières randonnées, dont chaque minute était un petit drame d'angoisse, de joie, de tristesse, d'enthousiasme.

Ma déception la plus amère fut celle de Paris-Rome ; aujourd'hui encore, je ne pense pas sans un léger serrement de cœur à l'occasion que j'ai perdue d'achever le premier – selon l'expression d'un de nos hôtes de Rome... ce joli trait d'union entre la ville de Lumière et la ville de Gloire.

Roland Garros, 23 ans, n'a pas dit son dernier mot. Il tient maintenant à prouver qu'il veut et peut être « le premier ».

XV

Le record de Cancale

Le record « de la hauteur », voilà le rêve que caresse Roland depuis son retour d'Amérique et il le sent maintenant à sa portée. *L'Éternel second* y voit une occasion de revanche sur les déceptions de sa saison. L'aviateur a sa théorie à ce sujet qu'il développera plus tard : pour lui, ce record est « le plus utile » pour le développement de l'aviation. Car les appareils qu'on est alors obligé de construire sont les plus « sûrs », les « moins dangereux », les plus « capables » de rendre des services, notamment en cas de guerre, car il faut bien y penser.

Sa conception d'un tel appareil est très précise, à contre-courant de la tendance générale aux *renforcements* qui alourdissent inutilement la machine et la rendent difficilement maniable. Il commande donc à Blériot un monoplan aussi léger que possible : le fuselage sera en sapin léger, non en frêne comme ils le sont pour la plupart à l'époque, les réservoirs en cuivre extra-mince, les ailes allégées. Les attaches du moteur seront prévues pour pouvoir utiliser indifféremment un 50 ou un 70 HP. À Étampes, on se met aussitôt au travail.

Roland et Audemars ont ensemble un autre problème à résoudre : celui des Demoiselle-Gnome dont près de huit semaines de courses l'ont éloigné. À Puteaux, Romain et Rigal régulièrement visités par Audemars ont mis la dernière main aux deux nouveaux modèles mais pour ce qui est des centrages, on tâtonne encore. On a un peu l'impression de potaches sous le préau de l'école réchauffant de leur souffle la pointe de flèches de papier avant d'en suivre les évolutions dans l'air. La seule différence réside en ce que, dans ce cas, c'est un homme qui risquera sa vie à piloter la flèche... Santos a conseillé de raccourcir la queue de 80 centimètres. On a coupé. Reste à savoir ce que l'engin donnera en vol. On transporte le premier à Étampes où Blériot a offert son hospitalité.

Fort de sa plus longue expérience du petit Santos, Audemars revendique l'honneur de l'essayer. Pas question, réplique Roland, on tirera au sort ! Et c'est lui qui est désigné. Faut-il mieux d'abord rouler progressivement sur un terrain pas trop plat ou voler du premier coup ? Les roues, même les roues à bâtons qu'Audemars a adaptées à sa Demoiselle depuis San Antonio, restent toujours très fragiles, aussi Roland adopte-t-il la deuxième solution.

Face au vent, il part pleins gaz. Comme un éclair, l'avion quitte le sol en 20 mètres et se cabre, verticalement.. L'aviateur a juste le temps de couper l'allumage avant de s'effondrer, jambes en l'air, au milieu des débris de l'appareil... Irrécupérable...

Ils ont un peu plus de chance avec le second : le moteur a été un peu avancé, mais suffisamment ? Audemars suit la méthode progressive : d'abord, s'habituer au roulage, avant de décoller. L'avion vole enfin, mais reste très instable en l'air. Peut-être faudrait-il encore avancer le moteur d'une dizaine de centimètres. Pas le temps. C'est au tour d'Audemars de s'écraser et seul son casque où se fiche une bougie du moteur lui sauve la vie.

De l'autre côté de l'Atlantique, le vieil Alfred ne comprend pas les raisons de toutes ces lenteurs, il s'impatiente et finit par rompre avec Garros et Audemars, leur demandant de lui expédier ses appareils, « dans l'état où ils étaient ».

***

En attendant la livraison de son avion *de luxe*, Roland prend quelques jours de vacances à Paris, c'est-à-dire qu'il ne peut s'empêcher, toutes les après-midi où il fait beau, de se précipiter à Issy car, affirme-t-il, *il n'est pas de journée complète sans un petit vol de délassement. Mais si l'on profite mieux d'un vol libre quand on est seul, il est des jours où c'est une privation de ne pouvoir partager avec un ami ou une personne chère des sensations exquises et parfois émouvantes...*

Or les moteurs sont encore trop faibles pour propulser des biplaces agréables et Roland pense qu'on devrait pouvoir caser un passager dans un Blériot normal. Avec les réservoirs supplémentaires, il a bien emmené des charges comparables. Aussitôt pensé, aussitôt fait : de son monoplace, il fera un biplace. Il supprime le ceintre de frêne situé derrière le dos du conducteur et si le pilote se porte complètement sur l'avant, *l'espace ainsi libéré représente une... demi-place où un passager de faible corpulence et de bonne volonté parv(ient) à s'insérer...*

L'avion est prêt. C'est une belle après-midi d'été. Tout en enfilant un chandail, Roland bavarde avec quelques amis qui l'ont accompagné. Il va essayer son appareil en le chargeant d'abord de poids, de plus en plus lourds. De poids ? Mais où est le poids ? Jules le cherche partout, il n'est nulle part. Roland fait signe à Audemars :

– Tu viens ?

– Allons !

Et tous deux escaladent gaiement le petit Blériot, comme deux gamins qui ont préparé une farce : la machine se comporte remarquablement... Et son monoplace devient un biplace de fortune très acceptable. Avec l'habitude, Garros parviendra à emporter des passagers de plus en plus lourds, jusqu'à cet énorme Brésilien de 106 kilos à qui il offrira le baptême de l'air à Rio. La maison Blériot adopte ce nouveau dispositif, Roland l'introduira chez Morane-Saulnier l'année suivante.

***

Le *Blériot du record* se construit lentement. Trop lentement au gré de Roland qui décide de se rendre dans ce coin de Bretagne dont il a gardé de l'année dernière de si agréables souvenirs. C'est comme s'il s'offrait une petite récompense après une année intensément remplie. En outre, c'est l'endroit idéal pour son record. Enfin, il sait que Baré s'y trouve en vacances et l'entreprenant petit homme saura toujours mettre sur pied quelque combinaison intéressante et lucrative.

À Saint-Malo, il est reçu, comme il s'y attendait, *en enfant gâté du pays.* Il s'installe à Paramé où la plage forme à marée basse un aérodrome incomparable. Jules Hue et le semi-biplace Blériot viennent l'y rejoindre. Roland tient à faire une première politesse aux Dinardais. Baré lui organise un vol sur la ville pour le samedi 29 juillet.

À Dinard, on l'a annoncé à grands renforts d'affiches et tout le monde est aux fenêtres, sur la plage, sur les terrasses des casinos, lorsque, à 3 heures 1/2, l'heure annoncée, on perçoit un bruit de moteur dont le ronronnement s'amplifie, faisant vibrer d'excitation le cœur des Dinardais et des Dinardaises.

Le monoplan arrive en vue de la plage, décrit devant l'amphithéâtre de la ville une grande courbe. Le pilote salue de la main et repart en direction de Saint-Malo. Stupéfaction et même irritation dans la foule, certains grincheux n'hésitant pas à grogner « Ce n'était vraiment pas la peine d'annoncer une pareille fumisterie ! ».

Mais le moteur se fait de nouveau entendre et l'avion revient, avec un passager cette fois. Roland est allé quérir l'ami Baré, qui l'avait supplié de l'emmener. *À la cloche*, il éprouve une impression indicible *à revoir en toute liberté d'esprit ces choses si jolies, que j'avais vues l'année précédente à travers mes premiers espoirs et mes premières anxiétés.*

Il oublie un instant ses déceptions encore toutes fraîches. À chaque instant, il se retourne vers son passager, la main tendue vers les deux bras de la baie fleurie, voulant lui faire partager son exaltation. Baré, qui n'en est qu'à ses tous premiers vols, ne parvient pas à partager tout à fait l'exaltation de son pilote. D'un geste machinal, Roland a coupé le moteur.

Un frisson de terreur secoue la foule : la « tour à plonger » se trouve exactement dans l'axe de la descente. Le pilote paraît beaucoup « trop long ». Il tente de piquer mais l'accélération lui fait reperdre le gain de terrain ainsi réalisé. La plage s'approche à toute allure. Dans le froufrou du vent qui cingle ses oreilles, Roland entend derrière lui Baré murmurer : « Nous ne nous arrêterons jamais à temps ! ». « N'ayez pas peur, n'ayez pas peur », lui répète le pilote. Une rangée de cabines de bains leur coupe la route. La dernière vision que le pilote enregistre, *c'est celle d'une Miss anglaise brandissant un bébé à bout de bras avant de se réfugier derrière une cabine...* Le Blériot vient s'écraser contre l'une d'elles. Le choc est violent. Arc-bouté sur ses jambes, Roland *sent Baré s'aplatir sur son dos, avec un « han » de respiration coupée.*

Peu de dommages matériels : une pale cassée, les ailes faussées. Mais surtout, aucun blessé. La porte de la cabine bousculée s'entrouvre alors timidement et laisse passer, un à un, tous les membres de la famille Herbert, en tenue de bain et l'air un peu interloqué.

De la foule qui s'est précipitée s'échappe un soupir de soulagement quand on voit Garros et Baré se relever indemnes. On salue à grands cris d'enthousiasme l'habileté du pilote. Il est *pâle,* écrit-il, *pas de peur, mais de rage*. Pour lui qui avait souhaité une *rentrée élégante*, il est servi ! M. Poussineau, le président du Comité des fêtes, se trouve à ses côtés. Il improvise une petite allocution, acclamée par la foule. Il veut ensuite l'entraîner vers le Casino où le champagne attend.

Décidément trop honteux, Roland décline l'invitation et s'esquive par un chemin détourné, abandonnant lâchement Baré avec les débris de l'appareil et le champagne. Il se faufile incognito vers l'embarcadère pour monter discrètement dans le premier bateau de Saint-Malo.

***

Dans sa chambre d'hôtel, à Paramé, on lui apporte un télégramme : il émane d'un certain Carnus, imprésario, qui lui propose de participer à la *semaine d'aviation* qu'il organise à Saint-Étienne. Roland accepte d'autant plus volontiers que Baré n'a rien prévu pour lui à cette date et qu'il aura le plaisir d'y retrouver l'ami Bielo, l'ancien de Janson, ainsi qu'Obre qui a heureusement fait des progrès depuis Cholet. Ils ne seront pas en mauvaise compagnie puisque Carnus a également fait appel au vétéran Aubrun ainsi qu'à Marie Marvingt.

À cette époque, cette dernière jouit déjà d'une réputation bien établie : à 36 ans, c'est une sportive accomplie. Elle les a tous pratiqués et on pourrait même dire qu'aucun sport ne lui a échappé, que ce soient l'équitation, l'escrime, le cyclisme, la natation, le tir... Elle est la première femme à avoir escaladé la Dent du Géant, à avoir traversé la mer du Nord en ballon sphérique, le Sahara en automobile et en chameau. Convertie à l'aviation par Hubert Latham, elle a obtenu sur son Antoinette en novembre 1910 le brevet N° 281 et remporté quinze jours plus tard le record féminin de distance et de durée. Ce tableau serait incomplet si on oubliait de dire qu'elle parle cinq langues, qu'elle collabore depuis deux ans à *l'Éclair de l'Est*... et que cette « fiancée du danger » a le don d'attirer les accidents et d'en sortir toujours indemne [1].

C'est Charles Voisin qui s'occupe, en ami, des affaires de

1. Marie Marvingt inventera en 1911 le premier avion-ambulance et fondera en 1914 le corps des Infirmières de l'air. Jusqu'à sa mort à 88 ans en 1963, elle débordera d'activités multiples et rayonnantes.

Bielo. Roland ne connaît pas encore le héros des vols de Merlimont et de Bagatelle mais il a en tête ses souvenirs de lycéen suivant avec exaltation les exploits du jeune Voisin sur son planeur, puis sur son biplan à moteur. Charles ne vole plus, ou presque. Il est resté quelque temps associé à l'activité industrielle de son frère Gabriel mais depuis quelques mois, il l'a quitté, pour s'occuper d'organisation de meetings... et de la « baronne » de La Roche...

Il est vrai que la séduisante beauté brune retient l'attention et son élégance raffinée, ses toilettes froufroutantes lui attirent de nombreux succès masculins qui défraient la chronique. Née à Paris, de parents cabaretiers, la baronne [1] est entrée dans la vie, si l'on peut dire, comme modèle et amie du sculpteur Léon Delagrange, l'acheteur du premier Voisin et c'est certainement lui qui lui a transmis le virus de l'aviation. Avec son sculpteur, elle a déjà volé, elle a même été « lâchée » en octobre 1909 à Châlons. Lorsque son ami se tue, le 4 janvier 1910, elle ne reste pas longtemps seule et fait la connaissance de Charles Voisin qui se fera son Pygmalion. Le 8 mars 1910, elle obtient son brevet, le premier brevet attribué à une femme, le N° 36 ! Mais cinq mois plus tard, après avoir fait triompher les Voisin au meeting d'Héliopolis, elle participe à la deuxième *Grande Semaine de Reims*. Son biplan déséquilibré par le sillage de l'appareil qui le précède s'écrase. La baronne a bras gauche, jambe droite, cuisse gauche et bassin fracturés... Lorsqu'elle accompagne son ami Charles à Saint-Étienne, elle n'a pas encore pu revoler.

Entre Roland et Charles Voisin passe tout de suite le courant d'une très sincère amitié : Charles est un homme généreux, très vivant, plein d'humour. Pour tout dire, Charles Voisin, l'un des premiers humains à s'être réellement arrachés à la terre, ne se prend pas au sérieux. Les deux hommes sont faits pour s'entendre. Comme il l'a fait pour Bielovucic, Charles acceptera très vite de devenir en quelque sorte le « représentant » de Garros, d'Audemars, de Weymann, se chargeant de tous les règlements, des problèmes de transport, de la surveillance des mécanos et des appareils, de l'organisa-

1. Pourquoi refuser à Elise-Raymonde Deroche le titre-pseudonyme de « baronne » qu'elle s'est elle-même attribué mais que le tsar Nicolas II a en quelque sorte « officialisé » en la recevant en tant que telle à sa cour, après le meeting de Saint-Pétersbourg de 1912 ?

tion des voyages, ne laissant aux aviateurs que le plaisir de voler.

Il entrera ainsi en rapports avec le créateur de l'aérodrome de Bouthéon, Mentieu, qui organise une deuxième semaine aéronautique pour inaugurer le nouveau terrain et il parviendra à faire engager les amis Audemars et Charley Weymann, ainsi que Train, stéphanois d'origine et son élève Marc Bonnier.

La première semaine de Saint-Étienne n'obtiendra qu'un succès mitigé. Certes, Carnus a conçu un programme attrayant mais il a dû se contenter d'un petit terrain entouré de collines où s'agglutinent les resquilleurs. Roland et Bielo ont des ennuis de moteur. Obre qui a bien fait des progrès accomplit quelques vols magnifiques. Quant à Marie Marvingt, elle ne faillit pas à sa réputation : son Antoinette décolle majestueusement du petit terrain... pour aller échouer quelques centaines de mètres plus loin sur un terrain de boules, au milieu de joueurs légèrement émus de l'arrivée inopinée d'un partenaire inattendu...

Pour la deuxième semaine de Saint-Étienne, Roland a réceptionné à Bouthéon son *Blériot du record.* Une merveille, assure-t-il. Il peut ainsi repasser son Blériot d'emprunt à Audemars enfin décidé à abandonner la Demoiselle. Le temps est magnifique et pour ce qui est vols, ce sera une réussite. Aucun accident, à l'exception de celui de Marie Marvingt qui, ayant voulu faire un « virage en épingle à cheveux », a réduit son appareil « en allumettes » et à l'hilarité générale, résume la chose par ce lapsus : « J'ai voulu faire un virage en allumette »...

À Magdeburg, Roland se souvient et pour lui, *chacune des journées de Saint-Étienne fut une partie de plaisir. À midi, toute la joyeuse équipe part en caravane pique-niquer dans la montagne, à proximité d'un ruisseau clair et frais, les dames se charge(ant) du ménage. Après le déjeuner, allongés dans l'herbe, on devise joyeusement, retardant le plus possible le moment du départ, avant d'aller gagner sa vie... Une vie belle et facile. C'était un heureux temps...*

Malheureusement pour Mentieu, c'est plutôt un échec financier. Bouthéon est mal desservi par les transports en commun et la première « Semaine » a épuisé toute la curiosité des stéphanois pour l'aviation. Certains jours, les aviateurs devront voler devant des gradins absolument déserts. Le dernier dimanche est désastreux. Les aviateurs proposent à Mentieu de voler encore le lundi. Ce jour-là, pas un seul spectateur ne passe aux guichets. Et pourtant, il y en a un, solitaire, perdu au milieu des banquettes décorées d'oriflammes, qui suit avec intérêt l'évolution des appareils. Deux contrôleurs se précipitent, exigent la présentation de son billet : il n'en d'ailleurs pas... Et l'on s'aperçoit qu'il s'agit de Charles Voisin.

Après Saint-Étienne, Voisin a conclu une autre affaire au Mans pour l'équipe, à laquelle est venu se joindre le grand et robuste Kimmerling, ainsi que Leuvel (qui se tuera quelques jours plus tard à Reims) et, honneur aux dames, Hélène Dutrieu... À la joyeuse caravane s'ajoute un groupe d'amis de Weymann, venus de Paris en touristes.

Le Mans est un gros succès. Il y a toutefois quelques incidents. Ainsi, Hélène Dutrieu emmène un jour le président de l'Aéro-Club de la Sarthe, Léon Bollée, 100 kilos et cardiaque : une fausse manœuvre et le biplan Farman heurte un mât d'oriflamme en plein vol et coupé en deux, s'écrase au milieu de la foule. Il n'y a pas un seul blessé et Léon Bollée se relève, indemne. Indemne aussi, Weymann, dont le Nieuport piqué en terre à la suite d'un virage trop serré à pleine vitesse est entièrement détruit...

La routine, en somme.

Tout se termine comme il se doit par un vin d'honneur offert par la municipalité et l'Aéro-Club. Charles Voisin essaie vainement de rassembler son petit troupeau très en retard et, montre en main, il débite d'une voix lente et solennelle : « Messieurs... Je dois vous prévenir qu'il y a exactement 45 minutes que Monsieur le Maire du Mans, ceint de son écharpe et entouré de son conseil municipal, explore les horizons de la place en attendant les aviateurs... » Et il fait partager à tous son fou-rire.

La vie de bohème de Saint-Étienne recommença au Mans et resta traditionnelle dans ces tournées en province que nous ne reverrons plus et dont la fantaisie insouciante ne serait d'ailleurs plus de mon âge, se souvient mélancoliquement Roland.

Et un jour vient la fin des classes. Le petit groupe que lie tant de sympathie va devoir se disperser.

***

En compagnie de Charles Voisin et de Raymonde de Laroche, Roland est retourné à Dinard. Il y a trouvé un programme tout préparé par Baré. Les vols programmés sont pour lui l'occasion de se familiariser avec sa nouvelle machine et de procéder au rodage du moteur neuf qui ne doit pas excéder deux heures. Charles lui a fait aménager un hangar du côté de Cancale, à l'abri des curieux. On pourra utiliser la plage de Saint-Benoît-des-Ondes. Sous la conduite de Jules, l'appareil est déballé avec des soins infinis, le moteur démonté pièce à pièce, vérifié, nettoyé, remonté.

Roland fait une première sortie et ne résiste pas au plaisir d'aller lancer un bouquet de fleurs aux spectateurs qui sont montés sur la tour de l'hôtel Crystal pour l'applaudir. Début septembre, il pose son Blériot sur la plage de l'Écluse. Baré a prévu de faire voler le maire devant ses administrés dinardais. M. Crolard prend place sur son bout de siège, s'attache soigneusement à l'aide de courroies pendant que les pompiers municipaux maintiennent l'avion par la queue.

Lâchez tout ! Une immense ovation s'élève de la foule. La machine décolle en 10 mètres, d'abord au ras des têtes, à frôler presque les plumes des chapeaux des dames, puis s'élève en direction de l'île de Cézembre. L'aviateur s'abstiendra de tous piqués, de tous virages sur l'aile ou *de descentes en tire-bouchon*, son passager n'y est pas habitué.

Nouvelles acclamations de la multitude massée devant l'hôtel Royal lorsque le monoplan revient se poser sur la plage. Parmi les femmes en toilette légère, les spectateurs en canotiers et tenue d'été, un tout jeune homme passionné, qui déclare à son voisin : « Moi aussi, après mon baccalauréat, je serai aviateur ! ». Il s'appelle Marcel Brindejonc des Moulinais...

Le lendemain, Roland vole de nouveau : il contourne à plusieurs reprises des yachts prenant part à une régate puis grimpe sans difficulté à 2 500 mètres. L'appareil est au point, la marée basse est pour demain, le temps favorable : il ne suffit plus que de télégraphier à Jacques Schneider qui lui a offert ses services comme commissaire de l'Aéro-Club. Schneider est là dans la soirée.

Le 4 septembre [1] à 7 heures du matin, Garros demande à Hue de jeter un dernier coup d'œil à la machine. Pendant qu'il revêt sur son costume de ville son épaisse combinaison de cuir, Voisin et Schneider ont fait fixer et scellé devant témoins le barographe qui doit enregistrer la performance et que l'aviateur pourra constamment suivre des yeux. Sur le papier quadrillé, il a repéré la hauteur que doit dépasser le diagramme : les 3.350 mètres du capitaine Félix à Étampes le

1. G. écrit « *6 septembre 1911* ».

8 août dernier. Outre le barographe officiel, il dispose d'un altimètre à cadran qui donne une mesure un peu plus précise.

À 8 h 21' 53 (merci, M. Schneider), l'aviateur ordonne le « Lâchez-tout ! ». Ses amis iront l'attendre à Paramé. L'appareil décolle immédiatement et s'élève facilement au-dessus de la mer. Comme points de repère, Roland a le quadrilatère formé par les plages de Dinard, Saint-Lunaire, Cézembre et Cancale. Il s'élève rapidement, traversant les nuages, jouant à cache-cache avec le soleil qui ne réchauffe, quand il le voit, qu'une moitié de son corps. À 1 500 mètres, il se trouve à mi-distance de Dinard et de Jersey. Et calmement (*calme et confiant, car je me sentais bien prêt*), il poursuit son ascension. Sur le barographe, la plume dessine une courbe régulière. Déjà 3 000 mètres : il sent son cœur battre, mais d'émotion seulement, car, au-dessus de Mexico, il a déjà atteint les 3 400 mètres...

Il faut dire qu'à chaque nouveau record de hauteur, les spécialistes, en l'occurrence les physiologistes, soutiennent que l'organisme humain ne pourra jamais supporter les différences de pression de plus en plus grandes qu'on lui demande. Toute tentative de record se fait sous la menace constante de la syncope !

Il s'efforce de maintenir l'appareil dans l'angle optimal de montée. Quand il sent un air un peu plus porteur, il en profite pour grignoter quelques dizaines de mètres. Avec le doigté qu'il a maintenant acquis, il palpe le vent et l'utilise pour monter, monter encore. Lentement, l'aiguille effleure, atteint et dépasse la limite de Félix. 3 500 mètres : il concentre son attention sur la carburation, le barographe, l'altimètre et sur ses propres réactions respiratoires et cardiaques. C'est le froid qui l'agresse, pas tellement au corps, surtout aux pieds et à la tête, si bien que, pendant un bon quart d'heure, il se frappe la tête à plusieurs reprises pour la réchauffer.

Il vise maintenant le quatrième kilomètre. La montée devient plus lente, il n'y a plus qu'une demi-heure de combustible. Et il y a ce froid, aux mains, aux pieds. Mais aucun des troubles annoncés par les spécialistes, au contraire même,

un bien-être dans cet air léger et pur, une parfaite lucidité, un intense moment de vie, avec au-dessous la mer lointaine et floue, au-dessus un ciel d'un bleu pur et la lumière triomphale d'un soleil éclatant.

Sur l'altimètre, il lit : 3 900, 3 950... Les derniers 200 mètres sont longs à gagner. L'appareil se cabre, dérape, titube, comme un cheval épuisé. Il caracole dans les nuages depuis deux heures. Mais c'est le cavalier qui ne peut plus supporter le froid et l'intense bourdonnement de ses oreilles. Il a gagné, il peut rentrer. Il coupe l'allumage et entreprend sa descente, s'assurant de temps en temps d'un coup de contact qu'il peut encore compter sur son Gnome. Il est à mi-chemin lorsque éclate soudain une détonation. Il inspecte son avion avec inquiétude avant de se rendre compte que le phénomène s'est produit dans ses oreilles. En neuf minutes, il retrouve le sol.

Pendant tout ce temps, devant l'hôtel à Paramé, Charles Voisin, Raymonde de Laroche, Jacques Schneider et François Toché, jeune journaliste à *La Vie au Grand Air*, ont guetté le ciel avec inquiétude. L'avion a complètement disparu dans les nuages depuis trente bonnes minutes quand ils poussent tous un cri de joie :

– Le voilà !

Le Blériot se pose doucement sur la plage, à quelques pas de la terrasse.

On se précipite :

– Alors ?

– 4 250 mètres !

– Bravo ! 800 mètres de plus que le capitaine Félix !

Complètement frigorifié, épuisé, Roland descend lentement de son avion. On lui a préparé un grog bien chaud. Pendant une heure, dans sa chambre, il se met au lit pour se reposer et se réchauffer, savourant béatement la joie d'un succès longtemps désiré. On ira tout à l'heure célébrer cette victoire par un bon déjeuner. Jacques Schneider, lui, est immédiatement reparti pour Paris, porteur du précieux barographe [1].

***

Roland a pris le volant de la petite Grégoire que Bielo a mise à sa disposition depuis Le Mans. Raymonde est assise à sa droite. Sur les deux minuscules sièges arrière ont pris place Charles et François Toché. En route pour Dinard !

Il conduit à bonne allure avec l'entrain d'un vieux chauffeur qui vient de réussir une affaire. Juste après l'octroi de Paramé, la Grégoire se trouve enveloppée d'épaisses volutes de poussière que soulève un infâme tacot qui la précède sur la route de Saint-Malo. Il serait facile de le dépasser, mais est-il décent de se présenter dans un restaurant quand on est couvert

1. Le record de G. à Cancale-Paramé ne sera finalement homologué par l'Aéro-Club de France qu'à 3 950 mètres.

de poussière blanche ? Une route perpendiculaire se présente. *l'automobile est, par excellence, le sport des décisions promptes.* Roland donne un coup de volant pour l'emprunter. À ce moment, il a *l'intuition que quelque-chose de bizarre se pass(e) derrière (s)on dos...* Il perçoit même un petit cri d'angoisse mais, jouant du volant, du levier et des pédales, il parvient à obtenir une reprise élégante après un si beau virage. Il jette alors un regard sur ses passagers arrière.

Je revois encore l'instantané qui s'imprima sur ma rétine... Voisin et Toché, dans des attitudes recroquevillées et parallèles, étaient « dans l'air » – Leurs profils se détachaient sur le fond blanc du nuage de poussière – L'un derrière l'autre ils continuaient à suivre la grande route... Je ne vis pas leur atterrissage sur le macadam, mais tout mon système nerveux le ressentit et se crispa – Instantanément, j'avais freiné de toutes mes forces – Au prix de quelques-uns uns de leurs clous, les antidérapants de Bielo s'étaient incrustés dans le sol – Je me précipitai, muet d'angoisse, Toché se releva en titubant et s'époussetait machinalement en balbutiant d'inintelligibles monosyllabes... Charles était moins rassurant : le visage décomposé, il se tenait les reins – Il avait touché terre le premier et avait reçu Toché sur le dos – Néanmoins, tous deux étaient debout, n'avaient rien de cassé..

Charles paraît en effet plus sérieusement atteint. Il a un rein démis. Toché n'a que quelques lésions à la figure et à l'avant-bras. Mais devant le spectacle de ces deux hommes couverts de poussière, Roland ne peut étouffer le fou-rire qui s'empare de lui alors que Raymonde l'invective. Charles se relève, pâle et défaillant. Immédiatement, un attroupement s'est formé autour des accidentés. Tout à coup, un petit garçon se fraie un passage dans la foule et se précipite sur Roland :

– Bonjour, M'sieu ! Vous ne me reconnaissez pas ?

Roland reste muet.

– Mais si, M'sieu ! sonne la petite voix claire dans le silence atterré des protagonistes. Je suis le petit garçon que vous avez écrasé l'année dernière...

Cette réflexion transforme en sourire la grimace de Voisin. *À son tour,* conclut Garros, *il eut pitié de moi, fit un effort, remonta en voiture et je m'esquivai honteusement.*

Le déjeuner sera moins joyeux que souhaité....

***

Le record de Cancale a définitivement placé Roland parmi les meilleurs. De partout, on sollicite maintenant le nouveau recordman et Charles Voisin s'occupe avec compétence d'organiser son activité. Roland passe à Paris ses débuts de semaine, sans autre souci que celui de vivre le plus agréablement possible. Il quitte la capitale le vendredi ou le samedi, soit seul, soit en compagnie d'Audemars, de Kimmerling, ou d'autres camarades. Charles les a précédés et les attend à destination. Garros va ainsi se rendre à Lorient, à Auray (où, note-t-il, *une marchande de programmes me remet sous enveloppe anonyme une ravissante petite médaille d'or de Notre Dame d'Auray, que j'ai conservée*), il retourne à La Ferté Vidame.

À Marseille, l'imprésario Manselon a organisé sous l'égide du *Petit Provençal* et avec un important commanditaire, Causseline, une *Semaine d'aéronautique* au Parc Borély. Il obtient la participation de Garros, celle de Védrines (qui passera sous le pont transbordeur), de Barrier aussi, retour des Amériques et d'Audemars. Manselon fourmille d'idées, il est le promoteur d'un célèbre combat du tigre *avé* le taureau et il dit de son commanditaire : *Lui, il a l'argeng, moi j'ai les idées...* L'affiche qu'il a réunie va attirer près de 100 000 spectateurs entre la plage du Prado et le Parc Borély.

C'est durant ce séjour que Garros fait la connaissance d'Albert Niel, l'ancien chef-pilote de Nieuport. Une famille qui baigne dans l'aviation : son épouse Marthe est titulaire du brevet de pilote N° 226 ! Ce corpulent aviateur « honoraire », à qui le vol est interdit depuis un grave accident, sera l'un des rares amis que Roland aimera tutoyer. À chacun de ses passages dans la grande cité du sud, Roland retrouvera toujours avec grand plaisir la jovialité, l'entrain, la générosité de cet exceptionnel couple d'aviateurs.

Mais pour Roland, ce séjour marseillais sera marqué par une autre rencontre. Dans ses *Mémoires*, il écrit simplement : *Mon père, récemment arrivé de Cochinchine, me voit voler pour la première fois...*

Du fond de sa cellule de Küstrin, le soir de Noël 1916, en même temps peut-être qu'il se contente sur son cahier de cette formule lapidaire, il écrit à son père une lettre qu'Ajalbert, très certainement l'un des artisans de ces retrouvailles familiales, a publiée dans « La Passion de Roland Garros » :

(...) Chaque jour de mes pensées vont vers toi et je déplore le destin qui s'acharne à nous séparer. À ton séjour de 1912 [1], nous n'avons guère eu – avant et après ma deuxième tournée d'Amérique – que de pauvres entrevues bousculées par les contrats, les meetings, les courses, toute la fièvre de cette époque. Lorsque je te revois, c'est toujours dans le cadre de Marseille : notre petite garçonnière, l'Exposition coloniale qui évoquait nos chers pays de soleil et où nous nous sentions chez nous ; les soirées paisibles passées à flâner, à écouter Esther Lekain ou Mercadier :

Je vous ai tann... t'aimée !

Quel délicieux souvenir de tendresse, d'intimité, de confiance. Adieu les boîtes et les pions abhorrés ! et l'âge ingrat et incompréhensif !... Je respirais ! le cœur un peu ému de curiosité et d'impatience au seuil de la vie, mais léger, léger... près du guide chéri, du père ami que tu savais si bien être ! Puis, je me suis retrouvé seul – l'impatience a grandi – j'ai bâclé sans goût les hautes études commerciales et je me suis accroché à la première occasion d'essayer mes forces. La vie m'a entraîné au hasard à travers le monde. Au hasard j'ai été pétri, modifié, trempé, loin de toi, presque à ton insu. Et tout d'un coup, me voilà échoué ici... J'essaie de me rendre compte où j'en suis, avec le peu de lucidité qu'on trouve dans un pareil cauchemar... Il faut se contenter du passé et je veux avoir foi dans l'avenir – non pas la foi naïve qui remplace les réalités par des nuages roses – mais celle qui donne la force de ne pas fuir le destin. Quand on n'a pas pu vaincre, on ne peut pas capituler.

Le père et le fils se reverront encore.

---

1. Georges est arrivé en France à la mi-1911.

XVI

En Amérique latine

Autour d'une bonne table, le célèbre quatuor de la M.I.A. se trouve un beau jour reconstitué puisque Simon est là lui aussi, retour de Chicago. Les revenants racontent la fin de leur aventure américaine : 3 morts en douze mois sur 8 pilotes, un beau score ! Mais Barrier a une révélation à faire : lors du meeting de Chicago, il a rencontré Willis Mc Cormick, un riche homme d'affaires américain, un « sportsman » qui s'est passionné pour l'aviation. Ensemble, ils ont formé le projet d'une nouvelle tournée et Barrier a été mandaté pour traiter avec Garros et Audemars un engagement de six mois. Pour l'Amérique latine !

Au départ, Roland ne manifeste pas trop d'enthousiasme. Les déboires de la M.I.A. et les stupides colères d'Alfred ne lui ont pas laissé trop bon souvenir, il tient à son indépendance et la vie qu'il mène en France est facile et agréable.

– Mais ne vous inquiétez pas, Garros ! Rien à voir avec le vieil Alfred ! Mc Cormick, c'est un style tout à fait différent ! Vous verrez ! Différent !

Convaincant, Barrier. D'autant plus que toutes les exigences de Garros sont acceptées sans discussion. C'est ainsi que Garros, Audemars, Barrier et Charles Voisin, mais pas René Simon, qui préfère présenter et apprendre la France à Mabel, vont en hâte préparer leur départ. Roland surveille l'emballage de son *Blériot du record* qui va le suivre au Brésil. Comme s'il partait au bout du monde (mais n'est-ce pas un peu cela ?), il écrit au Stade français une lettre dans laquelle il déclare s'en considérer désormais comme un *membre perpétuel*. Il se rend également aux établissements Richard pour se procurer un « Vérascope ». Cet appareil prend des photographies « en relief« : en aviateur, il pense volume et non plan.

Le 2 décembre, au Havre, les quatre membres de la « Queen Aviation Cy Lted » embarquent à bord du « Thames », un bateau anglais de deuxième ordre. Destination Rio, via Lisbonne, Saint-Vincent, Fernando-Po, Bahia. *Voyage peu intéressant*, se rappelle Garros, *mais qui se termine dans le décor féerique de la baie de Rio.*

Ni Mc Cormick, ni le matériel ne sont encore arrivés. C'est son secrétaire Malone qui les accueille et les conduit à « l'Avenida » où leur a été réservé un vaste appartement. En plein centre ville. Aussitôt, les aviateurs émigrent à « l'International » mieux situé selon leurs goûts : l'hôtel est accroché à mi-chemin du sommet du Corcovado et domine la ville et la baie.

À nos pieds, Rio, immense, disséminée dans la végétation tropicale ; puis l'eau calme de la baie – À droite, entre les quais et le Pain de sucre, une succession d'anses régulières donne au rivage la forme harmonieuse d'un feston, que longe une belle avenue bordée de palmiers (...) – Au milieu de la rade, de petites îles dont la disposition rappelle un peu les Borromées et une flotte de bateaux à l'ancre, qui semblent des jouets – Sur la rive opposée, les maisons blanches de Nitcheroy – Enfin au lointain, au fond de la baie, toute une sierra dentelée, sauvage et sur tout cela une orgie de lumière.

L'accès de « l'International » est quelque peu acrobatique ; on y arrive par un petit chemin de fer électrique à voie étroite qui franchit à la sortie de la ville un viaduc élevé d'aspect délabré qui ne manque pas de donner, les premiers jours, quelques vertiges aux aviateurs... Cet inconvénient est compensé par les levers de soleil et les nuits étoilées. Roland raconte :

... Quelquefois, par hasard, l'un de nous s'éveillait à temps et appelait les autres – Nous nous accoudions tous les quatre et longuement, nous contemplions l'aurore – C'étaient des scènes grandioses – Dans un ciel à la fois plus immense et plus vivant que les nôtres, la lumière s'annonçait et se répandait avec force – Les tons plus riches, plus éclatants, subissaient des transformations violentes – Pendant un moment une grande animation silencieuse régnait dans la nature : c'était toute la vie ardente de ce climat qui s'éveillait – Et tout à coup, le soleil jaillissait, effaçant les nuances et les ombres sous un flot de clarté accablante.

La nuit, c'était une autre féerie – À nos pieds Rio scintillait silencieuse devant le miroir sombre de sa baie et au-dessus de nos têtes, le ciel était si prodigieusement chargé d'étoiles qu'on eût dit une voûte de diamants.

Audemars ne cesse pas de se livrer à ses farces infernales : il capture un de ces insectes apocalyptiques qui grouillent autour des lampes et l'ayant attaché au bout d'un fil et d'une canne, il le fait voler au-dessus du visage de Barrier. À la vue du monstre, le malheureux a une réaction nerveuse. Il bondit de son fauteuil, blême, et s'enfuit poursuivi par l'animal et Audemars qui répète :

– *Ah... le gros bug... Ah... le gros bug...(hanneton).*

Un autre soir, après une longue conversation sur les animaux nuisibles du pays, Barrier à moitié déshabillé et visiblement ému vient signaler la présence dans son lit... d'un grand scorpion... Mobilisation générale du personnel de l'étage, expédition en règle contre l'importun sous la direction de Barrier. Quand, avec d'infinies précautions, on soulève le drap, on aperçoit, sur la neige du drap... une petite branche noire de bois pourri...

Mais le matériel n'est toujours pas là. Alors, il faut bien occuper son temps. Le pays les séduit, Roland retrouve les lumières, la végétation, les parfums de son enfance. Ils louent une Renault, font plusieurs fois les deux promenades classiques de fin d'après-midi, quand une certaine fraîcheur vient remplacer la chaleur de la journée : l'une fait longer la baie jusqu'au Pavillon Mauresque puis se poursuit jusqu'au bord de l'Océan, là où une longue plage bordée de villas offre quelque rafraîchissement, l'autre suit le circuit de la Tijuca par les montagnes dominant Rio. Il font également l'escalade du Corcovado (malheureusement en funiculaire et à pied...)

Débarque un beau jour Mc Cormick, flanqué de son valet de chambre polyglotte que les aviateurs saluent par ignorance comme un associé du millionnaire. La trentaine, le cheveu blond, l'élégance nonchalante mais un peu gauche, il parle d'une voix traînante, accrochée parfois par une sorte de bégaiement. Mais il respire la franchise, tout en donnant quelques signes *d'originalité* qui ne tarderont pas à se manifester. Dans l'attente du matériel, il n'hésite pas à se joindre aux excursions de ses aviateurs, à leurs soirées. L'organisation des meetings ne semble pas trop le préoccuper : Malone n'est-il pas là pour cela ?

Enfin arrivent les avions : *un vieux Blériot monoplace, un*

Blériot biplace tandem réparé après avarie grave, un vaste biplace Nieuport auquel il manqu(e) des pièces indispensables ! Le Blériot du record ? Il navigue sur « l'Éburon », un cargo tout ferraillant dont on est sans nouvelles !

Le Nieuport ? Bon pour la casse. Les mécanos s'attaquent d'abord au monoplace. On s'efforcera plus tard de transformer le tandem en monoplace. Quelques réglages, quelques essais : le premier vol est évidemment pour Roland qui va saluer le Président de la République sur le vieux Blériot retapé. *Un petit tour, une spirale à (s)a façon, une carte de visite qu'il laisse tomber sur la terrasse où tout le monde a les yeux levés au ciel : cela suffit pour enflammer la presse.*

Mc Cormick aussi, qui approuve d'un large sourire et d'un laconique « Fine !... » Mais son sourire se fige : devant ses yeux, Audemars, le « Roi de la Demoiselle » qui doit faire décoller l'unique Blériot d'un champ de courses limité par des barrières dévie légèrement et va s'écraser sur la palissade... La *Queen* n'a plus de matériel volant. *Audemars eut de la peine à reconquérir sa confiance...*

La Compagnie se trouve de nouveau clouée au sol et la vie des aviateurs redevient quelque peu monotone. Après le déjeuner (ils préfèrent descendre à la « Rôtisserie » où Roland a trouvé avec plaisir des mets créoles qui lui rappellent son enfance), ils vont faire leur tour au champ pour suivre le travail des mécanos. En fin d'après-midi, c'est la ballade en auto. Le soir, ils traînent leur désœuvrement entre le cinéma, le music-hall ou, propos surprenant sous la plume d'un Garros, ce qu'il appelle pudiquement *les pensions dites d'artistes...* Ou bien, en compagnie de Mc Cormick, ils refont dans la nuit la promenade de l'après-midi.

Mc Cormick prend généralement place à côté du chauffeur. Un beau soir, d'un geste, il fait stopper la Renault au bord de la plage, descend et avance, sans un mot, sur le sable encore chaud. Et puis, à la grande surprise des aviateurs, il retire lentement sa veste blanche, sa cravate, détache son faux-col. Il s'assoit pour se déchausser. Une fois relevé, il ôte son pantalon, son caleçon et nu comme un ver, il se jette dans l'océan dans un grand éclaboussement. Il se met à nager vers le large et disparaît un moment dans l'obscurité. Inquiétude des aviateurs : et si c'était un suicide ? Pas du tout. Au bout d'un instant, le Directeur de la *Queen* réapparaît, toujours revêtu du costume et de la dignité de la vérité et il entame un pas gymnastique énergique et bien décomposé avant de se rhabiller, accompagnant ses gestes flegmatiques d'un seul mot qu'il répète : « Fine... » Un autre style, avait dit Barrier. On imagine difficilement le vieil Alfred jouant une telle scène devant ses aviateurs ! Un autre jour, à Tijuca, c'est dans le bassin public qu'il va s'asseoir tranquillement, tout habillé, sous une cascade aménagée, à la grande stupéfaction du gardien du parc... Tout dégouttant, il vient reprendre sa place dans la voiture, avec son éternel commentaire : « Fine... »

Un beau dimanche matin, Charles Voisin part aux aurores pour une partie de chasse aux grues et aux ibis à aigrettes à laquelle l'a invité un immigré alsacien établi dans les faubourgs de Rio. Il n'a réussi à convaincre aucun de ses compagnons qui cultivent leur paresse et n'admettent plus, comme sport, que la promenade lente... en automobile... À son retour, il ramène le soir un splendide butin de plumes éclatant de couleurs et explique que cette chasse ne nécessite, au demeurant, aucun effort... *Tout à fait ce qu'il nous fallait !*

Roland se laisse tenter et il accompagne le dimanche suivant l'intrépide chasseur. Toute la journée, dans une barque que le batelier pousse doucement, un peu à la manière des gondoliers de Venise, ils sillonnent les eaux d'un lac aux contours tortueux, grouillant de bêtes bizarres. À portée de fusil, des centaines d'oiseaux, mais ils disparaissent dans le feuillage à l'arrivée de la barque. Bredouilles.

Au moment de rentrer, Roland aperçoit enfin un bel oiseau rouge, son instinct de carnage prend le dessus et il tire. Il demande au batelier d'aller le ramasser mais *un crabe de terre, horrible bestiole qui tient du crabe, mais aussi de l'araignée et du scorpion, s'en est emparé et disparaît dans la vase.*

Au dîner, Roland n'a pas faim, il ressent un vague malaise. Les petits camarades ne se privent pas de louer méchamment l'habileté des chasseurs. Mais en se mettant au lit, Roland constate que sa peau a été complètement cuite à travers sa chemise, sur le dos, sur les bras. Il tente de dormir, rien à faire. La fièvre monte. Il souffre trop, il va réveiller les trois autres et en arrive même à s'écrier *: De la morphine, de suite, ou je me jette par la fenêtre !...* Affolés, les trois compagnons partent en chasse, découvrent dans l'hôtel un vieux morphinomane, ramènent seringue et ampoules : Roland ne peut plus hésiter, il s'injecte au hasard la drogue dans le ventre et s'écroule dans son lit, endormi... Le lendemain, le médecin diagnostiquera sur tout le dos une brûlure au second degré.

Roland recueillera soigneusement sa peau qui se détache par larges plaques. Il en enverra même un morceau à son père, s'en servant comme papier à lettre... [1]

***

« L'Éburon » arrive enfin, avec deux semaines de retard : le malheureux cargo a été pris dans de furieuses tempêtes et a failli sombrer avec le précieux Blériot. *J'en aurais pris le deuil*, exagère Roland. Avec Charles, il saute dans un canot pour aller faire le tour du rafiau mouillé dans la baie. Il revient de loin, sale, désemparé, lamentable, la mer a même arraché des lettres à son nom.

Le *Blériot du record* n'a heureusement pas trop souffert de ce voyage mouvementé. Les mécanos ont vite fait de redresser le gouvernail et les nervures tordues par l'humidité. Avec le tandem transformé, la *Queen* dispose désormais de deux appareils en état de vol, ce qui est bien suffisant pour trois pilotes. Malone, que les aviateurs n'appellent plus qu' « Œil de coq », peut enfin fixer la date de la première.

Reste à essayer le Blériot modifié. C'est à Barrier que revient cette tâche désagréable. Barrier n'a pas volé depuis plusieurs mois. Pour les avoir souvent connus lui-même, Garros comprend et explique clairement les sentiments qui agitent son ami :

Nous avons tous ressenti ce malaise indéfinissable qui nous envahit à l'approche d'une épreuve parfois insignifiante – l'intensité de ce trouble nous donne la mesure de ce qui nous manque d'entraînement et nous reconnaissons ce qui en sport s'appelle la forme, à l'indifférence des nerfs lorsque arrive le moment de s'exécuter.

Pour éviter les remous, Barrier fera son essai tôt le matin. Seul Voisin a eu le courage de se lever dès l'aube pour l'accompagner. Mais, comme l'écrit Roland, *pour des dormeurs incorrigibles (...) c'est le moment où l'on se sent les membres mous, le cerveau vide de chaleur et d'énergie et dans tout l'être une sorte de dépression.* C'est bien ce

1. Dans le numéro spécial de *La Vie* de 1926, José Melilla signale avoir vu, dans le « musée » constitué par son père Georges, « un reliquaire ébène et or, œuvre d'art du maître Falize, contenant un large lambeau de la peau de Roland Garros qui s'était détaché lui-même (...) au cours d'une chasse aérienne »... Comme quoi une farce de jeune homme peut se transformer en culte sordide de la relique...

qu'éprouve le malheureux Barrier qui doit lutter toute la matinée contre un véritable mal de mer plein de vertiges et de nausées. Il accomplira néanmoins son essai.

***

Malone a bien obtenu la création par les journaux de plusieurs « prix », mais décidément, l'organisation d'exhibitions aériennes est l'affaire de spécialistes : il n'y aura que peu de spectateurs à la « première », pourtant réussie sur le plan du spectacle. Roland remporte notamment le prix de la traversée de la baie, entre Rio et Nitcheroy : 80 000 F ! [1]

Au lendemain d'un de ces *shows* se présentent sur le terrain deux personnages en civil.

– Major Païva Meira, chef de la Commission d'aviation militaire au Brésil !

– Tenente Ricardo Kirk ! se présente à son tour un grand gaillard dans la quarantaine, le visage barré de splendides moustaches en croc.

Les deux militaires expliquent qu'il ont été chargés d'établir un rapport sur la création d'une aviation militaire dans leur pays. L'aérostation et surtout l'aérostation militaire a déjà une longue tradition au Brésil, illustrée lors de la guerre du Paraguay de 1867. Mais l'aviation y est encore une activité inconnue. À cette époque, Santos est plus souvent présent à Paris que dans son pays...

Le major et le lieutenant ont été très intéressés par le spectacle auquel ils viennent d'assister et ils se font fort d'obtenir une subvention gouvernementale pour peu que la compagnie apporte son concours à une série d'expériences et de démonstrations destinées aux militaires. L'accord est tout de suite conclu et c'est presque une « semaine militaire » qui va alors se dérouler selon le programme du major Meira, quelques

1. Dans son « Historia da Força Aérea Brasileira », le Lt-Général Nelson Freire Lavenère-Wanderley écrit : « 1912 – Chega ao Brasil o aviador italiano Gian Felice Gino, brevetado pela Escola Caproni de Milao, trazendo consigo o seu aviao, um monoplano Blériot, com un motor Anzani de 50 H.P. Nessa época, os aviadores franceses Roland Garros e Edmond Planchut e o italiano Ernesto Darioli maravilharam a populaçao do Rio de Janeiro, com os seus vôos ». G. est donc bien l'un des quatre premiers aviateurs à avoir volé au Brésil. Quant à Edmond Planchut, il était titulaire du Brevet N° 319 du 7 décembre 1910.

séances ayant lieu en public, d'autres restant strictement réservées à l'armée.

La première tâche confiée à Garros est d'aller survoler Thérésopolis. C'est la station d'été fondée au siècle précédent à 95 kilomètres de Rio en l'honneur de l'impératrice Theresa. L'intérêt de ce premier vol n'est pas tant de survoler les résidences secondaires des riches familles de Rio, perchées à un peu plus de 900 mètres d'altitude, que d'apprendre comment un avion se comportera au-dessus de la forêt.

La reconnaissance de l'itinéraire donne lieu à une belle excursion : traversée en chaloupe à vapeur de la baie de Guanabara selon son plus grand diamètre puis train à crémaillère dont la locomotive, longeant une gorge profonde et broussailleuse, gravit poussivement la montagne couverte d'une forêt épaisse sans route ni habitation, dominée par des pics vertigineux dont le fameux « Doigt de Dieu ».

À l'arrivée, à la nuit et sous la pluie, une réception à la villa de la fille du major attend les excursionnistes. La barrière des langues rend la communication difficile. La glace va toutefois finir par se rompre et le dîner se terminera dans une chaude cordialité. On s'est même lancé dans les inévitables (...) petits jeux de société. Les jeunes filles ont récité quelques vers français en l'honneur de leurs hôtes, elles se sont succédé au piano. Tout à coup, Mc Cormick déclare qu'il va danser *un réel cake Walk...* Il charge Garros de l'accompagner au piano, *s'isole un instant dans le vestibule comme l'artiste qui prépare son entrée des coulisses puis réapparaît dans le salon, coiffé de son canotier et tenant une petite badine à la main. Pendant quelques minutes, jusqu'à ce que la fatigue l'arrête, son grand corps sembl(e) emplir le salon de gestes dégingandés et incohérents...*

Ce n'est pas du tout la même impression que ressent Roland lorsque, du petit vapeur qui les ramène à Rio, il suit des yeux les évolutions de deux sopilotes, deux grands oiseaux pêcheurs aux longues ailes pointues qui s'ébattent en toute liberté dans le ciel. L'un d'eux plonge soudain comme une flèche dans la mer et en tire un poisson de belle taille. L'animal frétillant et argenté solidement maintenu dans son bec, le sopilote reprend puissamment de l'altitude. Il en arrache une becquée puis lâche sa proie. Son compagnon pique et rattrape le poisson en vol. La scène se reproduit, plusieurs de fois de suite et Garros en tire ce commentaire :

Le vol des grands oiseaux est un sujet d'observation pas-

sionnant. On comprend la patience de Mouillard[1] *(...) En planant, les oiseaux rencontrent les mêmes problèmes que nous et les résolvent par les mêmes moyens. Leur organes sont un peu plus complets que ceux de l'avion et leurs réflexes ont la perfection de l'instinct. Les nôtres sont acquis par une éducation sommaire. Les aviateurs ne rêvent que courses et records, ou s'assurent des succès d'aérodrome grâce à un répertoire d'effets faciles. Il en est peu qui aiment et qui étudient l'art de voler.*

***

Le décollage vers Thérésopolis se fait par un beau temps, chaud et clair. Garros grimpe à 2 500 mètres et vise tout de suite le « Doigt de Dieu » qui se détache du massif montagneux. *Il y a une griserie particulière à voler dans un décor sauvage où l'on sait que les ailes humaines passent pour la première fois,* écrira Garros. Les pics émergent des nuages qui ont envahi le plateau de Thérésopolis. Il faut passer sous la couche. Allumage coupé, il se retrouve un millier de mètres plus bas dans la vallée, sous le plafond des nuages. Il remet la gomme au moment où il reconnaît la voie ferrée et la suit.

Soudain se produit un phénomène inquiétant : alors qu'il avance contre un faible vent debout, son moteur à pleins gaz, il voit tout d'un coup les flancs de la vallée monter autour de lui alors qu'il ne se sent pas descendre. C'est comme s'il était irrésistiblement attiré vers le sol et il ne va pas tarder à s'écraser contre les rochers. *Avec la célérité de l'urubu*[2] *en détresse*, il se retourne et se retrouve fuyant dans la vallée, d'un vol normal. Il a vite fait d'analyser ce phénomène : *un véritable fleuve d'air, canalisé entre deux chaînes de montagnes ; l'endroit où la vallée se rel(ève) jusqu'au plateau form(e)*

1. Ingénieur français mort en 1897 qui avait longuement étudié le vol des oiseaux avant de construire des planeurs, dont l'un, en 1865, parcourut 40 mètres au ras du sol.

2. Il s'agit d'une sorte de petit vautour qui pullule au Brésil, que G. dit avoir souvent étudié et même poursuivi en avion. *L'oiseau fuyait toujours en ligne droite, affolé de se sentir rattrapé. Au dernier moment, un crochet éperdu, rapide comme un éclair, le sauvait de l'hélice (...) S'il avait été possible de supprimer ce qu'il y avait d'inutilement cruel dans ce jeu, j'aurais mieux goûté cette sensation étrange de l'homme devenu le plus redoutable des oiseaux de proie.*

dans ce fleuve un rapide, une chute, que (s)on avion n'a(...) pas la puissance de remonter. À défaut d'avoir atteint Thérésopolis, il a au moins fait cette découverte. Le dépit qu'il ressent de cet échec est encore avivé par la vue du Blériot que Barrier a mis en pylône, au bout du terrain où il revient. Mais il promet de recommencer le lendemain.

Mais non..., dit le major P.M. Notre programme n'est pas tellement rigide. Ce que vous avez fait suffit et nous avons besoin de vous.

La presse qui rapporte le voyage de Thérésopolis ne parle pas de la dérobade du dernier moment et Garros est un peu honteux de ce demi-mensonge. Un lecteur de Thérésopolis, mécontent d'avoir attendu en vain l'arrivée de l'avion, écrit aux journaux une lettre ironique et mordante à laquelle le major répondra de telle façon que l'incident se trouvera clos.

La *semaine* poursuivra son cours avec une reconnaissance sur un camp militaire que visite précisément ce jour le président de la République. Mais ce sont surtout les baptêmes de l'air que Garros donne à une trentaine d'officiers, les candidats-pilotes de l'armée brésilienne. Le major qui inaugure la série se déclare enthousiasmé. Garros les emmène à cinq ou six cents mètres, éprouve leur *impressionnabilité* puis leur met la « cloche » en main. Un ou deux seulement ne dépassent pas la première épreuve. Certains ne comprennent pas tout de suite ou se montrent plus ou moins agités. Les autres assimilent immédiatement les manœuvres. Parmi ceux-ci, Ricardo Kirk [1] qui, à la tête d'une délégation d'aspirants aviateurs brésiliens, ira dès le mois de septembre passer son brevet à Étampes. À son retour, il prendra les fonctions de directeur technique de l'Aeroclube Brasileiro. Ce sera le premier aviateur militaire engagé dans le conflit du Contestado dans le nord de l'État de Santa Catarina.

En somme, avec mon petit monoplace truqué en biplace et mon faible moteur, je remplis de mon mieux le rôle d'initiateur. Je prodiguai à tous conseils et encouragements et fournis au major beaucoup d'indications pour son rapport sur l'organisation de l'aviation brésilienne. Ce fut pour moi une occasion d'être utile à l'aviation en général, à l'aviation française

1. Le lieutenant Ricardo Kirk (brevet N° 1089 du 22 octobre 1912) trouvera la mort dans la chute de son avion le 1er mars 1915, dans la province de Santa Catarina.

en particulier et j'eus la joie de constater plus tard que mon effort avait produit des fruits.

Le programme de la *Queen* à Rio a pris fin. Son Blériot étant le seul en état de vol, Roland va être envoyé à São-Paulo avec Charles Voisin et Jules Hue pendant que le reste de la compagnie se rendra en Argentine pour mettre au point la suite de la tournée. Avant la mise en caisse de son monoplan, Roland ne peut résister à la tentation d'un dernier vol au-dessus des montagnes de la baie. Une petite heure de promenade au-dessus de régions inaccessibles, *couvertes de ces verdures sombres qu'on imagine grouillant d'une faune mystérieuse*, en direction du Doigt de Dieu mais cette fois vers Petropolis sur laquelle il va longuement évoluer. Avec son Vérascope, il a engrangé à l'aller comme au retour une large moisson de clichés en relief, de la montagne et de la forêt [1].

Leur séjour dans la capitale se prolongera encore quelque temps, celui de courir, de bureau en bureau, les ministères un peu endormis, pour récupérer les cinquante contos qui restent dus. Mc Cormick, pour sa part, a tenu à donner *un banquet à ces gens-là, pour leur montrer qu'on n'était pas des mufles...*

Entre temps, conscient de l'insuffisance du Blériot vis-à-vis des appareils plus modernes qu'il a affrontés pendant la saison 1911 et dans l'idée de mettre toutes ses chances de son côté pour celle de 1912, Roland a câblé à la maison Nieuport la commande d'un avion, sans moteur, la *Queen* pouvant facilement lui en céder un.

***

L'État-Major de la compagnie au complet se rend dans la capitale du sud. C'est de São-Paulo que Mc Cormick, Barrier et Audemars vont continuer vers l'Argentine. Roland restera seul avec Charles Voisin et Jules Hue. Pour la première fois, il se trouve dans une ville étrangère où il ne connaît réellement personne. Comme à son habitude, Charles a tôt fait de nouer des relations avec tous les gens importants de la ville. La colonie française, dont le centre d'attraction et de réunion est

---

1. Il s'agit probablement des premières photographies aériennes en relief, en tout cas des premiers clichés de ce genre pris au Brésil. On n'est pas loin de la stéréophotogrammétrie aérienne de Georges Poivilliers et il est intéressant de noter que l'école de photogrammétrie française, avec notamment Francis Ruellan, a été à la base de la cartographie du plan de mise en valeur du Minas Gerais.

évidemment... un restaurant français, qui fait également hôtel. C'est là, dans le fief de M. Daniel, la *Rôtisserie Sportsman*, qu'ils se sont confortablement installés.

Mais les premières démarches sont difficiles. Les premières exhibitions, elles, auront lieu sur un petit hippodrome mal desservi. On s'efforce d'allécher le chaland avec *deux vols de publicité au-dessus de la ville, une séance consacrée aux représentants de la presse, enfin (l)es débuts en public.* Ce jour-là, le Blériot accroche au décollage la haie de départ et se promène en l'air comme un ballon captif, traînant derrière lui un véritable guide-rope... Du sol, Charles et Jules font de grands signaux désespérés. L'incident se termine sans mal, à peine l'appareil est-il *un peu tiré par la queue à l'atterrissage.*

Les premières apparitions publiques du Blériot éveillent immédiatement l'intérêt de tous les *sportsmen* paulistains. Ils sont nombreux, dans les grandes familles de la ville, propriétaires de fazendas à café, tous plus ou moins cousins, les Prado, les Prates, les Chaves. Et surtout *Édu*, l'un des fils Chaves, Éduardo Pacheco Chaves, qui a récemment ramené de France son brevet de pilote [1] et le « Prix des Escales » de l'Aéro-Club du Centre qu'on lui a remis à Orléans. Mais surtout la passion de l'aviation qu'il parviendra à diffuser dans son pays.

Tout devient plus facile : c'est ainsi qu'on accorde à Garros l'utilisation du terrain de polo de l'Antarctica, le club à la mode. *L'Automovel Clube*, lui aussi conquis par l'aviation, crée un prix de 15 contos (30 000 F) pour le premier voyage aérien aller-retour São Paulo-Santos... C'est évidemment le moment où le vieux Gnome *du record*, qui tourne depuis neuf mois, finit par caler avec deux obturateurs cisaillés. Or il n'y a pas de pièces sur place. Dans un garage français, Charles en fait fabriquer deux, magnifiques... Mais ils refusent de fonctionner, *la composition du métal jouait sans doute un rôle important.* Charles en fait demander à Buenos-Aires... Pas de réponse. Finalement, comme Garros l'expliquera dans une longue lettre de Buenos-Aires à Mortane, il lui faudra attendre

1. Edu' Chaves : brevet N° 559 du 28 juillet 1911 – « Prix des Escales » de l'Aéro-Club de l'Ouest le 16 novembre 1911. On lui doit la première liaison aérienne São Paulo-Rio en juillet 1914. Lors de la Première guerre mondiale, il s'engagera dans la Légion Étrangère pour servir la France pendant seize mois dans l'escadrille d'étrangers basée au camp d'Avord. En décembre 1920, il remportera la course Rio-Buenos Aires. Edu est mort à 88 ans, le 21 juillet 1975.

le dédouanement du matériel de l'ami Chaves (...) Je lui dois une fière chandelle et je vous invite à savourer en passant le geste élégant et rare de ce camarade – maintenant un ami – me prêtant ces pièces dont il pouvait avoir besoin le lendemain, pour me permettre de gagner un prix qu'il aurait pu s'attribuer sans lutte [1]**.**

Son appareil maintenant paré, Roland peut confirmer officiellement par télégramme à Jacob Guyer, le président du comité du prix, son intention de s'y attaquer. Édu, lui, est allé à Santos réceptionner son Blériot. Le 7 mars, le jeune aviateur brésilien a fait une première exhibition, parcourant en rase-mottes la plage Jose Benino puis exécutant en altitude des figures qui émerveillent les spectateurs, il la renouvelle le lendemain... Puisqu'il ne peut pas faire l'aller-retour, son intention est au moins d'arriver par les airs dans sa bonne ville de São-Paulo en compagnie de Garros.

Avec cette outrance fleurie qui sévit dans les journaux de l'époque, un journaliste de *l'Estado do São Paulo* explique longuement les déboires de Roland avec le temps qui tarde un peu à se mettre au beau. Le 8 au matin, la pluie menace. De bonne heure, Roland fait tourner son Gnome sur le terrain de l'Antarctica. De nombreux amis l'ont accompagné, la colonie française presque au complet, Charles Hu, Gustave Corbisier, Mallet, Charles Bourgeois, sans compter les nombreux membres et cousins de la famille Chaves. Ils signent d'ailleurs un procès verbal qu'ils remettent à l'aviateur. À 7 heures 10, Roland décolle en suivant l'avenue Paulista encore endormie jusqu'au quartier de l'Ipiranga et grimpe à 500 mètres pour apprécier l'horizon : encore trop bouché. Il revient se poser. À partir de 8 heures, les nuages commencent à se dissiper. À 8 heures 50, il décolle de nouveau en direction de Santos, cette fois-ci pour de bon, « le brillant navigateur », commente *l'Estado do São Paulo*, « doit revenir demain dans la capitale. Cependant, même s'il n'accomplit que la moitié de l'épreuve, on peut considérer qu'il s'agit d'une des plus belles prouesses mondiales de l'aviation »...

Pour Garros, le trajet est facile, avec un seul passage dangereux. À faible hauteur (1 800 mètres dit *l'Estado*), il suit les rails du chemin de fer qui traversent le plateau en ligne droite

1. Dans ses *Mémoires*, G. écrit que les obturateurs lui sont parvenus de Buenos-Aires, avec un mécano. La version à retenir semble être celle de la lettre à Mortane (28/03/1912).

avant de faire un coude lorsque train devient funiculaire pour plonger vers la cuvette de Cubatao. Garros ne fait pas le détour.

Dans ces régions exotiques où la nature conserve toujours un cachet sauvage, le moindre voyage aérien procure de petites émotions d'explorateur, d'inconnu, qui sont un attrait (...) Je me trouvai un instant au-dessus d'une forêt qu'on pouvait croire vierge – La curiosité m'attira à quelques mètres des cimes des arbres – Ils formaient un enchevêtrement touffu, impénétrable... Je n'entrevoyais pas un pied carré du sol, mais je m'imaginai l'épouvante d'un peuple de singes, de serpents et de volatiles, à mon passage.

Il rase les arbres de si près qu'il peut se croire au volant d'un bolide automobile sur une route sans cahots. La route tout d'un coup se dérobe et la voiture poursuit sa course dans les airs, à 800 mètres : *une sensation de rêve...*

Pendant ce temps, Santos est en effervescence. L'arrivée de Garros a été annoncée pour 8 heures : des tramways bondés ont amené une foule immense qui a pris possession des plages Jose Menino, Boqueirao et Ponta da Praia. Les plus fortunés sont venus en automobile ou en voiture à cheval. Pour calmer leur impatience, Chaves a décollé à 9 heures de la plage de Gonzaga où il a planté son hangar et son Blériot évolue longuement dans le ciel, avec souplesse. Quand tout à coup apparaît l'avion de Garros. L'enthousiasme du public est à son comble lorsque les deux avions se croisent en l'air, dessinant dans le ciel d'immenses arabesques et que les deux pilotes se saluent de la main...

Le vol de Garros n'a duré que quarante minutes. La foule veut le porter en triomphe... « L'intrépide pilote remercie très timidement ces démonstrations de sympathie », remarque le journaliste de *l'Estado*... Mais le héros du jour ne peut échapper à la réception offerte en son honneur au bar du Parc Balneiro...

Le lendemain matin [1], la marée a dégagé la plage sur toute sa largeur. Mais le vent commence à se lever. Néanmoins, à 8 heures 25, selon *l'Estado*, le Blériot de Chaves décolle lourdement, à cause de son poids et *des renforcements à la mode*, souligne Garros. Au-dessus de l'Océan, le Brésilien s'efforce de prendre de l'altitude. Garros s'enlève à son tour et suivi de Chaves prend la direction de la sierra de Parana Piacaba.

Les premiers kilomètres sont parcourus de conserve. À

1. Dans ses *Mémoires*, G. écrit « *Nous nous envolâmes ensemble, l'après midi, malgré quelques ondées* ».

l'entrée de la vallée qui mène au plateau, Garros attend un peu son compagnon dont l'appareil pèse quelque 70 kilos de plus que son *spécial*. Puis une brusque ondée le lui fait perdre de vue. Dans le doute, ne sachant pas si Édu a fait demi-tour ou non, Roland poursuit sa route, barrée par un banc de nuages débordant du plateau. Par une mince fissure, il entrevoit un paysage ensoleillé : ce n'est donc qu'un mince rideau qu'il a vite fait de traverser pour retrouver, de l'autre côté, les rails brillants qu'il survole à cent mètres et qui le mènent jusqu'à São-Paulo, *(s)'amusant de dépasser quelques trains et d'observer la curiosité étonnée des gens.*

Il y a bien entendu foule sur le parc et aux alentours de l'Antarctica. On vient admirer « le courageux jeune français » mais surtout acclamer « l'intrépide Édu » qui revient dans sa ville natale. Ses vols à Santos ont fait la une de la presse paulistaine. À 9 heures 10, des cris frénétiques fusent : un point noir a apparu à l'horizon. Un avion ! Il décrit un large virage sur le quartier de la Lopa puis vient se poser au milieu de la pelouse, acclamé par des tonnerres d'applaudissements et de bravos.

C'est Garros. Il a mis 45 minutes à parcourir le trajet à la vitesse moyenne de 118 km/h. Mais où est Chaves ? demande-t-on au pilote. Ce dernier raconte comment il l'a perdu dans les nuages. L'inquiétude grandit parmi les spectateurs, les nouvelles les plus contradictoires circulent, véhiculées par les « boateiros », ceux qui, au Brésil, fonctionnent comme notre « téléphone arabe ».

À 9 heures 25, enfin, on apprend qu'Édu est en train de survoler la ville. Pendant vingt-cinq minutes, le jeune paulistain va saluer le largo de Arouche, l'avenue Paulista, Freguezia de 0', le quartier de la Lopa, la rue São-Juan. Il fait plusieurs spirales au-dessus du théâtre municipal puis atterrit impeccablement sur la pelouse de l'Antarctica, à 9 heures 50 minutes...

Garros se précipite pour le saluer avec chaleur. Édu est rapidement arraché aux embrassades familiales par un mouvement de foule qui le porte en triomphe avant de subir l'assaut des reporters.

Le « premier voyage à travers le Brésil » soulève l'enthousiasme des journalistes. À *l'Estado*, il déclare :

– (...) En arrivant sur la Piassaquera, le brouillard était si intense que je ne voyais rien du tout devant moi.

– Avez-vous tenté de faire demi-tour ?

– Cela ne m'a même pas effleuré l'esprit. Seulement, je pensais que je devais arriver au Parc Antarctica et j'ai repris de l'altitude, jusqu'à

1 800 mètres. À cause de la brume, je ne voyais rien autour de moi. Heureusement, il n'y avait que peu de vent et grâce à ma boussole, j'ai réussi à trouver la bonne direction, jusqu'à la disparition complète de la brume... J'étais déjà à São-Paulo.

Garros fera encore quelques exhibitions à São-Paulo. Le lendemain, il volera à l'Antarctica en compagnie d'Édu devant des tribunes combles mais ruisselantes de pluie. Un premier vol d'une douzaine de minutes à une centaine de mètres, des évolutions souples qui tiennent en haleine un public dont l'enthousiasme explose lorsque le Français rase les tribunes en les saluant des deux mains... Édu tente de décoller mais il doit s'arrêter en milieu de piste : des difficultés de moteur. Garros fait alors un deuxième vol en altitude, son fameux numéro *des nuages*.

Édu n'a pas renoncé : il tente un nouveau décollage mais le Blériot se traîne au ras des bambous du fond du parc et s'écrase lourdement... Chaves se relève, imperturbable, des débris de son appareil. Garros qui a suivi sa tentative d'en haut et qui vient d'atterrir « se précipite sur son collègue et ami et l'embrasse avec effusion ».

De ce séjour à São-Paulo, Garros conservera *un charmant souvenir, auquel restent associés dans ma mémoire les noms de nos compatriotes M. Charles Hu, de Mallet ; et ceux des frères et cousins : Prado, Chaves et C. Prates*. Ceux-ci offriront en son honneur un banquet chez M. Daniel à la « Rôtisserie Sportsman » et *l'automovel Clube* lui remettra solennellement son prix au cours d'un champagne qui associera « les deux premiers aviateurs à avoir survolé le Brésil ».

***

En Argentine, ce n'est pas la même chose. Lorsque le 19 mars 1912 Garros débarque de l' « Umbria » [1] accompagné de Voisin et de Hue sur le quai de Buenos-Aires où les accueillent chaleureusement Mc Cormick, Audemars et Barrier, cela fait presque deux ans que l'avion a volé pour la première fois dans ce pays. C'était en mai 1910 à l'occasion de la célébration du centenaire de l'indépendance. Brillantes festi-

---

1. Sur ce voyage maritime Brésil-Argentine, G. raconte dans ses *Mémoires* : *un seul soir, nous retrouvâmes un peu de bonne humeur – Mon mal de mer chronique me laissait justement quelque répit – Pour*

vités que Georges Clemenceau, l'un des invités étrangers, a qualifiées de « cavalcade du Centenaire ».

Une sous-commission et l'Aéro-Club argentin ont alors préparé un vaste programme d'aérostation et d'aviation et les premières machines volantes sont arrivées de France, accompagnées par une brochette des plus prestigieux aviateurs de l'époque, comme Émile Aubrun et Henri Péquet. Il a même été décidé, toujours dans le cadre du centenaire, la construction à Villa Lugano du premier aérodrome du pays selon les normes de la Fédération Aéronautique Internationale : huit hangars, des ateliers de maintenance, une signalisation réglementaire, un nivèlement parfait de la piste de vol qui a été étrennée le 5 mars 1910 par Aubrun lui-même.

À Villa Lugano a même déjà été créée une école d'aviation, dirigée par le pilote argentin Casteibert. Un aviateur italien, Cattaneo et un français, Paillette, anciens compagnons de meeting d'Audemars et de Barrier, se sont même installés dans le pays où ils jouissent de la plus grande popularité. Paillette a même formé un pilote argentin, le jeune Paolo Theodoro Fels. Le public argentin est donc déjà largement averti.

Malheureusement, la *Queen* une fois de plus n'est pas prête. Le Nieuport commandé par Garros n'est pas arrivé, le matériel de Rio en piteux état. Et Œil de Coq a réussi à obtenir le moins bon des trois terrains possibles... Heureusement, Roland a son Blériot, car, écrit-il

J'étais à cette époque dans une « forme » sportive brillante, volant infatigablement, même les jours de relâche, souvent par des vents violents, comme ce jour de pampero où je mis 25 minutes pour aller de notre champ au centre de la ville et deux minutes pour rentrer.

Le vol était devenu plus qu'une passion : un besoin – Il m'absorbait tout entier et je ne m'en privais pas sans en ressentir comme un déséquilibre physique.

---

nous remonter un peu je commandai au garçon – qui n'en revenait pas – une demi-bouteille de champagne sec – Il nous ramena un petit flacon sale, rouillé, galeux où nous identifiâmes aux débris de cachet et d'étiquette qu'il portait encore, du Heidsieck extra-dry, année inconnue – Cette vilaine fiole nous réservait une surprise – Ce qu'elle contenait, ce n'était pas le champagne quelconque que nous espérions, mais un nectar incomparable, tout ce que peut être un champagne de grand cru, après une vingtaine d'années de cave, dans des conditions que le hasard, sans doute, avait rendues parfaites – Et cela suffit à mettre dans nos veines ce soir là un peu de la vieille gaîté de France...

La première exhibition est enfin prévue. La veille, Roland fait un vol d'entraînement et va survoler un champ de course, comme par hasard au moment précis où se termine une épreuve. Il entame alors une de *ces descentes en spirale serrée qui, à des yeux non avertis, procure des illusions d'optique si étonnantes... Près du sol, juste en face des tribunes, (il se) redresse, salu(e) des deux mains à la fois et dispar(aît)...* Cela lui vaut les honneurs de la presse et, le lendemain, une foule considérable se presse pour la première des trois manifestations organisées par la *Queen* qui coïncident malheureusement avec la période des élections.

À partir du 13 mars, une autre *semaine* a lieu sous l'égide des appuis trouvés sur place. La *Société Sportive* a prêté son terrain, Fels se joint au spectacle. On organise même un pseudo-match entre Cattaneo et Garros. Sur les deux vieux Blériot retapés. « Barrier continue à voler impeccablement, mais avec prudence », écrit Garros à Mortane. « Audemars diverge au contraire vers le genre Simon : il ne se refuse plus aucune fantaisie. Je crois que sa rentrée en France causera des surprises... » Un autre jour, Garros, Barrier et Fels décollent de l'hippodrome national Belgrano pour aller survoler la résidence du président Saenz Pena [1]. Et puis, le Club Français offre un prix de 10 000 F qui va à Garros...

L'aventure sud-américaine est terminée [2]. Dernier incident avant le départ de la *Queen* : la direction du Plazza refuse à Mc Cormick un règlement sur sa banque de New York et retient ses bagages. *Nous dûmes abandonner Monsieur Corni (le surnom donné à Mc Cormick) à sa destinée...*

Au dernier moment est arrivé le Nieuport. À peine Roland a-t-il eu le temps de le faire rouler sur le terrain détrempé de Villa Lugano. Aussi n'hésite-t-il pas lorsque Paillette lui propose de l'acheter ainsi que le Blériot, que l'on descend en toute hâte du *Highland Warrior*. Le vieux vapeur mettra vingt-quatre jours pour atteindre Londres où les attendent... Mc Cormick lui-même et Charles Voisin, qui ont pris un paquebot rapide...

---

1. Dans la plaquette « Sitios de Volacion en Buenos-Aires » éditée en 1982 par l'« Instituto argentino de historia aeronautica Jorge Newbury », Julio A. Luqui Lagleyze indique que c'est en 1913 que G., Barrier et Fels ont décollé de l'hippodrome national Belgrano pour leur vol en trio au-dessus de la résidence du président Saenz Pena. Il a en fait eu lieu en 1912, au mois d'avril.

2. G. écrit : *Notre séjour à Buenos Ayres dura environ deux mois* : exactement, du 19 mars au 25 Avril 1912.

À Paris, le directeur de la *Queen* offre à ses aviateurs un somptueux dîner au Ritz : dans sa serviette, chacun découvre un écrin de Cartier contenant une montre-bracelet...

À chacun des exploits dont Garros ornera sa carrière, Willis Mc Cormick ne manquera pas de lui télégraphier ses félicitations, se proposant surtout de s'attacher, pour la fabrication et le commerce d'avions qu'il envisage, un nom désormais prestigieux.

XVII

Le circuit d'Anjou

À son retour d'Amérique latine, Roland dispose de moins d'un mois pour se préparer à la seule épreuve intéressante de cette saison 1912 : le grand prix d'Aviation de l'Aéro-Club de France organisé par le Comité d'Aviation de l'Anjou, mis en œuvre par les frères René et Pierre Gasnier.

Pour ces deux pionniers, le meilleur moyen de servir l'aviation est l'organisation d'épreuves sportives et techniques dans lesquelles « on mesurera en vraie grandeur les machines et les pilotes ». Pour le circuit d'Anjou, il s'agira d'accomplir sept fois et en deux jours, le dimanche 16 et le lundi 17 juin, le triangle Angers-Cholet-Saumur, soit « 1 101 kilomètres 877 mètres » (restons précis...).

Une fois de plus, pour les journaux, c'est « la première fois que... » autant d'aviateurs de renom se trouvent réunis sur la ligne de départ, qu'autant de spectateurs sont attendus... Il faut dire que l'organisation bénéficie du patronage d'une brochette d'hommes politiques éminents : Raymond Poincaré en tête, Aristide Briand, Alexandre Millerand, Jean Dupuy, Delcassé, tous ont apporté le soutien de leurs ministères respectifs. Et que pratiquement toutes les vedettes du moment sont inscrites : il y en a trente-quatre, parmi lesquelles Védrines, Vidart, Prévost, Legagneux, Helen, Bielovucic, Bedel, Renaux, Perreyron, Bathiat, Tabuteau, Hamel etc. Et aussi le jeune Brindejonc, qui a maintenant passé son baccalauréat... et son brevet de pilote.

Tous les constructeurs ont fait un effort considérable. Comme d'habitude, Deperdussin a mis sur pied une organisation formidable, avec une solide équipe d'ingénieurs et de mécaniciens, un outillage d'usine, des autos de secours, des appareils spécialement conçus pour l'épreuve qu'il fait exposer dans un hangar. Avec son faste habituel, il a retenu tout un étage dans le meilleur hôtel de la ville pour y loger ses ingénieurs et ses aviateurs. La maison Morane-Saulnier, qui a présenté ses premiers modèles au dernier salon, a engagé quatre appareils. On compte aussi quatre Nieuport. Esnault-Pelterie et Hanriot sont à pied d'œuvre, les frères Caudron, Breguet, les Farman aussi, les maisons Astra, Zodiac... Toute la fine fleur de la construction aéronautique a tenu à être présente !

Blériot n'a engagé que deux machines : un biplace avec Hamel et Sassoun, un monoplace avec Perreyron. La maison subit en ce moment une crise grave. Les appareils que l'Armée a commandés sont l'objet d'un cahier des charges impératif et les *renforcements* exigés alourdissent l'appareil au point d'en faire un engin dangereux. Une suite d'accidents a rendu le Blériot suspect aux yeux des aviateurs militaires qui vont même jusqu'à en demander la suppression dans l'Armée.

Roland vole sur son Blériot personnel. Il l'a commandé dès son retour à Paris, le plus proche possible de *celui du record,* c'est-à-dire le plus léger. Il a bien conscience des limites du vieux « XI » mais il estime ne pas avoir le temps de se faire à une autre machine et préfère utiliser sa monture habituelle qu'il domine maintenant parfaitement.

C'est ce qu'il explique dans une lettre du 4 juin à son vieil ami Camille Moudoux qu'il se réjouit de revoir à Cholet :

Je prends part au circuit avec un 50 H.P. Blériot ordinaire, trop lent pour prétendre aux places d'honneur, mais avec lequel j'espère réussir une course intéressante par sa régularité. J'arriverai probablement par l'air à Angers dans quelques jours et je pense aller aussitôt vous rendre visite, toujours en volant...

Sur le papier, son Gnome 50 CV n'a en effet aucune chance contre les 70 et 80 CV du même constructeur, les Salmson de 85 et 90 chevaux, les Renault de 90 et 100 chevaux, le 100 H.P. qu'aligne Esnault-Pelterie, le Chenu 80 chevaux ou l'Anzani de 70. Mais, dans un article qu'il donne à *l'Excelsior* la veille de la course, Leblanc reprend les arguments de Roland. Tout en affirmant qu'il « serait naïf de prétendre que les autobus aériens sont inutiles et voués à une fin prochaine », il explique que certains constructeurs, cédant aux sollicitations de leurs pilotes, ont adopté des 50 chevaux sur leurs appareils.

Ils constituent la catégorie des gens prudents. Je ne crois pas qu'ils aient eu tout à fait tort.

Seule crainte de Leblanc : le règlement qui favorise de façon excessive, à son avis, les multiplaces en leur accordant une bonification de temps de 1/6e par passager.

Ainsi, calcule-t-il, avec 5 passagers, la vitesse en temps réel de 100 kilomètres à l'heure serait homologuée à 275 kilomètres ! Ce que les monoplaces sont encore bien incapables de réaliser... Mais, ajoute-t-il, il ne semble pas que les appareils qui désirent transporter autant de personnes soient capables d'y parvenir si le temps est mauvais.

Au fond de lui-même, c'est sur le mauvais temps que compte Roland.

***

Sur son *50 HP*, il a quitté Issy trois jours avant le départ de la course. Audemars qui doit l'accompagner avec un appareil de secours a dû rebrousser chemin en raison d'ennuis mécaniques. Le voyage se poursuit par un temps assez désagréable et vent debout et après une escale au Mans pour ravitaillement, il parvient au terrain d'Avrillé. Au milieu des Bessonneaux (ces grands hangars démontables à armature de bois couverte d'une toile à voile, des produits de l'industrie angevine qui marqueront de leurs silhouettes la plupart de nos aérodromes), il règne l'agitation que Roland connaît bien maintenant.

Angers aussi vit dans la fièvre des grands événements. On s'écrase aux terrasses des cafés. Dans les rues, le brouhaha intense est couvert par les pétarades des automobiles et la cacophonie des avertisseurs. La moindre chambre d'hôtel s'arrache à prix d'or. Heureusement pour Roland, Charles Voisin et Raymonde de Laroche, les âmes de son *équipe*, l'ont précédé dans la capitale angevine, lui ôtant tout souci d'intendance.

Son *équipe* à lui est aussi amicale que simplement technique. Ses *mécanos* ? Voilà ce qu'il en dira le 20 juin dans *l'Excelsior* :

Ceux qui ont vu, avant le circuit, ma fidèle équipe, composée de Jules Hue et Pierre Schock, après avoir vérifié boulon par boulon et tendeur par tendeur les moindres organes de mon monoplan, se relayer ensuite la nuit dans mon hangar pour veiller l'appareil avec un

soin jaloux, ceux qui les ont vus au ravitaillement emplir mes réservoirs d'essence tamisée à la peau de chamois et d'huile passée goutte à goutte dans un fin tamis, ceux qui ont vu l'inquiétude qu'exprimaient les visages de ces modestes collaborateurs au moment du départ et leur joie rayonnante à l'arrivée, ceux-là ont une idée de la mentalité que doivent avoir des hommes à qui les aviateurs confient leur existence [1].

Outre Blériot et Leblanc, qui sont là parce que Roland vole sur un de leurs appareils, Barrier, Quellennec et le journaliste Thobois lui apportent le soutien de leur amitié. Audemars arrive vendredi sur l'avion de secours.

Comme l'année précédente à Marseille, son père Georges a tenu à venir lui aussi l'assister dans cette épreuve. Sa mère Clara se trouve à Saïgon. Le samedi 8, elle a épousé, en secondes noces, Arthur Lehalle.

***

La veille du départ, le moteur émet un broutement suspect aux sens exacerbés du *docteur Jules*. Hue démonte immédiatement tout et présente à Roland deux pignons mal ajustés, lui disant de sa voix traînante :

– Je ne crois pas que vous auriez tenu longtemps comme ça...

Pendant que le mécano procède au lavage, au remontage et au rodage du Gnome (*pourtant livré pour la course,* s'exclame Roland), l'aviateur est allé reconnaître sur son appareil de secours le parcours jusqu'à Cholet. Le temps d'un petit vin d'Anjou chez la *Maman* de l'auberge, près du terrain, au milieu des amis et des bons souvenirs...

Le ciel se fait de plus en plus noir, les bourrasques plus violentes. De quoi réjouir Barrier et Audemars qui ne manquent pas, avec force mimiques, de le souligner au cours du dîner :

– Si ce temps continue, ce sera bien amusant !

Après l'accalmie de l'aube, les bourrasques reprennent de plus belle. À 7 heures, il fait encore presque nuit, souligne

1. Au lendemain du raid trans-méditerranéen, *le Temps*, quotidien depuis disparu et qui avait pris pour habitude de donner à tout le monde des leçons de morale et de comportement et à ses confrères des leçons de professionnalisme publiait le 24 septembre 1913 un long article sous la signature de Paul Rousseau. L'auteur sous-titrait un paragraphe consacré à Jules Hue et à Pierre Schnock « les obscurs collaborateurs », déplorant qu'on n'en parlât point suffisamment. Il semble bien que, plus d'un an auparavant, G. et « l'Excelsior » lui avaient déjà largement répondu.

Mortane dans *l'Excelsior* et le vent, soufflant en tempête, soulève des torrents de poussière, les toiles des hangars sont gonflées par des rafales redoutables et inquiétantes. En outre, il fait très froid. Pourtant, le public est nombreux aux populaires alors qu'il y a pas mal de vide aux places chères.

Les concurrents hésitent à prendre l'air. Une pétition va même circuler de mains en mains, signée de Deperdussin, Esnault-Pelterie et Breguet qui prennent l'engagement de « ne pas laisser partir leurs appareils (...) sous peine d'une amende de 20 000 F à répartir également entre les autres soussignés ».

Mais Roland n'est pas d'accord, pas plus que Bedel, Brindejonc, Helen, Hamel, Espanet et Allard. Ils ont fait sortir leurs machines. Dans ses souvenirs de gamin ayant assisté à l'événement, Maurice Fouchard se rappelle surtout le « svelte monoplan aux ailes de toile claire », le Blériot de Garros et le « beau biplan de couleur bleue », le Caudron d'Allard, que les manœuvres ont sorti et ont peine à maintenir au sol.

Roland tient à profiter du mauvais temps, c'est son meilleur atout. Blériot et Leblanc interviennent énergiquement auprès du Comité qui finit par céder : la course est maintenue. À 8 heures et demie, Roland fait pousser son appareil à la ligne de départ. Au dernier moment, quelques rafales plus sèches. Leblanc s'approche de lui alors qu'il ajuste son passe-montagne de laine blanche :

– Ne feriez vous pas mieux d'attendre un peu ? dit-il

Barrier intervient vivement :

– Ne vous occupez dont pas de cela... Il sait ce qu'il fait, allez...

Ce cri de foi d'un ami fit jaillir dans mes veines le flux d'enthousiasme qu'il fallait – Il me sembla que j'allais faire une promenade sous un peu de pluie – Jules lança l'hélice et je démarrai vers Cholet.

Il est 9 heures 6 minutes... Il a visé la cathédrale avant de prendre le cap de Cholet. Le plafond est à moins de 300 mètres. Au sol, il voit par moments les arbres se tordre, des tourbillons de poussière monter au ciel. Puis soudain, de larges gouttes de pluie. Le moulin de Chemillé lui a servi de premier point de repère et de là, il se guide de loin sur la grande route, vers Cholet. Une escale est obligatoire par tour et Roland a préféré se retrouver dans sa chère ville au milieu de ses amis. Un moment, il aperçoit le petit corbeau noir d'Helen qui le dépasse comme un bolide : il n'est donc pas le seul à avoir pris le départ.

Enfin apparaissent le clocher pointu, l'aérodrome entouré de tribunes pleines à craquer malgré le temps.

Tout de suite apparaît la bonne figure aimable de (s)on vieil ami Moudoux, au milieu de son comité, venu accueillir de nouveau leur enfant de Cholet.

Pas de démonstration inutile ou déplacée : tout le monde comprend que le meilleur service à rendre au héros est d'assurer sa tranquillité.

Au moment du « Lâchez ! », l'aviateur ressent une violente secousse dans le fuselage. Il coupe instinctivement l'allumage et se retourne. Mais on lui fait signe de continuer. Il remet le contact et s'envole vers Saumur.

***

À Angers, les spectateurs un peu médusés mais enthousiastes ont assisté au départ de plusieurs concurrents. Celui de Garros a donné lieu à de longues ovations.

C'est au tour du Morane-Saulnier de Bedel de tenter de s'enlever mais le moteur ne tire pas, il est secoué, rabattu par les rafales, rase les arbres et disparaît derrière les tribunes : rien de cassé, sinon une roue. L'aviateur revient aussitôt à pied et supplie Morane de le laisser partir, comme remplaçant...

Au tour des multiplaces : le docteur Espanet dont c'est la première compétition s'envole sur son Nieuport 80 HP avec son passager, Legagneux et Martinet sur leur Zens. Le vent souffle maintenant à plus de 70 kilomètres à l'heure. Helen part à 9 heures et demie et son Nieuport 70 CV lui permet de rattraper et de dépasser Garros avant de tomber en panne entre Cholet et Saumur, à Doje-la-Fontaine.

À 9 H 55, le biplace Blériot de Hamel prend l'air, très applaudi. Mais dans la foule, l'émotion retombe dès que les appareils ont disparu dans les bourrasques. La musique militaire venue en l'honneur du ministre des travaux publics ne parvient pas à dérider les spectateurs. Les nouvelles du parcours commencent à circuler : « Legagneux est tombé ! ». On se rassure un peu plus tard : il n'y a pas de blessé. On apprend le passage de Garros à Cholet.

***

À partir de Cholet Roland bénéficie du vent arrière : sous ses ailes, le sol fuit à une vitesse impressionnante, l'orientation est facile, il suffit de suivre la route. En un clin d'œil, il est sur Saumur, contourne le pylône de contrôle et prend l'axe de la vallée de la Loire en direction d'Angers. Il se retrouve vent de côté dans une zone de méchants remous. Il n'a rien perdu de sa confiance mais commence à sentir des courbatures, aux mains, aux poignets, aux avant-bras. Le Blériot n'a pas de pare-brise et l'hélice lui envoie des rafales de gouttes qui lui piquent méchamment le visage et obscurcissent ses lunettes.

Voilà Angers : Roland y fait un atterrissage *assez laid* à son goût et il se voit tout de suite entouré, entraîné vers son hangar. Son *camp* est en pleine effervescence. Barrier exulte, les yeux brillants:

– Victoire... vieux camarade... Plus que deux... Vous n'êtes pratiquement plus que deux en course... Les autres... dans les choux... hardi...

Garros a bouclé son premier tour en 2 H 39' 38". Espanet le seul arrivé, est crédité de 4 H 45' 49". Mais Hamel aussi reste en course. Ainsi que le jeune Brindejonc qui a fait sortir du hangar son Morane-Saulnier et a décidé à son tour de se lancer dans la course.

Jules prend son patron par la manche :

– Monsieur Garros, regardez !

Il désigne du doigt un des longerons, près de l'empennage. Il est brisé et Roland comprend ce choc ressenti au départ de Cholet : un mécano a dû laisser traîner un objet que l'avion a heurté.

– Ne vous inquiétez pas, Patron ! En quelques minutes, ce sera prêt !

La ligature de fortune de l'expert Jules fait tout de même perdre quelques minutes. Roland en profite pour changer de chandail, se faire masser les poignets. Son père, ses amis l'entourent, avec autant de discrétion que d'affection.

À 12 H 40, il est de nouveau en l'air pour le deuxième tour. Le temps est loin de s'améliorer et une pluie diluvienne s'abat sur Angers. Cela n'empêche pas Espanet de repartir à une heure un quart avec un nouveau passager, son premier a été trop malade pour pouvoir continuer, mais le quadriplace tombera définitivement en panne à Cholet, un de ses cylindres mort. Pour le deuxième tour, Hamel aussi s'envole à deux heures, Brindejonc quarante minutes plus tard.

Malgré l'orage, la foule n'a fait qu'augmenter sur le terrain d'Angers. On est certain sinon de voir beaucoup d'avions, du moins de pouvoir admirer les meilleurs aviateurs. Hamel a brisé une aile à Cholet, Helen a abandonné. Ils ne sont bientôt plus que deux en course : Garros et Brindejonc.

***

Ce deuxième tour reste profondément gravé dans la mémoire de Roland. Maintenir *à la cloche* un Blériot dans la pluie et les bourrasques, c'est une épreuve physique autant qu'un combat psychologique et moral. À peine passée la Loire, il affronte une douche homogène traversée à 100 à l'heure au milieu d'une danse indescriptible. Le plafond oblige à se maintenir très bas si on ne veut pas se perdre. À une quinzaine de kilomètres de Cholet, il pénètre dans un violent orage et doit se diriger à la boussole. Il sort enfin de la nuit pour voir apparaître les premiers rayons de soleil de la journée. Mais où est-il ? Il atterrit dans le premier champ venu, un petit champ labouré et en pente. On accourt. Cholet ? Mais c'est tout près...

– *Qui veut lancer mon hélice ?*

– *Moi... C'était un gaillard d'une taille colossale – Je lui explique les précautions à prendre et lui recommande bien de se retirer à temps.*

– *Allez-y...*

Il y va... Et comment... Mes cheveux se dressent... Ayant saisi à pleines mains une pale de l'hélice, le brave géant la tourne comme une vulgaire manivelle, sans lâcher prise... J'imagine le bras... et l'hélice, s'éparpillant dans l'air à la première explosion...

Mais les Dieux sont avec moi : voici mon Gnome en marche et l'hercule qui se retire tout heureux de son petit succès...

Cholet est tout près en effet et le Blériot a vite fait de doubler le pylône pour filer vers Saumur. Dans cette direction, le temps s'éclaircit, le soleil commence à percer joyeusement les nuages. Mais s'il tourne la tête à gauche vers Angers, Roland ne voit qu'un horizon complètement bouché d'une barre de nuages noirs et menaçants. Au passage, une épave d'avion dans un champ. Qui ? Il n'a pas le temps de la reconnaître. Il ne s'arrêtera que dix-huit minutes à Saumur.

C'est à partir de là que se décide l'issue du Circuit. Pendant une demi-heure, il a l'impression d'avancer mètre à mètre vers le mur noir, ce que d'autres appelleront plus tard un « pot au noir ». Impossible à contourner : il est exactement situé au-dessus d'Angers. Alors, les yeux à moitié fermés, crispé rageusement sur la cloche, il louvoie entre toits et cheminées, retrouve la Sarthe, débouche à vingt mètres au-dessus du pont qu'il connaît bien (on y passe en auto pour se rendre à Avrillé), vire à angle droit, sûr de ne pas rater son coup. Se détachant à travers le nuage de grêle apparaissent soudain le mirador, les Bessonneaux, les tribunes, la foule. Il coupe l'allumage. Exténué.

Du sol non plus, on ne l'a vu qu'au dernier moment, quand il a surgi au-dessus du terrain à 15 heures 10, au terme du 2e tour.

Personne ne croyait possible cet exploit, affirme Mortane dans son journal, **mais le célèbre pilote atterrit magnifiquement. C'est une ovation sans fin. Des spectateurs ont les larmes aux yeux, tous les rois de l'air viennent le féliciter. Il n'y a qu'une phrase sur toutes les bouches : C'est un héros ! et de fait, quand on songe aux éléments déchaînés qui se sont coalisés contre lui, on ne trouve pas de mot assez expressif pour décrire l'admiration qu'il provoque. Il est trempé.**

Dans un coin du hangar, Raymonde de Laroche a disposé une table, des chaises, des fleurs, un lit de camp aux allures de canapé. Charles Voisin, Audemars et Barrier, son père, Mortane, tous les amis sont là, l'entourant d'affection et de soins. Il paraît exténué. On lui apporte ses œufs crus.

– Je ne suis pas assez fort pour faire un tel travail !, répète-t-il.

On le réconforte.

– Mieux que le premier... Vous êtes seul en course... Tout seul...

Les œufs qu'on lui a préparés lui redonnent des forces. Il change encore de chandail.

– Je ne pouvais rien voir, explique-t-il, à peine ai-je aperçu deux ou trois clochers de très près. D'ailleurs, j'ai été obligé d'enlever mes lunettes en route pour essayer d'y voir. Je suis bien fatigué.

On lui masse la main et le poignet gauches qui le font souffrir, car il a dû conduire de cette seule main pendant qu'il protégeait ses yeux de l'autre. Ses forces lui reviennent. Et le voilà de nouveau d'attaque. À quatre heures moins vingt, il est en piste, pour le troisième et dernier tour de la journée.

(...) seul en course (...) C'était trop beau... et j'avais peur maintenant des 80 kilomètres qui me restaient à faire...

***

Sur Avrillé, le soleil a commencé à percer les nuages. Quelques concurrents font sortir leurs appareils, sans aucun espoir de se lancer, comme Brindejonc, à la poursuite de Garros, c'est bien trop tard pour eux. Mais un seul tour de circuit leur assure un remboursement de 1 500 F. On voit ainsi évoluer tour à tour Tabuteau et Bobba, sur Morane-Gnome, Gaubert et Labouret sur Astra, Allard et Debroutille sur leur Caudron, Bielovucic sur Hanriot, Gobe sur Nieuport-Gnome. Finalement, aucun ne tentera le voyage.

Avant l'éclaircie, Garros est parti en virant directement vers Cholet mais le soleil le suivra, par intermittence. Son *Gnome ronfl(e) plus joyeusement que jamais*. Il sait maintenant la course gagnée et ne redoute plus que... la panne. Après les luttes et combats des deux premiers, ce dernier tour de la journée reste dans sa mémoire comme un doux délassement, *comme un de ces tours d'honneur que les vainqueurs de vélodrome font en souriant, un bouquet à la main...* Il préfère oublier que si le soleil l'a accompagné, il a dû néanmoins traverser encore quelques nuages de pluie...

Il est 6 heures et demie lorsque ses roues prennent contact avec l'herbe du terrain d'Avrillé. Garros est le grand vainqueur. Il est le seul à avoir accompli les trois tours du circuit, en 7 H. 56 m. 57 s. Espanet et Hamel n'ont qu'un tour à leur actif. À 7 heures et demie précises, la bombe annonce la fermeture du contrôle : le jeune et vaillant Brindejonc n'arrive que huit minutes plus tard, son troisième tour ne sera pas compté... Brindejonc et Espanet ont un Gnome 80 CV, Hamel un 70 CV. Les théories et supputations de Garros et de Leblanc s'avèrent, mais c'est l'une des dernières courses que remportera le vieux 50 CV et Garros célèbre par cette remarque mélancolique le moteur qui a fait la fortune de notre aviation : *La petite étoile d'acier voulut disparaître sur un coup d'éclat.*

Au fond du hangar, dans l'espèce de salon aménagé par Raymonde de Laroche, Roland s'est étendu sur le lit de camp, *savourant la paresse après l'effort heureux, dans une douce chaleur d'affections et d'amitiés...* Jules et Pierre soignent comme un pur-sang le petit Blériot qu'ils ont ramené à l'abri. L'équipe Garros est au complet.

La joie de mon père et de mes amis décuplait la mienne –

Je vécus des minutes inoubliables dans l'intimité de mon hangar.

Mais se pose maintenant un problème : le Comité a décidé qu'une deuxième course aura lieu lundi. Roland n'est pas d'accord : n'est-il pas le seul qualifié ? N'est-ce pas lui porter un grave préjudice ? Blériot et Leblanc l'accompagnent auprès du Comité de l'Anjou. Les discussions vont s'éterniser, « longues et peut-être un peu confuses », assure Mortane. Mais le Comité adoptera finalement la formule suivante : de toute façon, Garros recevra en compensation la somme de 25 000 F, moyennant quoi, seul qualifié, il parcourra lundi les derniers 629 derniers kilomètres du Circuit. La course « de consolation » se déroulera en même temps que lui terminera seul le Grand Prix, tout en participant au classement de cette course-bis...

Laissant ses amis fêter joyeusement son succès, Roland va sagement se coucher.

***

Pour le vainqueur de la veille, cette deuxième journée n'est qu'une formalité. Il a quatre tours à faire, les rattrapés du prix de consolation se contenteront de tourner trois fois. Les spectateurs sont beaucoup moins nombreux que dimanche et les concurrents aussi : Breguet, Deperdussin, Maurice Farman et Esnault-Pelterie s'abstiennent.

À 9 heures, on donne le départ à Garros. Le temps est splendide, mais, en raison de l'heure tardive, il y a déjà quelques mauvais remous. Roland décolle en virant, accompagné d'une formidable ovation. Il prend tout de suite de la hauteur et met les bras en croix en montant, calant la direction avec les genoux. « C'est une minute émotionnante », écrit Mortane.

Puis, un à un, les quelque quatorze concurrents restant s'alignent au départ. Lareinthy-Tholozan ne peut décoller en raison d'ennuis de moteur, Frey tombe au décollage avec son passager : accident plus spectaculaire que grave. Allard aussi, qui emmène quatre passagers sur son Caudron, fracasse son appareil au décollage, seul son mécanicien a la jambe fracturée. Toute la journée, les arrivées et les départs se succèdent, les bruits les plus alarmistes circulent dans la foule. Certains affirment que Bielovucic s'est tué. Il « n'est que grièvement blessé ». Bedel a vu son moteur exploser. Il est indemne.

Roland a tourné avec une régularité d'horloge. À quatre heures, il a terminé son sixième tour. Petite collation en famille, ravitaillement du Blériot. L'idée d'avoir bientôt fini lui a rendu sa gaîté. Son père s'émeut de tous les bruits qui courent :

– Ne t'inquiète donc pas, on va t'annoncer que je me suis tué trois fois dans ce tour...

Le dernier tour se passe sans incident.

Je me souviendrai toujours de la joie que j'eus à voir approcher la ligne blanche finale et à crier dès que j'en fus à portée de vol plané :

– Ça y est...

J'avais gagné le Grand prix de l'aéroclub de France (50 000), le grand prix de vitesse (...) [1] *(20 000), le cinquième prix de l'épreuve spéciale (5 000) dont le vainqueur fut le docteur Espanet sur Nieuport.*

En faisant ces comptes, Roland ne mentionne pas les petites « réclames » qui apparaissent dans un pavé de *l'Excelsior* :

Le succès admirable remporté par Garros prouve que la magnéto Bosch est sans rivale...

Garros s'est déclaré enchanté de ses bougies Oléo.

Parmi les nombreux télégrammes de félicitation qui lui parviennent, l'un d'entre eux est adressé à « Garros homme-oiseau Angers ». Un autre dit simplement :

Heureuse de ton grand succès ma pensée ne t'a pas quitté tendres baisers Marcelle.

***

Une armée de journalistes entoure le vainqueur. Roland ne peut leur cacher sa joie :

– Je suis très heureux de ma victoire. J'étais toujours second : mes courses me permettaient d'espérer le succès lorsque soudain, chaque fois avant l'arrivée, j'étais battu et dépassé...

Il s'explique :

– Grâce à mon entraînement en Amérique, je suis rompu au vent et à la pluie. Aussi avais-je toujours souhaité le temps de dimanche. À certains moments, j'ai eu peur cependant d'être trahi par mes forces, car il me fallait travailler terriblement. Dimanche, ce fut toujours mauvais. Aujourd'hui, ce le fut de façon intermittente.

1. Les points de suspension sont de G.

Et en les quittant, car il va être présenté en compagnie d'Espanet au sous-secrétaire Besnard qui représente le gouvernement, il ajoute:

– Enfin, je décroche une victoire et désire être délivré maintenant de la guigne. En terminant, je tiens à vous dire tout le bien que je pense de mon Blériot et de mon Gnome et remercier publiquement les artisans de mon succès, mes deux mécaniciens.

C'est la première apparition publique du vainqueur de l'épreuve de consolation, le « docteur Espanet ». Issu d'une riche famille, Gabriel Espanet a réellement fait des études de chirurgie, mais l'automobile est vite devenue son premier passe-temps. Amateur d'art, il a fait la connaissance du sculpteur Rembrandt Bugatti qui lui a présenté son frère Ettore, le constructeur automobile à qui il a commandé une des premières « type 13 ». Converti comme beaucoup d'autres à l'aviation, il abandonnera toute pratique de la médecine pour s'y consacrer entièrement et deviendra même chef pilote chez Nieuport. Avec leur passion commune, Garros et lui se trouvent tout de suite en climat de sympathie.

Le discours que le sous-secrétaire prononce est chaleureux. Garros y répond sur le même ton et il offre l'appareil de sa victoire à l'Armée.

***

Les raisons de ce geste surprenant et spectaculaire, Garros les développe longuement dans un article que *l'Excelsior* publie trois jours plus tard.

Garros déplore l'insuffisance de l'enseignement donné aux élèves de l'aéronautique militaire et préconise la création d'une véritable école d'aviation, car, écrit-il,

on ne peut vraiment donner ce nom aux champs actuels où les débutants sont livrés à eux-mêmes et condamnés à faire seuls et pour leur compte avec les vagues conseils d'un professeur peu autorisé, des expériences dangereuses dont on pourrait avec une bonne organisation leur indiquer d'avance les résultats en les faisant ainsi bénéficier de la science acquise à grands risques par les bons professionnels d'aujourd'hui.

Ces mots résonnent douloureusement car, la veille, on a appris la collision en vol de deux appareils militaires sur le terrain de la Brayelle. Les deux pilotes, le capitaine Dubois et le lieutenant Peignan sont morts. Garros poursuit :

Je crains que les officiers – qu'ils me pardonnent ce reproche qui fait honneur à leur courage – n'aient parfois des témérités inutiles et ne soient pas toujours suffisamment préoccupés de faire une distinction entre le danger utile, en face duquel le militaire ne marchande pas sa vie et le danger purement stérile, qui consiste par exemple à partir sur un appareil déréglé ou dans des conditions de terrain ou de temps mauvaises, sans avoir préalablement acquis l'entraînement très méthodique nécessaire.

Tout le Garros théoricien est contenu dans ces mots. Quant à avoir réussi à donner à l'Armée une preuve de ses erreurs, c'est plutôt un échec. Roland se rendra aux grandes manœuvres du Centre, errant pendant deux jours de village en village, sans pouvoir déterminer qui a qualité pour recevoir l'appareil qu'il finira par abandonner dans un hangar. Il apprendra par la suite qu'après avoir longtemps attendu l'acceptation des bureaux dans un hangar d'Issy, il sera enfin pris en charge, mais tellement attaqué par l'humidité qu'il faudra en changer les ailes.

Le capitaine de Rose héritera finalement de l'appareil. Le futur créateur de l'aviation de chasse écrira à Garros une chaleureuse lettre de remerciements.

Ce sera à cette époque, souligne Garros, *le seul Blériot de l'armée qui volait proprement (...). Les pilotes militaires réclamèrent des appareils semblables, mais ne les obtinrent jamais.*

XVIII

Le record d'Houlgate

Ne surtout pas croire que Garros va s'endormir sur ses lauriers tout frais coupés... Bien au contraire. Avant même l'épreuve d'Angers, il s'est inscrit pour le premier meeting de Vienne où il a fait expédier par chemin de fer deux appareils semblables à celui du *Circuit* dont l'un équipé d'un Gnome 70 CV.

Dès le vendredi soir, gare de l'Est, accompagné de Charles et de Raymonde, de Barrier et d'Audemars, ces deux derniers également concurrents, le vainqueur mardi du Circuit d'Anjou prend le train à destination de la capitale autrichienne.

Tout au long des épreuves, il régnera un esprit sportif et, avant l'heure, très européen. Dans moins de deux ans, il n'en sera plus de même. Neuf pays sont représentés avec quarante-quatre appareils inscrits : outre les 17 Autrichiens, on compte Willy de Roy pour la Belgique, 7 Allemands, 3 Italiens, le Roumain Aurel Vlaicu, Semenenko pour la Russie (sur Blériot). Audemars représente la Suisse, Bielovucic est encore inscrit sous les couleurs péruviennes. La plus forte participation étrangère est française : ils sont douze au total.

L'accueil que les Viennois réservent aux aviateurs est très chaleureux. On ne dispute les épreuves que tous les deux jours, cela leur laisse beaucoup de temps libre. Vienne est pour eux *une fête ininterrompue et constamment charmante.* Roland restera touché par l'hospitalité de bon goût qu'on trouve chez des amis viennois et garde un souvenir enthousiasmé et l'espoir, qui devait se réaliser, de revoir Vienne l'année suivante. Les organisateurs se dépensent en amabilités. Le soir, lorsque le petit groupe d'amis va en bande dîner dans les restaurants d'été, les violons des tziganes entonnent la Marseillaise à leur apparition et les musiciens improvisent des chansons en leur honneur. Quant à la cuisine viennoise, la fine gueule se dénonce elle-même [1] :

Je commettais d'horribles péchés de gourmandise pour le caviar russe, le fogosch, les truites, les écrevisses géantes, le goulasch, l'oie rôtie, etc.

L'Aéro-Club d'Autriche lui aussi a bien fait les choses. Le meeting se déroule au milieu de la plaine de Wagram sur un champ immense. Dans la quinzaine de hangars spacieux, toute une armée internationale de mécanos s'empresse autour des appareils de toutes formes et de toutes origines. La piste est bien tracée, les aménagements commodes pour le public. Roland exprimera d'ailleurs, dans un article de *La Vie au Grand Air*, tout le bien qu'il en pense.

Le programme comprend, répartis sur 5 jours, toute une série de concours divers : vitesse, vitesse ascensionnelle, hauteur, le « premier vol du jour », tir à la cible, etc. Avec ses 50 et 70 CV, il n'est pas question pour Roland d'espérer se distinguer dans les courses de vitesse. Les épreuves de durée lui paraissent fastidieuses. Lui restent au moins les épreuves de hauteur avec toutefois un handicap pour lui : le règlement tient compte du poids transporté. Mais son record de Cancale tient toujours.

Le premier jour, il grimpe à 3 290 mètres puis redescend, tranquille, personne ne l'ayant suivi, lui semble-t-il. On proclame les résultats : il bat Bedel sur Morane-Saulnier de 100 mètres. Mais le premier prix revient au lieutenant Blashke, un Autrichien encore inconnu, dont le Lohner aurait atteint 4 350 mètres avec passager. Vive réaction dans le camp français. Personne n'y croit. Mais le comité, avec une courtoisie parfaite, offre à Garros de vérifier lui-même les barographes de Blashke... Ils fonctionnent à merveille. Roland renonce aux premiers prix d'altitude. Il sera second le 23 et le 25 et 3e le 29. Ce n'est que le 30 que Garros décrochera le premier prix (avec 2 050 mètres !), mais, ce sera le seul jour où Blashke, un garçon fort sympathique au demeurant, ne s'alignera pas au départ.

Avec son 70 HP, Roland se rattrape en vitesse ascensionnelle (1 000 mètres en 5' 41" le 23), il obtient plusieurs prix du « premier départ » ; dans le tir à la cible, son bombardier Audemars lâche le sac de farine à 3 mètres 20 du centre de la cible ; le 27, il se classe premier du vol circulaire... Dans la

1. la « fine-gueule » censurée par ses biographes.

course Vienne-Neustadt-Vienne, il part sur son 50 HP, misant sur la panne des autres – mais le coup d'Angers ne pouvait réussir partout : il arrive cinquième.

Un appareil intrigue aviateurs et spectateurs, celui du roumain Vlaicu, dont Garros compare la forme à celle d'un jouet à la mode au début de l'aviation : une simple surface plane fixée à une tige empennée, mais au lieu du caoutchouc, c'est un moteur qui anime l'hélice, le pilote se trouve dans une petite nacelle ovoïde munie de deux roues. Audemars l'a baptisé *la folle mouche*. Et cet invraisemblable engin volera tous les jours du meeting. Il remportera même un prix de tir à la cible mais Roland prendra sur le Roumain une revanche cruelle dans l'épreuve d'atterrissage au champ clos.

Il s'agit de s'arrêter le plus près du centre d'un champ clos délimité par quatre poteaux reliés au sommet par un fil garni de ballons multicolores. La difficulté consistait à ne pas trop dépasser le centre – La folle mouche fit mieux : elle ne l'atteignit pas et s'arrêta trop tôt pour gagner... On me reconnut un avantage de quelques centimètres... Logiquement j'aurais dû être censé battu de loin – Mais la justice n'est pas de ce monde dit-on et les plus modestes sont les plus sacrifiés... Quelques mois plus tard, hélas, la folle mouche devait tuer son inventeur et pilote.

Autre figure hautement sympathique de ce meeting, que Roland évoque dans ses *Mémoires* : le frère d'Édouard Nieuport, Charles, qui fait à Vienne ses débuts en public comme aviateur.

Il s'en tira avec une adresse qu'on n'aurait pas attendue de sa corpulence et de son allure un peu vieillotte (...) Néanmoins, il n'arrêtait pas de se plaindre, geignant du reste, le plus souvent, sur un ton d'ironie spirituelle. Et lorsque, dans l'épreuve de tir à la cible, son deuxième projectile atterrit en dehors de l'aérodrome, brisant net le bras d'un vieux monsieur montant dans sa voiture, Charles Nieuport, la mine chagrine, grommelle : Quelle injustice... Classer dernier le seul appareil qui ait montré de réelles qualités destructives...

Le meeting se terminera le dimanche soir par une séance de virtuosité réservée à Garros et à son partenaire Audemars : succès monstre, 100 000 spectateurs et dans la presse, comptes rendus enthousiastes ornés de croquis explicatifs...

Au total, selon Hans Schatzer, Roland recevra en prix la somme la plus élevée de tous les Français, soit 21 000 couronnes, Audemars se contentera de 7 500. Mais quand l'équipe française quitte Vienne, Charles et Raymonde l'ont précédée de deux jours : Charles a eu un violent accès de fièvre typhoïde.

***

Les exploits de Blashke à Vienne ont piqué Roland au vif. De retour à Paris, il n'a plus qu'une idée fixe : reprendre son record. Avec un Blériot XI ? Un Nieuport ? Un Morane-Saulnier ? Il se pose des questions. Même transformé et amélioré, l'historique vainqueur de la Manche a pris de l'âge. Néanmoins, Garros demande à Blériot de lui mettre en chantier un appareil spécial équipé du nouveau 80 HP Gnome avec une voilure de 18 au lieu des 16 mètres carrés habituels et un train d'atterrissage réduit au minimum, simplement constitué de cinq tubes d'acier et de deux roues de bicyclette, sans amortisseurs.

Roland a été longtemps tenté par le Nieuport. Édouard Nieuport, maintenant disparu, l'a toujours fasciné par son intelligence du vol et de l'avion mais les résultats obtenus par son frère Charles à Vienne ne sont évidemment pas très probants [1]. Le Morane-Saulnier ? Roland n'a pas de question à se poser : Léon Morane et Raymond Saulnier viennent d'eux-mêmes le contacter.

Léon Morane est maintenant complètement remis de son grave accident d'octobre 1910 à Brévannes. Dans la clinique de Neuilly où lui et son frère étaient soignés, un ami d'enfance, Raymond Saulnier, est venu leur proposer la création d'une société de construction aérienne. Saulnier est sorti diplômé de Centrale en 1905. Après un court stage dans une banque, il a décidé de partir à Manáos s'occuper de caoutchouc. Quand il y parvient, les premières productions de latex d'Extrême-Orient ont détrôné et ruiné la capitale de l'hévéa. Le jeune ingénieur est attiré alors par la construction de la ligne de chemin de fer Madeira-Mamore mais, sur le chantier, il découvre les cadavres des 64 Européens de l'entreprise

---

1. Les frères Édouard et Charles de Niéport (dits « Nieuport ») sont issus d'une famille de pieds-noirs d'Algérie (Edouard est né à Blida). Ils se sont très tôt intéressés à l'aviation. A la mort de son frère Edouard, Charles a repris le flambeau de l'entreprise familiale, engageant notamment l'ingénieur Delage, à qui l'on doit l'illustre biplan Bébé Nieuport, le premier chasseur français de la guerre produit en série ayant pu s'opposer à la suprématie du Fokker E 1, avec sa mitrailleuse fixée sur le plan supérieur. Le Ni 16 sera équipé ensuite d'une mitrailleuse synchronisée.

massacrés et mutilés par les Jivaros... De quoi désarmer les plus ardents enthousiasmes. De retour en France, l'aviation lui apparaît comme la seule voie d'avenir : chez Blériot, il va collaborer bénévolement à la conception du premier XI, celui de la traversée de la Manche, il dessinera la fameuse « queue de pigeon »... En 1909, le premier livre documentaire technique qu'il publie fait de lui une autorité incontestée dans le monde aéronautique. Les Morane et Saulnier s'associent d'abord à Gabriel Borel et ce n'est qu'au bout d'un an, en octobre 1911, que les trois amis parviendront, grâce aux commanditaires de Saulnier, à constituer la Société Morane-Saulnier et à se séparer de Borel.

Morane et Saulnier invitent Garros à venir essayer leur monoplan type Paris-Pau mis au point par Tabuteau. Roland déteste ce genre d'essai, il se sent dépaysé et mal à l'aise sur un avion qu'il ne connaît pas. Mais un Morane-Saulnier, cela vaut la peine.

Il décolle donc de Villacoublay. L'essai n'est pas long. En comparaison avec le Blériot, le Paris-Pau paraît à Garros lourd et tangent. Ses impressions ? Les voici, telles que Saulnier les a rapportées à Jacques Mortane :

– Quel poids pèse votre appareil ? demande Garros.

– Trois cent quarante kilogrammes à vide, cinq cents kilogrammes en l'air.

– Quelle vitesse fait-il ?

– Cent vingt-cinq kilomètres à l'heure. Vous plaît-il ? Voulez-vous qu'on le fasse aller plus vite ? Nous avons des ailes de 11 mètres...

– Faites-le marcher plus lentement. Allégez-le de 100 kilogrammes. Et quand ceci sera fait, je reviendrai voler chez vous. Si dangereux que soient les appareils fragiles, ils le sont moins que les appareils tangents. Quand mon moteur s'arrêtera, chaque kilogramme de mon poids pèsera dans mes bras et diminuera le temps laissé à ma réflexion pour choisir un atterrissage...

Durant deux mois, Roland n'en entendra plus parler... Mais sur son petit carnet, Saulnier a soigneusement pris note des remarques assez abruptes de l'aviateur.

***

Cependant que Charles, remis de sa typhoïde, met au point les détails du nouveau record, Roland prend à Paris quelques semaines de vacances bien gagnées, tout en suivant jour après jour la construction de sa nouvelle machine. Émile Dubonnet a mis à sa disposition sa propriété de Houlgate où l'industriel a fait aménager un hangar et préparer un petit champ.

Roland se rend sur place par la voie des airs. Audemars l'accompagne sur un autre Blériot. Il s'arrêtent un jour et demi à Vernon où le précieux Charles leur a organisé une petite exhibition. Roland continue seul vers Houlgate *par un temps qui rappelait celui d'Angers.* Il s'amuse à serpenter à 100 mètres entre les colonnes de pluie, bien au sec, alors qu'au-dessous de lui la campagne ruisselle. Au bout de deux heures et demie, il atterrit chez Dubonnet. Voisin le rejoint un peu plus tard par la route et ils s'installent au Grand Hôtel.

On peut commencer les essais. *La machine révèle un monde de sensations nouvelles.* Elle quitte le sol presque sur place, atterrit à une vitesse très faible et grimpe à 1 000 mètres en 3 minutes. Pour le contrôle de sa performance, Roland a fait venir de Paris un ingénieur de chez Richard, un nommé Charles Magne, chargé de mettre au point, de contrôler et d'installer les barographes car il tient à ce que sa performance ne souffre aucune contestation.

Ne manque plus au rendez-vous que le beau temps. Il se fait attendre, plus d'une semaine. En ce début septembre, Houlgate est déjà désert, le ciel reste gris et bas, avec un violent vent de sud-ouest. Un beau soir enfin, le ciel apparaît tout parsemé d'étoiles : ce sera pour demain.

***

Le ciel ne tient pas tout à fait ses promesses en ce matin du 5 septembre 1912 : on n'en voit que des taches bleues à travers les nuages que pousse un vent assez fort. Jules et Pierre ont aidé au transport de l'avion sur la plage. On attend jusqu'à midi mais, le temps ne changeant pas, Roland se décide à partir. Il décolle vent debout et atteint tout de suite les 1 000 premiers mètres. Malgré le vent qui a forci en altitude, le Blériot dépasse les nuages sans aucun problème et son pilote ne voit plus de la terre que des taches isolées dont le déplacement lui prouve que, tout comme Johnstone et Hoxsey au Belmont Park, il marche à reculons mais sans aucune inquiétude puisque le vent l'entraîne vers la terre.

Il y a longtemps qu'il a disparu aux yeux des spectateurs qui l'attendent sur la plage. Parmi ses amis, on s'efforce de dissimuler son angoisse sous quelque plaisanterie. Comme toujours, Charles s'y emploie avec talent.

Roland suit attentivement l'aiguille du barographe, il passe

3 000, puis 4 000 mètres. Il dépasse avec allégresse le seuil des 4 250 mètres... Tout en tétant son tuyau d'oxygène, il sent qu'il lui faut se maintenir cabré pour continuer à s'accrocher. L'oxygène est plus difficile à aspirer : va-t-il faire défaut ? *Ce qui jusque-là n'avait été qu'une promenade de plaisir devenait pénible.* Le froid perce maintenant sa combinaison de cuir, tous les chandails qu'il a accumulés sur lui. Ça y est, l'aiguille a atteint les 5 000 mètres ! Tout à coup, un choc terrible secoue l'avion. Roland coupe instantanément l'allumage mais, pendant quelques tours encore, le Gnome fait entendre un épouvantable bruit de ferraille.

Et c'est la descente en silence, dans le doux bruissement des ailes. Le bocage normand n'est pas plus hospitalier aux aviateurs que la campagne britannique et il faudra trouver un terrain convenable. Par prudence, Roland détache sa ceinture. Après avoir percé en larges spirales la couverture de nuages, il tombe sur un petit champ sympathique et s'y pose sans presque rouler, entre deux vaches impassibles.

Sa première pensée est pour les amis de Houlgate qui l'ont perdu de vue depuis plus d'une heure. Il y a justement un téléphone dans la ferme voisine.

Le record d'Houlgate est un des cinq ou six vols qui m'ont causé le plus de satisfaction – Je ne regretterais même pas la panne qui m'arrêta deux ou trois cents mètres trop tôt si elle ne m'avait fait manquer d'un rien le cinquième kilomètre, comme j'avais manqué le quatrième l'année précédente à Dinard.

Le record sera homologué à 4 960 mètres. En exactement un an, sur un appareil du même type mais équipé d'un moteur plus puissant, Garros a gagné un kilomètres sur son précédent record mondial d'altitude.

***

La *saison* a beau être pratiquement terminée, le dynamique Charles a obtenu deux séries d'exhibitions pour ses amis, à Vichy et Roanne. On peut imaginer, il est vrai, qu'avec Joseph Aletti, le grand hôtelier, les négociations ont été faciles. Depuis 1908, Aletti s'est passionné pour tout ce qui est aéronautique. C'est lui qui a créé dans une boucle de l'Allier le premier aérodrome de Vichy ; il a fondé et préside l'Aéro-Club de l'Allier.

Aussi est-ce tout naturellement au Carlton, un des hôtels

que possède Aletti, que Garros et Audemars sont descendus. C'est là aussi que Blériot réside pendant sa cure. Le 17, le constructeur reçoit un télégramme lui annonçant que Legagneux sur Morane-Saulnier a pulvérisé le record d'Houlgate avec 5 450 mètres...

C'est une cruelle déception pour Roland : son record n'aura pas même tenu quinze jours ! Le temps de remplir sans trop de goût ses engagements de Roanne et il va rentrer à Paris, ruminant ce mauvais coup du sort. Charles, quant à lui, passera par Saint-Étienne où il espère trouver de nouveaux engagements.

***

À son arrivée rue Lalo, Roland découvre un télégramme :

Terrible accident automobile – Charles décédé – Raymonde. Il est daté de Belleville-sur-Saône. Roland lit et relit dix fois le texte. Il ne parvient pas à se résigner à le comprendre. Charles est un bon conducteur, très prudent, d'une telle prudence que ses amis le plaisantent souvent. Comment cela a-t-il pu se passer ?

Il saute dans le premier train pour Lyon. Raymonde, en larmes, l'accueille sur le quai de la gare, Roland a de la peine à la consoler. Ils roulaient vers Mâcon lorsque, à hauteur de Corselles, la route s'est trouvée barrée par une automobile, elle-même bloquée dans un embarras de voitures. Pensant pouvoir passer à droite, Charles a manœuvré mais sa voiture est montée sur un tas de pierre avant d'être projetée dans le fossé où elle a fait panache. On a même trouvé des traces d'anti-dérapant à 2 mètres de hauteur sur l'écorce d'un arbre. Pris sous la voiture, Charles a été tué sur le coup. Raymonde et le chauffeur les accompagnant, projetés hors de la voiture, n'ont eu que des contusions sans gravité.

Roland accompagne Raymonde à l'hôpital où a été exposé le corps.

La tête était si horriblement mutilée que je ne pus en supporter la vue et me retirai.

Les obsèques ont lieu à Belleville-sur-Saône, berceau de la famille Voisin, au milieu d'une affluence considérable et recueillie car les Voisin sont très appréciés dans la région. Gabriel, le frère aîné de Charles, est venu de Paris.

Le record de Tunis et le raid Tunis-Rome...

Après le record de Tunis, les félicitations du gouverneur Alapetite.

Lisant dans le journal l'annonce de son record (Son coiffeur ne l'a pas épargné...).

Escale à Naples entre Tunis et Rome.

...Telle fut la fin lamentable du Tunis-Rome...

Ettore Bugatti, *l'artiste incomparable qui seul sait donner une âme à de l'acier.*

La carrosserie de Labourdette, photographiée au château de Couté.

Vingt ans après sa mort, la Bugatti « Roland Garros » servait encore de modèle pour des voitures à pédales.

La Bugatti type 18 « Roland Garros » devenue la « Black Bess ».

Rallye de Monaco 1914 : Garros décolle de la plage du Prado à Marseille sur son *Morane H* équipé de flotteurs.

Rallye de Monaco 1914 : nettoyage de lunettes à l'étape de Calais.

Chez Anastasie de Mecklemburg-Schwerin à Eze, en compagnie de son ami Helmuth Hirth, rencontré au *Circuit des Lacs Italiens.*

La carte postale N° 2 émise par *l'Union Nationale des Evadés de Guerre.*

Isadora Duncan : *Il y eut un raid aérien, que nous regardâmes en spectateurs et pendant lequel je dansai pour lui sur la place de la Concorde.*

À Sours, le 8 août 1918, il essaie le *Nieuport 28 CI.*

Il grimpe à bord du *SPAD N°30* de la *MS 26* dans lequel il rencontrera la mort, quelques jours seulement plus tard, le 5 octobre 1918.

Les débris du *SPAD* de Garros transférés au Musée de l'Aéronautique de Chalais-Meudon passent le 25 novembre 1923 sous l'Arc de Triomphe.

Georges Garros.

Ses amis Edmond Audemars et Jacques Quellennec sur sa tombe, au cimetière de Vouziers.

***

J'essayais en vain de m'habituer à la pensée que désormais mon bon Charles ne serait plus là pour répandre dans notre existence vagabonde son intarissable entrain...

En effet sa perte jeta un certain désarroi dans ma vie – Je m'étais habitué grâce à lui à ignorer les moindres soucis matériels et son amitié dévouée était devenue un de mes points d'appui moraux.

La tragique disparition de Charles est pour Roland une épreuve terrible. Il a perdu son bel allant d'Angers et d'Houlgate, le moral n'y est plus, il est désemparé. Un peu comme les pilotes de sa génération qui, à la suite de tels drames, ont abandonné l'aviation.

Il va s'efforcer de s'accrocher. Par un heureux hasard (ou par une marque du destin), c'est à ce moment que Léon Morane et Raymond Saulnier lui présentent à Villacoublay l'appareil du record de Legagneux. *Saulnier est comme un artiste qui présente son chef-d'œuvre.* Il a adopté et même précisé les théories de Roland sur « l'excédent de puissance » et « la qualité de vol ». Il propose bien sûr à Roland de l'essayer. Pour ce dernier, c'est un émerveillement : il l'achète.

Morane et Saulnier renouvellent à Garros leurs propositions. Roland n'hésitera pas longtemps. Il signe bientôt avec la « Société Anonyme de Constructions Aéronautiques Aéroplanes Morane-Saulnier » un contrat par lequel il s'engage à « deux performances équivalentes au record de hauteur » moyennant des royalties de 500 F par appareil vendu. Roland sera en quelque sorte leur pilote d'essai et leur collaboration va devenir très étroite.

À Villacoublay, le premier petit hangar de 14 sur 14 mètres que la jeune firme a loué l'année dernière est dépassé. Léon Morane pressentant déjà le développement de l'aviation de plaisance a fait surgir de terre en moins d'un an un petit aérodrome avenant, avec jardins et pavillons. C'est un des rendez-vous élégants du tout-Paris. On vient en couple voir voler les « étoiles ». La belle Henriette Jérôme, que l'on dit l'une des plus belles femmes de Paris, l'amie qui a su entre 1910 et 1912 pousser Raymond Saulnier à travailler et à persévérer, accompagne souvent son ami pour assister aux exhibitions de Péquet, le premier pilote engagé par Morane-Saulnier, et aussi de Garros qui vient régulièrement s'y entraîner. Ce dernier retrouve aisément sa précision de mouvements et il peut maintenant songer aux « deux performances » prévues par son contrat.

Il choisit naturellement de reconquérir d'abord son record. Garros dispose pour cela de l'appareil de Legagneux dont il fait augmenter la voilure de deux mètres. Par l'ami Niel, il prend contact avec l'imprésario Manselon et muni de tout son matériel, il part pour Marseille. Il s'installe pour quelques jours à l'aérodrome de Pas des lanciers, en attendant le beau temps. Une brusque intervention du mistral l'oblige à remettre sa première tentative mais il tient néanmoins à montrer à ses amis de l'Aéro-Club de Marseille les qualités de son appareil. Mais si le Morane-Saulnier se comporte remarquablement dans le vent, il capote à l'atterrissage : le train rigide parfaitement à l'aise sur la pelouse de Villacoublay ne résiste pas aux taupinières du Pas des lanciers.

Deuxième essai : il doit atterrir à Miramas au terrain plus vaste et accessible. Au-dessus de l'étang de Berre, dans les remous, les courants contraires, le froid, il plafonne à 4 400 mètres. Inutile d'insister. Il redescend en vol plané. À proximité du sol, il rencontre une violente agitation, il veut s'aider de son moteur qui refuse de fonctionner.

Alors, paralysé par le froid et une collection de maillots, écœuré de mon impuissance, je subis la honte d'un deuxième capotage, plus ridicule que le premier...

(...)

C'en était trop... J'eus une crise de spleen qui dura plusieurs jours – Tout m'était hostile ; je perdais confiance...

Non, je ne voulais pas décliner – Il fallait changer de climat et réagir.

Changer de climat ? Roland a besoin de soleil. Garros, Niel et Manselon en discutent longuement. Où peut-il encore faire beau en plein mois de décembre ? Plus au sud. En Tunisie. En Tunisie ? Pourquoi pas, voilà une bonne idée. Et puis, en cas d'échec définitif, il y aura toujours la possibilité d'un raid Tunis-Rome. En bon imprésario, Manselon s'exalte:

– Je vois d'ici les manchettes : « De Carthage à Rome » !

C'est décidé. Le 20 novembre, Roland écrit à Jacques Mortane :

Mon record ici est fichu : froid glacial et mistral. Alors je vais faire un petit tour tu côté de Tunis pour voir un peu de nouveau et me changer les idées, ce dont j'ai grand besoin. Je vous donnerai des nouvelles. J'ai des projets en tête, mais prière de me laisser partir incognito.

XIX

De Tunis à Rome

Cette opération tunisienne est entièrement entreprise aux frais et risques de Roland. Opération un peu improvisée, il l'avoue dans une lettre à Mortane. Il n'a sollicité la participation de personne, d'aucun mécène. Il est propriétaire de son Morane, celui du record de Legagneux qu'il a acheté et il prend à sa charge tous les frais de voyage et de transport, Manselon s'occupant du reste. En compagnie de Jules et de Pierre qui convoient le Morane-Saulnier et les pièces de rechange, l'imprésario est immédiatement parti en avant-garde afin de prendre contact avec les autorités et avec la presse de Tunis, de rechercher un terrain, de préparer les affiches, d'éditer un programme. C'est son métier et il le connaît sur le bout des doigts.

Manselon obtient ainsi sans difficultés l'usage du champ de courses de Kassar-Saïd. En moins d'une semaine, en frappant à toutes les portes, chez les importateurs de « machines agricoles et industrielles », chez les coiffeurs, les marchands de confection, les « grands magasins » de nouveautés, les garagistes, les photographes, il a vite fait de remplir dix pages de « réclames » payantes pour son programme, auxquelles il ajoute, de son crû, une biographie de Garros, lui empruntant seulement le récit de l'aventure américaine. Roland a préparé un petit texte sans préciser de date : il explique « l'utilité » et « les difficultés du record de hauteur » et indique simplement que trois tentatives auront lieu, « le dimanche, le jeudi et le dimanche ». Ce programme ne sera d'ailleurs pas suivi...

Roland prend un passage sur le premier bateau en partance. De la première à la dernière minute de la traversée, il sera malade comme une bête. Le « Tafna » est loin d'avoir l'allure d'un fier transatlantique, c'est une minuscule et vieille coque de noix que la moindre houle fait rouler bord à bord et le temps est plutôt mauvais en mer. À Tunis aussi, quand il débarque : ciel noir, petite pluie fine, bise glaciale. En fait de soleil et de chaleur, il est servi...

Mais il n'est pas là pour déplorer le mauvais temps et d'ailleurs le soleil va rapidement faire sa réapparition. Roland tient au moins à rentrer dans ses frais, aussi va-t-il seconder activement les démarches de Manselon. Pour toutes les autorisations et autres formalités administratives, le résident général Alapetite apporte à l'aviateur son appui le plus efficace. Pour l'homologation du record, Roland entre en rapports avec le directeur de l'Observatoire de Tunis, Ginestons, car il tient à un contrôle incontestable de ses tentatives.

Puis il s'inquiète du matériel : le Morane s'est un peu déréglé pendant le voyage, Jules et Pierre vont s'en occuper. L'oxygène risque de faire défaut car il n'a pu en emmener que deux tubes. Roland fait le tour des fournisseurs de la ville. De l'oxygène, il y en a bien, à Tunis, par milliers de litres, mais celui dont il a besoin doit être compressé à 130 atmosphères pour être transportable dans l'avion. Il battra en vain tous les magasins susceptibles de lui en fournir et devra finalement se contenter de ses maigres provisions.

***

Tout se précipite un peu. Garros offre à la presse la traditionnelle séance de démonstration et confirme aux journalistes son intention de tenter le record d'altitude. Il ne leur parle pas encore du Tunis-Rome qu'il se réserve d'annoncer après le record.

La première tentative aura lieu le dimanche 8 décembre. Elle est décourageante. L'aviateur est vaincu par le froid. Par – 16° et à 120 à l'heure, il atteint péniblement 4 500 mètres, dépassant bien sûr les 4 280 mètres de Blashke, mais bien loin encore des 5 450 mètres de Legagneux !

Le temps se maintenant au beau, il décide une autre tentative pour le lendemain. Le Morane-Saulnier dépasse cette fois-ci les 5 000 mètres avec une facilité étonnante. Mais Roland a trop ménagé sa demi-bouteille d'oxygène, il se sent tout d'un coup très fatigué. Au bord de l'évanouissement, il se voit contraint de redescendre rapidement. À terre, quand Ginestons lui tend le barographe scellé, Roland constate qu'il n'a enregistré que 5 180 mètres. Toutefois, édifiant par l'énergie de sa courbe, le diagramme est très net. En évaluant sa consommation, il calcule que huit minutes de plus lui auraient valu le record. Le moral revient et il est désormais convaincu de son succès.

Troisième tentative le mercredi. Cette fois-ci, il a calculé au plus juste sa consommation et va minutieusement régler sa respiration en fonction de ses ressources en oxygène. Il décolle à midi dix. Minute après minute, tout se passe selon ses prévisions. Mais il n'y a pas un brin de vent et l'avion a du mal à s'accrocher. Les 500 derniers mètres sont difficiles à franchir. À la dernière gorgée d'oxygène, il coupe l'allumage : le Morane plane alors aux environs de 5 600 mètres entre Carthage et Bizerte. Coup d'œil au thermomètre accroché à l'intérieur du fuselage, près de la chaleur du moteur : – 12° ! Aucun problème au cours de la descente en vol plané sinon que, se trouvant un peu trop loin de Kassar-Saïd, il doit un instant redonner un peu de gaz, ce qui imprime un palier à sa courbe.

Lorsqu'il atterrit à 1 heure 20, Garros est accueilli par tout un comité de « sportsmen », d'officiels, de journalistes. Il exulte :

– 5 601 mètres ! Le record est battu... [1]

On dresse sur le terrain un procès-verbal, signé par un commissaire de la ligue nationale aéronautique, le directeur de l'Observatoire, plusieurs officiers et une dizaine de témoins. Garros remet à Ginestons le barographe scellé, à charge pour lui de le remettre en mains propres à un capitaine de paquebot qui le transmettra au président de l'Aéro-Club de Marseille pour être envoyé, toujours sous scellés, à l'Aéro-Club de France. C'est à Paris qu'on étudiera les courbes barographiques et qu'on prononcera le verdict.

***

À Paris, on n'est pas aussi certain du record. Le règlement de la F.A.I. prévoyait jusque là qu'un record ne pouvait être homologué que s'il battait de 10 % le record précédent. Ce qui était normal lorsque les altitudes atteintes restaient relativement modestes. Pour être reconnu sans conteste « recordman du monde », il lui eût fallu franchir 5 995 mètres. La Fédération aéronautique vient heureusement de prendre un

1. Le record de Tunis sera homologué à 5 610 m.

nouveau règlement stipulant qu'il suffit de 150 mètres de plus pour battre un record d'altitude.

Garros a battu de 151 mètres l'exploit de Legagneux. Pour *l'Excelsior*, « il est donc bien recordman du monde pour la troisième fois et le restera jusqu'à l'homologation ». Il est vrai que c'est Jacques Mortane qui signe l'article, en souhaitant à Garros d'atteindre bientôt les 6 000 mètres. En tout cas, l'aviateur a au moins battu le « record de la totalisation », soit près de 15 kilomètres...

***

Il lui reste quelques jours à passer à Tunis. Roland a rencontré par hasard un ancien condisciple, un de ses coéquipiers de football de 1906. Les deux « amis d'enfance », comme les a baptisés un journaliste local, vont en auto faire des promenades autour de Tunis, ils vont se retrouver pour quelques bonnes parties sur le court du club de tennis et se livrer à d'innombrables parties de billard. Le Théâtre de Tunis partage les engagements d'artistes signés par l'Opéra de Nice et Roland va y écouter le célèbre Campagnola interpréter Paillasse et la Tosca... Roland se rappelle aussi une partie de chasse aux alouettes *dont le récit remplira d'indignation des âmes de vrais chasseurs.* Et c'est à Tunis aussi qu'il fait ses débuts de conférencier.

J'avais attiré, dans la grande salle du théâtre, moins d'auditeurs, heureusement, que Campagnola...

Je me tirai tant bien que mal de cette aventure, en racontant celles que j'avais vécues en Amérique ou ailleurs...

On eut l'indulgence de m'écouter jusqu'au bout, peut-être à cause du bon exemple qu'en donnaient le Résident Général et Mademoiselle Alapetite ; et j'eus, à bon compte, la satisfaction d'avoir affronté pour la première fois le feu de la rampe...

Mais son principal souci reste la préparation de son raid Tunis-Rome. Il entre en rapports avec le consul général d'Italie. Le projet enthousiaste le Commandatore Bottesini, qui télégraphie à l'Aéro-Club d'Italie :

Tunisi, 17, ore 19,30 – L'aviatore Garros atterrera domattina, mercoledi, circa alle ore 10 fra Mazzara et Bambina oopure ira le Saline di Trapani e Paceco. Alle 14 atterrera fra Barcellona et Milazzo. Occorre fargli trovare un rifornimento di 20 litri di olio di ricino e 75 litri di benzina nei posti designati.

Par le même moyen, le Commandatore prévient les autorités de Trapani, de Mazzara et de Messine. Les autorités gouvernementales sont alertées par le prince Potenziani, Président de l'Aéro-Club et le Ministre de la Marine italienne désigne le torpilleur « Pégaso » pour veiller sur l'itinéraire de l'avion dans les eaux nationales.

À Paris, Léon Barthou, un ami de Garros, qui est aussi chef de cabinet du Président du Conseil Louis Barthou, est mis au courant du projet par le résident Alapetite. La Nationale est immédiatement mise en branle : le Ministre de la Marine détache deux contre-torpilleurs, le « Pâques » et le « Bourrasque », ainsi que trois torpilleurs de la division mobile de Bizerte avec mission de jalonner de 16 en 16 miles le parcours de l'aviateur jusqu'à Mazzara del Vallo, à la corne sud-ouest de la Sicile, à 260 kilomètres de la capitale tunisienne : l'orientation de leurs sillages sera pour l'aviateur le meilleur des compas...

Roland demande à Jules et Pierre de modifier l'appareil. Au 80 CV, il préfère le vieux 50 qui a fait ses preuves et lui permettra un bon 130 kilomètres/heure. Il fait donc changer le moteur du Morane, ses plans aussi qu'il ramène à 14 mètres carrés. Tout est prêt maintenant. Jules et Pierre iront l'attendre à Trapani. Le résident général offre un banquet d'adieu en son honneur, le Dey le fait chevalier du Nicham Iftikar. Il ne lui reste plus qu'à quitter Tunis. Dans ses *Mémoires*, il exprime ainsi ses regrets :

Mais je ne me pardonnerai jamais de n'avoir été visiter ni Timgad, ni Carthage – aux portes de Tunis... – ni les curiosités de Tunis même... (je n'ai pas vu la ville arabe...)

J'ai perdu, comme toujours par mon indolence, l'occasion de connaître tout un beau pays.

Alors d'où vient le charme attachant que j'ai trouvé à ce climat qui m'était apparu d'abord sous un aspect si rébarbatif ?

C'est le goût de l'air, c'est l'âme des choses ; c'est surtout je crois cette lumière, moins violente que celle des tropiques, plus limpide que celle de la Riviera ; et ces horizons du soir, à la fois doux et lumineux, où le crépuscule met des nuances de perles et de violettes (en décembre).

Du Tunisia Palace où il est descendu, il adresse à son père la lettre suivante :

Mon vieux Papa,

Je pars demain matin de Tunis pour Rome par la « voie des airs », comme dirait Raoul [1].

Je t'envoie cette petite fleur en souvenir de mon record de hauteur. Quelqu'un l'avait accrochée avant mon départ à un câble d'aile et elle est restée sans que je l'aie vue jusqu'à l'atterrissage.

Je vais me coucher pour être frais demain et je t'embrasse affectueusement.

Souvenir à Lucie [2].

***

Le matin du 18 décembre 1912, sur le terrain de Kassar-Saïd, Garros examine une dernière fois le Morane-Saulnier. L'œil du maître. Jules et Pierre sont déjà partis.

– Qu'est-ce que c'est ? demande-t-il en désignant le chargement entassé dans le fuselage, juste derrière le siège.

– Des flotteurs pneumatiques, des ceintures de sauvetage et des bouées lumineuses... Au cas où...

– Mais c'est beaucoup trop lourd !

On a beau tenter de le convaincre, rien n'y fait, tout juste consent-il à faire ficeler le long de l'appareil un long bambou muni d'un fanion rouge.

– Ce sera bien suffisant, estime-t-il.

À 8 heures 7 minutes, le Morane-Saulnier décolle, emportant 87 litres d'essence et 20 litres d'huile. Roland se dirige à basse altitude vers le cap Bon, son premier point de repère. Il jette un dernier coup d'œil aux ruines grises de Carthage, à la blanche Tunis, à la chaîne mauve du Mahouin. À 9 heures moins le quart, il passe en le frôlant au-dessus du phare. Les gardiens téléphonent à Tunis la nouvelle de son passage.

Après, c'est la mer... Il a donné rendez-vous à son premier torpilleur à dix kilomètres mais il n'a pas prévu la réverbéra-

---

1. Raoul Garros, fils d'Adrien le frère aîné de Georges, est le cousin germain de Roland. Le numéro spécial de « La Vie » de 1926 affirme que Raoul, aviateur (Brevet N° 811 du 27 mars 1912), faisait partie de l'escadrille du Camp Retranché de Paris. On n'en trouve aucune trace dans les archives du Service historique de l'Armée de l'Air. Rapatrié sanitaire dans le courant de la guerre, Raoul s'est suicidé à son arrivée à Saint-Denis. En revanche, son autre cousin, Paul, fils de Paul deuxième frère de Georges, mitrailleur à l'escadrille CR209, a été grièvement blessé après avoir été abattu. Il est mort en 1943.

2. Lucie Ronchietti, l'amie de son père.

tion intense qui l'aveugle. Il ne voit d'abord rien sur la mer et préfère continuer à la boussole. Un premier bateau ! Non, ce n'est qu'un remorqueur. Un point noir à l'horizon ! Cette foisci, c'est bien son premier convoyeur traçant dans la mer d'un trait blanc et précis le cap à suivre.. À bord, on a aperçu l'avion. Roland le dépasse à tribord, de très près. Les matafs le saluent frénétiquement, il répond en agitant son mouchoir...

Rassuré, il suit le cap donné par le navire. Quelques minutes plus tard, il rencontre son deuxième convoyeur dont il fixe l'image sur la plaque de son Vérascope Richard qui le quitte rarement. Puis il continue pour quelque temps tout à fait rassuré. Il atteint et dépasse sans difficulté son cinquième et dernier repère. Après, ce ne sont plus que 100 kilomètres à tracer en ligne droite, soit au total pour cette étape 228 kilomètres au-dessus de l'eau.

Dans le soleil aveuglant, la côte basse de la Sicile ne lui apparaît qu'à la dernière minute. Au moment où il identifie Marsala, il constate une fuite d'essence au réservoir. Il choisit un champ et se pose près d'une ferme. Il est dix heures et demie. Les maîtres de la ferme se mettent en quatre pour l'homme volant, lui dressent *une table pour lui tout seul et tiennent à lui servir eux-mêmes un poisson spécial de Sicile, qui venait certainement d'être pêché, tant il était frais et délicieux* et on sort pour lui *une cuvée réservée d'un vieux Marsala, qui n'existe pas dans le commerce...*

Mais la fuite du réservoir nécessite une réparation. Ses mécaniciens seront demain à Trapani, c'est là qu'il doit aller les attendre. Il décolle d'une route bordée de maisons et dix minutes plus tard, il est au-dessus de la ville.

Une plage se présente, qui lui paraît hospitalière. Au moment où les roues touchent le sol, il se rend compte que ce qu'il a pris pour du sable n'est autre que des sortes de pavés plats mal nivelés... Ses roues s'écrasent... L'appareil capote... Il est malade de rage. Abandonnant son avion à son triste sort, il va adresser un télégramme à l'ami Mortane : « 12 H 10 – ça y est, mais suis en panne ici, réservoir crevé – Garros ».

Il se garde bien de faire allusion à l'atterrissage malheureux : il en a bien trop honte. Le journaliste écrira donc dans son quotidien :

On voit que le remarquable pilote a fait encore mieux qu'il ne l'espérait, puisqu'il est allé atterrir directement à Trapani, à 45 kilomètres de Mazzara del Vallo. Tout le monde espère ici qu'il va pouvoir continuer, accomplissant ainsi le plus bel exploit de l'aviation. En

attendant, à lui va la gloire d'avoir le premier relié en aéroplane deux parties du monde.

Pendant ce temps, Garros rumine sa rage. Il s'enquiert d'un hôtel, y prend une chambre où il s'enferme à clef avant de se mettre au lit...

***

Dès le jeudi matin, Jules et Pierre sont à pied d'œuvre.

– Pas trop grave, Monsieur Garros ! On vous aura réparé tout ça en quarante-huit heures...

Paroles réconfortantes pour l'aviateur qui en a bien besoin. Il a reçu un télégramme de félicitations du prince Potenziani. Mais toutes ces attentions dont on l'entoure, il les assimile inconsciemment à une espèce de commisération. Il n'aime pas cela, il a surtout besoin de solitude. Sans prévenir personne, il emprunte un tortillard qui le fait arriver à la nuit tombée à Palerme. Sous un faux nom, il prend une chambre dans un hôtel magnifique d'où l'on peut découvrir toute la baie. Après le dîner, il veut aller faire un tour en ville mais une petite pluie fine ne cesse de tomber et après quelques pas dans la boue, découragé, il se fait reconduire à l'hôtel en fiacre. Le lendemain, il lui faudra 6 ou 7 heures de train pour regagner Trapani...

***

Le samedi matin, Roland quitte sa chambre d'hôtel en tenue de voyage, *saute en selle* et démarre parmi les réverbères et les arbres. Les mécanos ont amené l'appareil jusque devant l'hôtel et c'est de la ville même qu'il prend donc son départ à huit heures moins dix.

Il se maintient au-dessus de la mer, longeant la côte qui défile sous son aile droite mais le ciel est barbouillé, ce qui ne sied pas à la Méditerranée. À 8 heures 40, il est à 1 500 mètres au-dessus de Palerme, dans de violents remous. La baie de Palerme fut jolie quand même : je me l'imaginai, fleurie, sous un beau soleil de printemps.

Le premier ravitaillement est prévu à hauteur de Milazzo mais une colonne de pluie en barre l'accès. Une longue plage étroite se dessine quelques kilomètres plus tôt, il s'y pose sans dommage dans le sable meuble. Des pêcheurs l'entourent, quelqu'un vient se mettre à sa disposition. L'avion est mis à l'abri car la pluie arrive et pendant ce temps, on va lui chercher l'essence et l'huile nécessaires. Et il repart en utilisant la longueur de la plage...

La traversée du détroit de Messine, l'arrivée sur la Calabre, il les revit intensément :

Je revois encore mon arrivée sur Messine : le soleil perçait entre les orages noirs et créait dans le paysage des zones lumineuses environnées d'ombre – le détroit disparaissait à contre-jour, vers le sud, dans un chaos de nuages sombres – Je virai au nord : la côte calabraise s'étendit devant moi s'étendant à perte de vue – Au premier plan, une petite anse creusée dans la falaise abritait un village de pêcheurs dont les barques multicolores dormaient au sec – La mer, ailleurs d'un bleu profond, formait là, par transparence, une mosaïque de tons clairs et dégradés jusqu'à la mince frange d'argent qui dessinait le croissant de la plage – Un faisceau de lumière tombait justement sur ce tableau pour lui donner plus de relief et de fraîcheur.

Le ciel devient plus calme au fur et à mesure qu'il remonte vers le nord, si bien qu'il en profite pour fausser l'escale primitivement prévue à Pizzo et pousser le plus loin possible. Santa-Eufemia : un refuge idéal pour la nuit, c'est un simple poste douanier, avec pour seuls habitants trois ou quatre gabelous. Le calme. Ils l'aident à ranger l'appareil, lui offrent le gîte et le couvert et vont lui chercher dans la nuit l'essence et l'huile, à Pizzo...

Grâce à ses hôtes, Roland a pu adresser un télégramme à Jacques Mortane :

Ai atterri à Santa-Eufemia. Tout s'est bien passé, malgré le vent. J'espère arriver à Rome demain, quoique le parcours soit long. L'enthousiasme de la foule, la sollicitude du gouvernement italien m'ont profondément ému – Roland Garros

Garros a parcouru près de 400 kilomètres dans sa journée. Il ne se trouve plus qu'à 300 kilomètres de Naples et à 500 de Rome... On voit, écrit *l'Excelsior*, que le voyage du célèbre pilote français dépasse tout ce qui a été réalisé jusqu'ici.

***

Le décollage de San-Eufemia sera le plus hasardeux de tout le raid. La plage est coupée de ruisseaux. Garros doit s'y reprendre à deux fois. La première, il force un peu trop, l'appareil flotte un moment et retombe sur l'aile gauche qui s'enfonce dans le sable en craquant un peu. À l'examen, rien de grave, seul un certain allongement des haubans de gauche. Mais l'appareil peut voler.

Avec appréhension, il tente un deuxième départ et parvient à s'arracher du sol. Mais la déformation de l'aile l'oblige à tenir le levier constamment braqué à droite et à fond. Il grimpe ainsi à 3 000 mètres. Là-haut, le vent le pousse, il atteint jusqu'à 150 à l'heure. Il abandonne avec plaisir le mauvais temps dans son dos. Et quand Naples se dessine dans le lointain, le soleil luit. Garros descend à 1 500 mètres pour survoler le Vésuve...

Je suis le premier homme qui le voit ainsi... – Des gaz sulfurés flottaient dans l'air, mon regard fouilla le terrible entonnoir, qui me semblait petit, comme si j'avais pu y découvrir un secret... Au centre, une fumée blanche s'épanchait lentement...

Le terrain est envahi par la foule. Roland se pose sur une agréable pelouse. On accourt vers lui. En tête, Jules et Pierre. Sauvé, songe-t-il. Je vais pouvoir m'offrir un bain ! Il est accueilli par les membres de l'Aéro-Club de Naples, conduits par leur président, le chevalier Raither et par le lieutenant Grütter. Dès qu'il le peut, après avoir semé la meute des journalistes, Roland se précipite au Grand-Hôtel.

L'escale est courte. Quand il revient sur le terrain, l'appareil l'attend et il y grimpe directement.

– Attention, M'sieu Garros ! Votre roue gauche ne tient presque plus ! avertit Jules.

Mais sur une pelouse aussi moelleuse, le décollage se fait sans problème. Il est 12 H 15. Tout favorise la fin de ce voyage, l'appareil remis en état par les mécanos, le beau temps enfin revenu définitivement... Il a hâte de revoir apparaître à l'horizon la ville qui lui a valu tant d'amertumes l'année précédente et de goûter bientôt les satisfactions de l'effort heureux... Pour compléter cette sensation de réussite, il préférerait bien se poser comme l'année dernière sur l'aérodrome de Parioli mais c'est sur la Place d'Armes qu'on l'attend. Le grand rectangle vert est déjà entouré d'une foule imposante.

Selon son habitude, il décrit une large spire pour se présenter dans l'axe du terrain et s'efforce de ménager la roue fragile. Une seule aspérité sur le terrain, elle est évidemment pour la roue malade, l'essieu cède et l'appareil, selon le mouvement habituel, se dresse sur le nez...

Telle fut la fin lamentable du Tunis-Rome... Garros n'en

écrira pas plus sur la première liaison aérienne entre l'Afrique et l'Europe, un événement historique. Il ne va pas plus préciser, car il ne dispose pas d'archives dans sa cellule, que les 597 kilomètres de la dernière étape ont été parcourus en 3 heures 40 et que la distance de Naples à Rome, soit 195 kilomètres, a été franchie en 1 heure 35... « Velocita davvero impressionante », s'émerveille le journaliste de *La Navigazione Aerea.*

Pas un mot non plus dans ses cahiers sur les ovations enthousiastes de la foule italienne, ni sur le banquet que lui offrent le soir même à l'Hôtel Milano les Aéro-Clubs d'Italie et de Rome, ni sur toutes les médailles d'or qu'on lui remet ce soir-là. Il a pourtant retrouvé avec plaisir tous ceux qui l'ont si chaleureusement accueillis l'année précédente, le prince Potenziani, le Comte Della Torre, le marquis...

Dans son discours, le prince présente l'aviateur comme un « trait d'union entre la France et l'Italie ». Un peu ému, Roland remercie les Italiens de l'accueil qui lui a été réservé et fait des vœux pour l'avenir de l'aviation italienne, non sans avoir demandé qu'on l'excuse pour « son air apparemment froid », qu'il attribue à « la tension nerveuse due à son voyage aérien fatigant... » À l'Aéro-Club de Rome, il offre en souvenir son hélice endommagée à l'atterrissage [1]. Il sera plus éloquent – et plus à l'aise – dans l'article qu'il va publier quelques jours plus tard dans *l'Excelsior...* Car, le soir même, pressé, il a pris le train pour la France. Au Grand Hôtel de Trapani, il a reçu le télégramme suivant :

Félicitations enthousiastes réveillonnerons Marseille Saint Sylvestre tache venir Niel.

1. L'hélice brisée est aujourd'hui exposée au Musée Caproni de Rome.

XX

La saison 1913

Dans ses *Mémoires*, Garros présente sa *saison 1913 comme une année d'étude et de réflexion. Nous ne sommes plus à l'époque où chaque vol laissait un souvenir,* note-t-il. *J'en fis de très nombreux sur les aérodromes. Il y eut peu de meetings...*

C'est peut-être un peu court... Étude et réflexion, assurément. Si Garros est devenu un très chaud partisan du « M-S », Léon Morane et Raymond Saulnier se sont transformés en ardents propagandistes de ses théories sur « l'excédent de puissance » et la « qualité du vol ». Dans un article qu'ils signent conjointement dans *le Figaro*, Morane et Saulnier, rappellent la victoire de Garros dans le Circuit d'Anjou et l'expliquent ainsi :

Quelle vertu magique faisait donc gagner au Blériot des épreuves de vitesse ? Cette vertu magique, vous voulez le savoir, c'était le vol facile ! Il volait plus facile, il pouvait monter plus haut que les autres (...) Il avait triomphé parce qu'il était un appareil de 25 chevaux, qui volait avec cinquante et qui constamment en a 25 de renfort ! Alors nous avons vu quelle était notre erreur. Oui, nous avons tous fait une erreur, confessons-la !

Pour le centralien Saulnier, dont le traité « Équilibre, centrage et classification des aéroplanes », qui a déjà trois ans, continue à faire autorité chez les avionneurs, cet aveu relève d'une indiscutable honnêteté intellectuelle. Or les moyens de la société Morane-Saulnier sont très limités. Dans ses bureaux du boulevard Péreire, la jeune firme n'emploie guère que deux dessinateurs, un chef des achats, un comptable et une secrétaire, mais elle dispose à Villacoublay d'un terrain avec un hangar de 14 mètres. Et de ses ateliers de Courbevoie.

L'aviation légère, voilà la voie que leur incite à suivre Garros devenu en quelque sorte leur conseiller technique.

Comment Garros voit-il l'avenir de l'aviation ? Il n'a pas attendu 1913 pour faire entendre sa voix. Dès septembre 1911, son premier record d'altitude lui a donné l'autorité nécessaire pour prendre langue avec Lucien Millevoye. Ce député de Paris, ancien boulangiste et bouillant polémiste, est l'un des plus chauds partisans de la constitution d'une aéronautique militaire. En octobre 1911, considérant que le projet de création d'une école d'aviation « répond à une nécessité nationale de premier ordre », Millevoye a même proposé à Garros de venir exposer ses idées devant le « groupe de l'aviation » à la Chambre. Cet exposé n'a probablement jamais été donné.

Pour l'éditeur Pierre Lafitte, qui a déjà demandé à Georges Carpentier un livre sur la boxe et sollicité la signature de Jean Bouin pour évoquer la course à pied, il n'y a qu'un Garros pour écrire intelligemment sur l'aviation. C'est donc à lui qu'il commande un « Guide de l'Aviateur ». Dans ce bref opuscule, l'auteur rassemble quelques-uns de ses articles déjà publiés qu'il complète de textes nouveaux. Dans une langue claire et précise, il développe, comme on dirait aujourd'hui, sa « philosophie » de l'aviation.

Un bon aviateur qui peut accomplir de belles randonnées à travers la campagne, effectuer de longs voyages, est plus utile qu'un virtuose, soutient-il. Il ne faut jamais atteindre la limite de ce que l'on peut faire. Il faut toujours pouvoir se dire : « Je vaincrai telle difficulté parce que je sens que je la surmonterais même si elle était un peu plus grande », assure-t-il. Et il explique qu'il faut s'entraîner à raisonner chacun de ses actes, même le moindre. La décision prompte et précise est la plus sûre défense contre les dangers de tous les sports, surtout de l'aviation.

Sous sa plume, la technique devient toute simple :

le Gnome bien entretenu et bien au point n'a comme pannes possibles que l'usure d'un obturateur (segment), le bris d'une soupape d'admission, l'encrassement d'une soupape d'échappement ou l'encrassement d'une bougie. Un aviateur, estime-t-il, doit pouvoir les réparer lui-même.

Il émaille ses propos de touches d'humour :

La boussole est presque toujours utile. Elle est souvent indispensable. Mais elle est d'un emploi délicat et on n'apprend à bien s'en servir que par l'expérience.

Quant à l'altimètre, il est toujours utile d'(en) avoir un bon à bord, car il est souvent dangereux de ne pas s'en munir.

Garros reprend également dans son guide l'étude qu'il a consacrée l'année précédente dans *La Vie au grand air* à la « psychologie de l'aviateur ». Toujours le même enthousiasme tempéré de la même lucidité :

Il faudrait des volumes pour décrire les états d'esprit infiniment variés faits d'anxiété, de joie, d'étonnement, d'émotion, de bien-être que peut procurer le vol. Mais, chez un aviateur, il se passe invariablement une sorte de combat entre l'instinct de conservation d'une part et le désir de voler d'autre part. Au bout de quelque temps, l'un ou l'autre cède.

Il s'en prend enfin aux « écoles de pilotage d'à présent », qui « sont semblables aux boîtes à bachots de notre jeunesse » sans constituer « le lycée qu'elles devraient être ». Sa conception d'une école aérienne française est celle d'un club sportif (comme le R.C.F. ou le Stade Français sont des clubs de sports athlétiques), doublé d'une école modèle d'aviation.

Cette société, composée d'une élite de la jeunesse française, aurait, par son esprit, son envergure, ses privilèges, ses relations avec l'armée etc. un caractère national officiel : son but serait de développer par tous les moyens de propagande et autres, le goût de l'aviation dans la jeunesse française, de défendre et d'augmenter l'avance de la France dans le domaine de l'air, en organisant un véritable enseignement de l'aviation, qui n'existe actuellement dans aucune école.

L'aviation, conclut-il, **a été jusqu'ici exclusivement un sport de professionnels, il s'agirait de l'organiser comme sport d'amateurs. En répandant cette idée, répète-t-il, que tout jeune Français doit savoir voler.**

Pour beaucoup déjà – une partie de plus en plus large de la classe politique se rallie à cette opinion – l'aviation a commencé depuis près de deux ans à ne plus être considérée comme un simple spectacle de saltimbanques ou un « sport » parmi d'autres pour prendre place parmi les autres activités traditionnelles, l'industrie, l'économie.

Et même la guerre. En Tripolitaine, qu'ils disputent à l'Empire ottoman, les Italiens ont engagé des avions dans des opérations militaires. On est loin du simulacre de San Antonio ou des reconnaissances d'El Paso : le Capitaine Piazza a réalisé en Blériot plus d'une centaine de missions au-dessus des lignes ennemies. Depuis plus d'un an, le canon tonne dans les Balkans. Aux Roumains, Blériot va fournir les premiers biplaces armés grâce aux travaux du Colonel Estienne et du lieutenant Bellenger.

En France, sous l'action de journaux comme *le Temps* et *le Matin*, un « Comité National d'Aviation » s'est créé, sous la présidence de Georges Clemenceau. « Il faut 5 000 avions, 5 000 aviateurs et 50 millions par an à la France », proclame un tract dont Védrines a inondé Paris du haut des airs. La souscription ouverte rapporte en février 1913 près de 3 millions de francs-or permettant la construction de 170 appareils pour l'armée, de former des pilotes, de créer plusieurs terrains d'aviation dans le nord et l'est...

***

Roland va tout de même commencer son année en s'offrant quelques vacances bien méritées. À Nice, comme par hasard, et en compagnie de l'ami Barrier. Mais que seraient des vacances sans l'ivresse du vol ? Il se fait expédier de Paris un appareil neuf dérivé selon ses instructions du *Tunis-Rome*, un 15 m^2 au fuselage renforcé à l'avant et allégé à l'arrière. Cette surface intermédiaire permet un haubannage moins touffu que celui du 16 m^2 et donne un appareil moins dense que le 14 m^2.

Sa première intention est d'améliorer son record de Tunis. Il fait les premiers essais de son nouvel appareil au large de Nice, *avec l'amour du dilettante qui prend possession d'une pièce rare, mais l'ambiance du Midi a(vait) beaucoup attiédi (s)on ardeur sportive* et il ne se sent *pas en train.*

Il décide alors de participer à la coupe dont son ami Jacques Schneider a annoncé le 5 décembre dernier la création à l'Aéro-Club. Garros dans une course de vitesse, après tout ce qu'il a dit contre ce genre de compétition ? Et oui et comme pour s'en excuser, il en fait dans ses *Mémoires* la justification de ses vacances et un prétexte pour les prolonger.

À la maison Tellier, il commande des flotteurs que Jules monte sur l'appareil neuf. Car c'est une course pour hydravions dotée d'un trophée de 10 000 F. et d'une rente de 10 000 F pendant trois ans pour le vainqueur ! Le règlement de cette compétition internationale qui connaîtra toute sa gloire après la guerre prévoit que la nation qui l'emporte organisera l'épreuve l'année suivante...

Le 14 avril veille de la course, Roland fait ses débuts sur son hydravion en le conduisant de Saint-Raphaël à Monaco où doit se dérouler la course. Il y a quatre concurrents. Deux Nieuport sont engagés : le 100 HP de l'Américain Charley Weymann, l'excellent camarade de la joyeuse équipe de Saint-Étienne et celui de l'ami Espanet, que Roland n'a pas revu depuis le circuit d'Anjou. Le plus dangereux, c'est le Deperdussin de Maurice Prévost équipé d'un 160 CV. Le M.S. de Garros ne dispose quant à lui que d'un Gnome 80 CV.

De cette course improvisée, Garros a gardé un excellent souvenir : *elle faillit être pour moi un succès complet,* affirme-t-il. En fait, il se rappelle être arrivé second, loin derrière Prévost et s'être fait grignoter péniblement quelques secondes par tour par Weymann, qu'il aperçoit un moment sur l'eau en panne, hors de course... Avant que lui-même ne soit contraint de faire réparer une soupape...

La mémoire joue parfois des tours : si effectivement Prévost a remporté cette épreuve (à la vitesse fabuleuse pour l'époque de 73,62 km/h), Weymann a bel et bien décroché la deuxième place devant Garros qui a précédé Espanet. Mais ce qui lui a plu, c'est d'avoir pu tenir tête à des appareils beaucoup plus puissants que le sien et qu'il s'est maintenu à un niveau respectable en faisant montre d'une souplesse et une maniabilité supérieures.

À Monaco, Roland retrouve Gabriel Espanet. Les deux hommes ont beaucoup de sujets d'intérêt en commun. Ils ont longtemps parlé musique, théâtre ou peinture, mais ils reviennent invariablement à l'aviation, ainsi qu'à l'automobile dont Espanet a été un pratiquant assidu. À Garros qui se plaint de sa vieille Grégoire trop souvent en panne, Espanet vante les mérites de sa « Type 13 ».

– Vous devriez aller à Molsheim, Garros. Mon ami Ettore Bugatti vous montrera ses derniers modèles. Il a en préparation quelques « 5 litres » qui pourraient vous intéresser. Évidemment, ses voitures sont chères...

– Oh, je suis décidé à tous les sacrifices pour avoir enfin une voiture parfaitement au point... Vous me tentez...

– Je vais lui écrire et prendre rendez-vous pour vous...

C'est cette année-là, à Monaco aussi, que Roland fait la connaissance d'Eugène Gilbert qui croisera souvent son itinéraire. Désormais, Garros ne sera plus jamais le benjamin. Il peut même commencer à jouer les vétérans car la nouvelle génération d'aviateurs apparaît : il y a déjà eu le tout jeune

Brindejonc, directement sorti du Lycée pour grimper dans sa Demoiselle. Gilbert, lui, n'a que quelques mois de moins que Garros. Celui qu'on a baptisé « le pionnier auvergnat de l'aviation » (il est de Clermont-Ferrand) est venu à l'aviation par la moto, ayant été entraîneur motocycliste. Il s'est vite fait connaître dans les milieux aéronautiques en décembre 1912 par son record du monde de vitesse et son tout récent Paris-Lyon en 3 heures 30...

Gilbert pilote alors *avec une aisance séduisante* un gros biplan Saulnier et propose à Garros de l'emmener. *La curiosité d'essayer cette machine paisible fut plus forte que ma répugnance pour le rôle passif du passager* et pour la première fois depuis son vol d'Étampes avec John Moisant, Roland se fait conduire et il remarquera : *Depuis, je ne me suis laissé emmener que par le même Gilbert – quatre fois, je crois – et une seule fois par Brindejonc – Il est pourtant fort instructif de sentir voler un autre...*

Quelques jours après cette réunion de Monaco, Gilbert réalisera pour aller de Paris à Vitoria une étape de 825 kilomètres sans escale sur un parcours total de 1 075 kilomètres. L'ère des pionniers n'est pas terminée, celle des grands raids est bien commencée.

***

Je passai le mois de mai à Paris – une bronchite et d'autres ennuis de santé m'éprouvèrent – Cela se termina par un voyage de convalescence en Suisse...

Incorrigible pudeur de l'auteur de ces *Mémoires*. Ou plutôt, on a l'impression qu'il tient à protéger son jardin secret. En effet, Marcelle et Roland se sont rencontrés avant le *Circuit d'Anjou*, bien avant juin de l'année précédente. Et nulle part, on ne voit apparaître parmi les mots qu'il jette sur le papier au fond de sa cellule allemande la moindre allusion à ses rapports avec Marcelle. Nul doute en tout cas que celle-ci l'accompagnait lors de ses *vacances à Nice* comme lors de cette *convalescence en Suisse*... Il semble bien que ce n'est plus une aventure rapide, comme il en a connu quelques-unes au gré de ses déplacements, mais un sentiment et un attachement profonds qui les uniront jusqu'à la fin...

Ce tournant de sa vie, pour important qu'il soit, ne l'écartera pourtant pas de l'aviation... Un match-exhibition entre lui et son ami Edmond est organisé à Juvisy le 8 juin. L'annonce de cette rencontre déchaîne une ardente polémique dans la presse et ces Messieurs de l'Aéro-Club eux-mêmes vont s'en mêler, qui veulent interdire ces exercices d'acrobaties (...) inutilement dangereux et d'un mauvais exemple... Les deux Morane, l'un aux ailes blanches, les plans de l'autre peints en noir, s'affronteront dans *ce concours de vols de fantaisie* avec un plein succès, Audemars sortant vainqueur de toutes les épreuves. *C'était trois mois avant Pégoud...*, souligne sur ses cahiers Garros qui n'a pas apprécié la leçon de prudence qu'on a voulu lui donner.

Il ne tardera pas à obtenir une revanche morale sur tous les détracteurs du match de Juvisy. Un beau matin, laissant comme à son habitude libre cours à son goût pour la grasse matinée, il est encore au lit lorsque parcourant les titres de son journal d'un œil distrait il tombe sur celui-ci :

L'Académie des Sports, décerne son prix annuel de 10 000 F à Garros !

Il est précisé que le récipiendaire, « qui a illustré l'aviation française, servi le progrès et, par son courage calme, désinvolte et souriant et sa rare modestie, a donné l'exemple moralisateur souhaité par les donateurs du grand prix ».

Quelques semaines plus tard, le prix lui sera remis au cours d'un banquet, dans un portefeuille portant dans un coin, *un chef-d'œuvre de ciselure représent(ant) un petit Morane d'or.*

C'est également à cette époque qu'a lieu sur le terrain de Buc une revue en l'honneur du roi d'Espagne. Morane et Saulnier ont demandé à Roland d'y présenter leur modèle « H » au milieu des soixante-dix appareils pour la plupart militaires qu'Alphonse XIII va passer en revue au sol, tout en se faisant présenter un à un les pilotes. Puis c'est l'envol régulier des avions, les militaires d'abord, les civils en dernier, car il a été convenu que Garros et Chevillard termineront la cérémonie par quelques évolutions en l'honneur du roi.

Au côtés d'Audemars qui est là en spectateur, Garros assiste au premiers virages du biplan Farman que Chevillard pilote de façon magistrale :

– C'est du Johnstone à New York... commente à mi-voix Audemars, qui partage l'admiration de Roland. En revanche, ce dernier est mécontent de sa propre prestation qu'il raccourcit *en deux spirales et quelques changements de main*, avant de regagner Villacoublay.

***

Rien d'important, sur le plan sportif jusqu'au dimanche 15 juin, date d'ouverture du 2e meeting de Vienne, auquel Roland participe de nouveau ainsi qu'Audemars qui défend le drapeau suisse et Bielo aux commandes de son Hanriot-Pommier, pour la dernière fois sous les couleurs péruviennes : à cette même réunion l'année prochaine, il sera inscrit dans l'équipe française.

Le succès de l'année précédente a permis au comité organisateur d'enrichir encore son programme et les constructeurs ont fait un gros effort. Les Autrichiens surtout : Igo Etrich ne présente pas moins de trois appareils (65, 85 et 90 CV), Jakob Lohner également, qui, avec des 68 (?), 85 et 120 chevaux restera imbattable dans les épreuves d'altitude. Attiré par l'intérêt technique du meeting et les trois pilotes qui représentent la marque (Garros, Audemars et Legagneux), Raymond Saulnier a tenu à faire personnellement le déplacement.

Je n'eus finalement que le prix de vitesse et le prix d'atterrissage, plus quelques demi-succès glanés de droite et de gauche, écrit Roland.

Il est vrai qu'il est arrivé à Vienne malade. À cela, il faut ajouter la déception que lui cause l'un de ses deux appareils, celui sur lequel il comptait le plus. Il n'empêche qu'il totalisera tout de même cette année-là la coquette somme de 16 500 couronnes en prix !

Avec son 100 HP préparé avec une petite voilure plate de 9 m^2, Roland remporte la course Vienne-Neustadt-Vienne. Il avouera : *j'aurais volontiers renoncé à m'en servir en* cross-country – *Mais j'avais si piètrement figuré dans ce meeting qu'il fallait bien recourir aux grands moyens...* Il effectue le retour sur Vienne en 40 minutes 34 secondes, loin devant Bielo (45 minutes) et les Autrichiens Illner et Hold (48 et 57 minutes).

Quant au prix d'atterrissage, il ne peut imaginer que son Morane pourrait l'emporter sur le Farman de Chevillard ou le Blériot de Perreyron et ne veut même pas s'inscrire à l'épreuve. Saulnier l'y pousse, le convainc. Et un tour de main heureux lui fait gagner 1 ou 2 mètres sur Chevillard, 30 sur Perreyron. Ce dernier se retire, Chevillard gagne 2 mètres sur le résultat de Garros.

– *Jamais pensai-je, je ne pourrai seulement renouveler ce que j'ai fait « par hasard »...*

Cependant j'essayai... et j'enlevai le prix, sans y rien comprendre...

... avec 9 m 14, contre 11 m 34 à Chevillard et 27 m 10 à Perreyron...

Plus spectaculaire est l'épreuve qu'on appelle « les premiers départs ». Pour les concurrents, il s'agit d'atteindre une ligne située à 200 mètres du départ où se fait le classement avant l'envol et de tenir ensuite l'air une demi heure.

Les concurrents s'alignaient nombreux, serrés... Il fallait être sûr de soi – surtout les jours de vent oblique – pour ne pas dévier...

Une minute avant le signal, on mettait les moteurs en marche – Toute la ligne frémissait, trépidait dans le bruit et la fumée des échappements ; dans cette odeur qui est « l'odeur de la poudre » de nos champs de batailles.

Une fusée éclatait en l'air ; le fanion rouge du commissaire s'abaissait... Alors rien n'était plus pittoresque que l'élan de tous ces appareils, grands et petits, biplans et monoplans, de toutes formes, de toutes sortes – Quelques-uns – toujours les mêmes – se détachaient immédiatement du lot et se disputaient mètre à mètre, comme des chevaux à la cravache, les premières places.

Cette curieuse cavalcade n'occasionnera pas d'accrochages au sol. En l'air, c'est différent, c'est ainsi que l'aile du R.E.P. de Molla prend en écharpe un biplan Lohner qui s'effondre sur le sol. Le R.E.P., l'aile à moitié sectionnée, poursuit un temps sa course avant de se ficher dans le sol. Garros, qui a suivi la scène d'en haut, voit les deux machines rapidement entourées de sauveteurs. Il s'éloigne dans des régions paisibles pour terminer réglementairement sa demi heure.

Cet accident sera l'occasion d'un incident moins dramatique. Le soir de l'épreuve, Saulnier, rouge de colère, vient apprendre à Garros qu'il n'a pas été classé dans l'épreuve... Il y a évidemment erreur, mais le président du jury, un officier autrichien, affirme, avec un sourire qui veut en dire long, avoir vu Garros atterrir...

– C'est un comble... s'exclame Saulnier, cramoisi, au bord de l'apoplexie, Soutenir qu'il vous a vu, vu... Il a l'air de nous accuser et c'est lui qui ment... Car il ment, impudemment...

Garros a toutes les peines du monde à ramener un peu de calme chez son ami, les membres du Comité l'aident à tempérer le ton de l'algarade et finalement, on convient de l'erreur : les juges ont confondu de loin le Morane de Roland avec le

Hanriot de Bielo, qui, lui, a effectivement atterri... L'on demande à Saulnier de retirer ses propos... excessifs et l'incident est clos.

Molla, qu'ils vont visiter après le dîner, est alité, seul, dans sa chambre d'hôtel, brûlant de fièvre, un œil fermé, le visage et le corps en compote : mais il se dit heureux de s'en être tiré à si bon compte....

***

Quand il quitte Vienne pour Paris, Roland passe par Venise, Milan et les lacs italiens. École buissonnière ? Pas tout à fait : le dynamique Commandatore Mercanti et Paul Rousseau, du *Temps* et de l'Aéro-Club de France, l'ont invité à venir donner son avis sur le parcours d'une course d'hydravions que la « Società di Aviazione di Milano » organise pour le mois d'octobre prochain. Avec ses hôtes auxquels se sont joints le comte Oldofredi et Frederico Momo, célèbre champion cycliste italien passionné d'aviation, il va reconnaître le parcours de l'épreuve, trois journées d'excursions en yacht, en auto et il arrive à Paris, la tête pleine de visions et d'impressions enchantées.

Pendant ce temps, Brindejonc des Moulinais sur son Morane-Saulnier a parcouru l'Europe, de capitale en capitale. De Paris, il s'est envolé vers Berlin, il a atteint Varsovie, a poursuivi jusqu'à Saint-Pétersbourg, puis, revenant vers l'Ouest, s'est posé en Estonie. Le 28 juin, il a traversé la Baltique sur 350 kilomètres pour aller atterrir à Stockholm. Il est sur le chemin de retour vers Villacoublay via Copenhague, Hambourg et La Haye... Pour lui faire un accueil solennel, Léon Morane, Roland Garros, Edmond Audemars et Eugène Gilbert décident d'aller le 2 juillet jusqu'à Compiègne pour le raccompagner triomphalement à Villacoublay, « formant ainsi », souligne Edmond Petit, « ce qui doit être le premier vol de groupe à cinq de l'histoire ». Brindejonc a parcouru près de 5 000 kilomètres en 46 heures de vol environ. Le 12 juillet, Audemars qui l'année dernière a fait Paris-Berlin en deux jours décolle de Johannisthal en direction de Paris qu'il rallie dans la journée...

Garros n'aura jamais la patience d'attendre octobre et le *Circuit des Lacs italiens*. Ce n'est pas cette exhibition d'amateurs à Commercy devant Poincaré, pas plus que ces parties de tourisme à Deauville et quelques vols d'entraînement à Villacoublay qui peuvent assouvir son besoin de se dépasser. Il se met à étudier quelques projets de voyage. Il n'aime pas particulièrement le froid de l'Europe, aussi se décide-t-il pour *un circuit méditerranéen en trois parties : la première éta(n)t Paris-Tunis, avec relais à Saint-Raphaël...*

Entre temps, Espanet a tenu promesse : il a écrit à Bugatti pour lui annoncer la visite de son ami Garros. Cela fait près de deux ans que le maître-constructeur italien a installé ses ateliers à Molsheim, en Alsace allemande. Roland s'y rend dans son Morane-Saulnier, atterrit sur un champ près des ateliers. Ce qui crée une certaine perturbation au sein des autorités locales, peu habituées à voir atterrir sur leur territoire un avion étranger, sans papiers, sans même en avoir demandé l'autorisation. Tout ce que Roland découvre à Molsheim l'enthousiasme : les ateliers, la « 5 litres » que lui présente fièrement Ettore ; l'aviateur s'émerveille devant le 4 cylindres de 5 litres, le premier équipé de trois soupapes par cylindre, qui peut atteindre les 150 à l'heure ! Le contact est immédiat avec Ettore, « l'artiste incomparable qui seul sait donner une âme à de l'acier« : il écrira cette dédicace sur une photographie cinq ans plus tard à son retour de captivité. Roland est conquis, il a aussi conquis la famille qui le retient deux jours dans la grande maison... Et il passe commande de la « 5 litres » qu'Ettore baptisera la « Roland Garros » [1]. Roland en prendra livraison le 18 septembre. Le 23, il traverse la Méditerranée.

1. La « 5 litres Bugatti type 18 Roland Garros », caractérisée par sa curieuse transmission à chaîne, a été fabriquée à sept exemplaires. Celle de G. porte les numéros de châssis et de moteur 474. Lors de sa captivité, G. l'avait donnée à Edmond Audemars qui, sur demande des héritiers, l'a vendue en 1935 à L. Coatalen, lequel l'a longtemps utilisée entre Paris et Londres. En 1945, elle a été vendue au Colonel britannique G.M. Giles. En 1948, elle est devenue la propriété de Peter W. Hampton, un ancien de la R.A.F., et à la mort de ce dernier, elle a été acquise par l'éditeur britannique David Heimann. La carrosserie originale de Labourdette a subi quelques modifications, notamment en ce qui concerne les pare-chocs et les garde-boue. Elle est maintenant intégralement noire et les fanatiques de Bugatti la vénèrent sous le nom de « Black Bess ».

XXI

À travers la Méditerranée

Début septembre 1913, l'aviation se trouve une fois de plus à la première page des journaux. Le 2, *l'Excelsior* titre :

L'Aviateur Pégoud vole la tête en bas !
À mille mètres, il retourne son appareil, décrit un S immense dans l'espace et atterrit !...

Jusqu'à présent, les vols « jambes en l'air » n'ont été qu'accidentels. En assurant un retournement volontaire et en le maîtrisant, c'est un pas décisif que le jeune ancien margis aux Chasseurs d'Afrique vient d'accomplir sur la voie de la domination complète du pilotage. Adolphe Pégoud est sorti de l'anonymat le mois précédent avec sa première expérience de parachute à Chateaufort... La « boucle », ce sera pour dans vingt jours. Garros note dans ses *Mémoires* :

Pégoud fit ses premières expériences au moment où j'attendais à Paris le temps favorable pour mon raid Paris-Tunis. J'avais la tête pleine de mon projet, rien ne pouvait m'en distraire. J'étais même de si méchante humeur que je boudais les séances de Buc...

Roland a donc étudié plusieurs projets. Il n'a pas encore renoncé au *circuit méditerranéen* en trois parties (Paris-Tunis, avec relais à Saint-Raphaël, Tunis-Alger, Alger-Paris). En hydravion ? Non, aucun d'entre eux n'a alors le rayon d'action nécessaire. Et puis, pour une telle entreprise, l'aviateur manifeste une certaine réticence à l'égard de cet engin qu'il juge un peu bâtard. En cas de panne, estime-t-il, aucun d'entre eux n'est susceptible de tenir sur une mauvaise mer assez longtemps, alors, à quoi bon compliquer les choses ?

C'est le type *Tunis-Rome* modifié, le modèle « H » de la maison Morane-Saulnier qui fera l'affaire. Il en achète deux car il tient à rester maître de sa tentative et veut la mener tout seul, entièrement à ses frais. Il les fait équiper d'un Gnome de 60 chevaux, plus rapide que le 50, mais moins gourmand que le 80. Jules va aménager des réservoirs supplémentaires d'au moins 200 [1] litres d'essence et 60 litres d'huile de ricin, le nécessaire pour huit heures de vol consécutives. Les réservoirs, Roland les étalonnera lui-même à Villacoublay avec Jules car il garde un trop mauvais souvenir de l'incident de Fontarabie qui lui a stupidement coûté la première place du *Paris-Madrid.* Et il n'a confiance qu'en Jules.

Pendant son travail, Jules ne desserre les dents que pour laisser passer des petits grognements intelligibles à son seul aide – Encore ne perd-il pas une occasion de remplacer ces embryons de sons par des embryons de gestes (...) Il a le culte de la matière, une compréhension instinctive des efforts mécaniques et quand il examine un obturateur, il me semble que ses nerfs se prolongent dans la pièce et y perçoivent ce qu'il appellerait la douleur du métal.

Une fois les deux appareils prêts, c'est à Jules que revient la responsabilité de choisir celui qu'il va convoyer au centre d'aviation de la Marine de Fréjus car c'est de là que Roland a finalement décidé de décoller. Le mécano a pour mission de s'y tenir prêt à recevoir son patron vers 11 heures du matin et à le remettre en selle aussitôt. De Paris, l'aviateur va suivre l'évolution du temps et il n'arrivera qu'au dernier moment.

Garros ne s'est ouvert de son projet qu'à très peu de personnes, pas même à Raymond Saulnier. Légèrement vexé, ce dernier avouera plus tard n'avoir appris l'exploit que par la presse. Roland a en revanche tenu au courant certains de ses amis journalistes. Frantz-Reichel a été le premier à dévoiler dans *le Figaro* les intentions de Garros, discrètement. Au moins l'a-t-il supplié : « prenez toutes les précautions et que des torpilleurs s'échelonnent sur la mer et vous préparent des secours... »

– **Pourquoi, des « secours »** ? lui a répondu Roland. **Je considère que l'aviation est aujourd'hui un moyen de locomotion assez régulier pour que nous puissions l'employer sans penser à rien d'autre que faire notre voyage. Je n'ai nul besoin de torpilleurs qui ne pourraient pas me suivre à la vitesse de mon vol... Croyez-moi, je ne pars pas en**

1. Certains journalistes ont donné à l'époque le chiffre de 250 ou 280 litres. En fait, G. emportait à son départ 200 litres d'essence pour huit heures de vol, à vingt-cinq litres à l'heure.

inconscient ; que votre amitié me fasse crédit de quelques jours et vous connaîtrez mes raisons.

H. Desgrange, de *l'Auto*, lui a vainement crié « Casse-cou ! ». Au journaliste du Matin qui lui expose tous les dangers d'une telle tentative (ne les a-t-il pas lui-même parfaitement analysés), il réplique simplement, légèrement agacé :

– Je réussirai ou je me noierai !

À Jacques Mortane, il a expliqué :

– Tout est prêt. J'ai calculé, j'ai étudié, j'ai pesé le pour et le contre. En principe, je dois réussir. Soyez tranquilles, je n'ai rien laissé au hasard.
– Oui, mais l'incident ? réplique le journaliste.
– Une cheminée ne peut-elle pas vous tomber sur la tête quand vous sortirez d'ici ? C'est exactement la même chose !

Roland en a également parlé à son ami Léon Barthou, toujours chef de cabinet à la présidence du conseil (dame ! Louis Barthou est son père !) et récemment réélu vice-président de l'Aéro-Club. Barthou a lui aussi tenté de le dissuader. En vain. Garros se tient à sa décision et il a catégoriquement refusé le concours de la Marine nationale que lui offre spontanément l'ami Léon. Il tient à conserver sa liberté d'action et ainsi éviter *l'énervement contagieux de la galerie*. D'autant qu'en avril dernier, Louis Seguin qui avait annoncé son intention de traverser la Méditerranée en direction d'Alger a mobilisé pendant plusieurs jours toute une flottille de torpilleurs aux environs de Marseille, avant de devoir renoncer devant le mauvais temps persistant.

C'est cette exécrable situation météorologique d'ailleurs qui a jusque-là retardé la tentative : sur la Côte, le vent a obstinément soufflé du sud deux semaines d'affilée et les jours commencent déjà à dangereusement raccourcir. Rue Lalo, en compagnie de Marcelle, Roland a attendu l'accalmie. Le dimanche 21, alors qu'à Paris le vent continue à sévir, un coup de téléphone de Fréjus lui annonce enfin le retour du beau temps : avec Marcelle, il saute dans le train...

Lundi, il a débarqué de l'Express de 12 heures 55 à la gare de Saint-Raphaël et immédiatement gagné le camp de la Marine, toujours en compagnie de Marcelle. Le Morane est fin prêt, Jules l'interroge du regard. Dès qu'il a appris la décision, le chef mécano a expédié comme convenu son aide, Pierre Schock, attendre à Cagliari. Le ciel est si pur, si calme que Roland est tenté de partir sur le champ, mais la crainte d'arriver dans l'obscurité le retient.

– Eh bien, Jules, ce sera pour demain... ou pour dans quinze jours !

Le samedi 27, il a en effet un engagement pour le meeting de Reims...

Je passai le reste de la journée dans une sorte de recueillement – Je me rendais parfaitement compte du danger – En déduisant la traversée de la Sardaigne, j'allais passer 5 ou 6 heures en pleine mer – Là, en cas de panne, aucun espoir.

Au bord de cette Méditerranée familière, dans cette beauté ruisselante de lumière, où vivre est une volupté, c'était une impression étrange de penser que le lendemain, peut-être, j'allais disparaître – Et pourquoi ? Par luxe, pour vivre une jolie aventure – quitte à en mourir...

Aucune hésitation ne me troubla – Par un dédoublement que j'ai éprouvé maintes fois, je me voyais suivre ma destinée...

Ces « dernières » heures avaient un goût rare...

Les officiers de Marine du Service de l'Aviation qui l'ont accueilli à l'aérodrome naval lui ont promis de venir le chercher en auto le lendemain à l'aube. Toute la soirée, il évitera les « curieux indiscrets », indique le correspondant local du *Temps*.

Je me couchai tôt, sans sommeil – Il me semblait rêver – J'imaginais avec une lucidité particulière mes impressions du lendemain, au départ, en voyage, à l'arrivée, ou... en cas d'accident.

J'étais presque étonné de sentir comme tout cela serait simple – En décidant cet effort, j'avais pris un grand élan ; et voici que j'arrivais sur l'obstacle porté, poussé par des forces inconnues et je me regardais passer, comme si c'était un autre.

Ces réflexions alternaient avec des visions où se résumait mon enfance.

Enfin, je m'endormis.

***

Le ciel est encore noir lorsque son réveil sonne. Roland se lève et se prépare avec soin. *Les moindres négligences,* explique-t-il, *un linge ou une chaussure qui gêne ou qui protège mal ; une collation insuffisante ou indigeste – sont autant de fissures par où se perdra... peut-être la dernière parcelle d'énergie dont on aura besoin* – Dans l'automobile qui les conduit à l'aérodrome et traverse Saint-Raphaël encore endormie, *dans ce moment ingrat de l'engourdissement matinal*, il pense *aux impressions du condamné que l'on mène à l'échafaud...*

La mer est calme et la brise assez forte signalée au large a cessé. Le temps est manifestement favorable. Devant le hangar, des officiers de Marine du service de l'aviation, des matelots de la station et du croiseur « Foudre », quelques correspondants de presse, très peu de civils. Les marins ouvrent les portes du hangar et aident Jules à sortir le petit monoplan, net et reluisant. Marcelle est à ses côtés, discrète, seule femme présente au milieu des militaires galonnés et des sans-grade. Par dessus son costume de ville (ne pas oublier la cravate !), enveloppé de chandails, de feuilles de papier journal, de chaussettes en soigneuses couches superposées, l'aviateur va revêtir une combinaison imperméable. Et se coiffer d'un chaud passe-montagne. Dernier détail, ses deux bracelets-montre : à celui du poignet gauche, l'heure française ; l'autre, il le réglera sur midi à l'heure exacte du décollage. Plus de ces calculs permanents qui accaparent l'esprit, un simple coup d'œil au cadran et il aura instantanément son temps de vol exact et donc sa consommation de carburant.

Avant de partir, il ne manque pas de rédiger pour ses amis journalistes un certain nombre de télégrammes. À Tunis aussi, où, annonçant son départ à *La Dépêche tunisienne*, il demande qu'on lui prépare un ravitaillement en essence et en huile pour qu'il puisse poursuivre son voyage en direction d'Alger. S'il s'est tenu jusqu'à présent au silence, il entend désormais donner le plus de publicité, le plus d'éclat possible à ce voyage. C'est l'image même de l'aviation qui lui paraît en jeu. Et il fait preuve, comme on dirait de nos jours, d'une « connaissance aiguë des médias » car les destinataires de ces dépêches ne sont autres que des gens comme Paul Rousseau du *Temps*, Frantz-Reichel du *Figaro*, Desgrange de *l'Auto*... À tous, à peu de choses près, le même texte très court que celui que, dans l'immeuble des Champs-Élysées, Jacques Mortane va recevoir dans la salle de rédaction de *l'Excelsior* qui s'enfièvre tout d'un coup :

Excel, Paris. Saint Raphaël, 616.15.23.9/35
Je pars pour Tunis à 6 heures. Vous enverrai des nouvelles. Amitiés.
Garros

Puis, c'est le départ. Comme toujours dans les *Mémoires*, la plus grande sobriété :

Tout avait été minutieusement préparé, il ne restait plus qu'à partir.

Ce fut simple comme je l'avais imaginé... Un adieu bref aux officiers, à une amie ; puis la voix traînarde de Jules prononça l'habituel :

– Contact...

– Voilà...

La scène a été racontée plus tard à Jean Cocteau. Dans *Le cap de Bonne-Espérance*, le poète y consacre plusieurs pages dont ces vers :

Le groupe des officiers de marine
et la jeune femme au manteau de skungs
L'angoisse s'enfonce
dans les poitrines

Sous les acclamations des personnes présentes et « nombre d'entre elles ne cachaient pas leur émotion, tant il semblait que le pilote partait pour une entreprise impossible et meurtrière », écrit le correspondant de *l'Excelsior*, le monoplan s'ébranle, roule longuement puis décolle avec sa lourde charge. L'aventure solitaire de l'aviateur commence mais déjà, à travers la France, dans toutes les salles de rédaction, dans certains ministères, dans la rue aussi, c'est le branle-bas de combat. Pierre Baudin, le ministre de la Marine lui-même qui se trouve précisément dans une villa de Saint-Raphaël, s'est fait personnellement tenir au courant du départ. Et pour cause ! Léon Barthou s'est entendu avec lui pour que, dès le décollage, les torpilleurs de Tunis soient avertis par T.S.F. de prendre le large et se tenir sur le passage de l'aviateur.

Son plan de route est simple. Sous ses yeux, une carte à petite échelle : de Saint-Raphaël à Tunis, un trait rouge sur lequel il a inscrit des jalons horaires. En passant sur Cagliari au bout de cinq heures, il lui restera trois heures d'essence pour les quelque 225 kilomètres restant, soit une marge de sécurité d'une heure sur trois. Il s'est promis d'atterrir à Cagliari s'il devait y arriver avec plus d'une demi-heure de retard sur son horaire.

Le Morane a décollé à 5 heures 47. Garros part à la boussole, celle du Berlin-Paris que vient de lui prêter l'ami Audemars. Cap au sud-est, droit sur la Corse. Tout en montant graduellement, il a rapidement atteint quelques centaines de mètres. Retourné sur son siège, il contemple longuement

l'Estérel mauve sombre émergea(nt) d'une mer pâle et lisse ; la Riviera s'étenda(nt) à perte de vue sous un voile de vapeur, léger et nuancé.

C'était une de ces surprises féeriques que la nature réserve à nos âmes de terriens à peine affranchis de la terre et ma sensibilité aiguisée la percevait intensément – Petit à petit le paysage s'estompa tandis que, dépassant les brumes, j'arrivai, vers 1 000 mètres, dans les régions limpides – Alors m'apparurent, soudain, les sommets de la Corse.

Avec la Corse, si nette qu'elle en paraît voisine, il peut reprendre la navigation à vue et contourner l'île par l'Ouest pour rattraper sa ligne de vol. Il est maintenant en l'air depuis plus d'une heure, dans le glissement doux des ailes dans l'air frais. Tout d'un coup, un éclatement sinistre de métal brisé, un ébranlement de tout l'appareil. Sur le capot, une bosse est apparue. De la tôle percée, des gouttes d'huile noire jaillissent, que le vent de l'hélice lui projette à la figure. Instinctivement, Garros vise la terre. Il se sent perdu. Le Gnome émet un cognement régulier, mais il continue à tourner... L'aviateur a réduit le moteur au minimum et continue son crochet vers la terre.

Évidemment, une pièce s'était détachée du moteur : comment ne s'arrêtait-il pas ? Quelle anxiété dans les minutes qui suivirent. Mais les angoisses trop fortes s'atténuent vite.

Pendant ce temps, toutes les salles de rédaction de France et de Navarre sont entrées en ébullition. C'est l'agitation des grands jours. On court dans tous les sens, on est pendu au téléphone. À cette heure de la matinée, encore aucune nouvelle du raid. La présidence du conseil elle-même n'a aucune information. Plus heureux que les autres, *le Matin* reçoit de son correspondant à Bonifacio l'annonce que Garros venant de France et de Calvi est passé à 8 h 10 entre les « les Sanguinaires et Barbicaja » et qu'il a survolé Ajaccio à 600 mètres, avant de se « diriger vers la haute mer à grande vitesse ». Ce long détour lui aura fait perdre presque une heure.

J'arrivai enfin en vue d'Ajaccio. Il dépendait de moi de terminer l'aventure. Mais ç'aurait été lamentable. Il tiendra bien quelques minutes encore, jusqu'à la Sardaigne. Là, j'aurai deux heures, au-dessus de terre, pour l'observer à l'aise (...) Je repris la route du sud.

C'est l'émoi aussi dans les principales villes du littoral de la Sardaigne : les sémaphores ont été avisés par Toulon du départ de l'avion et d'une escale probable à Cagliari où un ravitaillement en essence a été prévu avec Pierre Schock. Vers 10 heures et demie, les renseignements se précisent et on signale qu'un aviateur est passé en vue du détroit de Bonifacio.

Garros a abordé la Sardaigne. À 1 500 mètres, il rencontre des remous dans les nuages. Il est contraint de descendre à environ 800 mètres. Un vent debout le retarde encore. Au sol, les fumées se contrarient. Il fait à peine du 100 à l'heure avec un appareil qui vole à 125. Le moteur continue à tourner avec son « cognement » régulier. La traversée de l'île, expliquera-t-il à Mortane, « fut laborieuse et pénible ». Mais voilà enfin Cagliari. C'est le moment décisif des calculs. Il a volé près de cinq heures, au lieu des quatre heures et demie primitivement prévues. Son moteur doit consommer vingt-cinq litres, encore, songe-t-il, la consommation varie-t-elle selon l'atmosphère et il faut compter aussi avec l'évaporation.

Bref, estime-t-il, **il doit me rester deux heures et demie d'essence. Ces « il doit... »,** écrit-il dans le récit qu'il livre à Mortane juste après l'exploit, **réflexions que j'ai de la peine à exprimer ici avec assez de clarté, se présentèrent là-bas dans une lucidité fiévreuse et pour en extraire une précision, je fis l'effort le plus épuisant de la journée...**

Je cherchai sur le sol les signaux de mon mécanicien : le soleil m'aveuglait. Je ne vis rien. Du reste, je n'étais pas encore décidé. Atterrir, c'était mutiler cette traversée, abîmer un rêve.

Je n'oublierai jamais ce moment d'hésitation. Une force mystérieuse plus forte que ma raison et que ma volonté m'entraîna vers la mer.

Il continue. C'est décidément trop laid d'atterrir là. Tant pis pour Pierre Schock, qui aura dû se contenter de voir passer son patron dans les nuages. Sur sa longue route vers l'Afrique, on a repéré l'aviateur solitaire. Du sémaphore de Cagliari d'abord. Fournier, le correspondant du *Matin*, a tout de suite câblé à son journal : « L'aviateur Garros, poursuivant son voyage sur Tunis, est passé à 11 h 35 au-dessus de Cagliari ». Au *Temps*, on a reçu cette dépêche : « À onze heures trente-cinq, on aperçut très haut, au-dessus de la ville, l'aéroplane de Garros qui fait un léger crochet et pique résolument vers le sud, mais sans s'arrêter ». Rien encore à la Présidence du Conseil où Léon Barthou commence à s'inquiéter.

Pendant ce temps, au-dessus de la mer, Garros est monté à 2 500, 3 000 mètres. Là, il est sûr de consommer moins de son précieux carburant. Il est d'ailleurs connu, parmi les aviateurs, pour faire des « économies surprenantes en volant à des altitudes savamment calculées » : c'est ce que, au téléphone, Léon Morane vient d'expliquer à Léon Barthou pour le rassurer.

Garros ne voit plus la mer qu'à travers la brouillasse, par taches. Au-dessus, un soleil éclatant [1]. Il a *tellement « réduit » que son moteur hésit(e), bégay(e), l'hélice tir(ant) à peine, l'air se dérob(e) sous les ailes. Mais (s)a main revient sans cesse au pointeau d'essence. Et il marche, droit au soleil, comme une alouette.*

À Jacques Mortane, il racontera :

Où étais-je ? Que se passait-il ? Avançais-je ou étais-je dans un courant contraire et violent qui m'arrêtait ou me faisait dévier ? Je n'en savais rien, mais comme les inquiétudes les plus désagréables ne pouvaient changer mon sort, je m'efforçais à rester dans un calme dont je concevais pourtant assez bien l'absurdité... Le moteur avait une pièce cassée, mais ce devait être une pièce inutile, puisqu'il marchait ainsi depuis près de cinq heures. Les vibrations ? On s'y habituait très bien ; tout cela, en somme, n'avait pas donné un raté. Le vent contraire ? Pourquoi pas le vent favorable ?

Encore un « clic » de rupture, *d'une netteté lugubre*, mais le Gnome continue à tourner. Plus qu'une vingtaine de litres dans son dernier réservoir. Il se brûle les yeux à découvrir la côte à travers les nuages. Plus que trente de ces minutes *étranges, intoxicantes, pleines de lucidité intense, presque de bien-être...* Sur la mer, il croit distinguer les plongeons ondulés de milliers de marsouins et (...) pens(e) : *Cela vaudra toujours mieux que des requins*. Plus que vingt minutes maintenant, tous les calculs qu'il refait lui en donnent la certitude.

Soudain, dans un trou de nuages, trois petits points noirs, coiffés de trois minuscules panaches de fumée, font trois

1. Dans le N° 43 de « Plein ciel » (revue de Gnome et Rhône), Jean Cocteau écrit (en 1935, vingt-deux ans plus tard) : « (...) il se rappelait le moindre détail et il insistait sur le fait que les surprises de la route sont d'un ordre mystérieux et que rien ne laisse prévoir. Peut-on prévoir que l'intensité solaire décolle la peau du front et la fait tomber sur les yeux ? Peut-on prévoir le sommeil de l'iode et de l'altitude ? ». G. n'y fait aucune allusion dans ses *Mémoires*, ni dans tous ses textes relatifs à la traversée de la Méditerranée.

imperceptibles sillages très symétriques. Adieu angoisses : je ne suis plus seul, ces trois petits points sont des amis ; non, c'est un ami seulement, dont je reconnais la pensée, qui me suivrait, m'avait-il dit. Merci, ami Léon Barthou !

Ils venaient à ma rencontre, il m'annonçaient la victoire et toute la vie reconquise.

Je coupai l'allumage et plongeai en spirale dans les nuages. Les torpilleurs grossirent. Ils avançaient de front, à toute vapeur vers Cagliari et ne me voyaient pas. Je n'étais plus qu'à 300 mètres. Ils s'arrêtèrent enfin. Tandis qu'ils faisaient demi-tour, je m'efforçai de remettre mon moteur en marche. Ce fut pénible.

« Ce serait grotesque d'arriver à la nage », déclarera-t-il à Mortane. « Mais un Gnome, ça casse quelquefois des pièces, mais ça ne s'arrête jamais... Je le savais bien ». Il ne lui reste que dix litres, mais la côte d'Afrique apparaît aussitôt, grise et basse. Il n'a plus de quoi voler jusqu'à Tunis où l'attend la foule et doit se poser à Bizerte sur le champ de manœuvre où personne ne l'attend. Dans le dernier réservoir, il reste cinq litres...

Au milieu du terrain, sous le soleil ardent, je me trouvai seul, dans le silence, l'immobilité, la paix[1]*. Cet instant de recueillement... comme il terminait bien les heures que je venais de vivre !*

Le premier homme que je vis fut un soldat en bourgeron. Il s'approcha sans hâte, m'observa curieusement. Puis, s'enhardissant :

– *Vous venez de loin ?*

– *De France...*

Il sourit d'un air perplexe et ne dit plus rien. [2]

***

C'est la présidence du Conseil qui reçoit la première dépêche

1. Dans une dépêche adressée le lendemain à *l'Excelsior* , G. écrit : « Je poussais un soupir de soulagement, oh ! mais comme je n'en ai jamais poussé de ma vie ! La Méditerranée était traversée : je n'étais pas si fou d'avoir tenu bon quand chacun voulait me dissuader d'abandonner mon projet ! Ce n'était vraiment pas si difficile que je le supposais ! »

2. La version de cet atterrissage que Jean Cocteau donne, vingt-deux ans plus tard, est peut-être plus poétique mais quelque peu fantaisiste : « L'appareil se posa dans un champ et un cultivateur accourut. D'où venez-vous », demande-t-il à Garros. « Et Garros, la figure enfoncée dans ses pattes d'ours, fond en larmes. »

rassurante : du cap Blanc, on annonce avoir repéré l'aéroplane « à 22 miles par le Nord-Ouest, sur la route de Bizerte ». Mais il faut attendre les télégrammes promis par Garros avant d'être certain que le voyage s'est heureusement terminé. Alors, les journalistes se précipitent pour recueillir les réactions de tous ceux qui ont un nom dans le monde de l'aviation.

Louis Blériot, qui rappelle que Garros a été son pilote et qu'il ressent pour lui « la plus grande et la plus sincère admiration », estime dans *l'Excelsior* que « la performance (...) est réellement une performance historique et (que) la première traversée de la Méditerranée sans escale marquera, dans l'histoire de l'aviation, une date inoubliable ». Mais ce que le héros de la traversée de la Manche voit aussi dans l'exploit de son jeune émule, c'est « une magnifique confiance dans l'aviation telle qu'elle est aujourd'hui » et « le fait d'avoir réussi montre qu'elle était justifiée ». Donnant toute sa valeur à l'action de Garros, il ajoute : « Et que l'on ne dise pas que de telles performances sont inutiles et ne prouvent rien (...) elles donnent la mesure des progrès accomplis ; elles communiquent aux foules la foi ardente qui anime les pilotes assez audacieux pour tenter l'invraisemblable et assez habiles pour le rendre vrai ; elles donnent, en un mot, un élan nouveau à l'industrie si française de l'aviation », avant de conclure : « L'homme qui a fait cela peut tout faire ».

De Saint-Sébastien où il participe à un meeting, Edmond Audemars télégraphie au même journal : pour l'ami des débuts, « aujourd'hui, (Garros) dépasse tout ce que l'on peut imaginer et je suis certain qu'avant peu, il fera encore mieux, tant j'ai confiance dans sa valeur, sa maestria et son énergie ». Marc Pourpe, lui [1], récemment rentré d'Extrême-Orient où il a accompli nombre de vols spectaculaires, ne cache pas son admiration pour Garros qu'il considère comme « le type de

1. Marc Pourpe est le fils légitime de l'enseigne de Vaisseau Pourpe et d'Anne-Marie Chassaigne, plus connue du tout-Paris sous le nom de guerre de Liane de Pougy. À cette époque, la reine de certaines soirées parisiennes est devenue authentiquement princesse par son mariage avec le prince (roumain) Georges Ghika. Dès l'âge de quinze ans, le jeune Marco a fui le domicile « familial » pour accompagner jusqu'en Australie, comme simple mécano, un riche sportsman anglais, M. Defries, qui comptait émerveiller les Australiens avec son biplan Wright récemment acquis. Une fois sur place, le Britannique n'a pas tardé à épouser une belle Australienne et quasiment donné son avion au jeune Pourpe. C'est ainsi qu'a commencé une brillante et bien brève carrière.

l'aviateur complet » et ne peut s'empêcher « de penser au bonheur que doit ressentir son père ». (À Saïgon, Pourpe a en effet rencontré Georges Garros). « En s'occupant de moi en Indochine », ajoute-t-il, « il songeait à son fils : c'est le plus doux souvenir de ma carrière »...

Léon Morane, le constructeur avec Raymond Saulnier de l'avion de la victoire, évoque les transes par lesquelles il est passé au cours de la journée et soutient que « l'appareil compte bien peu pour de tels exploits, c'est le pilote qui est tout ». Dans *l'Auto*, Desgrange envie « la joie magnifique et insolente qu'a dû éprouver cet homme quand il a senti à portée de sa main la terre africaine » et salue le « culot » de l'aviateur.

Quant à Ettore, son télégramme exprime toutes les émotions qui l'ont secoué au cours de cette journée historique :

Sincères félicitations pour votre vol qui établit une performance sans pareille. Je vous admire mais je serais heureux de vous voir abandonner l'aviation. Bugatti.

Au cours de cette soirée du 23, Paul Rousseau s'est joint à un groupe d'amis de Roland. Toute la journée, les malheureux ont eux aussi attendu dans l'angoisse les maigres informations du raid. Le soir, rassurés, détendus, ils ne parlent que de l'exploit. Parmi eux, René Barrier (dans les colonnes de *l'Excelsior*, il a lui aussi tenu à rendre hommage à la loyauté, à la valeur et à la simplicité de son ami), le Dr Luling, l'oncle de Quellennec, plus sportsman que médecin et « Zézette », Élisabeth, sa fille, l'ami Zambaux, le cousin de Fayard, quelques autres. Que lui offrir, au héros du jour ? On se décide pour un plat en argent, sur lequel chacun fera graver sa signature et la date historique. Et on s'interroge : à quels mobiles Roland a-t-il donc obéi ? Pour son journal, Rousseau résume la conversation.

Toujours un peu pontifiant, le journaliste du *Temps* estime que l'étude de cette question serait un remarquable complément à un rapport adopté en mai dernier au congrès de psychologie sportive de Lausanne sur « l'état d'esprit du recordman ». Aucune préoccupation d'ordre financier, les mobiles du recordman sont d'ordre psychologique : d'abord, il a voulu accomplir ce que personne n'a déjà fait ; pour reculer les limites du record possible ; pour prévenir d'autres tentatives semblables ; enfin pour en avoir le bénéfice moral, la gloire, le succès.

Ce sont là sentiments très humains, très honorables qui doivent s'accompagner de hautes qualités de courage et de décision, poursuit Rousseau. **Mais,** ajoute-t-il, **Garros est poussé par le besoin qui est en**

lui comme un apostolat de prouver que l'aviation peut rendre des services dont on ne se doute pas, qu'elle est pratique, qu'on peut lui demander beaucoup plus qu'elle n'a prouvé jusqu'ici. Il était certain, conclut-il, **qu'à part son triomphe personnel, ce serait, s'il le réalisait, une manifestation dont bénéficierait l'aviation tout entière et dont profiterait l'idée aéronautique.**

De partout s'élèvent également des voix pour demander qu'enfin Garros obtienne la Légion d'honneur, jusque-là refusée à quelqu'un qui « n'a pas porté le fusil » [1]. Celles de François Deloncle, l'ancien député de la Cochinchine, de René Quinton, l'actif président de la Ligne nationale aérienne.

Le Matin, quant à lui, se livre à une véritable comptabilité : 760 kilomètres à vol d'oiseau de Fréjus à Bizerte, mais le crochet par Ajaccio met le total du parcours à 800 kilomètres. En ce qui concerne le vol en pleine mer, cela fait 200 kilomètres de Fréjus à Calvi et 200 du cap Spartivento (Sardaigne) à Bizerte, soit 400 kilomètres en pleine mer sur un parcours total de 800...

***

Depuis son séjour de l'hiver dernier et le record qui l'a illustré, Garros a laissé à Tunis un excellent souvenir de simplicité et de modestie. Par un télégramme adressé à *La Dépêche tunisienne*, on a appris la veille son intention de se rendre en avion à Tunis et de poursuivre sur Alger. Dès 10 heures du matin, un public nombreux et toutes les personnalités officielles parmi lesquelles le général Pistor, commandant la division d'occupation, sont allés l'attendre sur le terrain de Kassar-Saïd. Vers 11 heures, la foule apprend qu'il a effectivement quitté Saint-Raphaël. À midi, on reçoit la nouvelle de son passage en vue de Cagliari. Vers 2 heures et demie, *La Dépêche tunisienne* reçoit le télégramme suivant :

Atterri 1 h 45 à Bizerte. Je répare petite panne. J'espère arriver ce soir, mais pas sûr.

Sur le champ de courses, la nouvelle déclenche une vague d'enthousiasme, tempérée par la déception de ne pas voir arriver tout de suite l'appareil et son pilote. À Bizerte, Garros a

1. Né dans une colonie (La Réunion), G. n'était en effet pas soumis à la conscription.

constaté deux avaries au moteur : un ressort de rappel et son support manquent à la tête d'un cylindre, c'est l'explosion de Corse ; la force centrifuge a suffi au fonctionnement de la soupape. En outre, un axe de culbuteur est fendu en long, une moitié de la pièce a sauté, l'autre s'est coincée à sa place : cela, c'est le claquement d'après Cagliari. Son salut, en somme, n'avait tenu qu'à *l'adhérence de ce bout de fer !*

Les officiers du parc d'artillerie se mettent en quatre, ils lui offrent les services de leurs spécialistes. Et, pendant que les pièces de rechange sont tournées et ajustées à l'arsenal, on l'entraîne au mess des officiers pour un champagne. Il s'est débarrassé de tout son harnachement de pilote et se retrouve en costume de ville au milieu des uniformes. Ce n'est qu'en fin de journée qu'il peut enfin décoller pour sa véritable destination, Tunis. À cette latitude, il n'y a pas de crépuscule et l'obscurité le surprend brutalement en cours de route alors qu'il connaît quelques ennuis d'allumage d'une magnéto devenue récalcitrante. Il choisit de se poser à la lueur d'un brasier, allumé en plein milieu d'un champ [1]. Des cavaliers du 47e Chasseurs d'Afrique rentrant d'exercice viennent lui prêter main forte pour garer son appareil et l'emmènent à deux kilomètres de là, à Protville. Dans le village, un bureau de poste. Roland va passer la nuit chez le receveur, M. Larrieu, qui le reçoit chaleureusement. C'est ce dernier qui vers dix heures vient lui remettre deux petites enveloppes bleues qu'il transporte comme le Saint-Sacrement : il y a une dépêche de l'admiratrice inconditionnelle depuis le *Paris-Rome*, la grande duchesse Anastasia. L'autre émane de Louis Barthou :

Président du Conseil,
Ministre de l'Instruction publique,
à R. Garros, aviateur, Tunis.

Je suis heureux de vous adresser mes félicitations pour l'exploit audacieux et magnifique que vous avez accompli ; il honore à la fois votre courage personnel et l'aviation française

Louis Barthou

---

1. Certains journalistes, emportés par leur enthousiasme, n'ont pas hésité à affirmer que G. avait atterri à Tunis le 23 quelques minutes après cinq heures. Et de préciser, comme *l'Excelsior* : « Jamais on n'aurait cru que l'enthousiasme pouvait atteindre de telles limites. Seul Garros restait calme comme si l'exploit admirable qu'il venait d'accomplir était une simple promenade ».

Nouveau réveil un peu plus tard : les aviateurs militaires de la base de Tunis escortés de quelques journalistes du crû sont venus en auto lui offrir du secours. Des mécanos les accompagnent et on leur confie le soin de remonter et de régler le Gnome, un peu perturbé par les manipulations hâtives de Bizerte.

Et ce n'est que le lendemain à 7 heures 1/4 qu'il pourra enfin atterrir à Kassar-Saïd où il est accueilli par le lieutenant Reimbert, chef du centre aviation, les officiers aviateurs et les amis *sportsmen* qu'il compte dans la ville. Un nouvel examen de son appareil le convainc de ne pas poursuivre sur Alger. Il prendra le « Manouba » qui part pour Marseille dans la journée. En attendant, ayant confié le démontage, l'emballage et l'embarquement de son Morane à quelques amis, d'autres l'emmènent en automobile à Tunis, toujours suivi par la meute des journalistes, pour une rapide visite au délégué général à la résidence, au général Pistor et à un vice-président de la municipalité. Le « Manouba » appareille en fin de matinée.

***

Dès six heures moins le quart le jeudi 25, le quai de la Joliette est envahi d'une foule exubérante. Le « Manouba » accoste majestueusement. À peine l'échelle de coupée est-elle descendue que MM. Damard, Barthélemy et Boustel, de l'Aéro-Club de Provence, suivis de M. Polla, de l'Union vélocipédique de France, porteur d'une immense gerbe, grimpent à bord d'un pas sportif. Albert Niel, handicapé, attend en bas. Garros a le visage littéralement cuit par le soleil, un vilain masque rouge sur lequel se dessine la découpure des lunettes. « En ma qualité d'ancien cycliste », dit Garros bien embarrassé par la gerbe que lui tend Polla, « je vous remercie ».

À son apparition en haut de la passerelle, la foule grossie maintenant des dockers qui viennent d'achever leur nuit explose en vivats. Le service d'ordre dirigé par un commissaire de Police est rapidement débordé. Garros à toute les peines du monde à gagner l'auto où l'attend son ami Niel. Pendant plusieurs minutes éclatent des « Vive Garros ! ». Il y a même des obstinés amateurs d'autographes montés sur le marche-pied qui tendent à l'aviateur des crayons et des cartes, même des journaux, *l'Excelsior* notamment qui le matin même a publié une photographie du héros.

Garros signe en souriant... Il a eu le temps de donner rendez-vous au reporter de *l'Excelsior*, A. Robert.

Quelques minutes plus tard, les deux hommes se retrouvent loin du bruit, de la foule et des ovations, dans le calme du salon, chez les Niel. Pendant près d'une heure, ils vont parler et pendant tout ce temps, le journaliste va se demander « s'il était possible, s'il était vrai que ce jeune homme si calme, qui parlait avec tant de simplicité, d'une prouesse surhumaine, était bien celui qui venait de réaliser cet exploit fantastique dont s'entretient la presse mondiale »... Devant la carte barrée du trait rouge étalée sur la table, l'aviateur lui fait le récit tout frais de la traversée, lui indique du doigt les détours qu'il a dû faire sur l'itinéraire qu'il s'était fixé, lui décrit ses impressions, ses courtes hésitations... Et, souligne Robert, tout ceci, « avec un sang-froid et un calme surprenants ».

– **Êtes-vous satisfait ?** demande le journaliste.

– **Pas du tout. Je suis très mécontent de mon raid. Je n'ai pas eu de chance ; je voulais, après avoir atterri à Tunis, voler sur Alger et revenir à Marseille par la voie des airs. L'accident du moteur m'en a empêché. Je suis arrivé là-bas nullement fatigué et j'aurais pu continuer. Je n'avais eu à lutter contre les remous que dans la traversée de la Sardaigne.**

– **Vous jouiez avec votre vie...**

– **Oui, si vous voulez, je jouais avec ma vie, mais avec beaucoup plus de chances de réussir que d'échouer et vous voyez que je suis arrivé à bon port.**

Après que Garros lui a affirmé que les communications entre la côte méridionale de la France et les colonies d'Afrique sont désormais envisageables, Robert pose la question maintenant sur toutes les lèvres :

– **Et la traversée de l'Atlantique. Est-ce un rêve, une utopie ?**

– **Mais pas du tout. Elle est réalisable, même de nos jours. Si j'étais condamné à mort et si l'on me disait : « Pour avoir la vie sauve, il faut tenter le raid Europe-Amérique », je le tenterais avec de grandes chances de succès. Mon plan comprendrait trois étapes : Angleterre-Islande, Islande-Terre-Neuve, Terre-Neuve-Amérique. Avec des ravitaillements en ces endroits, le raid est réalisable. Il y aurait deux étapes plus courtes que celle que je viens de couvrir et une guère plus longue...**

Roland prend congé du journaliste qui s'en va téléphoner son texte à son bureau parisien. Garros doit encore assister à l'apéritif d'honneur organisé par la presse marseillaise et il ne pourra prendre que le rapide de 8 heures 10 pour la capitale. Il laisse sur place chez Niel le monoplan de la traversée car il est question que Manselon organise très prochainement une nouvelle exhibition au parc Borély.

***

Vendredi matin, huit heures, il y a foule à la gare de Lyon [1]. Les photos de première page de *l'Excelsior* montrent le parvis envahi d'une nuée de gens en canotier, en melon, en casquette. Un petit groupe d'amis, Léon Barthou, Léon Morane, René Barrier, Georges Besançon, quelques autres et de nombreux journalistes, connaissent un moment d'émoi : on ne trouve pas Garros ! Il est en fait dans le dernier compartiment et on le voit bientôt s'approcher, presque timidement, ses bagages à la main : en l'occurrence, un chandail et son habituel *Vérascope...*

Léon Barthou prend une voix faussement solennelle :

– Mon cher Garros, je représente ici le gouvernement, l'Aéro-Club et les amis. Je devrais donc normalement prononcer trois discours. Vous me permettrez de les résumer en deux gestes : les voilà !

Et il donne à son ami une double et chaleureuse accolade. Aussitôt éclatent des applaudissements qui désignent le héros du jour à la foule, rassemblée là à tout hasard, car elle ignorait l'heure exacte du train. L'infortuné devient la proie de ses admirateurs. On le porte dans la voiture de Morane qui a bien du mal à se frayer un passage dans la marée humaine.

Même enthousiasme bien avant midi sur les trottoirs des Champs-Élysées où on l'attend dans les salons de *l'Excelsior*. Roland est passé rue Lalo, le temps d'embrasser Marcelle, de prendre une douche rapide et de mettre des vêtements frais. Il a choisi un élégant complet de couleur claire, cravate sombre, un feutre du style Young, relevé sur le côté. Se méfiant des ovations qu'il redoute, il n'est pas venu en voiture mais à pied. Mais le stratagème échoue : on a vite fait de le reconnaître et aussitôt des acclamations enthousiastes l'accompagnent, tout au long du chemin, alors que les photographes le mitraillent et que les opérateurs de cinéma qui le suivent de

1. Pour quelle raison Mortane affirme-t-il, dans « les Ailes glorieuses », page 60 : « À son retour à Paris, nous étions à peine une douzaine d'amis l'attendant à la gare » ?

leurs objectifs tournent avec application la manivelle de leurs appareils.

Dans le hall de *l'Excelsior*, toutes les sommités du monde aéronautique. Deutsch de la Meurthe, un représentant de l'Aéro-Club d'Autriche, un représentant du duc de Montpensier, un du Stade Français, Émile Dubonnet, les journalistes et même Ferrière, le correspondant du *Courrier de Saïgon*, des compagnons d'armes comme René Barrier, André Beaumont, Marc Pourpe. Au maître des lieux, Pierre Lafitte, de prononcer le premier discours qui souligne surtout dans l'exploit les qualités de l'homme qui l'a accompli et le remercie d'avoir ainsi « rajeuni notre enthousiasme ».

Après lui, chacun tient à marquer l'événement d'une déclaration. Pour Deutsch de la Meurthe, au nom de l'Aéro-Club qu'il préside, « il n'existe pas, dans l'histoire, un haut fait qui ait plus ému l'Humanité... » Pour le « prophète » René Quinton, l'exploit de Garros « dépasse la mesure ordinaire des actions humaines... Rien ne l'effacera de la mémoire des hommes... Il marque désormais une date du Monde... »

Beaumont, son loyal vainqueur du *Paris-Rome* et du *Circuit Européen*, lui renouvelle au nom de leurs *frères d'armes* l'expression de leur admiration enthousiaste. Gaulard rappelle pour le Stade Français que c'est par la pratique des sports et sur les champs de football que Garros a « développé les qualités qui ont fait de (lui) un homme bien préparé aux rudes épreuves et aux prouesses de l'aviation... » Roland, pour une fois, ne peut parvenir à cacher son émotion et ne peut que répéter : « Merci ! Merci ! ».

Aussitôt après le déjeuner, Roland s'envole pour Reims sur un nouveau modèle de Saulnier, le premier *Parasol* à aile haute. Il est accompagné de Léon Morane et de Legagneux. L'autre homme de Morane, Brindejonc, est parti le matin même avec une passagère.

Mais déjà, dans la foulée de la prouesse de Garros, la Ligue nationale aérienne de René Quinton trace les « grandes routes du monde ». *Le Journal* peut maintenant faire état d'une étude de la Ligue, qui prévoit « l'organisation de deux voyages destinés à faire sensation : Paris – Constantinople – Le Caire et Paris – Constantinople – Golfe Persique ».

Dès le lendemain, à l'initiative de Jacques Mortane, *La Vie au Grand Air* et *l'Excelsior* ouvrent une subvention destinée à offrir à Garros un objet d'art en souvenir de l'exploit. Quelque 9 000 francs seront réunis en peu de jours. François Toché, secrétaire de la rédaction de *La Vie au Grand Air*, demandera à Garros dont il est l'ami quel objet l'intéresserait, et ce dernier lui dit finalement préférer un buste. Toché chargera son père Charles d'approcher Auguste Rodin, qui se déclarera tout de suite d'accord. Mais c'est en fait le Prince Paul Troubetskoy qui réalisera cette œuvre. Elle se trouve actuellement au Musée de l'Air et de l'Espace du Bourget, auquel elle a été offerte par Gilberte Smith-Garros, la sœur de Roland.

L'onde de choc engendrée par l'exploit de Garros, aura des répercussions encore plus lointaines. C'est ainsi que, bien avant *le Cap de Bonne Espérance* de Cocteau, un jeune poète georgien du nom d'Ilia Zdanévitch, appartenant au groupe des futuristes russes, consacrera dès cette date plusieurs textes à Garros réunis sous le nom de « Garroland – Poèmes à Roland Garros et à Jules Védrines ».

XXII

La pleine maîtrise du vol

Garros assistera à la réunion de Reims moins en tant que participant qu'en spectateur et celle belle semaine n'aura d'ailleurs rien de l'allure épique du premier grand meeting de 1909. Mais le vainqueur de la Méditerranée, même s'il ne participe le 29 qu'au *ballet aérien* des Morane avec Brindejonc, Gilbert et Legagneux, ne pourra échapper à la vigilance des télégraphistes qui ne cessent de le traquer partout pour lui apporter de nouveaux messages de félicitations. Pour l'histoire, une chose toutefois marquera la réunion de Reims en cette année 1913 : la première présentation publique du *Parasol*, un *Parasol* d'étude, certes, mais ce sera dans à peine plus d'un an le premier avion de chasse équipé du tir à travers l'hélice.

Après Reims s'organisa l'expédition de Côme.

La « 5 litres Bugatti » est encore chez le carrossier Labourdette. On prête à Roland une Willys-Overland de 90 CV munie des tout derniers perfectionnements et même d'un démarrage électrique [1] ! Un de ces monstres d'outre Atlantique qui vont commencer à envahir les routes d'Europe. *Une des voitures que j'ai rencontrées les plus capables de réjouir l'âme d'un dilettante du volant.*

Roland s'embarque avec Marcelle dans la grande torpédo décapotée en compagnie de Léon Morane et d'Audemars, plus un chauffeur. *Voyage enchanteur par Lausanne et le Simplon.* Mais le brouillard et la pluie les attendent sur le versant italien et, à Côme, le soleil se fera désirer pendant tout leur séjour.

Le *Circuit des lacs*, première compétition d'hydravions

---

1. Dans la version dactylographiée des *Mémoires* déposée au Musée de l'Air, G. parle d'une « Mercedes 90 CV de tourisme ». Il s'agit probablement d'une erreur de transcription.

courue en Italie, a un règlement assez complexe : il alterne des épreuves de qualification sur la vitesse ascensionnelle, l'altitude, la vitesse, avec des circuits entre différentes localités, ce qui signifie automatiquement le survol de quelques régions complètement dépourvues de plans d'eau.... et après l'épreuve de classement, il y a des épreuves éliminatoires...

Le premier dimanche, sur son *terrible 160 HP* trop lourd pour ses 16 mètres de voilure, Garros emporte l'épreuve de vitesse. Léon Morane dont c'est la première réapparition en compétition publique depuis son terrible accident de 1910, celle d'altitude. Mais le lendemain, sur un circuit d'environ 230 kilomètres de Côme à Pavie (par Lecco, Lodi, Crémone, Piacenza), à peine dépassée la pointe de Bellagio, le fougueux 160 HP commence à emplir le fuselage de vapeurs suffocantes. Puis il se grippe tout à fait, crachant de longues flammes sur le ventre de l'aviateur. Amerrissage forcé près de Pradella, remorquage : le beau 160 est irrémédiablement grillé.

Une voiture ramène Roland à Côme. Pendant ce temps, le Morane de Léon s'est classé premier de cette première étape, devançant de quelques minutes l'Albatros de l'Allemand Helmuth Hirth, le plus redoutable concurrent. Devant l'équipe Morane réunie le soir à Pavie, Léon se dit tout ému d'avoir ainsi renoué avec la victoire « si fidèle jadis ».

Troisième journée, deuxième étape : Pavie, Pallanza, Varèse, Côme, soit près de 170 kilomètres. Ses amis vont attendre Léon Morane à Pallanza. Le malheureux a perdu son avantage en faveur de Hirth. L'hydravion, celui que Jules a improvisé pour Roland à Monaco, éprouve quelques difficultés à décoller d'une eau parfaitement lisse. Par malheur, Morane a rencontré dans la vallée du Tessin un brouillard épais dont l'angoisse a(vait) réveillé en lui des souvenirs cruels... Il demande que le départ soit retardé, il hésite. Coups de téléphone à Côme, conciliabules.

Finalement, par une interprétation curieuse du règlement, Garros obtient l'autorisation de remplacer son ami. Il décolle deux minutes après Hirth ; toujours derrière lui, il parvient à arracher ses flotteurs du miroir d'eau de Varèse mais cela lui a pris dix minutes. Celles qui, à Côme, le séparent de Hirth. Toute la presse annonce la victoire de l'Allemand sur son Albatros... C'est compter sans le règlement et le comité qui, prenant acte de ce que, le premier jour, Hirth n'avait pas satisfait aux épreuves de vitesse ascensionnelle, proclame Garros vainqueur. Cette victoire n'entachera en rien l'amitié qui s'est nouée entre le Français et l'Allemand...

***

Manselon s'est arrangé pour que le nouveau meeting du Parc Borély puisse commencer dès la fin du *Circuit des lacs*. Quittant la petite caravane, Roland gagne directement Marseille en compagnie de Marcelle et du *fidèle mécano* Jules.

Je ne perds jamais une occasion d'aller à Marseille – Le soleil de la Canebière, avec ce bruit particulier, cette animation bariolée qui est de l'exubérance – non de la fièvre – me dilate et me repose – Un départ pour Marseille me donne des joies d'écolier en vacances.

Le succès de l'exhibition se trouve contrarié par le retour d'Espagne du président Poincaré : juste au mauvais moment, les cortèges officiels bloquent la circulation des tramways... Mais comme le matin même Garros est allé en compagnie de Legagneux saluer la flotte transportant le président, celui-ci les a fait appeler pour les en remercier et après avoir complimenté Garros pour sa récente traversée, il lui annonce que, cette fois-ci, la croix, il l'aura... [1]

Et comme il est pour une fois un peu libre de son temps, Roland va s'offrir une fantaisie : rentrer de Marseille par l'air. Ses huit heures d'essence lui permettront de passer la moitié d'une belle journée à traverser la France sans soucis de terrains à trouver, de ravitaillements ennuyeux, de curiosités énervantes de badauds – Il a déjeuné à dix heures, s'est envolé aux pieds de Notre-Dame de la Garde et après, il se guidera sur ces grands traits de la France : le Rhône jusqu'à Lyon, puis un bond vers l'Ouest ; la Loire jusqu'à Orléans – un dernier bond : Paris... Rien ne met mieux en valeur la délicieuse sensation d'indépendance que donne le vol, que cette façon de concevoir et d'exécuter un voyage.

Il découvre ainsi des villes et des paysages que le *Paris-Rome* ne lui avait pas donné le temps et le loisir d'admirer. Après Orléans, il se retrouve à 100 mètres de haut sur la fameuse route qui vit le premier « voyage » aérien (le Toury-Artenay par Blériot). Mais il se heurte bientôt à un mur de brouillard impénétrable. Pourquoi insister ? Il n'est pas en

1. Par décret du 15 octobre 1913.

course. Il se pose près d'une ferme, y gare son avion et saute dans le premier train à destination de Paris.

Ce soir-là, je fus tout de même le premier homme qui déjeuna à Marseille et dîna à Paris le même jour.

***

Et où va-t-il dîner ? Comme Antar le pâtre, il est devenu prince par la seule vertu de son courage. Le jeune créole jadis solitaire dans la capitale en est maintenant l'idole. Il a désormais table réservée dans la salle de l'Omnibus chez Maxim's, il aime à y traiter ses amis ou les connaissances que lui attire sa jeune gloire. Parmi ces dernières, un jeune poète à la conversation étincelante : Jean Cocteau [1]. L'un des meilleurs connaisseurs du poète, Jean-Jacques Kihm écrit : « Cocteau avait une véritable passion d'être l'ami des gens les plus célèbres de son temps : il pouvait ainsi s'honorer de leur amitié et, au besoin, s'en servir. » En ces mois de 1913, le jeune vainqueur de la Méditerranée est en effet la coqueluche de Paris...

Mais à chaque instant de sa vie, il ne peut échapper à sa passion qu'il veut communiquer à tous. Ainsi, le 5 novembre, à l'Opéra, on joue Thaïs. Une foule élégante se presse dans la salle. Dans une baignoire, au milieu d'une joyeuse bande d'amis parmi lesquels Camille Aymard, Roland cause et rit. Il est bien évidemment reconnu, le héros de la Méditerranée, on se retourne vers lui, on le dévisage avec intérêt, sinon avec indiscrétion. Après l'entracte, ses amis le cherchent vainement : il a disparu. Ce n'est que quelques années plus tard que Camille Aymard trouvera dans les documents réunis par le père de l'aviateur l'explication de cette fugue. Une simple lettre à entête de « l'Université populaire du faubourg Saint-Antoine » :

Paris, 6 novembre 1913.
Monsieur,

Permettez-moi de vous exprimer toute notre gratitude et toute notre admiration pour votre conférence d'hier soir, si claire, si simple

1. On considère généralement que Cocteau a été présenté à G. au début de la guerre par Louis Gautier-Vignal, ancien condisciple de G. au Lycée de Nice. Elisabeth Gautier-Vignal, sœur cadette du comte Louis, situe cette rencontre en octobre ou novembre 1913.

et si passionnante. Je suis l'interprète des centaines de familles ouvrières qui vous ont écouté hier avec une si fervente attention et acclamé avec un si reconnaissant enthousiasme. Nous espérons que votre concours nous restera acquis et que vous consentirez à revenir parmi nous en décembre nous parler d'aviation au point de vue technique, ce qui intéresserait au plus haut degré vos auditeurs d'hier soir, qui m'ont chargé de vous transmettre cette prière.

Encore merci au nom de tous et de tout notre cœur.

Pour l'université populaire

E. Vitta

Propagande, apostolat, appelons cela comme on voudra, il s'efforce de convaincre le plus grand nombre. Mais sa voix fait entendre un tout autre son lorsqu'il s'attaque aux détracteurs de l'aviation. Le numéro de *Je Sais Tout* du 15 décembre 1913 porte sur la traversée de l'Atlantique et Garros, aux côtés de Blériot, Brindejonc et Marc Pourpe, y signe un article dans lequel il expose les possibilités et les difficultés de la tentative. Son ton habituellement serein et clair change lorsqu'il fustige les cuistres :

Pour l'ignorance, il y a de grands responsables : comparaissez, paresseux, bavards, qui n'hésitez jamais à répandre mille idées fausses plutôt que de vous taire sur ce que vous n'avez pas compris et vous, donneurs de conseils, bluffeurs et charlatans, venez nous décrire les trous d'air et l'atmosphère « en forme de gruyère » qui vous empêche de voler. Racontez-nous votre dernière enquête sur le climat de tel pays « réfractaire au vol ». Elles sont jolies, vos histoires ! [1]

Mais si cette forme de « communication » est pour lui importante, il y a aussi chez lui un appétit constant de perfectionnement. Les récentes acquisitions de Pégoud l'ont fait réfléchir. Dans ses *Mémoires*, avec le recul du temps, un véritable mea culpa :

Comment n'ai-je pas compris, préparé comme je l'étais ? Il y a de ces déclenchements de la pensée qu'un rien provoque ou arrête. Tout mon système de réflexes était imprégné

1. La conclusion de cet article relève de Jules Verne ou de la science fiction. G. écrit en effet : « le moteur électrique existe : il est lourd, c'est entendu, mais si l'on débarrasse l'avion de la nécessité d'un approvisionnement, on le rend capable aussitôt de supporter un moteur de 3, 4, 500 kilos et plus, et cela déjà avec les moyens d'aujourd'hui. Supposez qu'on trouve demain une transmission sans fils de la force électrique. Pourquoi la force ne se transmettrait-elle pas comme la parole ou l'écriture ? Mais le problème serait dès lors résolu ! ». Plusieurs décennies plus tard, personne ne s'étonne lorsque les scientifiques envisagent de capter l'énergie solaire par l'intermédiaire d'un satellite artificiel et de la retransmettre sur terre par les ondes…

de cette discipline : la nécessité constante d'une vitesse normale ; je ne sentais pas le vol autrement.

Je ne sais si je dois maudire cette vieille erreur qui limita mes progrès, ou lui attribuer le bonheur de ma conservation. Car sans elle, je me serais trouvé, moi aussi, en avance sur le matériel. Je frémis déjà à la pensée des vols que j'ai faits sur une frêle Demoiselle, construite par Santos, sans aucun haubannage supérieur... [1]

Déjà, à Marseille, il a été tenté d'essayer tout de suite la fameuse boucle avec sa machine ordinaire. Mais il s'est raisonné, préférant la tranquillité de Villacoublay. Dès son retour à Paris, il a commandé à Saulnier un appareil spécial.

Un beau jour, Audemars, tout exalté, vient le voir. Il a vu « boucler » deux nouveaux, Domenjoz et Perreyron. Il répète :

– *Un jeu d'enfants... Comment n'as-tu pas encore fait ça ?... Je t'emmène à Buc demain.*

Le lendemain, ils sont tous les deux sur le terrain. Devant Louis Blériot lui-même, qui suit l'expérience *à la lorgnette avec le sang-froid du praticien inoculant un cobaye*, Perreyron tente la boucle sur un appareil de série. Réflexion du « grand constructeur » :

– *Avec ces machines renforcées, ça ne prouvait rien. On verra si l'appareil ordinaire tient...*

Perreyron s'en tire merveilleusement. Roland rentre rue Lalo, aussi exalté qu'Audemars. Il ne veut pas attendre la livraison de son *spécial*. Dès le lendemain, à Villacoublay, il se fait attacher dans son Morane, grimpe à 800 mètres, tâtonne, puis tire sur le manche, brutalement : *l'appareil se frein(e) en cabrant, accomplit une sorte de renversement glissé, avec des vibrations telles qu('il) cr(oit) à une avarie.*

À son retour, les mécanos exultent. Jules se précipite :

Ça y est... épatant... Vous avez loopé...

En fait, il n'a pas encore réellement bouclé mais il s'est retrouvé la tête en bas. L'appareil vérifié (il est intact), il repart à la minute : cette fois, sur deux essais, il réussit une boucle presque correcte. La nouvelle se répand dans toute la maison Morane et à l'extérieur.

---

1. Dans les *Mémoires*, également, ce bel hommage rendu à l'inventeur de la « boucle » : *L'idée flottait dans l'air ; elle rencontra une tête hardie et vierge de raisonnailleries, s'y épanouit, et Pégoud jaillit dans le ciel. Il y trouva une gloire, une vie et une mort belles comme les grandes légendes simples et merveilleuses de jadis.*

À partir de ce jour-là, je découvris dans le vol tout un ordre de joies et de possibilités nouvelles. Affranchis des épouvantes latentes, nous allions réellement posséder l'air comme un élément nôtre, nous y mouvoir les nerfs détendus, l'esprit libre et réceptif à ces impressions merveilleuses qui ne retrouvent en nous aucune trace atavique.

***

C'est vers cette époque que Roland reçoit rue Lalo la visite de Jacques Mortane, le journaliste de *l'Excelsior*, l'ami de tous les aviateurs [1]. Un Jacques Mortane bien ennuyé qui ne sait comment présenter le but de sa visite car il connaît le climat d'animosité qui règne entre le « grognard » Védrines et son jeune collègue. Par son humeur irascible et ses excès de langage, le héros vainqueur du *Paris-Madrid* et d'autres exploits aussi retentissants est parvenu à épuiser la patience des constructeurs, des aviateurs et même des mécanos, qui n'apprécient pas forcément la familiarité quand elle devient excessive. En outre, lui qui voulait voir enfin un aviateur à la Chambre, il est aigri par l'échec qu'il a subi l'année précédente quand il s'est présenté à la députation de Limoux. En d'autres termes, à ce moment, le grand, le « bouillant Jules » est tout simplement chômeur... Mortane a fait le tour des constructeurs, des collègues aviateurs. La réponse, souriante, est restée froide et polie.

Timidement, il risque le même discours avec Garros, qui écoute sans broncher.

– Alors ? termine le journaliste.

– Alors, c'est très simple. J'ai un appareil Blériot 80 CV [2] dont je viens de terminer la mise au point. Il est absolument neuf. J'en fais cadeau à Védrines...

1. Cette amitié vraiment sincère que Jacques Romanet dit Jacques Mortane a toute sa vie portée aux aviateurs lui a fait quelquefois transformer, au cours des ans, un témoignage qui eût pu être intéressant. Un peu comme Jean Cocteau a poétisé, ô combien, ses souvenirs de G. L'anecdote entre G. et Védrines n'est rapportée que par le seul Mortane à qui l'on doit malheureusement aussi une photographie maquillée du départ de la transméditerranée...

2. C'est avec ce Blériot que Védrines improvisera le plus remarquable de ses exploits : un voyage Villacoublay, Nancy (20 novembre), Prague, Vienne, Belgrade, Sofia, Constantinople, Konia, Tripoli (Syrie), Beyrouth, Jaffa, le Caire (29 décembre), soit 5 400 kilomètres...

Stupéfait, le journaliste réplique :

– Je vais tout de suite prévenir Védrines. Que ne va-t-il faire pour vous remercier !

– C'est inutile. Védrines a un moyen de me remercier.

– Lequel ?

– C'est de ne plus me tutoyer !

***

Le *spécial* sera livré courant novembre à Villacoublay. Il est construit, estime Garros, avec *un coefficient de sécurité élevé au superflu.* Il va l'essayer, plusieurs fois, devant le tout-Paris pour qui maintenant l'aérodrome Morane est devenu un lieu de rendez-vous, emmenant parfois même des passagers... Mais, décidément, l'enfant des îles préfère le soleil à la grisaille de la capitale. Marcelle, elle, est de santé délicate. Alors Roland a loué pour eux à Saint-Raphaël une grande villa, la « Villa des Violettes ».

Leur premier et dernier hiver ensemble, avec de longues et fréquentes promenades. Roland fait partager ses souvenirs d'adolescent à son amie [1]. Dans la Bugatti que Roland va enfin recevoir. Après l'avoir retirée de chez un premier carrossier qui s'était *fichu* de lui, il l'a confiée aux soins du célèbre Labourdette, « qui m'a fait un dessin épatant et qui semble avoir pris à cœur l'exécution d'une jolie carrosserie », explique-t-il à Ettore dans une lettre du 6 janvier 1914. Rappelant un projet qu'il a en commun avec son ami, il écrit encore :

Je la présenterai à Nice et Monte Carlo en pleine saison et l'effet produit sera une excellente indication sur l'avenir d'une affaire éventuelle que je ne perds pas de vue. » et il ajoute : « J'ai refusé une offre à 35 000 F : j'ai été assez longtemps à pied. Le client ne voulait absolument pas attendre : c'est le cas général des gens qui paient le prix.

Roland va longuement s'entraîner sur le « spécial » transféré à Saint-Raphaël. Il tâtonne et va découvrir une à une les nouvelles manœuvres, le tour de main du renversement sur l'aile, d'abord. Tâtonnement aussi pour trouver le secret de la boucle

1. Après la mort de G., Marcelle se retirera quelque temps à Villefranche-sur-Mer. Dans « le Passé défini », Pierre Chanel note : « C'est Marcelle Garros, la veuve de l'aviateur, qui fit découvrir à Jean Cocteau, en 1924, le petit port de Villefranche-sur-Mer ». Tous ceux qui ont connu le couple appelaient Marcelle « la Veuve Garros ».

correcte : le point mort est difficile à passer avec un appareil alourdi alors il fait désentoiler le fuselage (sans succès, mais à l'indignation de Saulnier). Il parvient à dominer la descente verticale à reculons et il fait *boucler* la première passagère, *bien avant Miss Davies qui s'attribua indûment ce record...*

Cette passagère n'est autre que Marcelle, que l'on voit sur une photographie, le visage éclairé d'un sourire rayonnant, assise sur le siège arrière d'un Morane H que conduit Roland.

Les vacances et l'entraînement de Saint-Raphaël se prolongèrent encore. Pas tellement toutefois car Roland ne tarde pas à être sacré le 22 février « Champion du monde » à Juvisy et à tout de suite signer avec Hilaire Gaignard un contrat pour six exhibitions. La première à Barcelone, dont il garde le souvenir d'un mauvais terrain, du froid, mais aussi de l'enthousiasme d'un public encore peu blasé et d'une presse bien disposée.

À Bordeaux, en revanche, le succès sera tel que le séjour va être prolongé d'une semaine. Ce qui lui donne le temps de lier des connaissances, Gounouilhou, par exemple, qui n'hésitera pas à se faire transporter en avion. Une photo, prise au château de Couté, montre Roland au volant de sa belle Bugatti et c'est à Bordeaux qu'Audemars, engagé et annoncé comme « boucleur émérite », fait des débuts de « boucleur » que Garros raconte avec infiniment d'humour.

Le tiny est arrivé la veille, tranquillement à l'heure du dîner, sans prendre la précaution de s'entraîner.

– « Enfantin... on tire sur la cloche... etc. »

Les deux appareils sont garés à Croix d'Hins et on décide d'aller pique-niquer sur le terrain avant de s'envoler pour Bordeaux. Il y a beaucoup d'amis autour de la table, des journalistes et des photographes. Les mécanos sortent les appareils. Pendant que se prépare le lunch, Roland essaie son Morane.

Audemars s'attarde en préparatifs, se fait longuement attacher – Enfin, le voilà parti.

Tous les regards le suivent dans l'attente du moment sensationnel – tandis qu'il monte bien sagement, à larges tours d'aérodrome.

Jusqu'ici, ce n'est pas trop casse-cou : mais il prépare sans doute quelque effet – De plus en plus prudent, le « virtuose » grimpe toujours – Il est haut et loin on le voit tout petit – Cela devient monotone et inquiétant – Je pense à l'exhibition publique, tout à l'heure...

Au bout de 20 minutes, Audemars que personne – sauf

moi – ne regarde plus, coupe doucement l'allumage et descend de l'allure de quelqu'un qui a peur de glisser dans un escalier sombre.

Il atterrit – Je suis près de lui le premier.

– Eh bien... Quoi...

– Je ne sais pas... peux pas... c'est nerveux...

– Tais-toi, malheureux...

Et d'une voix intelligible je crie aux mécanos de vérifier les soupapes...

Aux questions qu'on lui pose, le patient répond vaguement que son moteur va mal et que lui-même ne va pas très bien...

L'apéritif vint à point réchauffer l'entrain général – Puis, les soupapes ayant subi une vaine révision, voilà mon pseudo-looper en selle pour un deuxième essai.

Même départ, même ronde à mille mètres avec de timides mouvements de montagnes Russes – Personne ne s'en occupe plus – Moi-même j'abandonne, un peu énervé – On s'installe en rond autour d'appétissantes victuailles et de flacons poudreux – la fête va commencer – Il y a de nouveau 20 minutes qu'il est reparti -

Soudain un cri : « Venez voir... Venez voir... » – On se précipite hors du hangar – Tels ces chiens qui s'acharnent à la poursuite de leur queue, Audemars menait dans le ciel une danse effrénée, se renversait, bouclait sans arrêt, retombant au hasard à droite ou à gauche... C'était un feu d'artifice, un bouquet de loopings...

Nous étions encore bouche bée lorsqu'il atterrit et s'avança d'un air hypocritement tranquille et modeste... Inutile de dire la gaieté du déjeuner après un tel prologue.

À deux heures, les deux aviateurs décollent l'un derrière l'autre et au-dessus de l'hippodrome noir de monde, c'est une exhibition éblouissante. Il en sera de même à Niort, Amiens, Bruxelles, Angers. Un peu mélancoliquement, Roland note que le looping fit recommencer quelques temps l'existence amusante des tournées, sauf *l'insouciance de collégien échappé du début – Les années s'additionnent...*

Le 15 mars, ils sont à Cholet où Roland retrouve avec plaisir le brave président Moudoux. « L'enfant de Cholet », en chandail bleu, « monte au volant », comme l'écrit *l'Intérêt public*. Il sourit et pourtant, poursuit le journaliste,

tous les visages sont anxieux car, à cette minute précise, la tempête rugit avec plus de force encore et la pluie forme sur l'aérodrome de la Papinière comme un voile qui estompe tout le paysage...

Roland a décollé, décrit une vaste courbe et revient face au vent. Pour *l'Intérêt public,*

c'est l'instant dramatique. Une clameur immense monte de la foule, traduisant la peur, l'anxiété et l'admiration. Le Morane boucle à cent mètres à peine au-dessus des spectateurs, avant de se poser, avec la grâce et la légèreté d'un papillon qui se pose sur une fleur...

Audemars prend son vol à son tour, mais ne bouclera pas, précise le reporter, « sur le conseil de Garros qui a déclaré : Avec ce temps là, on l'essaie une fois, mais pas deux... » Mais, note Garros dans ses *Mémoires, Audemars comprit avant moi le secret de la boucle correcte – Il me communiqua des remarques précieuses, comme au temps de la Demoiselle.*

Au vin d'honneur qui suit, Roland regrette que le temps ne lui ait pas permis de faire mieux, mais, ajoute-t-il, « je reviendrai à une époque plus favorable »... Il ne pourra jamais tenir sa promesse.

Le soir, le Comité des Fêtes reçoit les deux aviateurs. Les « fines-gueules » ont été soignées par un menu qui annonce

Turbans d'œufs Manderni
Mignonnettes Vendéennes
Poulardes truffées choletaises rôties
Croquettes Médicis
Pâté de Lièvre
Salade
Bombe à la Marquise d'Anjou
Dessert
Vins
Richebourg 1888
Puy-Nord-Dame 1904
Clos Riel Mousseux

***

Le 14 avril, Roland prend le départ du *rallye de Monaco.* C'est *le Journal* qui a organisé l'épreuve dont le règlement concocté par Geo Prade concilie l'intérêt sportif, la commodité des participants, la facilité des contrôles, le succès de l'arrivée. Il a été prévu 7 trajets égaux, venant de plusieurs pays et se regroupant à Marseille. De là, un parcours maritime de 250 kilomètres jusqu'à Monaco et enfin 20 kilomètres face à la principauté. En quelque sorte, un règlement très voisin du rallye automobile à ceci près : les concurrents ont la possibilité d'effectuer successivement plusieurs parcours. Par ailleurs, l'épreuve sera interrompue par la coupe Schneider qui se courra à Monaco.

Roland s'est remarquablement organisé : il a l'intention de participer aux deux épreuves. Aussi a-t-il fait préparer pour la coupe son 160 HP de Côme. Pour le rallye, il a fait mettre au point un matériel spécial, à partir du *type H* et baptisé *O*. Au total, il a mobilisé 5 appareils : deux *type O*, à Paris et à Bruxelles, son *spécial* en réserve à Saint-Raphaël, un hydravion 80 HP à Marseille et le 160 à Monaco.

Premier parcours auquel il s'attaque : Bruxelles, Calais, Dijon, Lyon, Marseille. *S'il est docile par temps calme, le type O ru(e) comme un cabri et agit(e) rageusement ses petits bouts d'ailes par vent debout.* Le vent contraire l'oblige à ravitailler à Sézanne : le champ est remarquablement aménagé avec un rond blanc au centre et un beau hangar tout neuf. Mais pas une goutte d'essence, qu'on va faire chercher à vélo ce qui fait considérablement baisser sa moyenne... Dans les remous de midi, il poursuit sur Dijon puis se ravitaille à Lyon. Il est tard quand il quitte l'aérodrome et la vallée canalise le vent, plus fort que jamais. Si bien que le crépuscule le prend au moment où une explosion ébranle le moteur dont les flammes lui brûlent le chandail... Le *type O* s'arrête, nez en terre, mais le pilote est indemne. Mais loin de Marseille où il va arriver, quelques heures plus tard... par le train.

Cependant, Brindejonc a accompli son trajet Madrid, Bordeaux, Marseille, puis son trajet marin et reste seul qualifié jusqu'à ce qu'à la fin de la première semaine, Hirth termine le parcours terrestre allemand. Mais il est éliminé en démolissant son *hydro* au mouillage de Boulouris.

C'est à ce moment qu'intervient la coupe Schneider. Elle réserve cette année une surprise de taille : un petit biplan anglais, le Sopwith Tabloïd [1] qui pulvérise les records et anéantit les espoirs des « monocoques » Deperdussin, du 160 HP de Garros ou du 100 HP de Brindejonc.

Je reste le plus émerveillé des spectateurs. Les vols de

1. Sir Thomas Sopwith, le constructeur du « Tabloïd » vainqueur de la coupe Schneider en 1914, a reçu pour son centième anniversaire le 18 janvier 1988 l'hommage d'un défilé des principaux appareils qu'il a conçus au cours de sa longue carrière : un « Pup », un « Hurricane », un « Harrier », un « Hunter » et un « Hawk ».

vitesse sont rarement de jolis vols ; celui-ci est facile, souple, léger. Aux virages, qui sont aigus, l'appareil s'incline, obéissant et pivote en gagnant de la hauteur. C'est superbe.

Les 100 milles sont abattus avec une régularité d'horloge. Un moment nos espoirs (de piètres espoirs) se rallument ; le « joujou » vient de passer avec un cylindre muet. Cela n'a d'ailleurs pas l'air de l'incommoder beaucoup. La vitesse a baissé de cinq à six kilomètres, mais la ronde continue. Aucun nouveau signe de défaillance.

Le Tabloïd d'Howard Pixton a atteint la fabuleuse moyenne horaire de 133 kilomètres 600 ! Admiratif, mais légèrement désappointé, Garros va prendre sa revanche dans le rallye.

D'abord, terminer le parcours Bruxelles-Monaco : il prend son *spécial* à Saint-Raphaël, l'emmène à Marseille, de là va virer sur le lieu de son accident puis regagne Marseille. Le lendemain, il achève son étape marine, terminant ainsi son premier Bruxelles-Monaco et deux heures plus tard, il entame son deuxième parcours : Monaco, Bordeaux, Paris. Après une nuit de neutralisation obligatoire à Marseille, le voilà de nouveau *en selle* pour Albi où la qualité de l'huile de ricin qu'on lui a préparée lui paraît suspecte (*Je ne sus pas cacher mon dépit aux personnes obligeantes qui s'étaient efforcées de m'être utiles – Décidément, je ne serai jamais aimable en course – qu'on me pardonne*). Puis c'est Bordeaux, Angers, Buc vers cinq heures. Il a mis douze heures, onze minute et vingt et une secondes.

Après un bon dîner et un bon bain, il saute dans le train pour Bruxelles où il est vigoureusement secoué, à quatre heures du matin, par un passager à qui il a bien recommandé de le réveiller de force en temps utile. En route pour le troisième parcours, le même que le premier : Péquet et un chronométreur qui l'attendent sur le quai l'embarquent dans un taxi pour l'aérodrome de Berchem. Il y a là Legagneux et Prévost qui attendent depuis plusieurs jours un temps favorable. Garros n'a pas de ces hésitations : il saute dans son modèle *O* et le voilà dans les brouillards du Nord jusqu'à Calais. Mais le sommeil se fait sentir et ce sont les ruades de l'appareil qui l'aident à se maintenir éveillé. À Dijon, il déchire un bout d'aile et de stabilisateur. Pendant que des jeunes filles les recousent, Cotereau, une vieille célébrité du vélo, l'entraîne chez lui où, dit-il, il *vorace* tout ce que lui présente sa femme. Et *le voilà en dix minutes réveillé, retapé, aussi frais et dispos que s('il) sortai(t) de (s)on lit*. Il ne s'arrêtera même pas à

Lyon et à quatre heures, il est au parc Borély. À cinq heures, il est dans les rues de Marseille, à la recherche de l'ami Niel. Il le rencontre *au volant d'un Pic-Pic qu'il inaugur(e).*

Ma vue lui fit l'effet d'une hallucination.

– D'où viens-tu ?...

– De Bruxelles...

– Hein... Comment ?

Cela se termina devant un porto chez Bodega...

Le lendemain, Garros achève son dernier parcours en *hydro*. Son temps est de douze heures, vingt-sept minutes, treize secondes... Cette fois-ci, c'est assez, pas de quatrième parcours, il s'arrête : il a déjà cumulé les premier et deuxième prix du classement général ; les premiers prix de l'itinéraire de Paris, de la Marine, du Président de la République... et celui de la fervente et fidèle admiratrice, Anastasia, la grande duchesse de Mecklembourg-Schwerin : un splendide porte-cigare d'or.

***

Un aviateur, et un bon aviateur comme Garros, ne manque pas d'occasions de se produire en public à cette époque ! Les directeurs du terrain de Juvisy lui ont organisé une *rencontre* avec l'Anglais Gustav Hamel. *Le meilleur pilote que l'Angleterre ait produit et un des tempéraments d'homme volant les mieux doués que j'aie rencontrés,* écrit de lui Garros, *C'était aussi un très charmant camarade.*

Un programme, avec course sur piste en deux manches (sur deux appareils semblables avec échange des appareils pour la deuxième manche) et un concours de vols libres. Cette fois-ci, l'Aéro-Club lui-même a envoyé des représentants ! La course se déroule dans un vent d'orage avec de mauvaises rafales entre des pylônes, au ras de l'herbe (on ne parle pas encore de pâquerettes). Les deux avions prennent le départ de front à cent mètres d'un pylône. Hamel est à la corde mais il s'écarte un peu du sol. Roland profite de l'occasion, se précipite sous lui, le dépasse de deux longueurs : on peut dire que, dès lors, l'épreuve est courue, mais il leur faut terminer leurs quinze tours, odieux et monotones. Les deux pilotes décident de changer le règlement pour la deuxième manche et refusent de partir en ligne pour décoller à une minute d'intervalle. Et puis, ils ne feront que dix tours. Et la séance se termine par des vols de fantaisie, en solo, puis en duo. *Dans un style élégant et varié, il étalait,* écrira Roland de Hamel, *tout un atavisme de souplesse sportive...* Peu de temps après, Garros reçevra une lettre de l'Aéro-Club l'avisant qu'une assemblée compétente (*je me demande laquelle ?* s'interroge Roland), lui a voté un blâme pour cette journée de Juvisy...

C'est vers cette époque que se forme « le Groupe ». Garros en est un peu la cheville ouvrière. Il a demandé à Jacques Mortane d'en assurer le secrétariat général. De quoi s'agit-il ? *C'est une petite entente cordiale, formée spontanément. Les aviateurs,* constate Garros, *ne formaient jusqu'à présent qu'une bande assez disparate de grands garçons insouciants, face à un Aéro-Club où dominent les ballonniers, les industriels, plus quelques vieilles gloires vénérables.* Un premier essai de regroupement avait été fait, « l'Amicale des Aviateurs » qui n'avait pas donné de résultats probants. « Le Groupe », ce n'est pas l'association compassée, pleine de rigorisme, de rapports de commissions verbeux, de discours vides que laisserait supposer Quellennec quand il « censure » dans sa publication des *Mémoires* ce qu'en dit Garros :

Le Groupe se réunissait chaque semaine autour d'une table copieuse, dans un salon du Carlton – et tout en banquetant on ébauchait des projets – Pour faire œuvre utile, il fallait éviter au début les assemblées nombreuses et les discussions compliquées – L'association fut provisoirement limitée à la quinzaine de vétérans que nous étions – Nous avions le bonheur de pouvoir nous procurer de l'argent sans dépendre de personne – Il nous suffisait pour cela de nous réunir un dimanche sur un aérodrome et d'y voler – Mais nous avions de grandes ambitions : devenir riches, puissants ; créer des caisses de secours, des prix qui fussent vraiment des prix, au lieu des aumônes compliquées qu'on nous offrait ; répandre, vulgariser l'aviation et en même temps relever son prestige.

Pour nous enrichir, nous avions imaginé de centraliser les contrats de vol et de les répartir entre les membres du groupe, moyennant un pourcentage au profit de notre caisse – et chaque membre aurait dans les délibérations futures un nombre de voix proportionnel aux ressources procurées à la communauté.

Tout cela n'était qu'une ébauche et présentait des difficultés d'application. Mais ces difficultés ne devaient pas nous arrêter – L'esprit du Groupe se résumait dans cette devise : Réaliser.

Ils sont quatorze, quatorze vedettes, le 14 juin 1914, à présenter leur première « réalisation« à Juvisy, en dehors des patronages officiels. Ce qui explique peut-être l'hésitation de la presse à en faire largement part. Seul, Mortane dans son

Excelsior en donnera un compte-rendu circonstancié et élogieux. Roland conserve un souvenir vivant de ce spectacle de près de deux heures, un immense quadrille aérien ininterrompu dans lequel les pilotes les plus réputés de France rivalisaient d'adresse. Ils avaient nom Chevillard, Brindejonc, Gilbert, Marc Pourpe, Bille, Audemars, Prévost, Gobert, Garros, bien entendu et d'autres encore... Il y aura des vols en trio (Gilbert, Audemars et Garros) et puis *Prévost se distingua – malgré lui, je crois – par une vrille qui arracha des cris d'angoisse à l'assistance – On ne savait où regarder pour tout voir et le public restait ébahi d'une telle abondance de sensations.*

Malgré la mauvaise volonté de la presse, la « journée des aviateurs de Juvisy » rapportera au « Groupe » une bonne dizaine de milliers de francs...

Autre match, hélas cruellement prémonitoire, celui qui a opposé le 10 mai Roland à Audemars sur le terrain de Buc « Aéro-Parc »... Pour la première fois, les deux aviateurs vont simuler un combat aérien, Roland figurant l'agresseur, Audemars s'efforçant de s'échapper.

Qui eût dit, alors, que le temps des vrais combats était si proche ? (...) La démonstration eut lieu avec un plein succès. Elle intéressa l'assistance, mit en relief l'avantage qu'assurait au pilote de combat une assimilation complète des méthodes nouvelles – Enfin elle nous amena tout naturellement à la tactique ordinaire des batailles actuelles.

La guerre. Sa menace est toujours présente, on s'y prépare dans les deux camps qui se sont délimités. Par deux fois déjà, on l'a évitée. Mais avec la tension qui continue à régner dans les Balkans, la paix est à la merci du moindre incident. En France, les aviateurs militaires ont déjà songé à armer leurs avions. Dès 1911, le colonel Estienne, aidé du lieutenant Bellenger, plus tard du lieutenant de Rose et du lieutenant Mailfert, a commencé à procéder à Vincennes, à Buc, à Mourmelon, à des études et à de nombreuses expériences dans ce sens. Avec opiniâtreté puisque, après une première interdiction des essais entrepris [1], il obtiendra l'autorisation officielle de pour-

1. Le lieutenant Bellenger, devenu lieutenant-colonel, raconte dans le N° 165 (Noël 1960) de la revue des « Forces aériennes françaises » que le capitaine Barès, futur directeur de l'Aéronautique au Grand Quartier général, s'était vivement opposé à cette époque à ses thèses devant une Commission constituée par la Ligue nationale aérienne, soutenant « qu'aucun avion ne pourrait résister aux réactions d'une mitrailleuse de bord (armer ainsi un appareil, c'était condamner à mort l'aviateur) »...

suivre ses recherches. L'avion le plus rapide est le Morane-Saulnier, aussi le lieutenant de Rose a-t-il demandé à Garros, dès le printemps 1914, de suivre les études et les expériences de l'Armée.

***

C'est dans une ambiance plutôt tragique et tendue que commence, le dimanche 21 juin à Aspern, le troisième meeting de Vienne. La veille a été endeuillée par la première des grandes catastrophes aériennes du monde : un dirigeable militaire de type *M III* en mission photographique monté par un équipage de sept officiers et soldats a explosé au-dessus du terrain de Fischamend après avoir été heurté par un Farman piloté par un officier autrichien accompagné d'un passager militaire. Le dirigeable et l'appareil ont été précipités au sol. Les neuf hommes ont trouvé la mort dans la catastrophe. De l'autre côté du Danube, face au champ d'Aspern, ils auront droit à des funérailles magnifiques. Les aviateurs français organisent un cortège aérien pour saluer leurs *frères d'armes*. Les appareils crêpés de noir s'inclineront, l'un derrière l'autre, *d'un mouvement simple, comme une grande génuflexion sur les tombes ouvertes. Les Viennois*, note Roland, *furent très émus de ce geste.*

Quant au meeting, c'est le programme traditionnel, *la même organisation intelligente et un accueil courtois*, souligne Garros, *mais la lutte sportive fut d'une âpreté qui enleva quelque charme à la fête...*

L'équipe française est la plus nombreuse (ils sont douze), viennent ensuite les onze Autrichiens. L'Allemagne n'a engagé que six pilotes, mais son aviation lourde est désormais bien au point, différente de l'aviation française et susceptible de remporter tous les concours...

L'ami Hirth est là avec son biplan Albatros 150 CV. Roland dispose d'un 14 m^2 tout neuf mais surtout du modèle *N*, véritable modèle à records qui fera très grosse impression avec ses lignes très modernes et son énorme casserole d'hélice [1].

1. Abusivement appelé « monocoque » à l'instar des Deperdussin, le type « N » sera utilisé au front par Eugène Gilbert qui baptisera son appareil « le Vengeur » pour rappeler la capture de son ami G. et la mort de Marc Pourpe. Également utilisé dans le Royal Flying Corps, il y sera surnommé « Bullet » en raison de son ogive caractéristique.

Mais ce matériel n'est pas au point si bien que Garros devra se contenter du premier prix de vitesse ascensionnelle : 1 000 mètres en 2 m 51 s [1]. Allemands et Autrichiens vont remporter les « prix de hauteur », les « premiers départs », les « différences de vitesse ». Et même les 100 kilomètres du Vienne-Neustadt échapperont à Garros, en raison d'une hélice mal choisie... Quant aux vols de fantaisie, ils n'attirent presque plus l'attention tant le public est maintenant habitué à toutes les évolutions... et puis, le dernier jour du meeting, c'est l'autre drame...

...l'historique assassinat de Sarajevo – Ce crime qui mettait officiellement l'empire en deuil, ne semblait pas atteindre beaucoup de sentiments profonds – Le couple disparu n'était pas populaire – n'exprimait de tristesse sincère qu'à l'égard du vieil Empereur, si souvent frappé dans son cœur d'homme – et il ne vint je crois à l'idée d'aucun de nous que cet événement quasi indifférent à la masse, était l'étincelle qui mettrait l'Europe en feu – Cependant, cette année là, pour la première fois, je quittai Vienne sans regrets.

***

Pendant le meeting, Roland a donné rendez-vous à Paris à son ami Helmuth qui a manifesté l'intention d'essayer le nouveau Morane. Roland a également télégraphié à Saulnier de lui préparer pour la prochaine course Londres-Paris-Londres un des *type O* du rallye avec un moteur Rhône, un train souple et de nouvelles ailes. Mais avant cela, il a signé pour une exhibition avec Audemars à Manheim. C'est la première fois, soulignera Roland sur ses cahiers, qu'il se trouve en Allemagne... La seule originalité de cette exhibition quelconque est la participation du Zeppelin « Victoria-Luisa » chargé de touristes qui vient atterrir en face du public et redécoller. *À part l'excursion à Baden – qui fut une tache de lumière et de fraîcheur – le séjour de Manheim fut une oppression...*

Alors que Garros et Audemars volent à Manheim, Hirth s'est rendu à Lyon avec l'équipe Mercedes *qui, dans le Grand prix, inflige à la France une défaite sans précédent (...) grâce à une mise au point parfaite, à l'organisation, à la discipline de son équipe ; enfin grâce à la tactique dont Hirth fut je crois, la veille de la course, un des inspirateurs...*

---

1. G. écrit dans ses *Mémoires* : 2 m 29 s.

Comme promis, les deux aviateurs se retrouvent à Paris. Raymond Saulnier fait visiter son usine et l'aérodrome de Villacoublay. L'Allemand se déclare si enchanté du petit Morane qu'il vient d'essayer qu'il accepte même de participer sur cet appareil au Londres-Paris-Londres. Hirth et Roland se rendent au départ de Londres par avion. Ils passent la Manche côte à côte mais le reste du voyage laissera à Garros une impression désagréable, avec de perpétuels ennuis de moteur. Il atteint enfin Hendon. Hirth, en panne, n'y parviendra qu'en automobile et dégoûté et ne participera pas à la course.

Sans enthousiasme, persuadé que (s)on matériel (l)e lâcherait en route, Garros s'aligne au départ par un brouillard typiquement londonien. Toujours des ennuis de moteur et *à son passage à Buc, il est dans (s)a fureur des grands jours*, et même Anastasia n'échappe pas à sa mauvaise humeur. Il se rappelle avoir été d'une *impardonnable impertinence envers la grande duchesse de Mecklembourg...* [1] Bref, il n'arrivera

1. Voici la lettre qu'Anastasie écrivait au père de Roland à l'occasion du premier jour de l'an de l'après-guerre :

16 Janvier 1919

Hôtel Beaurivage – Genève

Cher Mr Garros,

Je ne vous avais pas remercié de ce triste faire-part comme nos deux messages s'étaient rencontrés en route.

Je pense quand même souvent à vous et à votre cher fils. Toutes ces fêtes ont dû vous rendre le cœur bien gros en pensant à celui qui aurait pu en être et comme beaucoup d'autres. Mais enfin, pensons au moins aux familles qui ont le bonheur de revoir leurs braves soldats;

Je me suis aussi abstenue de vous souhaiter une bonne année. Pourtant je tiens à vous dire que je forme des vœux pour votre santé et pour que votre douleur se convertisse doucement en une dolence supportable. Que le bon Dieu vous bénisse et vous donne la faculté de se souvenir, sans larmes, des exploits incomparables et de tant de beaux jours de la vie de votre héros.

Je ne me souviens plus si je vous avais montré à Eze une gravure représentant un avion filant vers l'Afrique au-dessus de la Méditerranée ? On devrait la reproduire en aquarelle. J'aime tant à penser à cette (sic) épisode de votre fils - car dans l'histoire aéronautique personne n'a entrepris ni avant ni après un vol aussi courageux et aussi audacieux.

J'espère beaucoup que j'aurais l'occasion de vous revoir et que vous me montrerez alors votre petite galerie de souvenirs.

J'aurais aussi tant aimé avoir des détails sur la santé de votre fils au que second à Londres où la petite équipe restera une semaine, le temps de visiter l'usine Sopwith et celle de Samuel White.

En retour, Hirth a invité Garros et Saulnier à visiter les usines allemandes. Saulnier et Garros s'embarquent dans une berline Mercedes à destination de l'Allemagne. Hirth a mis à leur programme la tournée d'au moins sept usines : Benz, Bosch, Mercedes, Gotha, Oberussel, L.V.G. et, bien sûr, Albatros. S'ils sont dans le fond admiratifs et un peu envieux, les deux hommes ne laissent rien paraître de leur épatement : l'usine des L.V.G. leur semble le dernier cri de l'organisation industrielle. Oberussel qui exploite une licence de Gnome dispose d'un laboratoire métallurgique remarquablement outillé, comme on n'en voit pas en France... Sur ces visites, Garros écrira ce commentaire :

Les fabricants de moteurs fixes (surtout Mercedes que nous avons mieux vu) ne paraissaient point posséder de grands secrets – Nous vîmes des gens sérieux fabriquer un moteur sérieusement, c'est-à-dire ne négliger aucun détail, éliminer une à une toutes les faiblesses par des moyens logiques et directs ; pas de transcendance mécanique, mais un acharnement patient et méthodique de mise au point (...)

– C'est fait bon... C'est fait zûr... répétait notre cicérone – et nous avons vu des choses faites bon et faites zûr (...) Que ne joignons-nous cette force à notre génie inventif...

Avant de quitter Johannisthal, Garros essaiera un 100 HP Albatros. Cet appareil lourd le surprend par sa sensibilité aux commandes, son insensibilité aux remous, mais surtout, il appréciera l'agrément d'une nacelle confortable et propre -

Roland n'aura pas l'occasion d'affronter son ami, en combat aérien. Les *Mémoires* se terminent sur ces lignes :

Pour ma part, je n'ai pas regretté ce voyage – Cela se passait à la fin de juillet 1914, quelques jours (heures) avant la guerre.

Le 29 juillet, Roland adresse de la poste centrale de Berlin à son ami Jacques Quellennec 31 rue Saint-Guillaume à Paris, quelques mots sur une carte postale :

Je suis ici depuis 2 jours après un splendide voyage en auto. À très bientôt. Je te téléphonerai. RG.

---

retour de sa captivité et aussi sur son dernier printemps et été, vous me raconterez tout cela un jour

En attendant, je vous dis au revoir !

Sincèrement à vous,

ANASTASIE

XXIII

La guerre

À leur arrivée de Berlin, Roland et Jules sont tombés dans l'effervescence et l'exaltation de la foule parisienne. Cette fois-ci, c'est la guerre. On s'attroupe pour lire les affiches de mobilisation générale collées aux quatre coins de la capitale. Drapeaux déployés, on défile en chantant. À chaque coin de rue, on distribue des fleurs aux soldats qui partent pour la frontière. Ils en affublent leurs képis, les mettent autour de l'oreille ou au bout du canon. Les gens se tombent dans les bras les uns les autres, s'embrassent, pleurent, rient.

On sentait que l'on n'avait jamais été plus généreux, plus noble, plus prêt au sacrifice, plus merveilleusement heureux ! [1]

Jules est mobilisable dans les 48 heures dans un régiment d'Infanterie. Roland lui dcmande de passer « à deux heures, avec la Bugatti rue Lalo » où il laisse Marcelle. Elle le rejoindra chez Ajalbert qui les a invités à déjeuner.

Direction Chalais-Meudon. En quelques phrases, Garros convainc facilement les officiers de recrutement que Jules est certainement beaucoup plus utile à l'aviation qu'à l'infanterie. Il obtient sans peine son changement d'affectation.

Plus compliquées pour Roland les formalités au bureau de Versailles : il tient à contracter un engagement pour la durée de la guerre et il doit argumenter longtemps. Il obtient néanmoins gain de cause, il est finalement incorporé, tondu et affublé de l'uniforme du seconde classe : la courte veste de caserne et le pantalon de gros drap...

Dans les rues, c'est l'exode. Filant en sens inverse, la

1. Extrait du journal de Misia Sert.

Bugatti croise des limousines cossues chargées de valises, des charrettes aux chevaux exténués couvertes d'armoires, de tables, de chaises, des familles pêle-mêle hébétées assises sur le mobilier, quelques vaches, et même des chèvres...

C'est dans son accoutrement de piou-piou et en compagnie de Marc Pourpe, lui aussi dans la même tenue et affecté à la même escadrille, qu'il va retrouver Marcelle et saluer le vieil ami Ajalbert, au château de la Malmaison dont il est alors le conservateur.

– Nous allons devant... Je fais le cabri... J'ai tout apporté... déclare Roland sautant de la voiture et gravissant les marches quatre à quatre.

Mais ils auront beau se forcer, une oppression alourdie de la température de canicule de cette journée d'août pèsera sur tout le déjeuner. Tous ont conscience du bouleversement général qui vient de tout emporter, la confiance, la quiétude, l'équilibre. Ils vont feindre de s'intéresser aux mets, aux vins, mais tous les propos les ramènent à l'actualité : une situation militaire angoissante...

– Et voilà, dit Roland à la fin du repas, je ne plie pas ma serviette, aujourd'hui. Il faudra nous en donner des blanches, pour la victoire.

Et alors que la « 5 litres » ronfle doucement et que les deux aviateurs vont quitter leur hôte, Roland s'adresse à Ajalbert :

– Au revoir, vieux père... Au revoir. Il y a peut-être moyen que ce soit bientôt... Donnez-nous la clef...

– Quelle clef ?

– Naturellement, vous ne la donnerez pas...Vous êtes trop conservateur ! La clef du coin où vous séquestrez Bonaparte... Je l'emmène... Personne n'en saura rien... et ce sera vite réglé... [1]

***

Au volant de la Bugatti, Garros, toujours revêtu de sa grossière tenue de biffin et accompagné de son mécanicien, arrive devant les hangars de Buc où règne une agitation intense. « L'époque », écrit Jules Hue, « était celle des initiatives, mais aussi des indécisions perpétuelles. Avec des moyens ultra-rudimentaires nous arrivons à former une première escadrille Morane-Saulnier à Buc ». Là, sous le commandement du capi-

1. Rapporté par Jean Ajalbert dans « La Passion de Roland Garros », *op. cit.*

taine de Vergnette est en train de se créer la *MS 23*, la seule escadrille regroupant alors des Morane-Saulnier *Parasol*. Il s'agit de « l'Aviation du général de Castelnau » : c'est en tout cas l'adresse qu'il faudra porter sur le courrier destiné aux aviateurs... Eugène Gilbert lui aussi a rejoint la « 23 ».

Le 16 août, l'escadrille fait mouvement vers Nancy. Le convoi de six tracteurs prend la route dès quatre heures du matin (« de marques différentes », souligne Jules Hue, « ces voitures usagées avec des conducteurs enragés, sans tableau de marche et sans chefs, chacun dépassant l'autre, suivant son état d'excitation »). Les aviateurs partis six heures plus tard transitent par Mailly-le-Camp. Les *Parasol* de Roland et de Gilbert ont volé de conserve. Stupeur des officiers du camp quand ils aperçoivent Garros, lui toujours si raffiné dans sa tenue, affublé de son rustique uniforme de pioupiou :

– Qui est-ce qui vous a habillé comme cela ?

– L'Intendance...

– On va vous arranger cela...

On court lui dénicher au magasin une tenue plus décente. L'escadrille repart vers 4 heures en direction de Nancy où elle arrive en même temps qu'un orage. Gilbert qui s'est un peu perdu a été entre temps « fusillé » par une patrouille française « heureusement aussi maladroite qu'excitée » note Roland dans le carnet de route qu'il ouvre à la date du 16. La *MS 23* est basée sur le terrain de Malzéville. Les aviateurs sont invités avec des officiers à dîner au château de Marbois, ils seront hébergés au château de Rémicourt où la châtelaine, Mme de Scitivaux, les entoure de soins : Roland a attrapé en vol un épouvantable rhume de cerveau et devra se soigner deux jours au lit.

Ce n'est que le 20 août qu'il fera sa première reconnaissance. Trois appareils ont été demandés par Lunéville, Garros est de ceux-là. À bord de son *Parasol* qui porte l'immatriculation *MS 22*, il a ordre de se mettre à la disposition du capitaine Orthlieb, observateur de l'État-Major (96 kilos « nu », souligne Roland, sans compter le mousqueton et les munitions !). Ils ont pour mission d'aller observer les mouvements de troupe et particulièrement les voies ferrées au-dessus de la forêt de Parroy, de la vallée de la Saar jusqu'à Saarbruck pour revenir par Saint-Avold. Garros note dans son carnet : « Il y a une bataille d'artillerie à droite. Je vois pour la 1re fois éclater des obus par terre »... Au loin, il aperçoit un appareil et se détourne de sa route pour le poursuivre. Il ressemble à un « H. Farman » mais c'est un Euler qui porte sur les plans de grandes croix noires. Orthlieb fait feu de son mousqueton mais le rate. Le Euler est rapidement entouré d'éclatements de schrapnells : les batteries allemandes l'ont pris pour un Français poursuivi par un Allemand... Au retour, c'est un Aviatik qu'ils rencontrent. Ils le tirent en passant, sans insister. « Mon observateur ne voit rien, même pas ce que je lui montre », déplore Garros dans son carnet. Or, ces batailles de la région des lacs tournent mal pour les Français.

Le lendemain, les 96 kilos du capitaine Orthlieb sont emmenés dans le *Parasol MS 18* du lieutenant Grandry. Le malheureux pilote a moins de chance que Garros et s'il parvient à s'élever à une quinzaine de mètres, une glissade et une vrille précipitent l'avion à terre : le lieutenant est tué sur le coup, le capitaine s'en tire avec une jambe fracturée et une blessure à la tête...

Le 22, Garros s'arrange pour enlever un observateur moins pesant que le gros capitaine. Sous plafond très bas, ils vont repérer plusieurs positions, mais ils doivent rentrer car la densité des nuages les empêche de continuer. Dans l'après-midi, les nouvelles des combats de la veille étant décidément mauvaises, l'escadrille au complet se replie sur l'aérodrome de Toul. Les aviateurs sont logés dans les chambrées du camp d'aviation.

Il y a à Toul un tireur réputé, le lieutenant de Bernis. Garros lui propose de faire équipe afin de donner systématiquement la chasse aux avions ennemis. À leur première sortie, ils se mettent à l'affût à 2 000 mètres dans le triangle Nancy, Dieuze, Lunéville. Au bout d'une heure, ils rencontrent un Albatros. Garros se met en position derrière lui pour que son passager l'ait dans sa ligne de mire. Bernis tire deux balles, trop tôt. Garros se rapproche à trente mètres : la carabine Browning de Bernis s'enraye... Lors de leurs sorties suivantes, Bernis emportera deux mousquetons à cinq cartouches, plus sûrs... Mais, souligne Garros, « notre armement s'affirme insuffisant ». Ce ne sont pas les fléchettes, le vieux système imaginé par Clément Ader, ou les cartouches jetées en vrac de l'appareil qui lui paraissent plus efficaces... et les Albatros répondent souvent à la mitrailleuse...

Quand il note cette remarque sur son carnet, c'est évidemment au tir axial qu'il pense déjà. Raymond Saulnier [1] a rédigé un projet qu'il a remis le 14 avril à l'agent de brevets Josse,

---

1. Dans « Icare », Marcel Jullian cite une note dactylographiée retrouvée dans les papiers de G. après sa mort, sur laquelle G. a écrit en marge :

mais qu'il n'a finalement pas déposé [1]. Il s'agit d'une véritable synchronisation du moteur avec la mitrailleuse et ce texte précise :

Dans le système, objet de l'invention, une came entraînée par le moteur est reliée par une transmission appropriée à un dispositif actionnant la gâchette ; le réglage étant effectué de telle sorte que le départ du coup se produise entre deux passages consécutifs des deux pales devant le canon de l'arme.

Dans les caves de la tour Eiffel au mois de mai, Saulnier a fait des essais, sans résultat car le percuteur de la mitrailleuse Hotchkiss qu'il utilise a un déplacement trop important, 13 millimètres et le système ne fonctionne pas de façon satisfaisante [2].

Parallèlement, le colonel Estienne et le lieutenant Bellenger ont poursuivi leurs études sur l'armement des avions et au printemps, ils ont procédé à l'essai suivant : devant la butte de tir du polygone de la Maison-Blanche à Vincennes, ils ont installé une hélice sur moteur et une mitrailleuse à poste fixe. Résultat : on a constaté que les balles rencontrent l'hélice dans la proportion de une sur dix. Pourcentage négligeable, a estimé Estienne qui considère qu'en blindant la partie des pales exposée aux balles, on pourrait obtenir un résultat satisfaisant. Les essais en étaient là lorsque est intervenue la mobilisation générale.

Le 29 août, le gouverneur de Toul convoque Garros et promet des armes plus efficaces pour les chasses. Mais « il n'est

---

« On m'a attribué à tort l'invention du tir à travers l'hélice. C'est Saulnier qui l'inventa et qui en France fit les premières expériences ».

1. Le 22 janvier 1914, la raison commerciale Armand Deperdussin (représentée par le syndic de faillite M. Raynaud) dépose une demande de brevet pour « un dispositif permettant de tirer en chasse à l'aide d'une mitrailleuse ou analogue placée à bord d'un aéroplane dont l'hélice est située à l'avant du fuselage », avec blindage de l'hélice. Auparavant, le 15 juillet 1913, le Suisse Schneider, naturalisé allemand (après avoir travaillé chez Nieuport), avait pris un brevet pour la synchronisation d'une mitrailleuse et de l'hélice. A la même époque, les Russes Poplavko et Smyslov-Dybovski ont fait des expériences dans le même sens.

2. Dans le numéro 43 de la revue « Plein Ciel » (*cf.* 92), Jean Cocteau explique ainsi la naissance du tir à travers l'hélice : « Un jour, chez moi, rue d'Anjou, Garros me fit remarquer qu'une photographie de Verlaine restait visible derrière un ventilateur. “ Un œil passe ”, disait-il, “ et un œil ne passe pas ” ». Il semble bien que le poète se soit là aussi laissé emporter par son génie de l'image.

pas question de la mission qu'on m'avait fait prévoir », note Garros un peu dépité. Le gouverneur lui demande aussi une reconnaissance sur le fort de Manonviller isolé depuis plusieurs jours. Garros part vers 3 heures, emmenant le capitaine de Vergnette : le fort est criblé d'énormes trous d'obus et « rien de vivant n'est visible à une lieue à la ronde ». Ils observent « d'énormes groupements autour de Baccarat ». En rentrant, ils croisent un Albatros qu'ils pourchassent mais qui les entraînera hors de la carte. Dans son carnet de route, une simple note qui prendra plus tard des résonances tragiques : « Je ne pense plus qu'à une chose : ne pas atterrir en pays ennemi. » Mais cette fois-ci, il rentre sans incident...

***

Dans le carnet de route également, une date : « 3 septembre : repos ». Le même jour, une lettre à sa mère :

3 sept. 1914

Ma chère Maman,

Je suis très bien. Tout va pour le mieux ici. Nous résistons avec succès aux Allemands. Je suis aux 1res loges en planant au dessus des batailles. Nous les avons repoussés loin de Nancy à 25 km env. Il me semble qu'au Nord cela va moins bien – Je te conseille de quitter tranquillement Versailles si tu peux d'ici quelques jours. Marcelle m'a dit que tu avais été la voir et je t'en suis très reconnaissant. Elle communique avec des amis à moi qui peuvent avoir des nouvelles. Demande lui en. Je t'écris ce mot en hâte, qu'un camarade te portera tout à l'heure en aéroplane. Tu peux m'écrire : les lettres m'arrivent en deux jours. Celles que j'écris par contre ont moins de chances d'arriver. Je n'ai encore rien reçu de toi à ce jour. J'ai de tes nles par Marcelle.

Je vous embrasse toutes deux

R. G.

« Je suis très bien » : Roland tient évidemment à rassurer sa mère. Cela fait déjà plusieurs fois que la presse internationale a annoncé la mort du héros de la Méditerranée. Dès le premier jour de la guerre, rappelle Jacques Mortane, le *Daily Sketch* annonçait la mort de Garros tué en crevant un Zeppelin. Le 24 août, c'était au tour du *Secolo* d'assurer que l'aviateur avait trouvé une fin héroïque en précipitant au-dessus de Toul son appareil sur un avion allemand. « On ne prête qu'aux riches », commente Mortane qui cite aussi *le Journal* du 20 octobre et *L'Opinion*, ce dernier n'hésitant pas à publier une fausse interview de Garros racontant comment il se serait emparé d'un avion allemand :

– J'étais en train de donner la chasse à un Taube quand mon moteur cala. Apercevant des appareils allemands au-dessous de moi, je feignis de tomber et fis même deux fois le looping pour compléter l'illusion. Arrivé à terre, je fis le mort, jusqu'à ce que les deux aviateurs allemands qui m'avaient vu dégringoler eussent atterri. Alors je les abattis à coups de carabine et sautant dans leur appareil, je repris mon vol vers les lignes françaises.

« Nous résistons avec succès aux Allemands » : par son héroïque défense du Grand-Couronné, l'Armée Castelnau a sauvé Nancy, « Il semble qu'au nord, cela va moins bien » : en effet, depuis la débâcle de Charleroi le 22 août, les Allemands menacent directement Paris, l'Armée française a longuement fait retraite, s'arrêtant enfin sur la Marne.

Ce n'est que le 5 que Joffre lance sa contre-offensive victorieuse. Sur ordre, la *MS 23* a dû un moment abandonner toutes ses missions de chasse au profit de la reconnaissance. Mais le 6 septembre, ils reçoivent l'autorisation de les reprendre. Garros reprend ses patrouilles avec Bernis. Il emmène également des observateurs ; un jour, un officier photographe (« Mon observateur opère sans prendre de notes », remarque-t-il. « Je me demande comment il fera pour identifier ses vues »...)

Le 8, au cours d'une longue reconnaissance sur Pont-à-Mousson et Verdun, son appareil est pris à partie par une batterie française. Puis c'est un fort du voisinage et finalement tous les fusils de la région qui suivent l'exemple... Le soir, les capitaines de Vergnette et Le Révérend emmènent Garros en auto visiter la batterie qui a déclenché le tir : elle a quitté sa position mais les habitants racontent que des obus tirés par le fort sont retombés sur le village... Les trois hommes vont ensuite « en excursion » sur la ligne de feu : à Eulmont, complètement abandonné.

Dans une étable un vieux cheval et 2 jeunes porcs (...) Un obus tombe derrière un mur à quelques pas de nous et nous fait renoncer à aller plus loin. Nous rentrons par Nancy.

Le lendemain, même tir nourri des lignes françaises contre le *Parasol MS 22* : il est vrai que du sol on l'a pris pour ce mystérieux « avion noir » qui tous les soirs vers 5 heures vient semer la terreur dans le 16e corps du côté de Bayon et que l'État-Major a demandé à Garros de venir chasser.

Morane et Saulnier qui se sont annoncés par téléphone la

veille viennent rendre visite à l'escadrille le 11 septembre. Si Saulnier fait le déplacement, ce n'est évidemment pas pour faire admirer son uniforme « d'une suprême élégance » qui lui attire les sarcasmes des aviateurs... Garros se gardera bien de noter sur son carnet la véritable mission de l'ingénieur.

Le soir à la popote, tout le monde est radieux. Les nouvelles que les deux « parisiens » ramènent de la bataille de la Marne sont bonnes. Cette visite de deux néophytes incite Garros et Gilbert à placer leur « coup des uhlans ». Un numéro bien réglé qui a déjà fait d'autres victimes. Alors que la conversation est générale et gaiement animée, les deux se lèvent brusquement, d'un même mouvement, sans proférer un mot, l'oreille tendue, le regard soucieux tourné vers l'extérieur. Le plus discrètement possible, avec un geste qui veut dire : « Ne vous inquiétez pas, on y va », ils s'emparent dans le râtelier d'une arme et se dirigent vers la porte puis s'enfoncent quelque temps dans l'obscurité. Quand ils rentrent, la conversation, interrompue un court instant, a repris son cours joyeux.

– Non, rien... Personne... disent les deux d'un air détaché.

C'est le moment où les autres membres de l'escadrille, sournoisement solidaires alors que ces jeunes gens n'ont pas plus d'un mois de vie commune, vont débiter chacun à son tour toute une série d'histoires épouvantables à faire dresser des cheveux sur la tête. Et puis, il le faut bien, on va se coucher. Mais tout le monde, ce soir particulièrement, ferme les ouvertures avec un soin méticuleux, on pousse même le luxe jusqu'à faire une ronde armée autour du bâtiment. Les deux « parisiens » ont à peine eu le temps de s'endormir qu'on gratte à leur porte :

– Qui est là ?

– C'est moi, Garros... répond une voix étouffée.

– Qu'est-ce qu'il y a ?

– Des uhlans... Vite...

Les deux invités sautent silencieusement de leur châlit, s'habillent en hâte et se présentent les yeux encore hagards de sommeil dans la salle de la popote faiblement éclairée de quelques ampoules. L'escadrille est là au grand complet. Chacun, le regard farouche, tient serré contre lui qui son mousqueton, qui sa carabine Browning, qui son revolver d'ordonnance.

– Il faut monter la garde ! Ils sont là !

On arme les deux hôtes avant de les placer chacun derrière

son prunier du verger voisin et on n'ira relever les « sentinelles avancées » que lorsqu'on aura estimé que la plaisanterie a assez duré...

***

Dans le secteur, les Français ont repris Lunéville et Baccarat. L'escadrille va pouvoir retourner à Malzéville. Auparavant, avec le capitaine Le Révérend et Bobba, Garros va pour la première fois visiter le champ de bataille. Cette « excursion » notée dans son carnet :

Nous rencontrons d'abord un champ jonché de cadavres français de l'infanterie, en général un ou deux cavaliers tués avec leurs chevaux. Un de ces derniers est au milieu de la route, difficile à éviter avec notre auto. La figure est écrasée sur le sol, noire de décomposition. Il enfourche encore le cheval tombé sur le flanc gauche, les pattes avant brisées. Une main tient encore le mousqueton, l'autre les rênes. Nous passons et arrivons à la forêt de Champenoux. Sur la lisière nous trouvons les 1ers cadavres allemands. Nous prenons des fusils tout chargés et en excellent état et des sacs. Nous excursionnons dans la forêt qui a été occupée pendant 15 jours par les Allemands. Ils ont fait partout des abris souterrains dans lesquels nous trouvons une foule d'objets sans intérêt abandonnés. Un de ces souterrains est meublé d'une table de chaises et d'un petit tapis à jeu, témoignage qu'on a joué aux cartes. Il y a aussi des bouteilles vides. Tout cela est maintenant inondé de pluie. Dans une tranchée nous trouvons tout un approvisionnement d'obus abandonnés – Ns rapportons des paniers d'osier porte-obus. L'abandon de ces munitions prouve une retraite précipitée. Nous avons remarqué plusieurs tombes fraîches avec des croix et des feuillages en couronnes. De la forêt nous revenons par la colline d'Amance. Le 1er détachement français que nous rencontrons ns apprend que nous avons été en ns promenant plus loin vers l'ennemi que nos avant postes eux-mêmes ! Cela aurait pu se passer plus mal. Nous rentrons.

L'escadrille ne va pas s'éterniser à Nancy. C'est qu'après la victoire du Grand Couronné, Castelnau va transporter son Armée entre l'Oise et la Somme face à la IVe Armée allemande, cependant que la ligne de bataille remonte progressivement vers le nord dans une véritable « course à la mer ». Dès le 16 septembre, la *MS 23* se déplace sur Commercy « en groupe homogènes » à l'émerveillement de Grosdidier, ardent partisan de l'aviation et vieil ami de Garros.

Le sénateur-maire les reçoit dans son fief « avec son amabilité habituelle » et se donne le plus grand mal pour loger les aviateurs dans deux maisons particulières. Il invitera le lendemain Garros, Gilbert et Pourpe à déjeuner et acceptera en retour de venir dîner à la popote, ce qui, souligne Garros, est de sa part « à la fois aimable et courageux ». Dans la journée, Garros et Vergnette ont fait une « bonne reconnaissance » dans la région de Thiaucourt, Conflans et Étain, repérant des concentrations de wagons et d'importants groupes de cavalerie « marchant vers le nord ». Comme d'habitude, ils sont « copieusement canardés » au-dessus des lignes françaises et cette fois-ci une balle troue le réservoir arrière à 5 centimètres du dos de l'observateur !

Nouveau déplacement de l'escadrille : le 18 au soir, Vergnette prévient les aviateurs de se préparer au départ pour le lendemain, « destination inconnue ». Première étape, le camp de Mailly. Mais le temps est si mauvais que l'on ne pourra décoller de Commercy qu'avec vingt-quatre heures de retard. Au départ, à la suite d'une vrille, Pourpe fait une chute terrible dont il se sort avec une cheville douloureusement foulée. Garros à la suite d'une panne de cylindre, Gilbert qui en a assez de voler à 200 mètres au-dessous des nuages et Pinsard qui transporte Marc Pourpe se retrouvent sur le terrain de Saint-Dizier où ils s'offrent une copieuse collation dans une auberge voisine (des œufs frais et « du petit fromage blanc exquis », que Pinsard et Gilbert mangent à l'échalotte...). Une demi-heure plus tard, ils sont au camp de Mailly où le capitaine Le Révérend les rejoint le soir. Le lendemain, les quatre *Parasol* atterrissent ensemble à Meaux, le surlendemain ils arrivent à Clermont.

Le 23 septembre, Garros est chargé d'une longue reconnaissance avec le capitaine Berger. « Au bout de dix minutes grand bruit et secousse. Un piston pulvérisé »... Comme jadis dans le *Paris-Madrid* ou le *Paris-Rome*, le *Parasol* atterrit dans un champ, le capitaine emprunte à un paysan un vélo et s'envole à toutes pédales pour aller chercher des secours pour l'avion et pour lui un autre pilote. Jules est rapidement sur les lieux avec un moteur de rechange qu'il entreprend de remonter aussitôt mais ce n'est qu'à la nuit tombante que l'avion sera prêt. Garros emmène un passager, Gilbert, venu le rejoindre et pendant qu'ils regagnent la base, le pilote sent derrière lui des secousses inhabituelles. Il se retourne pour voir son passager faisant des acrobaties insensées sur la carlingue.

– Mais tu es fou !

– Et toi ? L'année dernière, tu ne l'étais pas ?

Gilbert n'a pas trouvé d'autre moyen de célébrer l'anniversaire de la traversée de la Méditerranée. Roland l'avait oubliée et se rappelle :

À cette heure, l'an dernier, j'étais à Protville, un peu abruti.

La reconnaissance qu'il fait le lendemain avec le capitaine Maginel est plus longue et les fait passer par Lassigny, Ham, Saint-Quentin, Cambrai, Péronne, Roye et retour. C'est la première fois que Roland essuie le feu des batteries spéciales allemandes. Au-dessus de Ham, l'éclatement des schrapnells fait trembler l'appareil. Au sol, entre Péronne et Roye, ils observent un mouvement de recul de la cavalerie française devant le feu de l'artillerie allemande. Au retour, ils rencontrent un appareil allemand (Albatros ou Aviatik ?) auquel ils donnent la chasse en vain : la carabine est enrayée... Petite note de Garros sur son carnet à la fin de cette journée du 24 septembre : « le soir, partie de chasse avec Pinsard et le capitaine Le Révérend près de Creil : deux lièvres et plusieurs faisans »...

Les observations se font de plus en plus précises et c'est ainsi qu'à la date du 26 septembre, il écrit sur son carnet :

1°) Nous pouvons affirmer qu'il n'y a rien au delà de la ligne St-Quentin Noyon jusqu'à Wassigny à gauche de la vallée de l'Oise – 2°) Sur les voies ferrées aucun mouvement. Mais entre St Quentin et Wassigny, une énorme agglomération de wagons encombre la voie sur peut être 10 km – 3°) Entre les lignes St-Quentin Noyon et Péronne Lassigny des parcs nombreux et importants qqs effectifs et qqs convois sur les routes. À Noyon une station d'aviation ; 3 appareils LWG; ns en rencontrons 2 en l'air, l'un avant la reconnaissance sur le terrain d'atterrissage...

Le 27, Roland se rend à Paris pour « aller chercher un avion ». C'est surtout pour tenter d'activer l'administration militaire car il s'impatiente.

***

C'est à Breteuil ou plutôt à Esquenoy qu'il doit rejoindre son escadrille. Il est logé chez des petits rentiers, les Delaforge, vieux ménage dont les enfants ont adopté une petite fille. Le jour de son anniversaire, la fillette vient lui offrir un bouquet et on lui prépare « un délicieux chausson aux pommes ».

Ce sont ensuite pour Garros les premières missions de bombardement : le 7, il obtient l'autorisation d'aller avec Gilbert comme passager lancer des obus de 90 sur les rassemblements qu'il a observés autour de Bapaume. De 1 800 mètres, les obus mettent environ 20 secondes à arriver au sol, mais, lâchés « au petit bonheur », ils ne feront que déclencher une panique épouvantable autour des parcs. Il doit « arracher » le lendemain une nouvelle autorisation pour aller avec Pinsard déjà plus expérimenté lâcher des obus sur un rassemblement repéré à l'Est de Roye : cette fois-ci, il font « deux mouches sur trois ». et ils repèrent sur la route de Noyon un cortège d'automobiles qui démarrent à toute allure. Garros note : « le Kaiser était paraît-il dans le pays hier... ce serait drôle ! Ns rentrons enthousiasmés »... Le 9, il retourne avec Gilbert lancer des obus : sur trois, un seul portera et ils seront accompagnés jusque dans les lignes françaises par les batteries spéciales. « Ns leur aurons coûté bien des munitions ».

***

Le 10 octobre, Morane et Saulnier sont venus lui rendre une nouvelle visite : la « mission » semble enfin se préciser. Le 11, nouveau déplacement de l'escadrille en rase-mottes vers Amiens. Saulnier a embarqué avec Garros. Roland apprend enfin qu'il est demandé à Paris, officiellement « pour y chasser le Taube »... Les avions allemands ont en effet fait quelques incursions au-dessus de la capitale, semant dans la population une certaine panique. Il est affecté à l'escadrille du « C.R.P. », le « Camp retranché de Paris », chargée de la protection aérienne de la capitale.

Le lendemain, toujours en compagnie de Saulnier, il quitte Amiens sur son *Parasol* biplace. Traversant la ligne de feu, il est à Paris en une heure et demie après quelques détours et se présente immédiatement à la direction de l'Aviation militaire : il est trop tard, plus personne dans les bureaux ! Jules l'a rejoint avec la Bugatti. Ce n'est que le lendemain matin qu'il est enfin reçu par le capitaine de Faucompret. Celui-ci lui confirme le véritable but de sa mission : la mise au point de la petite mitrailleuse fixe tirant dans le champ de rotation de l'hélice, le système plutôt rudimentaire imaginé par le Colonel Estienne. La défense du CRP n'est bien qu'un prétexte.

Après un jour de repos, Jules s'est immédiatement mis à l'ouvrage. Morane et Saulnier ont prêté un petit coin de l'usine annexe (anciennement Charron & Cie). Le commandant Barès a donné des ordres pour que tout soit mis à leur disposition. Cela ne raccourcira pas pour autant le long cheminement de l'administration militaire... Les premiers essais sont faits sur un type G de 14 m^2 avec une hélice ordinaire sur laquelle Jules a fixé des pièces énormes fabriquées depuis longtemps par Saulnier. Le mécano a confectionné en fer cornière un support de mitrailleuse. Roland vole longuement avec l'appareil ainsi équipé puis décide, avant l'essai en vol, un dernier tir au sol.

Il a lieu le 3 novembre à Villacoublay, en présence d'officiers de la commission. Jules a bien calé le Morane en ligne de vol. Roland prend place aux commandes. Le mécano lance l'hélice mais à peine le moteur a-t-il démarré qu'un des pare-balles s'échappe et tout s'effondre : moteur arraché, fuselage et ailes brisées... Cinq minutes plus tôt et la même chose se produisait à 2 000 mètres ! Jules se précipite, tend la main à Garros pour le sortir des débris. Le pilote est indemne et il en est quitte, écrit Jules, « pour une légère émotion ». Il est pâle, en effet et se tournant vers Morane :

– Vous voyez, dit-il... j'avais raison... c'était un pressentiment.

Les officiers présents ne cachent pas leur scepticisme mais évitent de s'en prendre à Garros lui-même. C'est le malheureux Jules qui doit subir leurs sourires ironiques :

– N'est-ce pas un paradoxe que de vouloir tirer à travers une hélice avec une mitrailleuse fixe ? lui déclare un jeune et fringant lieutenant. Comment allez-vous viser ? Ce premier essai nous rend sceptiques...

– Allez, dit un autre, mettez donc le feu là dedans et qu'on n'en parle plus !

Garros et Jules examinent les dégâts : c'est l'un des tirants retenant un pare-balles qui s'est rompu. Le principe n'est donc pas en cause. Le soir même, Roland conclut dans un rapport au GQG à la poursuite des expériences et il donne la première définition du monoplace de chasse tel qu'il sera utilisé tout au long des prochaines décennies, léger, puissant, rapide. Il paraît commode, ajoute-t-il, de viser un objectif et de le tenir un temps suffisant dans la ligne de mire par les simples manœuvres de vol (puisque l'arme est fixée selon l'axe de l'appareil).

Dès le lendemain, Jules est de nouveau à l'ouvrage. Garros lui fait monter les mêmes pièces avec de nouvelles attaches sur une autre hélice et en fait faire l'essai : aux Arts et Métiers, le système monté sur un énorme moteur électrique tient à 1 600 tours et ne consomme que 2 ou 3 chevaux de la force du moteur. Il fait également tourner l'hélice pendant six heures à 1 250 tours sur un 100 CV monosoupape et le dispositif ne présente aucun jeu. Reste maintenant à affiner le travail. Avec l'aide de Chauvière, le célèbre fabricant d'hélices, il parvient à alléger les pièces, à les réduire pour économiser les balles perdues. La nouvelle hélice que lui dessine Chauvière permet de ne perdre que 4 à 5 pour cent des balles tirées.

***

Cette activité particulièrement intense n'est pas pour lui déplaire.

À sa mère, il écrit se porter le mieux du monde :

Je suis encore à Paris, ou à Villacoublay – j'y reste souvent les nuits – La mise au point de mon nouvel appareil a été retardée par une avarie qui s'est heureusement produite au sol.

Il annonce à sa mère que Marcelle est venue passer deux semaines avec lui mais qu'il l'a renvoyée à Pau car il fait à Paris un temps affreux :

J'aime mieux la voir au soleil car elle est très délicate, surtout l'hiver, écrit-il aussi et il poursuit : Elle est un peu intimidée pour t'écrire lorsqu'elle n'a pas pour raison de te donner de mes nouvelles. Il ne faut pas lui en vouloir. Elle m'a prié de l'excuser près de toi pour n'avoir pas profité de ta bonne invitation à venir se réfugier au Pornic – C'est moi qui lui ai demandé d'aller plutôt dans le midi à cause de sa santé.

Et ce n'est pas un secret militaire qu'il livre à sa mère en lui écrivant :

J'espère terminer ces jours-ci – J'irai faire les essais définitifs sur le front pendant qqs semaines puis je reviendrai à Paris préparer une machine perfectionnée d'après les expériences faites. Tel est, du moins, le programme.

***

Ses nuits ne sont pas toutes occupées à travailler à Villacoublay. Il lui arrive aussi de passer quelques soirées « en ville », chez Misia Edwards par exemple [1], chez qui Cocteau l'a entraîné un soir. À Paris, Misia est l'égérie « incontournable » (comme on dirait maintenant) de la vie artistique, littéraire et politique. Dans son salon du quai Voltaire se côtoient des artistes comme Paul Iribe, les peintres Vallotton ou Jacques-Émile Blanche, la comédienne Réjane ou Érik Satie, des auteurs, André Gide, Henri Ghéon et bien d'autres, des hommes politiques, le diplomate Philippe Berthelot et ses jeunes adjoints Paul Morand et Alexis Léger (plus connu sous son pseudonyme de poète, Saint-John Perse), Boni de Castellane, Aristide Briand, Clemenceau, Georges Mandel. bref, pour ne pas les citer tous, tout ce que Paris compte d'artistes et de personnages à l'influence certaine.

Dès le début des hostilités, comme la Croix-Rouge ne fonctionne pas encore et que l'on a désespérément besoin d'ambulances, Misia a décidé de servir son pays. Elle a obtenu de son ami le Général Galliéni l'autorisation de se rendre au front pour apporter des secours aux blessés. Elle a convaincu ses amis couturiers, bien obligés de fermer leurs maisons, de faire don de leurs voitures de livraison qu'elle a transformées en ambulance. Jacques-Émile Blanche décrit ainsi cette expédition :

C'était un groupe bizarre dont Misia avait pris la tête pour ramener les blessés de l'Haÿ-les-Roses. En éclaireur à la tête du convoi roulait la Mercedes de Misia, conduite par le dessinateur Paul Iribe, dans une tenue évoquant celle d'un scaphandrier, avec à ses côtés Jean Cocteau arborant un élégant uniforme d'infirmier conçu pour lui par Poiret. À l'arrière se trouvaient Misia en sobre tailleur de tweed et Sert (le futur époux de Misia) en knickerbockers gris pâle, son volumineux Kodak sur les genoux, se chamaillant avec Cocteau qu'il adorait taquiner.

Réformé, Cocteau n'a pu être incorporé mais, comme le définit Jules Roy, il est alors « très bleu-blanc-rouge ». Jacques-Émile Blanche évoque aussi, dans le salon de Misia,

---

1. D'origine polonaise et issue d'une famille d'artistes, Marie, Sophie, Olga, Zénaïde, « Misia » Godebska (1872-1950) a été l'élève de Gabriel Fauré et a donné son premier concert de piano en 1892. Elle a été peinte par Renoir, Vuillard, Toulouse-Lautrec, Bonnard, Valloton. Amie de Diaghilev, inspiratrice de Cocteau, qui l'a dépeinte dans « Thomas l'Imposteur » sous les traits de la Princesse de Bormes, et de Proust qui en a fait sa princesse Yourbeletieff et en partie sa Mme Verdurin, elle a successivement épousé l'éditeur Thadée Natanson, créateur de « la Revue Blanche », le magnat de la presse Alfred Edwards puis le richissime peintre espagnol José-Maria Sert y Badia.

cinq têtes d'hommes, brancardiers, médecins, (qui) se penchent sur des cartes, sous le grand abat-jour ; visages amaigris, tirés, brunis par le plein air ; ces poètes, ces artistes, se consultent ce soir pour un prochain convoi au front ; les mêmes qui, en mai dernier, entouraient ce piano aujourd'hui fermé où Stravinski nous jouait Le Sacre du Printemps pour la fête de Misia.

Roland est-il choqué par cette ambiance pour le moins curieuse? Toujours est-il que cette atmosphère de « l'arrière » ne lui convient pas. À son père à Saïgon, il écrit :

La vie de Paris reprend petit à petit. On s'est habitué à l'atmosphère nouvelle, aux communiqués constipés, aux uniformes ; les théâtres sont en train de rouvrir, tout le monde revient à Paris, sauf les Parisiens qui sont au front. En somme, s'il y avait la paix tout à coup, il faudrait s'y réhabituer...

***

Le commandant Barès leur procure un nouveau *Parasol* 80 CV et Jules se met aussitôt au montage d'un support de mitrailleuse définitif et de dispositifs spéciaux pour l'entrée des bandes de cartouches et l'évacuation des douilles vides. Une fois terminé ce travail, Jules tirera lui-même quelques centaines de cartouches sans aucun problème. Il peaufine la mise au point quelques jours encore. Garros peut enfin voler avec l'appareil complet et il se sent prêt à tirer en l'air.

C'est à ce moment que le commandant Barès demande une expérience de tir sur terre à Satory. Très confiant, Roland s'y rend, s'installe face à une cible. Le moteur est lancé : la mitrailleuse crache 300 cartouches d'affilée avant de s'enrayer.

J'arrête triomphalement le moteur, écrit-il dans son journal, **hélas, l'hélice est déchiquetée, un pare-balles endommagé et une balle a ricoché dans l'aile ! (...) Naturellement chacun donne son avis sur une chose qu'il n'avait jamais vu la veille, quelques fins théoriciens en tête. Je suis un peu énervé,** avoue Garros.

C'est le commandant Barès qui lui redonne du courage en déclarant que l'expérience prouve que le dispositif n'est pas au point, mais « peut en somme déjà permettre de tirer 300 balles sans panne irrémédiable »... Garros constatera le lendemain que l'incident n'est pas dû au dispositif lui-même mais à un déplacement sur son support de la mitrailleuse qui a tiré en dehors du pare-balles, là où l'hélice n'est pas blindée.

Le 2 décembre, il remercie sa mère de ses vœux de bon anniversaire, le 26e, qui lui courent de poste en poste depuis le 6 octobre.

Tu as dû me trouver bien indifférent de ne pas avoir répondu aux gentilles choses qu'elle contenait, lui écrit-il. **En réalité j'arrive aux âges où l'on n'entend plus évoquer par une mère des visions d'enfance, sans un certain attendrissement. Embrasse pour moi ma chérie de petite sœur en la remerciant.**

Et il lui explique qu'il

engraisse tranquillement et que c'est bien la période la plus calme de (s)on existence d'homme, la seule dénuée de soucis matériels. Je suis à Paris depuis plus d'un mois maintenant, mon travail consiste à courir toute la journée, en auto, chez les fournisseurs qui fabriquent les pièces dont j'ai besoin. La question m'intéresse énormément me donne une occasion de tirer parti de ma grande expérience de la façon la plus agréable et la plus utile. Je ne sais pas encore combien de temps cela durera.

J'avais cru qu'un séjour de 3 à 4 semaines suffirait à la mise au point d(u) dispositif, écrira-t-il par ailleurs dans son journal, en réalité par suite des difficultés imprévues et des complications de règlements officiels (formalités pour les commandes, etc.) mon séjour à Paris a été de 3 mois 1/2.

***

Je continue mes essais avec l'espoir de réussir d'un jour à l'autre, (cette lettre à sa mère est du 22 décembre) **car il manque peu de chose pour que mon système soit prêt.**

Marcelle, écrit-il aussi, **va venir passer les fêtes avec lui, chez leur vieil ami Jean Ajalbert au château de la Malmaison.**

Son dernier Noël d'homme libre... L'année suivante du fond de sa prison, il évoquera ces moments dans une lettre à Ajalbert :

Ce Noël me fait revivre en souvenir notre intimité de la Malmaison, l'hiver passé. Je me rappelle votre immense douleur et le pauvre soulagement que vous vouliez bien trouver dans notre présence. Dans cette maison de recueillement nous avons mêlé nos tristesses et nos espérances !

Curieusement, ce sont presque les mêmes mots que neuf ans plus tard Marcelle utilisera dans une lettre à Jean Ajalbert datée de Villefranche :

décembre ! janvier ! que de souvenirs ces mois font revivre en moi, à la Malmaison. Tous les trois nous avons mêlé nos tristesses et nos espoirs... hélas !

Les espoirs, on les imagine, mais les tristesses, elles sont déjà le lot de tout le monde en ce début de guerre : l'ami Marc Pourpe s'est tué en rentrant de patrouille le 2 décembre. Charles Ajalbert, le fils unique de Jean, est tombé au Vauquois, le frère de Jacques Mortane lui aussi a disparu...

Et ce soir de Noël 1914, Ajalbert sort néanmoins une bouteille de fine, « achetée au café anglais avant 1870 » et l'on boit, à la santé du père de Roland à Saïgon, aux amis absents...

***

Lourdeur administrative mais aussi simples problèmes de mécanique : la mise au point est infiniment plus longue que prévue. Garros a fait refaire de nouvelles pièces, une hélice perfectionnée. Après une séance réussie de tir en vol, il annonce au commandant Barès que l'appareil est prêt. Rendez-vous est pris un matin à Villacoublay. Il s'y rend en vol et tire 25 cartouches avant d'atterrir. La première balle déséquilibre l'hélice. Il continue à tirer et atterrit.

L'hélice est fendue : je me retire très penaud.

Mais pas découragé pour autant. Il examine attentivement l'hélice : les ricochets sont corrects, « les accidents sont produits par des fragments de balles projetés comme des éclaboussures au moment du choc ». C'est la balle chemisée de 7 mm qui se déchire, il lui faut donc employer la balle homogène de 8 mm et canaliser par des parois métalliques les fragments qui pourraient endommager l'hélice. Il obtient rapidement une mitrailleuse légère de 8 mm, la fait installer, refait usiner les pièces chez Panhard-Levassor, constate le bon fonctionnement de l'ensemble du dispositif.

Je convoque le Comt Barès une dernière fois et obtiens enfin un succès je reçois alors l'ordre de rejoindre l'escadrille MS 26 à Dunkerque où le Taube abonde.

Il est immédiatement en route. Marcelle a regagné à Billère la villa Anne-Marie où elle s'est réfugiée. Pour Roland, le séjour à Paris lui est « plus odieux que jamais ». Il s'arrête 24 heures près d'Amiens, le temps de revoir sa « vieille escadrille *MS 23* » en pleine gloire ; « chacun s'y est distingué et Gilbert a enfin abattu un Taube ».

***

La *MS-26* a été créée à Amiens le 26 août sous le commandement du capitaine Jannerod, déjà aviateur au Maroc avant la guerre. Quatre Morane-Saulnier seulement au départ, avec des aviateurs qui ont nom Bielovucic, Rose, Montmain, Delaplane. Toujours la même improvisation, la précarité des ravitaillements, l'absence de pièces détachées. Pendant quelque temps, l'escadrille a été basée à Anvers pour aider de ses observations Belges, Anglais et fusiliers marins qui ont courageusement résisté sur les bords de l'Yser. L'escadrille renforcée s'est ensuite repliée sur Saint-Pol près de Dunkerque. Début janvier, le capitaine de Malherbe en a pris le commandement. Garros y débarque le 1er février 1915.

Dès son arrivée, Garros, maintenant sous-lieutenant, a été chargé de réorganiser l'escadrille. « Il tenait », écrit Jules Hue, « école de pilote, faisant montre de ses talents d'acrobate raisonné, pondéré ; et surtout précis ; avec lui rien n'était fait au hasard, rien n'était risqué, tout était étudié minutieusement, appareil, vol, pilotage ». Combien de fois, se rappellera le mécano, Nungesser ne m'a-t-il pas dit : « Je n'ai pas encore rencontré un pilote qui puisse remplacer ton grand patron. »

Les Morane, comme jadis les Blériot renforcés de l'Armée, ont mauvaise réputation parmi les aviateurs. Il va s'efforcer de leur démontrer que leurs craintes sur l'appareil sont injustifiées en les faisant voler un à un. À Paris déjà, il a emmené en *Parasol* les chefs de l'aéronautique dont le colonel Boutiles, émerveillé par les qualités de l'appareil, le commandant Giros, le capitaine de Goÿs, futur fondateur de l'aviation de bombardement. Le commandant Barès, aussi. À Saint-Pol, Garros fera également deux essais de tir dont l'un devant les officiers lui permet de cribler une cible de 3 mètres dessinée sur la plage. Un rapport est fait au GQG, « il semble passer inaperçu », remarque, un peu amer, Garros sur son carnet.

La *26* est particulièrement chargée d'observer les mouvements de trains en territoire occupé et effectue de nombreux vols de nuits. Immédiatement, Garros est à la recherche de phares. Le 5 février, il écrit à son ami Barrier : « Personne n'a de phares. Si celui d'Agnauer marche bien, ce sera un succès. J'ai téléphoné à Paris aujourd'hui qu'on me l'envoie. » « Je vole 3 ou 4 fois par jour pour m'entraîner », lui dit-il également, « suis tout près de la pleine forme ».

Mais dans le ciel, les avions ennemis ont soudain disparu, un peu comme si la présence de Garros avait été signalée par les espions qui pullulent encore dans la région. Un jour, toutefois, le téléphone sonne:

– Des avions sur Furnes !

Garros grimpe dans son monoplace et s'élance : pendant une heure, il n'aura rien trouvé. Au retour, le téléphone signale de nouveaux avions, toujours sur Furnes. Nouveau départ du monoplace. Toujours rien dans le ciel mais quand il se dispose à rentrer, au bout d'une demi-heure, il aperçoit trois biplans qui viennent vers lui. « Une grosse émotion s'empare de moi ; enfin ! Je fais appel à toute ma volonté et je m'impose le calme. » Il choisit le premier des trois, moins haut que les autres. À 30 mètres, il tire un chargeur. Il est certain de l'avoir touché mais « rien ne tombe ». Un autre Morane monté par Faure et le capitaine Brunet est pris en chasse par le deuxième biplan. Garros se place « en position de chasse au dessus et derrière lui et tire un chargeur. Encore pas de résultats visibles ! ». Même insuccès contre le troisième.

J'ai l'impression de tirer à bout portant sur un homme que mes balles feraient sourire. Pourtant ceux qui sont dans les biplans ne sourient certes pas et s'échappent en désordre.

À ce moment, la mitrailleuse de Garros se tait. Un enrayage ? Non, à l'atterrissage, Jules lui fait remarquer que pour continuer, il n'avait qu'à réarmer... « Ce n'est pas pour me consoler. Il est difficile de ne pas se laisser décourager. Heureusement, j'ai la foi, une foi solide. »

Et il a raison : ce premier combat a eu sur le moral de l'ennemi un effet des plus ravageurs. Les aviateurs allemands ne parlent plus que de « la mort dans un cercle d'argent ». Anthony Fokker écrira plus tard :

Un monoplace français meurtrier fit brusquement son apparition dans le ciel au début d'avril. Les pilotes allemands, voyant venir vers eux cet engin, dont l'hélice en mouvement semblait un disque plein à l'avant, poursuivaient leur vol, se croyant à l'abri de toute attaque. À leur grand étonnement, l'avant de l'avion commençait à cracher sur eux un jet de mitraille. Plusieurs appareils furent ainsi descendus.

Personne ne connaissait le secret du dispositif, bien que des espions eussent été chargés de découvrir si possible le procédé et l'identité de l'aviateur... [1]

***

Le temps reste couvert et le vent souffle en tempête. et une bourrasque, la nuit, renverse le hangar qui s'écroule sur les appareils et en écrase trois, dont celui de Garros de façon irrémédiable. « C'est fini ou tout est à recommencer », écrit Roland. Le capitaine de Malherbe lui propose alors de l'accompagner par la route à Paris pour chercher de nouveaux appareils. Ce voyage lui « répugne » mais il s'y rend tout de même. Il espère enfin obtenir du GQG une réponse sur ses expériences et des moteurs de 100 chevaux...

Très aimablement, le commandant Barès les reçoit à déjeuner. Roland en profite pour étaler ses besoins : des hélices de rechange, un 100 CV Gnome et un 120 à l'essai. Garros est si convaincant que Barès finit par tout promettre. Mais aucun mot de la commande de Morane que Barès avait pourtant annoncée et lorsque Roland téléphone une nouvelle fois à Barès, le ton est devenu sec. Pas de 100 HP et retour d'urgence à Dunkerque.

Je comprends que tant que je n'aurai pas obtenu un succès par mes propres moyens, je n'ai plus rien à dire, écrit Roland dans son carnet. **les avions de chasse commandés à Morane à la suite de mes expériences sont décommandés bien qu'ils soient presque terminés.**

C'est le retour pour Dunkerque, avec les deux avions neufs, par un plafond de 200 mètres. Double panne pour l'avion du capitaine qui retarde le voyage. Roland n'aura plus que le temps d'atteindre Amiens où il retrouvera la *23* avec plaisir. Mais parce qu'on n'a pas fait le plein à Villacoublay, il aura dû auparavant atterrir dans un champ, le temps de se faire mettre en joue par « toute une escouade de territoriaux commandés par un vieux lieutenant à barbe blanche ». Il est de retour à Dunkerque le lendemain « après un voyage à 50 m de haut ».

***

1. Cité par Jacques Quellennec - *Mémoires* présentés par Jacques Quellennec – éd. Hachette.

Jules a profité de l'absence du « patron » à Paris pour équiper le biplace neuf qu'Audemars [1] a amené à Saint-Pol : tout l'équipement de la mitrailleuse avec en plus un lance-bombes (obus de 155 transformés, ailettes et percuteur spécial) à la place du passager manœuvré par un levier placé à portée du pilote (« Jules fait des chefs-d'œuvre »). Malherbe est au lit avec un abcès à la mâchoire. Il passe le commandement de l'escadrille au sous-lieutenant Garros. Ce sont, tous les jours, des reconnaissances de voies ferrées dans le secteur Courtrai, Tournai et Lille. Les batteries spéciales allemandes ont fait des progrès et maintenant les avions ne rentrent plus indemnes de leurs missions : celui de Garros va même recevoir un jour 24 éclats et Jules retirera du fuselage une fusée d'obus complète...

Missions de jour, missions de nuit aussi : par un beau clair de lune, il doit aller faire un rapport sur la visibilité des lumières de Dunkerque. Après un premier vol, il fait si beau qu'il décide d'aller bombarder Ostende. Il emmène deux obus de 155, passe par la mer, descend entre 200 et 300 mètres pour placer ses bombes bien au milieu des voies. Ce n'est que lorsqu'il repart que les projecteurs s'allument, passent sur lui, sans le voir. « Tous ces messieurs dormaient quand je suis venu maintenant c'est trop tard. Ils ne vont pas se faire complimenter par leurs chefs »...

Il n'oublie pas pour autant la chasse qui, il en est certain, sera l'une des principales composantes de la guerre aérienne. et pour cela, il croise de longues heures, sans résultat. L'après-midi du 1er avril, vers 3 heures, il part avec 2 obus de 155 destinés « à une gare teutonne ». À 1 500 mètres au-dessus de Furnes, son attention est attirée par des éclatements d'obus qui suivent un appareil : c'est un Albatros qui se dirige de Furnes sur La Panne. Il est à 500 mètres plus haut que lui. Tout en s'efforçant de rattraper son altitude, Garros se place sur une trajectoire parallèle pour lui couper la retraite. Près de La Panne, des tirs de batterie obligent l'Allemand à rebrousser chemin. Un Voisin tente de le poursuivre, le passager tire quelques balles de sa carabine mais le lourd biplan est vite distancé. Garros se met en position à une trentaine de mètres de l'Albatros et tire ; un chargeur de 24 balles. L'adversaire

1. De nationalité suisse, Edmond Audemars n'a pu participer directement au conflit mais il réceptionnait des appareils pour l'Armée.

fait des efforts pour fuir en piquant, le passager tire à la carabine, une balle fait sonner un longeron de l'aile du Morane. Garros tire trois chargeurs, « la fuite devient de plus en plus désordonnée », les deux appareils se retrouvent à 1 000 mètres et soudain une immense flamme jaillit du moteur du biplan qui décrit une très large spirale... Dans son carnet ce récit :

le spectacle est épouvantablement tragique, irréel. La descente s'accentue pendant 20" et se termine par une chute de 200 m et un écrasement effroyable. Je regarde bien longtemps pour me convaincre qu'il ne s'agit pas d'un cauchemar, je repère exactement l'endroit et rentre.

(...)

Le combat s'est terminé presque sur les lignes de tranchées ; de sorte que des milliers de soldats alliés ou ennemis ont pu y assister. Il paraît que les Allemands sortis de leurs trous pour nous voir auraient été fusillés par les nôtres.

Il racontera ce combat. À Jean Cocteau, Roland, après avoir écrit, : « J'ai besoin d'être bien sevré d'amitié et d'amour en ce moment : après avoir respiré dans une certaine atmosphère, j'embrasserais tout le monde, y compris les Teutons et il m'est impossible de me battre avec personne », il raconte : « J'ai réussi à tuer un Taube : cela a été horriblement tragique »... Pour Ajalbert, il emploie les mots « tragique, affreux ».

Sur le terrain de Saint-Pol, Jules qui attend son patron est surpris de voir le Morane arriver de loin en rase-mottes. C'est vraiment contraire aux habitudes de Garros. « Il y a du nouveau », se dit le mécano : Garros lui annonce en effet sa première victoire. Aussitôt, ils grimpent dans la Bugatti pour aller voir l'épave : « des miettes et deux corps nus non carbonisés mais grillés et saignants de toute leur chair tordue – Quel affreux cauchemar ! », écrira-t-il à Jean Cocteau. « Les deux cadavres étaient dans un état horrible », raconte-t-il dans une lettre à Ajalbert, « ils étaient nus et saignants ! Le passager avait une balle dans la tête. On n'a pas examiné le pilote qui était trop mutilé. Les restes de l'appareil étaient percés de balles un peu partout »... Mais ce qui l'indigne, c'est que les premiers arrivés ont raflé tous les objets, armes, insignes et il fait des démarches énergiques pour les récupérer.

À sa mère, il expliquera :

L'avion allemand était monté par deux hommes [1] ; j'étais seul (...) c'est la 1re fois que ce succès est obtenu par un pilote seul. et j'en suis d'autant plus content que la chose n'a été possible que grâce à l'appareil que j'avais demandé et obtenu la mission de mettre au point au cours de mon long séjour à Paris, cet hiver

... et il écrira à Ajalbert :

Inutile de vous dire ma satisfaction d'un succès aussi complet malgré un certain écœurement du spectacle. Il y a exactement 5 avions officiellement et authentiquement abattus par les nôtres depuis le début de la guerre (...)... ce qui me rend surtout heureux, c'est le sentiment d'avoir créé seul et malgré tous les sujets de découragement que vous savez et avec les risques de l'inconnu en aviation, l'instrument qui m'a porté au succès [2].

***

Garros n'est pas le seul à avoir dû affronter les lourdeurs de l'administration militaire. Ettore Bugatti qui, dès le début de la guerre, a abandonné ses usines de Molsheim pour se réfugier en Italie, a tenu à venir en France, le pays selon son cœur, avec l'intention d'y mettre au point un moteur d'avion. Mais l'Italie n'est pas encore entrée en guerre et ce ressortissant neutre, propriétaire d'usines en Allemagne, attire les soupçons de beaucoup de bien-pensants. En outre, n'ayant emmené de Molsheim que son génie, il connaît quelques difficultés financières. Roland apprend les ennuis de son ami. Le 15 avril, il lui écrit :

Comme moi, vous contribuez à la défense nationale, je connais vos difficultés, vous avez une femme et trois enfants, je suis célibataire et je peux être au front un jour ou l'autre, veuillez disposer de ceci... [3]

Il s'agit d'une lettre de crédit à son banquier offrant à son ami 200 000 francs, pratiquement tout ce qu'il possède. Ettore ne touchera pas à cette somme, mais son fils qui naîtra en 1922, il le prénommera « Roland ».

---

1. L'Albatros BII abattu par G. à Oudecapelle était piloté par le caporal August Spachholz, l'observateur était le lieutenant Walther Grosskopf.
2. À Ajalbert, G. envoie également des clichés des débris, qu'il lui demande de tenir à la disposition de *l'Illustration* avec cette remarque : « Mais qu'on ne sache pas surtout que les clichés viennent de moi. Cela m'attirerait les plus graves ennuis. »
3. Citée par Philippe Aubert dans son livre *les Bugatti*, éd. J.-C. Lattès, 1981.

Pendant ce temps, le travail de la *26* se poursuit inlassablement. Dès que le temps le lui permet, Roland part en chasse seul ou en compagnie de Simon. Sur Ostende, sur Nieuport, sur Dixmude. Rencontres sans résultat d'Allemands, mais aussi rencontre d'un « Maurice Farman » qu'il reconnaît au dernier moment, ou à la lueur d'une étoile filante qu'il prend pour un feu d'avion et qu'il poursuit un instant...

Le jour où il écrit à Ettore, un avion allemand a jeté des bombes sur Calais et se dirige sur Dunkerque. On téléphone l'information à Saint-Pol. Roland décolle à 8 H 40, croise trois quarts d'heure à 2 400 mètres au-dessus de Dunkerque, puis entre Armentières et Ypres. Il découvre deux appareils entre Ypres et la Lys et on ne leur tire pas dessus : ce sont donc bien des Allemands en réglage d'artillerie au-dessus de leurs lignes. C'est chez eux qu'il faudra les attaquer ou abandonner. À 2 000 mètres, Garros aborde par derrière l'Aviatik qui vole 200 mètres plus bas, tire 25 cartouches. Le pilote a entendu la mitrailleuse, son moteur s'est arrêté quelques secondes, il regarde dans toutes les directions, voit « le cercle d'argent », chute sur le côté, une chute rapide. Garros le suit du regard. L'avion continue à piquer vers le sol, Garros s'attend à le voir s'écraser. Il s'arrête dans un champ et rien ne bouge plus [1]. Le combat a été vu des deux côtés des lignes. Dans ses petits mots qu'il adresse presque tous les jours à sa mère, il écrit le lendemain :

J'ai eu hier matin la chance d'abattre un deuxième aéroplane allemand, qui est malheureusement tombé à quelques centaines de mètres derrière les lignes allemandes. Mais nos hommes ont pu le voir de nos tranchées. Il ajoute : Je t'écris étant « de service », ce qui consiste à passer une nuit demi blanche à l'aérodrome : il paraît que c'est d'une nécessité militaire. Cela représente pour moi une journée perdue car je suis à peu près incapable de me passer de sommeil...

Cette deuxième victoire de Garros sera rapidement homologuée. Le soir même, Garros participe avec le capitaine de Malherbe à un bombardement d'Ostende.

Le dimanche 18 avril au matin, il part et revient presque à la limite de sa réserve d'essence. Mais il annonce avoir descendu un nouvel Albatros près de Langemark [2]. Garros est félicité, tout le monde s'empresse autour de lui. Le déjeuner a

1. Le pilote abattu dans son Aviatik près d'Ypres s'appelait Reuber.
2. Pilote Wohlmacher.

lieu comme d'habitude au château de Saint-Pol. On a même sorti le champagne et les camarades de l'escadrille lui font la surprise de lui offrir à cette occasion la plaquette intitulée « le Prédestiné » qu'ils ont, en cachette, commandée à Doumenc...

Le retour au terrain l'après-midi est assez joyeux. Garros veut repartir à la chasse et bombarder à la fois, ce qui inquiète Jules. Il a d'ailleurs remarqué en vérifiant le moteur qu'un axe de tige de culbuteur manque, ce qui reste curieux car les cylindres marchaient à merveille au retour de sa mission matinale. Jules répare l'anomalie, charge les deux bombes, visse les deux percuteurs, approvisionne la mitrailleuse en munitions. Jules ne peut s'en empêcher, il a comme un pressentiment quand il voit décoller son patron.

C'est après l'attente du retour de la mission, une heure, une heure et demie. « Je ne vois rien poindre à l'horizon », écrit Hue, « mes doutes s'accentuent, les transes commencent, mon cœur se serre, je commence à parcourir le terrain de long en large et plus le temps se prolonge, plus je m'éloigne des hangars, je recherche la solitude et le silence, je fuis les questions de toutes sortes en me réfugiant sur les dunes au bord de la mer »... Il faut se rendre à l'évidence : il a disparu. Le seul espoir, c'est qu'il soit prisonnier sans accident, sans blessures. « Il est onze heures quand je quitte le terrain. Je rentre à Saint Pol, mais quelle triste nuit ! », se souviendra Jules Hue.

Il y a cinquante neuf mois que le jeune débutant, installé sur sa lanière de cuir, « s'arrachait un peu de la terre » sur son assemblage de bambou, de métal et de soie. Devenu homme-oiseau, il a maintenant les ailes coupées.

XXIV

L'oiseau piégé

Garros a décollé de Saint-Pol vers 15 heures en compagnie de Malherbe [1]. Les deux avions croisent de conserve au-dessus du secteur de Courtrai. Un train venant d'Ingelmunster se dirige vers le sud. Garros pique de 2 000 à 700 mètres, descend à 40 mètres pour se mettre dans le sillage du convoi, lâche sa première bombe, exécute deux courts virages, revient placer son deuxième 155... Il remonte alors à 700 mètres. C'est à ce moment que son moteur se tait et qu'il est contraint en vol plané d'aller se poser un peu plus loin, dans un champ. L'aviateur met aussitôt le feu à son appareil et s'enfuit vers la ferme la plus proche. Les paysans lui fournissent des vêtements civils et dans la nuit tombante, le fugitif s'efforce de se cacher dans l'espoir de regagner, une fois tombée l'obscurité complète, l'autre côté des lignes.

La « Kriegzeitung » de la IVe armée allemande attribue l'arrêt du moteur au tir nourri du poste de garde de la voie ferrée commandé par le feldwebel-leutnant Schlenstedt. Les Allemands se lancent à la poursuite du pilote.

Le feldwebel arriva le premier, à bicyclette, sur le lieu de l'atterrissage, poursuit la « Kriegzeitung », **des hommes du poste et un sous-officier d'une colonne de parc à fourrage, ainsi que quelques cavaliers du détachement de Hulste recherchèrent le pilote. Les habitants affirmèrent qu'il n'y avait qu'un homme dans l'appareil. On trouva l'avia-**

---

1. Dans « les Ailes glorieuses », Jacques Mortane pose la question suivante : « Comment son chef avait-il pu concevoir l'idée baroque de l'envoyer lancer des obus à bord de l'unique avion de chasse de cette époque, muni d'un dispositif, absolument secret ? Des sanctions n'auraient-elles pas dû être prises ? » Par ailleurs, on ne peut pas ne pas évoquer cette curieuse panne du moteur du *Parasol* mentionnée par Jules Hue dans sa *Note-Mémoire*.

teur caché derrière un épais buisson d'épines. Il essaya encore de se dissimuler dans un fossé rempli d'eau, d'où il fut retiré par les deux hommes de la Landsturm, Broemme et Arnold.

Anthony Fokker, qui va examiner en détail l'épave de l'appareil, est d'un autre avis quand il déclare :

Le hasard voulut qu'un moteur défectueux contraignît l'appareil à descendre dans les lignes allemandes. Celui-ci fut capturé avant que le feu l'eût entièrement consumé. L'aviateur se trouvait être le célèbre Roland Garros, un des plus fameux pilotes avant la guerre. Son secret nous fut alors révélé [1].

À Saint-Pol, on apprendra la capture par le communiqué diffusé sur les ondes par la radio allemande :

L'aviateur Garros, obligé d'atterrir à Ingelmunster (10 kilomètres au nord de Courtrai), a été fait prisonnier dans le soirée du 18 avril.

***

Garros prisonnier : c'est un peu l'image que de nos jours tous ont à l'esprit, celle d'un de ces oiseaux piégés par la marée noire, tentant désespérément d'ouvrir ses ailes engluées pour reprendre son vol. Mais l'homme peut faire appel à ces ressources infinies que ne saurait déployer l'animal et pour Garros, cette cruelle et longue expérience de la captivité sera une nouvelle occasion de s'élever.

Au début de la guerre, les lanceurs de bombe sur l'arrière paraissent transgresser « le jeu » de la guerre. Ils sont pratiquement assimilés à des criminels et c'est bien ainsi que Garros sera traité. Une fois identifié, l'homme en vêtements civils que tout le monde a vu bombarder un train loin des lignes sera désigné pour le plus perdu et le plus lointain des camps de pri-

1. Anthony Fokker a également écrit : « le corps de l'aviation n'eut plus qu'une idée, ce fut d'imiter le dispositif de Garros, et ils me firent venir à Berlin où l'on avait transporté les restes de son avion, afin que j'entreprisse de l'adapter à l'usage des appareils allemands. Avant qu'on me remît celle de Garros, je n'avais jamais manié de mitrailleuse. On m'en donna une, un mardi soir, et je pris le train pour Schwerin, en l'emportant sous mon bras. Le vendredi suivant, je revins au quartier général de l'Aéronautique, avec la mitrailleuse synchronisée actuelle, dont on s'est servi depuis dans tous les combats aériens. Telle est l'histoire complète et véridique du tir fixe à bord d'un monoplace. Tout ce qui pourrait y être ajouté ne serait pas le reflet de la vérité ».

sonniers : Küstrin, en Prusse orientale. Comme un bandit de droit commun, il sera emmené en train, à travers toute l'Allemagne, malmené, injurié, tout juste alimenté, sans beaucoup de sommeil. Il tousse. À chaque arrêt du convoi, on lui passera les menottes et c'est un homme complètement épuisé que ses gardes débarquent du train. À peine peut-il suivre le pas de ceux qui l'emmènent vers la forteresse de Zorndorff.

Zorndorff ? Un vieux fort enterré dont les casemates où sont détenus les prisonniers ne donnent que par une petite ouverture sur une courette intérieure profonde de 7 mètres, d'une vingtaine de mètres de long sur 4 à 6 mètres de large. Dans les chambres, des lumignons fumeux. Le prisonnier est conduit dès son arrivée à la Kommandantür pour interrogatoire par le commandant du camp, le commandant Trettner. Le lieutenant Robert qui sert d'interprète l'a raconté à Ajalbert.

« – Le commandant du fort me prie de vous avertir que votre traitement dépendra de votre conduite, qu'il espère n'avoir pas d'ennuis avec vous, – qu'il est obligé d'exercer une surveillance très serrée...

« Roland Garros s'est redressé, sa voix éclate :

– Je vous prie de dire au commandant que, m'étant conduit en soldat et en officier, j'ai été traité comme un malfaiteur... On m'a frappé... fouillé... dépouillé de mes vêtements, de mon portefeuille avec 5 000 francs, de ma montre... C'est au commandant de faire rechercher les voleurs... C'est entre ses mains que je dépose ma plainte... J'entends que ces objets me soient rendus. et que le commandant le sache... désormais, je n'aurai qu'une pensée, de recouvrer ma liberté, de faire connaître au monde comment l'Allemagne...

D'une phrase, il avait situé la résistance qui devait se propager par toutes les geôles où il serait transporté. Le lieutenant Robert, qui n'avait jamais eu à traduire de protestation aussi énergique, rapportait :- Pendant qu'il parlait, on se serait crus libres... Comme un Goliath qui aurait soulevé les voûtes... »

Les épouvantables conditions du voyage ont détérioré sa santé. La bronchite qui le terrasse est pratiquement laissée sans soins par les autorités allemandes. Pendant plusieurs jours, il refusera de quitter son grabat. Il est vrai que son moral est ébranlé. Mais son arrivée parmi les autres prisonniers n'est pas passée inaperçue. Le lieutenant Robert est allé de l'un à l'autre raconter la première rencontre avec Trettner. Ses compagnons de chambrée, le lieutenant Biron et bien d'autres, l'entourent de leur intérêt, de leur sollicitude et parviennent à le ramener du désespoir à une vie normale, si l'on peut dire.

Ils obtiennent qu'il les accompagne dans la « cour ». Au vu

de l'exiguïté de la « promenade », Garros refuse d'y retourner. Nouvelle convocation de Trettner : « Pourquoi le lieutenant Garros refuse-t-il de sortir ? ». « Parce que, dans la cour, on ne peut même pas respirer ! »... À Trettner au bord de l'apoplexie, Garros, très calme, fait traduire qu'il saurait bien faire connaître à qui de droit les traitements subis par les prisonniers de Zorndorff... Impressionné par le flot de correspondance et des colis que ce prisonnier un peu exceptionnel commence à recevoir de France, Trettner ne tardera pas à céder et va autoriser la promenade sur les talus recouvrant les casemates...

Garros est soumis à un appel quotidien et nocturne toutes les deux heures. Ses compagnons le mettent au courant des habitudes du camp, on l'informe des projets d'évasion, on lui désigne ceux d'entre eux qui sont « sûrs » et ceux qui le sont moins. Dans les colis reçus, des vêtements qui lui font retrouver un aspect civilisé. Dans les lettres, beaucoup de signes de sympathie de personnes qu'il ne connaît même pas... Le moral lui revient.

***

Comment partir, recouvrer la liberté ? À son ami Léon Barthou, il écrit :

Un député nommé Pascal, des officiers dont j'ai les noms, tous valides, ont obtenu leur échange pour raisons particulières. Je suis persuadé qu'avec un peu d'adresse et de ténacité on obtiendrait le mien, moyennant un sacrifice suffisant. J'ai fait une démarche officielle, mais elle n'a une chance de réussir que si elle est appuyée en France. Et il ajoute ces mots :

Excusez-moi auprès de Malherbe : il m'avait prêté un parapluie auquel il tenait beaucoup et qui a été détruit par un commencement d'incendie que j'ai eu à Dunkerque. Je n'ai pas eu le temps de le lui dire.

Il pense beaucoup à « l'échange » et en a déjà avisé Ajalbert, à qui il précise le 8 juillet :

On se préoccupe beaucoup d'un groupe d'officiers allemands (dont un général) internés, autant que j'ai pu le comprendre, au fort d'Entrevaux, près Grenoble, où ils se plaignent d'un régime trop rigoureux. À titre de représailles, les autorités allemandes mettent aux arrêts, ici, dans des conditions sévères, un nombre égal d'officiers français du même grade. Peut-être pouvez-vous utiliser ce renseigne-

ment pour les démarches que je vous avais précédemment prié de tenter ?

À Paris, les amis de Roland se sont mobilisés. Ajalbert a fait parvenir au président de la République le carnet de route dans lequel Garros raconte la mise au point du tir à travers l'hélice et a sollicité une entrevue. Poincaré l'a reçu avec sympathie. Un « échange » ? Le président l'a écouté avec intérêt, Garros lui paraît indispensable à la défense nationale. Plusieurs semaines d'attente et la réponse parvient au vieil homme découragé : l'État-Major ne voit pas « pourquoi il devrait spécialement s'occuper d'échanger le lieutenant Garros »... [1]

Cette voie vers la liberté n'a pas trop longtemps fait illusion à Roland. À la fin de l'année 1915 qui arrive si vite dans la monotonie, il s'est complètement repris. Il passe de longs moments avec le capitaine Grezand à parler de l'aviation future. Pendant la promenade, il ne manque pas de pratiquer ses exercices physiques afin d'être prêt quand il le faudra.

Par l'intermédiaire d'un des rares malades évacués par la Suisse, il a fait parvenir à son ami Jacques Quellennec à Paris, découpée dans du papier, une simple grille qui laisse apparaître par ses fenêtres les mots principaux qu'il faut retenir. Pendant toute sa captivité, il entretiendra ainsi une correspondance clandestine avec ses amis de Paris, au grand dam du petit interprète allemand chargé au Zorndorff du contrôle de la correspondance, un jeune professeur de français auquel aucune subtilité de l'argot parisien ne pourrait échapper. Le même procédé est utilisé pour la réponse, c'est ainsi qu'il est régulièrement tenu au courant des initiatives des Léon Morane, Raymond Saulnier, Edmond Audemars, Jacques Quellennec, car tous ses amis de Paris s'agitent.

Ils envisagent de faire évader l'ami prisonnier par la Baltique, vaste plan qui comprend l'affrètement d'un bateau

---

1. Pendant ce temps, Fokker a mis au point sur son « M5 K » que les militaires appelleront « E I » le système de synchronisation de tir à travers l'hélice. Il est vrai que le percuteur de la parabellum a un déplacement de 3 millimètres seulement. Ses monoplans à tir axial vont longtemps semer la terreur dans les rangs des pilotes français et britanniques soumis au tir meurtrier du premier avion de combat allemand. Il faudra attendre de nombreux mois l'entrée en lice des « Nieuport », des « DH 2 » et autres « B.E. 2b » pour voir se rétablir dans le ciel l'équilibre des forces au profit des Alliés.

qu'on embossera dans le port de Stettin, à 100 kilomètres du camp. Restent seulement... la sortie du camp, le trajet jusqu'au port et le rendez-vous... Pour sortir, une première possibilité s'est offerte sous la forme d'un couloir étroit dont les portes, le prisonnier s'en est rendu compte, ont été ouvertes. Mais elles sont de nouveau bloquées par des serrures inviolables... Qu'à cela ne tienne : on décide début avril de creuser un tunnel, une galerie de près de 140 mètres qui devrait demander plus de trois mois de travail. À travers la grille de codage, les amis de Paris peuvent lire :

20/4/1916

Je ne puis fixer un rendez-vous aussi juste. Dites-moi adresse où puisse aller, heure convenue, mais quel jour ? dans le délai de trois mois cette année. Sortie d'ici devenue impossible. Donc obtenez autre camp, inutile préciser, demandez meilleur, plus spacieux, ma vie présente sans motif officiel, pendant un an, est un cas unique, cause santé [1].

Le 31 avril, il écrit à sa mère. Une lettre non codée, évidemment, pleine de nostalgie, de tendresse et de reconnaissance pour les « gâteries » d'une mère aimante à son fils prisonnier, comme de Saïgon elle comblait de gentillesses l'adolescent perdu à Paris :

(...) Pardonne-moi de ne pas écrire plus souvent. J'ai beaucoup pensé à toi le jour de ta fête et j'ai fait mille vœux.

J'ai reçu tes paquets : celui d'Hédiard et celui contenant le bœuf mariné préparé par toi. Il était absolument parfait. Tes dernières lettres me font sentir une inquiétude sur ma santé. Cela n'a aucune raison d'être. Je suis parfaitement bien – Je reçois 6 ou 7 paquets par semaine. C'est-à-dire de quoi alimenter abondamment plusieurs prisonniers.

C'est pour cela que je t'ai priée de ne pas te soucier de moi. Si tu veux me gâter malgré tout prépare moi une daube de temps en temps avec un peu de riz que je fais cuire quelquefois pour me rappeler le pays, ce sera un grand régal.

Le 26 mai, nouvelle lettre à sa mère, d'une tendresse tout aussi sincère. Mais ne faut-il pas en outre disperser l'attention du censeur?

Je me porte très bien – mais il m'est impossible de t'écrire plus souvent. Au point de vue du ravitaillement, j'ai tout ce qu'il me faut. Si

1. Toutes ces lettres codées sont citées par Jacques Quellennec dans son commentaire aux *Mémoires*.

cependant tu tiens à me gâter, envoie moi de temps en temps un carri de bichiques de chez Hédiard, des achards [1], un peu de riz etc. Tiens compte de ce que je fais popote avec 4 camarades – La chose qui me ferait le plus plaisir serait une ou plusieurs photographies de toi et de Gilberte – avec le minimum d'apprêts photographiques – notamment sans chapeau ou accessoires. J'ai mis la carte postale que tu m'as envoyée sous un petit cadre et elle me tient compagnie.

(...) Je te confie les deux lettres ci-jointes à faire parvenir séparément. J'ai inscrit les adresses en marge.

S'agit-il là d'une des lettres à Saulnier ? Avec des boîtes de conserve et tout un outillage improvisé, les sapeurs ont attaqué avec vigueur le creusement de la galerie à partir de la chambre 14. Le travail est d'abord rapide, trois mètres par jour : ils sont dans du sable. Les déblais sont dissimulés entre le plancher et le sol. Mais dans le boyau, l'air devient irrespirable et il faut construire (toujours les boîtes de conserve) une bouche d'aération.

9/6/1916

Il y a grande urgence, faites attendre dizaine nuits au moins, passerai sûrement entre 10 et 25 juillet sur votre annonce, l'âge de Hugo moins vingt sera le nombre de nuits que l'homme pourra rester.

Votre rendez-vous parfait, je sifflerai aussi, car peut-être d'autres passeront avant moi. Journal que vous dites impossible ; employer nouvelles du jour Rundschau, sommes ainsi suffisamment renseignés dans dernière lettre Audemars sur l'affaire.

Le creusement prend du retard, car on a dépassé le sable pour tomber sur une couche beaucoup plus dure, difficile à attaquer avec les pauvres outils dont on dispose. Puis c'est une nappe d'eau qui les surprend.

22/7/1916

Rencontré couche d'eau au dernier moment. Faisons maintenant le détour qui dispense descendre au niveau flotte. Avons éliminé toutes inconnues, finirons fin août selon vos nouvelles, annonce semblable à la première. Il sera facile presser la fin.

---

1. Les « bichiques » sont des alevins principalement pêchés à la nasse dans la Rivière Saint-Denis, à La Réunion. À l'époque, la maison Hédiard commercialisait sous la marque « Royal Bourbon » des « bichiques en carri », des « bichiques à l'huile » et des « bichiques au naturel ». Les « achards » sont des condiments constitués de cœurs de palmier ou de légumes, préparés avec différentes épices, notamment du curcuma.

Le 6 août, Roland encore plein d'espoir écrit à ses amis sa certitude de réussir et leur demande un délai pour le rendez-vous de Stettin. Mais peu de temps après, Trettner se présente dans la chambrée. Sans un mot, il se dirige droit vers un lit qu'il fait déplacer et de la pointe de son sabre, soulève la planche du parquet qui recouvre l'entrée du tunnel. Le commandant se retire sans un commentaire. Ils ont été trahis par un des rares officiers russes encore à Zorndorff pour un petit supplément de nourriture...

Il faut repartir à zéro. Après une première période d'abattement, chacun dans le camp se remet activement à ses préparatifs d'évasion. L'été tire à sa fin. Les mutations se font de plus en plus fréquentes mais les amis qui partent sont remplacés par d'autres fortes têtes : c'est la spécialité du fort. Roland fait maintenant équipe avec les lieutenants Foucher et Bastin. Puisqu'on ne peut sortir sous terre, eh bien, on franchira la contrescarpe ! Le lieutenant Noye y est bien parvenu, même s'il s'est fait reprendre de l'autre côté !

Ce qu'il faut, estiment les candidats à la liberté, c'est une préparation minutieuse : on doit impérativement connaître les habitudes des sentinelles (sept le jour, douze la nuit). Pour atteindre le fossé et pouvoir étudier leurs allées et venues, on doit ouvrir une porte fermée la nuit de deux cadenas (Garros est passé maître dans l'art de forcer en douceur toutes les serrures), soulever sans bruit une lourde trappe pour se couler entre des barreaux au pied des factionnaires. Mais ils ont beau chronométrer les va et vient, comparer leurs observations, aucune possibilité de passer au travers un réseau aussi serré !

En revanche, un petit matin à l'aube, Bastin sorti à l'heure de la relève constate avec stupeur que la section de jour ne se met en place que dix minutes après le départ des sentinelles de nuit... La voilà, l'ouverture ! Avec le fer de certains lits, les barreaux en bois de chaises longues pliantes, Roland s'est mis depuis plusieurs semaines à la fabrication d'une perche démontable de sept mètres (la hauteur à franchir) transformable en échelle : un bijou d'ajustage, facilement dissimulable. La Noël arrive. Il ne manque plus que l'annonce de l'arrivée du bateau à Stettin. Par la correspondance codée, on retient un jour : le 15 janvier 1917.

Dès lors, c'est la fièvre. Au seuil de ce qu'il croit déjà être son retour à la liberté, Roland envoie ses vœux de bonne année à Ajalbert, alors au Maroc et qui vient d'être nommé directeur de la manufacture de Beauvais. « Je partage votre satisfaction et je m'imagine, parmi les joies ou plutôt les consolations futures du retour, les escapades aériennes que j'irai faire auprès de vous dans votre nouveau domaine »...

Le même jour, 7 janvier, ce merveilleux message d'amour et d'espoir à Marcelle :

Je ne t'écris plus parce que je n'ai rien de sensé à te dire et que je n'ai décidément pas l'âme disposée au babillage. Par contre, si tu m'écrivais plus souvent, cela me serait agréable.

Je te souhaite de tout cœur une bonne année. Il dépend un peu de toi qu'elle soit plus ou moins bonne. Ne te crois pas obligée de vivre en deuil parce que je ne suis pas là. Cela ne sert à rien. La guerre sera encore longue – je te le dis – et tu n'as aucune raison de perdre net des années de jeunesse que tu ne retrouveras jamais.

Vis raisonnablement, mais vis. Suis tes goûts et tes instincts : sois libre pour nous deux.

Mais une fois de plus, tout s'écroule : la rumeur s'est répandue dans le camp que, cédant aux remontrances du gouvernement français, Zorndorff sera dissous. On y aura mis le temps : le camp existe depuis plus de deux ans... et Garros apprend qu'il doit partir le lendemain 8 janvier à six heures du matin « pour une destination inconnue ». La fuite est devenue impossible, il faut y renoncer. Foucher sera expédié à Mayence. Bastin, resté à Zorndorff, empruntera l'itinéraire si méticuleusement préparé en compagnie de deux officiers anglais : ils échoueront.

***

La « destination inconnue », c'est la Silésie où le convoi débarque son chargement de prisonniers au camp de Gnadenfrei. Contrairement à Zorndorff, ce n'est pas une forteresse et les bâtiments ont même l'aspect de vraies maisons. Le tout est évidemment entouré de fossés, de barbelés, mais on est ici si loin de tout et de la France en particulier que les geôliers n'ont pratiquement pas à craindre d'évasions, aussi le régime carcéral est-il moins sévère qu'à Küstrin. Mieux encore, les prisonniers disposent de grands espaces où ils ont pu aménager courts de tennis et terrains de football. Et puis, depuis trois ans qu'ils sont captifs, leur moral s'est quelque peu émoussé.

Le régime réservé à Garros sera lui aussi beaucoup moins sévère. On l'autorisera même à occuper seul, au quatrième étage, un petit réduit triangulaire dans lequel il trouvera la place pour le piano qu'il a pu louer. Il a installé des planches en bibliothèque qu'il remplit des livres qu'il peut enfin dévorer, d'Anatole France à Nietzsche. Pointées aux cloisons, les photos de ceux qu'il aime, Marcelle, son père, sa mère, sa sœur... « Ce n'est pas bien grand ici », expliquera Garros, « mais j'y suis seul, c'est l'essentiel. J'ai découvert ce petit grenier, on a bien voulu me le donner, je l'ai un peu arrangé et m'y trouve très bien ».

Pendant ce séjour à Gnadenfrei, Garros s'efforcera d'entretenir sa forme physique en profitant des terrains de sport. Il jouera au football, se remettra au tennis. Excellente occasion pour lui de se faire adresser deux raquettes : dans les manches évidés, un chapeau de feutre, des cartes et une deuxième boussole. La première, minuscule, il la conserve sur lui, dans son nœud de cravate...

À la fin de mai, un nouveau prisonnier arrive, un jeune officier de chasseurs, le lieutenant du Roure qui entrera après la guerre chez les Bénédictins sous le nom de frère Robert. Avidement, Roland l'interroge sur ce qui se passe en France. Du Roure lui explique la vie des tranchées, la vie de l'arrière, puis ajoute :

– Ce n'est pas intéressant, ce que je vous raconte. Maintenant, parlez-moi un peu de vous et de toutes vos aventures.

Roland prend sur une étagère quelques cahiers cartonnés de rouge et les lui tend:

– Tenez, dit-il, tout est là-dedans, mais ne les prêtez à personne.

Ce sont les *Mémoires* qu'il vient de commencer à rédiger. Quelques jours plus tard, le jeune du Roure les lui ramène :

– Comment avez-vous pu réaliser tout cela ?

– Oh ! Vous savez, quand on veut vraiment quelque chose, on finit toujours par y arriver.

Mais les autorités allemandes ont compris qu'il ne faut jamais laisser aux fortes têtes le temps d'élaborer des plans d'évasion, l'évacuation de tous les Français de Gnadenfrei est bientôt annoncée. À la fouille des gardes-chiourme, Garros pourra tout de même dissimuler, outre tout le matériel qu'il a reçu de l'extérieur, la grosse corde qu'il emmène à tout hasard, vers sa prochaine destination.

***

Cette fois-ci, le train emmène lentement mais sûrement les prisonniers vers l'ouest. Pourquoi ? Pensant pouvoir protéger

Trèves des bombardements, les Allemands ont regroupé dans un camp spécial aménagé dans un ancien couvent le plus grand nombre possible de Français. La proximité de la France excite l'imagination des prisonniers qui se lancent dans l'improvisation : beaucoup se font immédiatement reprendre.

Plus calmement, Garros, du Roure et Bertin commencent à creuser un tunnel, cela devient une habitude chez Garros. L'ennui est que leur galerie tombe sur un vieux cimetière et que les ossements, les dalles, les poteries doivent être enlevées. Cela ne durera pas : les Allemands ont arrêté en ville un Hollandais porteur de trop nombreux billets de banque et qui tente d'entrer en relations avec les geôliers. Garros reçoit l'ordre de se préparer à partir dans les deux heures... Pour Magdeburg.

C'est pour Garros un retour à un régime encore plus sévère que celui de Zorndorff. Le camp aménagé dans une forteresse napoléonienne baptisée « Kavalier Scharnhorst » est composé de casemates circulaires recouvertes de gazon, sur lesquelles sont postées les sentinelles, entourant une cour centrale minuscule. Mais surtout c'est un camp de représailles commandé par le colonel von Brixen, qui donne pour définition de ses prisonniers « un ramassis de crapules ».

Dès son arrivée, Garros est l'objet de soins attentifs de la part de Brixen : il est logé, seul Français, dans une chambre d'officiers russes, il est enfermé à clef la nuit dans la chambre et, surtout, soumis à un contrôle toutes les deux heures. « J'ai vingt-huit mois de captivité », écrit-il officiellement à Brixen, « J'ai déjà passé deux ans, sans savoir pourquoi, dans les casemates humides et sombres du fort de Zorndorff (...) C'est un traitement parfaitement inhumain envers un ennemi désarmé. Je ne me sens pas la force d'y résister et si cela doit continuer, je demande par la présente à être fusillé ». Après avoir envoyé cette lettre, Garros se couche et refuse de répondre à aucun appel.

Mais ce qui marquera ce séjour de Garros à Magdeburg, c'est sa rencontre avec le lieutenant Marchal [1]. Grâce à sa

1. Installé en Allemagne avant la guerre, Anselme Marchal était pilote d'essais pour hydravions à Warnemunde. Parce qu'un beau matin d'août 1914, il a vu toute la flotte allemande subitement repeinte en gris, il a compris l'imminence de la guerre et a immédiatement regagné la France. Parti de Villacoublay sur un Nieuport 80 CV, il est allé lâcher les 20 et 21 juin 1916 des tracts sur Berlin, et après un vol de 1380 kilomètres à travers l'Allemagne, il sera fait prisonnier à moins de cent kilomètres de la frontière russe.

connaissance parfaite de l'allemand, Marchal a déjà tenté de s'évader déguisé en officier allemand, en traînant derrière lui le capitaine anglais Cartwright qu'il était censé convoyer dans un autre camp. Les deux fugitifs n'ont été repris qu'à 1 500 mètres de la frontière hollandaise.

Garros et Marchal vont longtemps discuter, ils sont immédiatement en accord, ils décident de faire équipe pour une nouvelle tentative. Mais Garros est transféré au camp de Burg. Pour les « irréductibles », les Allemands ont adopté la tactique de les changer souvent de camp.

***

Le 22 août 1917, Garros est interné au camp de Burg dans la « chambre des aviateurs », isolée des autres. Un camp classique, assez grand, abritant presque un millier de prisonniers dont deux tiers de Russes, entouré de palissades, de barbelés, de fossés et de miradors... Toutefois, il comporte à côté des bâtiments un vaste espace aménagé en terrain de football et en courts de tennis. Beaucoup de prisonniers s'efforcent de maintenir leur forme sportive.

Pour n'avoir pas répondu assez rapidement à un appel, Garros bénéficie dès son arrivée d'une mise au cachot de quelques jours et c'est avec plaisir qu'il retrouve, après, l'ambiance fraternelle des aviateurs. Parmi ceux-ci, l'abbé Capdevielle, le lieutenant Carle et aussi un aviateur russe, le lieutenant Katchar. Le dimanche, le capitaine Henri de Corta convie à déjeuner les candidats à l'évasion, les plus fortes têtes. Mais Garros, tout comme Capdevielle, est soumis au contrôle toutes les deux heures et les fouilles succèdent aux fouilles. Pendant que soldats et policiers en civil inspectent les chambres, les prisonniers parqués au dehors sont déshabillés un à un et leurs vêtements passés au peigne fin... Heureusement, de menus cadeaux distribués aux gardes permettent de savoir à l'avance le jour et l'heure de ces descentes intempestives.

Ce qui dans le camp intéresse Garros, qui a une nouvelle idée, ce sont ces vastes espaces consacrés au sport. Le terrain de football, par exemple, lui paraît un champ d'atterrissage idéal. Le 15 octobre, toujours par le moyen de sa grille, il écrit à Paris :

Je serai où l'appareil s'arrêtera et je l'aiderai à se retourner si c'est nécessaire en bloquant une extrémité des plans. J'attends tous les

jours jusqu'à contre-ordre. Si c'est absolument impossible, activez la Suisse, ici on craint rupture neutralité.

Un mois plus tard, il précise à Saulnier :

Je suis à six heures de vol vous attendant en permanence sur un terrain praticable dont la garde toute extérieure est impuissante, prévue (pourvue) d'un goal porte, la longueur utile 150 m le sol a la consistance du sable d'Issy-les-Moulineaux.

Mais il n'a encore reçu aucune réponse lorsque, de nouveau, il est transféré : c'est le retour au sinistre « Kavalier Scharnhorst », transformé maintenant en véritable camp de représailles. Brixen est plus odieux que jamais, inventant des brimades aussi stupides qu'inefficaces sur l'espèce particulière de fortes têtes qu'il a pour mission de mâter... Garros a au moins la chance de retrouver son ami Marchal et ils vont mettre au point leur évasion.

À Magdeburg, l'évasion est l'affaire de tous. Les quelque 150 à 200 officiers incarcérés collaborent en quelque sorte à l'évasion, apportant soit les renseignements sur leur propre expérience, lorsqu'ils ont été repris, soit leur travail manuel : le lieutenant Mézières est passé maître dans l'art de fabriquer des faux papiers, il existe un véritable atelier de confection de faux vêtements... Dans les ateliers clandestins, on a teint au permanganate des capotes bleu horizon, tressé les pattes d'épaule avec de vieux galons, confectionné des casquettes en découpant la visière sur le modèle d'une casquette de marin... Le sabre qui soulève le bas de la capote, les boutons d'uniforme proviennent de l'atelier de menuiserie : ils sont en bois teint...

Même l'ordre de priorité des départs est décidé : ainsi lorsque, après avoir fixé leur départ au 15 février, Marchal apprend que le capitaine du Beaudiez et le lieutenant Dubrulle ont décidé eux aussi de partir à peu près en même temps, il appartiendra au capitaine Baumann, l'officier le plus âgé dans le grade le plus élevé, de décider ces derniers à donner leur tour aux deux aviateurs.

Le 15 février 1918 à 17 heures 50, deux officiers allemands se présentent la porte du Wagenhaus. Elle est franchie sans encombre. À la deuxième, Marchal s'indigne que des officiers soient contraints de produire en permanence leurs papiers. À la hauteur des barbelés, le ton de Marchal s'est encore haussé et cette fois-ci, la sentinelle est vertement réprimandée... et les deux officiers s'éloignent, d'un pas digne. Jusqu'a être hors de vue des sentinelles : alors, ils se dépouillent de leurs uniformes et apparaissent dans leurs costumes civils.

Sans hâte, car tout a été soigneusement minuté, ils prennent à Magdeburg le train pour Brunswick où ils ont six heures d'attente pour celui de Cologne, six heures qu'ils passent à déambuler dans les rues ou à se reposer la nuit... au cimetière. À Cologne, ils se réfugieront toute la journée à la cathédrale ou au cinéma, dans l'attente de leur correspondance pour Aix-la-Chapelle. C'est un train ouvrier bondé. Peu avant le terminus, le train ralentit. « Il paraît que les gendarmes sont montés », dit quelqu'un. Garros et Marchal sautent en marche, Marchal expliquant qu'il « est en face de chez lui ».

Ils traversent Aix-la-Chapelle à pied, s'enfoncent dans un bois pour consulter la carte : elle porte, manuscrites, toutes les informations topographiques ou autres, recueillies auprès des camarades qui se sont fait reprendre... Mais ils ne passeront pas la ligne cette fois-ci. Garros et Marchal reviennent à Aix lorsque, sur la route, une sentinelle leur demande leurs papiers. Sans se concerter, ils feignent l'ivresse et Marchal parvient, par ses propos incohérents, à faire rire la sentinelle qui s'en tient là et laisse continuer les deux faux ivrognes. Ils n'ont pas mangé depuis trois jours, n'ont pas de tickets de ravitaillement et à défaut d'autre chose, doivent se contenter de moules à la gelée qu'ils obtiennent dans un bar automatique.

Deuxième tentative : ils repartent à la nuit vers la frontière, tombent dans un réseau de barbelés, s'en tirent difficilement lorsque l'aube les oblige à retourner en ville, fatigués et affamés. Il leur faut du repos. Marchal pénètre dans une auberge et demande :

– Est-ce qu'un de mes amis est arrivé ? Aurait-il demandé M. Schmidt ? Non, personne. Alors, je vais l'attendre.

Garros ne tarde pas à le rejoindre, ils prennent une chambre et pourront dormir jusqu'à midi. La faim les tenaille, pas de troisième tentative sans avoir reconstitué leurs forces. Ils avisent un hôtel, prennent deux chambres et, au restaurant, expliquent qu'ils ont oublié leurs cartes de ravitaillement. Un pourboire généreux arrange la conscience du garçon et, le soir, ils pourront même dîner de la même façon.

C'est leur troisième tentative. Maintenant que les lieux leurs sont plus familiers, ils s'orientent facilement. Ils restent un instant tapis au pied d'une haie. La lune s'est couchée. De l'autre côté, une sentinelle qui va et vient et qui à un moment s'en va bavarder avec un voisin...

Ils passent la haie, rampent entre les barbelés (ils ont pour cela prévu des gants très épais), passent un petit ruisseau. Ils sont en Hollande : les deux hommes s'embrassent en titubant.

XXV

La dernière et amère victoire

La captivité a profondément transformé Garros. Comme l'a écrit Jean Ajalbert [1], « déjà, aux escadrilles, son goût, ses habitudes d'isolement avaient commencé de fondre. Dans la nécessité de la vie, de la lutte commune, au spectacle de toutes les misères, dans la participation quotidienne à tant de détresses pareilles à la sienne, ce fut une transformation totale, l'humanisation la plus profonde ».

Mais ces trente-quatre mois de camp et de cellule ont surtout affecté sa forme physique. Dès son retour, Garros s'en rend cruellement compte lorsque, avec Audemars, il va tout de suite voler à Villacoublay. Il est désagréablement conscient de la raideur de ses mouvements, il voit mal.

En attendant, il doit se soumettre à toutes sortes de manifestations, de mondanités en somme, car avec Marchal, les deux aviateurs sont l'objet de multiples marques de sympathie.

La Légion d'honneur est décernée à Marchal, Garros est élevé au rang d'officier [2]. Le 6 mars, les deux aviateurs évadés

---

1. « La sublime aventure » in « La Vie », 15 février 1926.

2. Voici le texte des citations décernées à G. et Marchal :

« Garros (Adrien – Roland – Georges), lieutenant d'infanterie (active) au service des fabrications de l'aviation militaire.

« Grand aviateur d'avant-guerre, dont le nom est un symbole de bravoure et de modestie, a mis au service de la patrie, dès le début des hostilités, ses admirables qualités d'intelligence, d'audace et d'habileté professionnelle. Tombé aux mains de l'ennemi, a gardé intactes sa confiance, son énergie et son indéfectible volonté. A échappé aux Allemands dans des circonstances qui jettent un nouvel éclat sur son nom ».

« Marchal (Anselme-Léon-Emile), lieutenant d'infanterie (réserve) au service des fabrications de l'aviation militaire : pilote de premier rang. Après avoir donné sur le front des preuves éclatantes de sa valeur, s'est proposé pour une entreprise des plus hardies. Tombé aux mains de seront décorés sur le terrain d'Hétomesnil en présence du *G.C.12*, le fameux groupe de combat des *Cigognes* dont, ce jour-là, le porte-drapeau n'est autre que l'illustre René Fonck, l'as aux multiples victoires. Son ancienne escadrille, la *MS 26* devenue la *SPA 26*, est l'une des quatre escadrilles du groupe. Son commandant, le capitaine de Sevin, vient épingler sur la poitrine de Garros la Cigogne de la *26*... Très ému, Garros dira, à la fin de la cérémonie :

– Cette Cigogne ne me quittera plus et je veux travailler pour elle à mon tour Je demande à revenir à la *26*...

Le même jour, Clemenceau reçoit Garros à son Cabinet. Le prestigieux vieillard lui donne l'accolade, le félicite et lui déclare que ses compétences seraient désormais « plus utiles à l'arrière », au service des fabrications auquel il vient d'être affecté [1].

Garros se rebiffe. Il a vu de l'intérieur l'Allemagne affamée, démoralisée et il veut « participer » au moins aux derniers combats. Un peu comme s'il considérait sa longue détention comme une sorte de trahison...

– Quant à nos prisonniers, Monsieur le Président, si l'un d'eux ne recevait pas ses paquets de France, il serait obligé de mourir de faim !

Garros, finalement, obtiendra gain de cause et rejoindra la *26*.

En attendant, il s'agit pour lui de rétablir sa santé si compromise. Après tous ces hivers de détention, il ne voit qu'un endroit possible : Marseille, et il écrit à son ami Niel :

Léon Morane dit qu'il y a à Marseille deux soleils : celui du Midi et toi. Justement, j'ai un grand besoin de soleil et je fais des efforts désespérés pour aller vous voir tous les deux [2]. Si je n'y parviens pas, ce n'est sûrement pas de ma faute. J'ai encore cependant un petit espoir.

---

l'ennemi après avoir survolé plus de 1 300 kilomètres de terre allemande, est parvenu à s'évader dans des circonstances qui font ressortir une fois de plus ses hautes qualités militaires et morales.

Paris, le 7 mars 1918

Georges Clemenceau

1. Dans son discours à la Chambre du 8 mars, Clemenceau évoquera la visite de Garros à son cabinet.

2. « Tous les deux » : c'est que si Albert Niel a obtenu le brevet N° 104, son épouse Marthe a, elle, décroché le deuxième brevet féminin, le N° 226, le 29 août 1910.

Il l'aura, sa « convalescence » bien gagnée, au soleil du Midi, il reverra « tout le paysage de soleil, de réjouissance, de bouillabaisse, d'écrevisses à la provençale et de lièvre braconné, avec des routes poudreuses et des automobiles qui se renversent », comme il l'écrit à l'ami marseillais. Marcelle n'en sera pas : elle doit rester couchée, rue Lalo, avant d'aller en convalescence à Billère, puis plus tard, à Villefranche sur Mer [1].

Roland passera plusieurs jours en compagnie des Niel et la « cure » fait merveille. Loin des cérémonies officielles, dans un climat de fraternité confiante, il peut ébaucher les projets qu'il forme pour l'avenir : « après la guerre », créer dans ce pays enchanteur un sanatorium volant où les malades seront guéris par des vols en avion... Il s'en est d'ailleurs ouvert à son père qui a accepté d'abandonner ses affaires en Indochine pour venir le seconder dans cette entreprise... Ce sont de longues randonnées en voiture le long de la côte, au Carro, au Lavandou, une escapade à Porquerolles, grâce à l'obligeance du maire d'Hyères, un ami de Niel, de grandes parties de bouillabaisse.

Ses forces en partie retrouvées, il ne veut pas s'attarder car il sent la fin du conflit proche et rentre à Paris d'où il obtient de suivre le cycle normal d'instruction. Premier stage d'entraînement au Plessis-Belleville, puis il doit retourner un jour à Versailles pour les funérailles de son ami Gilbert qui s'est tué en exercice. Il poursuit son instruction à Chartres, passe une quinzaine à l'école de tir de Cazaux avant d'aller se perfectionner à la nouvelle école de Biscarrosse.

De Biscarrosse, Roland a écrit, le 11 juillet à sa mère :

J'ai eu assez de mal à me remettre à voler : on se croit bien portant parce qu'on a bonne mine, qu'on mange et qu'on dort : au fond, on ne traverse pas de telles épreuves sans une usure générale. J'ai fait de grands efforts de volonté pour m'y remettre. Le mauvais moment est passé. Je commence à retrouver les satisfactions d'antan.

Puis, plus par plaisir que par nécessité, il se retrouve à l'école de Pau : on y apprend l'acrobatie aérienne aux élèves

1. C'est de Villefranche que Marcelle écrit dans une lettre à Ajalbert, le 20 janvier 1923 : « Malheureusement je ne peux pas me promener puisque je suis toujours couchée ! couchée depuis le mois d'octobre malade comme il y a 5 ans pour le retour de Roland... » Et elle ajoute : « Si vous saviez comme cela est pénible de traîner comme ça. Enfin le docteur dit que je serai(s) guérie dans un an ! C'est long.... » Les parenthèses de « serai(s) » sont de Marcelle.

aviateurs et c'est son ami René Simon qui a imposé avec de grandes difficultés cette discipline dans le cycle d'instruction des nouveaux chasseurs. Chaleureuses retrouvailles avec Simon et Mabel, agréables soirées agrémentées d'un piano délicatement nostalgique (Que c'est loin, Houston !). et le jour du départ, les deux anciens du cirque Moisant retrouvent leur jeunesse de la Nouvelle Orléans en exécutant, sur leurs SPAD, un éblouissant ballet aérien...

***

C'est le 20 août qu'il rejoint la *SPA 26* sur le terrain d'Hétomesnil. L'accueil de tous les aviateurs est chaleureux. Mais le capitaine de Sevin est obligé de lui dire :

– Vous ne volerez en patrouille qu'avec moi, ou Fonck...

Garros écoute avec intérêt les récits de ses jeunes « anciens ». C'est que toutes les méthodes ont changé, aucune comparaison avec les combats singuliers d'autrefois. On ne vole plus qu'en groupes, selon un programme horaire fixé d'avance, on n'attaque que sur l'ordre du chef de patrouille. Roland s'efforce de s'assimiler les nouvelles tactiques.

En septembre, la *26* se déplace vers Nancy : c'est l'offensive de Saint-Mihiel. C'est là que Garros fera sa première patrouille. Sa première grande épreuve qu'il raconte ainsi :

Hier, 15 septembre 1918, j'ai fait ma première patrouille de chasse après trois ans de captivité et six mois de repos. Certes, je ne me sentais pas encore « au point » : je suis loin d'avoir retrouvé toute ma précision de vol ; je ne suis pas habitué au SPAD et à son déplorable défaut de « visibilité » ; enfin, toute une technique aérienne nouvelle s'est développée et je ne suis pas fait aux manœuvres de groupe.

Je suis cependant parti avec assurance et avec une émotion faite de plus de joie que d'appréhension. J'ai vu tant de fois de jeunes chasseurs mille fois moins expérimentés se tirer d'affaire ! L'aviation adverse est forcément faite de la même moyenne, je reste donc bien placé.

Je pars à droite du capitaine de Sevin, chef de patrouille, Dombray est à sa gauche, Naudin derrière. Nous piquons sur Verdun. Nous voici sur les lignes à 2.500 mètres, nous monterons à 3.200. J'éprouve bientôt des difficultés pour y voir, il me semble voler dans une sorte de brouillard léger qui assombrit tout. Cependant, le ciel est clair.

Nous patrouillons entre Samogneux et Fresnes. J'aperçois vaguement quelques SPAD. Le capitaine bat des ailes, nous nous resserrons. Je cherche l'adversaire et je ne vois rien. Le trouble de mes yeux s'accentue et devient pénible ; à force de lutter, je pleure. Le capitaine ne signale plus rien. La patrouille continue. Je souffre de ne pas voir – Deuxième signal, énergique cette fois, nous prenons rapidement de la

hauteur : 3 700 mètres. J'y vois de moins en moins, je ne connais rien d'aussi affolant que cette impression d'aveuglement.

Je ne vois que l'appareil du capitaine, avec son cor de chasse jaune ; je m'y accroche désespérément. Un virage et voilà mon guide piquant, comme une flèche, vers le sol. Je suis distancé, je vais le perdre, je ne vois rien ! Je suis le mouvement au petit bonheur, navré de mon impuissance. Je me redresse un peu et vois devant moi paraître et disparaître des SPAD en courbes rapides, j'en vois un tirer une salve : sur quoi ? Tout de même, voici peut-être deux silhouettes de Fokker qui disparaissent. Je suis un SPAD qui rentre vers la Meuse, nous retrouvons le capitaine vers Verdun. Que s'est-il passé, je me le demande anxieusement. Nous rentrons. Sont-ce mes yeux ? Je suis triste et désolé.

Systématiquement, Garros va s'efforcer de comprendre : est-ce une défaillance physique ? Est-ce dû à l'habitacle du SPAD auquel il s'habitue difficilement ? Est-ce une question de lunettes ? Il fait changer son pare-brise, s'astreint à de longues séances à la butte de tir et puis il demande à Jules Hue, qui a dès le début rejoint son ancien « patron », de régler la synchronisation de sa mitrailleuse pour augmenter sa cadence de tir. Enfin, il profite du transfert de l'escadrille de Nancy au terrain de La Noblette en Champagne pour aller se faire examiner les yeux par un grand spécialiste parisien qui lui change ses lunettes...

Cela va beaucoup mieux : parti en patrouille volontaire, c'est-à-dire non prévue au programme, avec deux autres aviateurs, ces derniers ont des ennuis de moteur et, pendant une heure et demie, il patrouille sur le front et parvient à identifier parfaitement les cocardes : il n'y a d'ailleurs que des Français. L'espoir lui revient.

Tout se passe normalement, j'ai repris confiance.

***

Au cours du mois de septembre, il se rend en permission à Paris, ce Paris « de l'arrière » qui l'a tant choqué dès les débuts de la guerre.

Marcelle ne s'y trouve plus, elle est partie en longue convalescence à Billère. Ses amis sont au front ou disparus. Seul, Audemars que sa nationalité suisse a interdit de participer directement au combat et qui doit se contenter d'assurer la livraison des appareils neufs, est toujours dans son appartement de la rue Lalo.

Mais il y a aussi ce Paris intellectuel et artistique qu'il fréquentait avant guerre et qui continue à vivre. Cocteau vient de terminer « le Cap de Bonne Espérance », un long poème retraçant la carrière de Garros et qu'il lui a dédié. Avec Blaise Cendrars et l'éditeur Pierre Lafitte, le poète a fondé les éditions de la Sirène qui vont publier l'ouvrage en décembre 1918. Cocteau en a communiqué les épreuves à Garros qui les a lues. Mais, comme l'a écrit Cocteau, les collera-t-il dans sa carlingue lors de son dernier vol? Cela paraît peu probable, en tout cas peu conforme à son tempérament [1].

Ce qui est avéré, en revanche, c'est la dernière et brève rencontre que Roland fait un soir chez « des amis », très probablement le salon de Misia Sert où l'on croise maintenant aussi bien l'omniprésent Cocteau que Blaise Cendrars, le peintre Jean Hugo et son épouse Valentine, l'artiste peintre Marie Laurencin, le philosophe Louis Gautier-Vignal, ce condisciple de Garros au Lycée de Nice qui lui a présenté son ami Cocteau.

C'est Isadora Duncan qui raconte [2] dans « My Life » sa rencontre avec Garros en ces termes :

Tous les matins, à cinq heures, nous étions réveillés par le brutal boum de la Grosse Bertha, prélude à un jour sinistre qui nous apportait de nombreuses nouvelles terribles du Front. La mort, les flots de sang, la boucherie emplissaient ces heures misérables, et, à la nuit, c'étaient les sirènes annonçant les raids aériens.

Un merveilleux souvenir de cette époque est ma rencontre avec le fameux « As » Garros dans le salon d'une amie, lorsqu'il se mit au piano pour jouer du Chopin et que je dansai. Il me ramena à pied de

---

1. Dans son cahier à la date du 3 décembre 1918, Jean Hugo note : « Cocteau dîne chez Valentine (Hugo), puis lecture du Cap de Bonne Espérance par Cocteau chez Valentine, 28 rue Montparnasse, devant Misia, Picasso, André Lhote, Pierre Bertin et André Breton. »

2. Dans « My Life » publié à New York en 1927, Isadora Duncan écrit aux pages 346/347 :

« Every morning, at five o'clock we were awakened by the brutal boom of the Big Bertha, a fitting beginning for the sinister day which went on with frequent terrible news from the Front. Death, Bloodshed, Butchery filled the miserable hours and at night the whistling warning of the air raids.

« One bright recollection of this time was meeting with the famous " Ace " Garros at a friend's house one evening, when he played Chopin and I danced, and he brought me home on foot from Passy to the Quai d'Orsay. " There was an air raid, which we watched and under which I danced for him on the Place de la Concorde – he sitting on the edge of a fountain-basin applauding me, his melancholic dark eyes lit up by the fire

Passy [1] à (mon hôtel du) Quai d'Orsay. Il y eut un raid aérien, que nous regardâmes en spectateurs, et pendant lequel je dansai pour lui sur la place de la Concorde – Lui, assis sur la margelle d'une fontaine, m'applaudissait, ses yeux noirs mélancoliques brillant du feu des fusées qui tombaient et explosaient non loin de nous. Il me dit cette nuit qu'il ne pensait à et ne souhaitait que la mort. Peu après, l'Ange des Héros l'a saisi et l'a transporté ailleurs – loin de cette vie qu'il n'aimait pas [2].

***

Le commandant Watteau vient inspecter l'escadrille. Il est responsable du matériel, mais surtout, dans le civil, il est l'avocat de la mère de Roland. Lui aussi, avec discrétion, laisse entendre à Roland qu'il ne devrait pas franchir les lignes...

– Mais mon Commandant, réplique Garros, il n'y aura bientôt plus de lignes, ils reculent partout et il n'y en a plus pour longtemps.

C'est que l'offensive de Champagne est déclenchée et Garros brûle d'y participer plus activement. Il est de toutes les « patrouilles volontaires ».

Au retour de l'une d'entre elles, il a le plaisir de signaler avoir vu un avion ennemi que le capitaine n'a pas repéré. Il fait aussi une première sortie avec Fonck en compagnie de Sevin. Pendant une heure et demie, les trois SPAD n'ont pu s'approcher d'un seul adversaire et Garros note : « Je me calme et me rends bien mieux compte de ce qui se passe. Pour une fois, Fonck est bredouille ».

Le 2 octobre, Garros ne sera pas bredouille. Il est parti à six heures du matin en patrouille avec Sevin et Lambotte. Voici le récit qu'il en fait :

Temps superbe, altitude 4 000 ; première rencontre : six Fokker peu agressifs qui se mettent en cercle chez le Boche et nous attendent. Nous esquissons une manœuvre d'attaque ; ils nous attirent chez eux. C'est trop loin ; à tout à l'heure.

---

of the rockets that fell and exploded quite near us. He told me that night that he only sought and wished for death. Shortly after, the Angel of Heroes sought and carried him away – away from this life that he did not love ". »

1. Isadora Duncan écrit « Passy » par erreur. Misia Sert occupait alors son deuxième appartement du Quai Voltaire.

2. Ces propos d'Isadora Duncan sont peut-être inspirés des mots de Cocteau : « Il méprisait la mort. La mort l'aima ».

Nous poussons une pointe sur des éclatements suspects. Au retour, les six Fokker sont dans nos lignes.

Ils se remettent en cercle. Sauf un qui reste haut sur les autres ; c'est un piège. Je poursuis ce malintentionné qui, découvert, s'écarte et je pique dans le tas ! Je me demande si j'aurai le temps d'en approcher suffisamment un, avant d'être forcé à la retraite par les autres. Dans ce doute, je tire un peu trop tôt et je rate visiblement. Je me dégage de la mêlée et je refonce après avoir reconnu le capitaine au-dessus de moi (Lambotte, en panne, nous a laissés depuis longtemps). Cette fois, je m'approche mieux et j'en prends un dans mon collimateur. Une première rafale à 150 mètres passe près. Mon élan me rapproche : à 100 mètres, deuxième rafale ; cette fois, toutes mes balles portent ; j'en suis sûr. Mais il est temps de se dégager. Je pique en avant vers nos lignes. Un peu à l'écart, je regarde nos adversaires, restés à 800 mètres plus haut, ils ne sont plus que cinq. Nous sommes au-dessus des tranchées que notre infanterie a franchies aux dernières attaques, donc chez nous ; et je vois par hasard, très bas et piquant toujours, le sixième Fokker ; il a perdu 2 500 à 3 000 mètres sans avoir progressé vers ses lignes ; car il se trouve juste au-dessous de moi ; il est donc désemparé. Je pique dessus pour l'achever au besoin. Mais il faut faire attention aux autres ! Je lève les yeux. Impossible ensuite de retrouver ma victime ! Je tournoie un moment tout seul : rien. Je vais rejoindre le capitaine. Nous rentrons. La patrouille se termine par une bonne séance d'acrobatie. Explication, le capitaine a nettement vu mon Boche partir en vrille, se redresser, repartir en vrille et disparaître vers le sol.

Garros se retrouve enfin à égalité avec ses pairs. Finie, au cours des patrouilles, cette surveillance un peu inquiète mais discrète des camarades autour de lui. Il a en tout cas donné la preuve qu'en dépit de son passé glorieux, présent à l'esprit de tous ses jeunes compagnons d'armes, il était capable d'accepter pleinement la discipline du groupe, d'assimiler les nouvelles règles du combat. On ne peut maintenant lui refuser aucune patrouille... L'ennemi recule et les patrouilles se font de plus en plus profondes.

Le 4 au soir, quelques amis passent par la popote. Pelletier Doisy, le célèbre « Pivolo », Bernis, le partenaire des premières patrouilles maintenant capitaine, Jacques Quellennec. Bonne et joyeuse soirée, au cours de laquelle sont évoqués les vieux souvenirs. À la fin du dîner arrive l'ordre de faire le lendemain un barrage vers Vouziers pour soutenir l'offensive lancée le 3 par Gouraud. Garros demande évidemment d'en faire partie.

Le lendemain matin, Sevin compose la patrouille de six avec ses meilleurs éléments : Garros à sa gauche, Dombray à sa droite, les trois autres en arrière. La patrouille bien groupée continue de monter au-dessus des lignes. Plus haut encore, Sevin et Garros aperçoivent sept Fokker volant de conserve. Les SPAD continuent à monter bien groupés quand, tout à coup, au mépris des ordres, quatre d'entre eux piquent sur un avion d'observation allemand... Garros qui n'a pas vu le décrochage de ses camarades poursuit son ascension vers les Fokker.

J'ai eu là, a dit plus tard Sevin**, une des secondes les plus émouvantes de ma vie. La rage au cœur de voir mes ordres bafoués, au moment même où je sentais qu'une bagarre difficile allait s'engager, je n'ai pas eu cependant un moment d'hésitation, je n'abandonne pas Garros !**

Les deux Français ont dépassé l'altitude des Fokker. Pleins gaz, le *SPAD N° 30* de Garros pique sur l'un des sept qui pique instantanément. Les six autres le pourchassent et ce n'est que l'intervention de son coéquipier qui les fait lâcher prise. Les Fokker vont se regrouper dans leurs lignes. Deux contre sept : Sevin bat désespérément des ailes, Garros n'a pas vu, il reprend de l'altitude, suivi par Sevin. Quatre fois, ils piqueront sur les Allemands, sans résultat.

Finalement, à 10 heures 15, ils rompent le combat et reviennent vers les lignes françaises, volant parallèlement au front. Le capitaine balance ses ailes, Garros ne voit pas ou ne veut pas voir. Tout d'un coup, il vire, repasse les lignes et au-dessus de Vouziers, il pique sur un triangle de Fokker, suivi par le capitaine. C'est ce dernier qui est maintenant pris en chasse mais il se laisse glisser sur l'aile, se retourne et c'est à son tour de tirer sur son adversaire qui s'en va... L'accrochage n'aura duré que quelques secondes...

Sevin se retrouve seul, il cherche vainement autour de lui le N° 30 de Garros. Plus bas, il aperçoit les trois Fokker qui se sont regroupés. Mais aucune trace de Garros. De longues minutes, il tournera, cherchant son compagnon. À court d'essence, il est contraint de rentrer. Pourtant, se dit-il « mon combat était plus dangereux que le sien, puisque j'ai été surpris et je l'ai vu en sortir indemne ».

À peine à terre, Sevin téléphone et fait téléphoner à tous les autres terrains. Rien, personne n'a rien vu. Il faut se rendre à l'évidence. Garros a bel et bien disparu. À la popote, le déjeuner est plutôt morne, avec cette nouvelle place vide. C'est l'abattement. Mais le mystère demeure. Comment ?

Aucun tir d'artillerie dont un obus aurait pu atteindre l'avion n'est signalé à cette heure. Pas d'éclatement de D.C.A. non plus. Aucun aviateur allemand ne revendiquera une quelconque victoire dans le secteur et à l'heure de la disparition. Toutefois, le lendemain, l'adjudant Maillart de la *48* déclarera avoir vu « du côté de Vouziers » un SPAD se désintégrer en l'air comme « un jeu de cartes ».

L'hypothèse la plus vraisemblable semble être celle retenue par Raymond Saulnier : un dérèglement du système de synchronisation aurait amené une balle à sectionner une des pales de l'hélice, l'autre pale continuant à tourner aurait alors, par la force d'inertie, complètement désintégré l'appareil, en plein vol.

***

Le 12 octobre, les troupes françaises libèrent Vouziers. Dans le cimetière, une tombe fraîchement creusée.

La paix est revenue. Le 27 décembre, raconte Jean Ajalbert, Audemars [1] et Barrier accompagnent en voiture à Vouziers [2] Georges Garros, le père. Ils sont accompagnés du fossoyeur qui aurait enterré l'aviateur et que Clara a retrouvé à Paris. Dans le cimetière, ils découvrent une croix de bois blanc et une indication : « Lieutenant Garros Roland, 5 octobre 1918 ». Ils procèdent à l'exhumation : le corps porte un uniforme de lieutenant de chasseur à pied et sur le col, le numéro *27*, celui du Bataillon de Chasseurs à Pieds auquel il était rattaché. Le cadavre n'a plus aucune pièce d'identité, plus de montre, plus d'argent. Aucun signe d'identification si ce n'est l'épingle de platine, offerte par Audemars au retour de la captivité avec ses initiales gravées dans un aéroplane et le médaillon, avec le portrait de Marcelle Gorge [3].

---

1. Le testament de Roland, en date du 18 juin 1918, désigne Audemars et Georges Garros comme exécuteurs testamentaires et stipule : « Mon actif sera réalisé et divisé en deux parties égales : l'une sera déposée dans une banque pour être remise à ma sœur Gilberte le jour de sa majorité. L'autre sera remise immédiatement à mon amie Mademoiselle Marcelle Gorge ».

2. À Vouziers où il est enterré et à Saint-Morel où son avion s'est abattu, outre les municipalités, c'est l'A.R.G.A.T. (*Association Roland Garros de l'Aviaton au Tennis*) présidée par Yvon Carles qui s'est donné pour mission de perpétuer par de multiples actions la mémoire de l'aviateur, dont notamment l'entretien de sa tombe.

3. Dans ses « Cahiers bleus », à la date du 22 juillet 1924, Liane de Pougy note : « Quant à Cocteau, il a besoin d'aimer ! Fou de douleur à la mort de Radiguet, il adore cette gentille et menue petite Garros. Elle, c'est une charmante créature qui s'est intoxiquée de littérature en vivant avec Mireille Havet. Jean, inverti à ses heures, remonte la pente, il n'aurait pu

***

En 1928, lorsqu'il s'est agi de donner un nom à un nouveau stade de tennis capable d'accueillir les compétitions de la Coupe Davis ramenée en France par les Mousquetaires, Émile Lesieur, devenu président du « Stade Français », exigea que le nom de son filleul, son camarade de la promotion 1908 des H.E.C., fût donné à ce stade.

C'est ainsi que le *Stade Roland-Garros*, inauguré le 29 juillet 1928, a heureusement su conserver le nom à défaut de la mémoire de l'un des plus exemplaires des représentants d'une extraordinaire génération de pionniers de l'aviation.

---

du premier coup aimer une vraie femme. Jean l'a chantée dans ses vers de même qu'il a chanté Garros, ce magnifique enfant, dans " le Cap de Bonne-Espérance ". Puissent-ils vivre heureux et sages, ainsi que Georges et moi. Cocteau a déjà aimé follement Madeleine Carlier qui lui fut cruelle. Il exhala sa souffrance dans un livre assez mal réussi. Tout se termine en littérature avec ces messieurs. » La dépression qu'avait connue Marcelle à la disparition de Roland se prolongera longtemps, aggravée en quelque sorte par les soins qu'elle apportera à Jean Cocteau, qu'elle parviendra à guérir de sa crise d'opium. On peut dire qu'elle n'est réellement sortie de ce drame qu'en épousant, en 1930, le Comte Alain Gravier de Vergennes. Elle mourra à 78 ans le 19 janvier 1971 à Nice.

Bibliographie par auteur

Jean AJALBERT

– *Figures d'Aviateurs* – in *La Revue de Paris* – 1er décembre 1915.
– *Les Ailes brisées* – Garros prisonnier des Allemands – in *Lectures pour tous* – 1915 – pp. 1282-1289.
– *La sublime aventure* – in *La Vie* – numéro spécial – 15 février 1926.
– *La Passion de Roland Garros* – Les Éditions de France – Paris – 1926.

E. ANGELUCCI – P. MATRICARDI

– Les Avions – Tome 1 – (Des origines à la première guerre mondiale).
– Elsevier Séquoia = Bruxelles – 1978.

Stanley Clisby ARTHUR

– *Famous New Orleans Drinks* – Pelican Pub C° – N. Orleans – 1977.

Philippe AUBERT

– *Les Bugatti – splendeurs et passions d'une dynastie 1880-1947* – J.-C. Lattès, Paris 1981.

Agnès BARBIER

– *Issy, berceau de l'aviation* – Catalogue de l'Exposition du Musée d'Issy-les-Moulineaux 1985.

Jacques-Émile BLANCHE

– *Cahiers d'un Artiste* – Gallimard – Paris 1916.

G. BONNET

– *De continent à continent : par-dessus la Méditerranée* – in *l'Aérophile* – 1er janvier 1913.

Louis CASTEX

– *De Clément Ader à Gagarine* – Hachette – Paris 1967.

Pierre CAIZERGUES

– *Jean Hugo – peintre – poète* – Centre d'Étude du XXe siècle – Université Paul Valéry – 1996.

René CHAMBE

– in *Atlas Histoire* – N° 36 – 09/1963.

Élie CHAMARD

– *20 siècles d'histoire de Cholet* – édition du Choletais.
– *Roland Garros et l'Aéro-Club choletais* – plaquette.

René de CHASSAGNE

– *De Guynemer à Fonck : groupe Cigogne* – Chiron – 1920.

Anne-Marie CHASSAIGNE (dite Liane de Pougy)

– *Mes cahiers bleus* – Plon – Paris 1975.

Pierre CHANEL

– *Le passé défini* – journal de Jean Cocteau – annoté par Pierre CHANEL, Gallimard.
– *Album Cocteau* – Tchou – Paris 1970 – rééd. Henri Veyrier – Paris 1979.

Jean COCTEAU

- *Le Cap de Bonne-Espérance* – La Sirène – Paris 1918 – réédité en format de poche dans la collection Poésie/Gallimard – Paris – 1967.
- *Entretiens avec André Fraigneau* – Bibliothèque 13/18 Paris – 1965.
- *Dans le ciel de la patrie* – Société SPAD – Paris 1er octobre 1918.
- in *Plein Ciel* – revue de Gnome et Rhône – N° 43.

Philippe DIOLÉ

- *Du ciel à la stratosphère* – France-Club – 1958.

D. DORSEMAINE

- *Roland Garros – 1888-1918* – in *Bleu et Rouge* – revue du Stade Français – N° 35 mai-juin 1975.

Isadora DUNCAN

- *My Life* – New York 1927.

Henri FERMIN

- *Dinard, un regard sur le passé.*

Maurice FOUCHARD

- *L'étrange destin franco-américain de René Gasnier et Wilbur Wright.* Mémoires de l'Académie des Sciences et Belles-Lettres et Arts d'Angers.

Roland GARROS

- *Comment on devient un acrobate de l'air* – in *Je Sais Tout* N° 82 – 1911.
- *Biographie* – in Programme du record de hauteur de Tunis – avec Édouard Manselon – Tunis – 1912.
- Articles dans *l'Excelsior*, *le Matin*, *Le Figaro*, etc.
- *Guide de l'Aviateur* – préface d'Alfred Leblanc – Pierre Laffite éd – Paris, 1913.
- *Mémoires – Küstrin, Magdeburg, Burg – 1888-1914* – copie dactylographiée de l'original déposée par Jean Ajalbert au Musée de l'Air et de l'Espace – Le Bourget.
- *Carnet de route de Garros – 1914-1915* – copie manuscrite de l'original (probablement détenu par Jules Hue) déposée par Jacques Mortane au Musée de l'Air et de l'Espace – Le Bourget.
- *Mémoires* de Roland Garros, présentés par Jacques Quellennec – Hachette – Paris – 1966
- Correspondance familiale – fonds Matheron.
- Autographes déposés au Musée de l'Air.
- Autographes dispersés.

Arthur GOLD
& Robert FIZDALE

- *Misia, the life of Misia Sert* – Alfred A. Knopf – New York 1980 – traduction française parue chez Folio Gallimard – 1981.

Jules HUE

- *Note-mémoire* – adressée le 9 mai 1932 à Jacques MORTANE.

JANE'S

- éd. Jane's – Londres – 1910 – 1911.

A. JEANNEAU

- *Cholet et les Choletais après la belle époque* – éd. du Choletais – 1974.

Marcel JULLIAN

- *La mort dans un cercle d'argent* – in *Icare* – N° 34
- in *Histoire pour tous* – N° 63 – 07/1963.
- *À la conquête du ciel.*
- in *Historia.*

Jean-Jacques KIHM

- *Jean Cocteau – Lettres à André Gide avec quelques réponses d'André Gide.*
- La Table Ronde – Paris – 1970.
- *Jean Cocteau, l'homme et les miroirs* – La Table Ronde – Paris – 1968.

Hervé LAUWICK

- *Les Conquérants du ciel* – Presses de la Cité – Paris – 1958.

Lt-général Nelson LAVENÈRE-WANDERLEY

- *Historia da força aerea brasileira* –

Editoria grafica brasileira ltda – Rio de Janeiro – 1975.

Maurice LEVER
– *Isadora* – Presses de la Renaissance – Paris – 1987.

Colonel D. LUCCA
A. de BAILLENCOURT
– *Création et début du Groupe des Escadrilles de protection du Camp Retranché de Paris* – S.H.A.A.

Julio A. Luqui LAGLEYZE
– *Sitios de Volacion en Buenos-Aires* – Instituto argentino de Historia aeronautica Jorge Newbury – Buenos-Aires – 1982.

E. M.
– *Raid Aviatorio Tunis-Roma* – in *Navigazione aerea* – juin 1913.

Robert MARCHAND
– *Le Ciel n'a pas de toit* – Berger-Levrault – Paris – 1962.

Charles MEYER
– *La vie quotidienne à Saïgon de 1885 à 1905* – Hachette – Paris – 1985.

Jacques MORTANE
– *Les as du sport*
– *Jules Védrines*
– *Roland Garros, génie du geste et de la pensée*
– *Roland Garros, virtuose*
– *La chevauchée des mers* – Baudinière – Paris – 1927
– *Vie des hommes illustres*
– *Les Ailes glorieuses* – Baudinière – Paris – 1936
– *Les héros de l'air* – Librairie Delagrange – Paris – 1936
– *Roland Garros* – Baudinière – Paris – 1938
– *Les ailes à la conquête des mers* – Baudinière – Paris – 1938.

René de NARBONNE
– *Le souvenir de Roland Garros* – in *Revue des Deux Mondes* – Tome XLVIII – 1938.

Curtis PENDERGAST
– *Les premiers Aviateurs* – Time-Life – 1982.

Edmond PETIT
– *Missions très spéciales* – La Pensée Moderne – Paris – 1964.
– *Un homme véritable* – in *Forces Aériennes Françaises.*
– *Le Cirque Moisant* – in *Icare*
– *La Vie Quotidienne dans l'aviation en France au début du XXe siècle* – Hachette – Paris – 1977.
– *Histoire de l'aviation* – P.U.F. – Que Sais-Je ? – Paris – 1981.
– *Nouvelle histoire mondiale de l'Aviation* – Albin-Michel – Paris – 1967.

Henri POYDENOT
– *Quand le ciel était français* – éd. Amiot-Dumont – 1956.

Jacques QUELLENNEC
– voir Garros (*Mémoires*) Notes et commentaires.
– in *Grandes conférences de l'aviation* – éd. du Comité des œuvres sociales du Ministère de l'Air.

L. J. Camille RICQUEBOURG
– *Dictionnaire généalogique des familles réunionnaises 1667/1810* – chez l'auteur – 1985.

Jean ROMEYER
– *Les survols héroïques des mers* – Ogord – 1950.

Jules ROY
– *Guynemer, l'Ange de la mort* – Albin Michel – 1986.

Harold RUBIN
– *He tried to outfly death* – in *Dixie* – N Orleans – 14/05/1954.

J. SAHEL
– *Henry Farman et l'Aviation* – Paris – Grasset.

Roger SAUVAGE
– *Les Conquérants du Ciel* – La Jeune Parque – Paris – 1950.

Hans SCHATZER
- *Propeller nostalgie* – H. Weishaupt Verlag – Graz.

Jacques TOULORGE
- *La Coupe Schneider* – in *Avia-Sport* – N° 388 – 09/1986.

Ilia ZDANÉVITCH
- *Poèmes à Roland Garros et à Jules Védrines* – Carnet de l'Iliazd Club N° 5 – Paris.

Jacques-Émile BLANCHE
- *Cahiers d'un Artiste* – Gallimard – Paris, 1916.

Autres ouvrages consultés

- *Pioneri dell'Aviazone in Italia.*
- *Toute l'histoire Bugatti* – éd. E.P.A.
- *Connaissance de l'Histoire – Avions de la 1re guerre mondiale* – Hachette.

COLLECTIONS OU ARCHIVES DES QUOTIDIENS OU PÉRIODIQUES

- *L'Aéro.*
- *Aéro-France*, revue de l'Aéro-Club de France.
- *L'Aérophile* (1903-1920).
- *Atlas Histoire.*
- *L'Auto.*
- *Avia-Sport.*
- *Bleu et Rouge*, revue du Stade français.
- *Candide.*
- *Dixie* – N. Orleans.
- *O Estado do São Paulo.*
- *l'Excelsior* (depuis novembre 1910).
- *Le Figaro.*
- *L'Intérêt public* – Cholet.
- *Le Journal.*
- *Le Matin.*
- *La Navigazione aerea* – Rome.
- *The New York Times.*
- *L'Opinion* – Saïgon – 1913.
- *Le Petit Courrier.*
- *Le Petit Parisien.*
- *Le Réveil choletais.*
- *La Revue aérienne.*
- *La Revue des deux mondes.*
- *Revue des Forces Aériennes françaises.*
- *Revue de l'Aviation* (depuis 1905).
- *La Suisse sportive.*
- *Le Temps.*
- *Times Picayune* – N. Orleans.
- *La Vie.*
- *La Vie aérienne* (depuis 1911).
- *La Vie au grand air* (depuis 1898).

AUTRES SOURCES

- Archives de Jean-Christophe AVERTY.
- Bibliothèque du Musée de l'Air et de l'Espace – Le Bourget.
- Service Historique de l'Armée de l'Air – Vincennes.
- Bibliothèque Nationale.
- Archives Nationales.
- Archives de la Municipalité de Cholet.
- Archives de la Municipalité de Dinard.
- Archives départementales des Alpes Maritimes.
- Technisches Mueseum für Industrie und Gewerbe de Vienne.
- Museo Caproni de Rome.

Index

Table des matières

Crédits photos

- Musée de l'Air et de l'Espace (Albums Garros, Album Barrier).
- Service Historique de l'Armée de l'Air.
- Keystone-l'Illustration.
- Estado do São-Paulo.
- Collection de l'auteur.

Achevé d'imprimer sur les presses de l'Imprimerie Campin
à Tournai (Belgique)